シナノから科野そして信濃へ

改訂版

西山克己

龍鳳書房

扉写真：竹原笹塚古墳（著者撮影）

はじめに

長野県は南北約二一二キロメートル、東西約一二〇キロメートル、面積は約一万三五六二キロ平方メートルで、県域の四囲は北アルプス、南アルプス、関東山地や八ヶ岳、浅間山、御嶽山などに囲まれている。また諸山地から流れ出す川は合流し北は犀川、千曲川となり日本海へ、南は木曽川、天竜川となり太平洋に流れている。このような地形、地理的環境にある本県は本州のほぼ中央に位置している。

本県地域の名称は時代の推移によって異なってきた。なぜ現在の長野県地域が「しなの」と言われるようになったのかについて、確証たる根拠は明確にされていないが、シナとは階段とか層をなして重なった段丘状の地形を示すことばで、山国で級坂《しなさか》の多いところからつけられたとされる説（級坂の多いクニとする説）が、江戸時代の賀茂真淵以来有力な説となっている。

和銅五（七一二）年の『古事記』では「科野」と記載し、養老四（七二〇）年の『日本書紀』では「信濃」に統一しようとする意図がみられる。

六世紀前半から中頃にかけて、外交官としてやってきた百済からの使者の中に、「科野某」と称した日本人や日系百済人がいた。これらの記載が『百済本紀』にまとめられ、この記載が『日本書紀』にそのまま記載された箇所がある。百済で活躍した日系人は六六〇年の百済滅亡に際し、再び日本に渡来したとき「斯那奴」や「科野」を称したと考えられる。

七世紀の藤原京跡から出土した木簡には「科野国伊奈評鹿□大贄」と記載されていた。また文献史料や木簡資料の検証や発掘調査で得られた考古資料から、早ければ推古朝期以降あるいは乙巳《いっし》の変（大化改新）頃までの飛鳥時代には「科野」が国の領域や国名として使用され、遅くても六八九年の「飛鳥浄御原令《きよみはらりょう》」頃には「科野」が使用されていたと考えられる。

『続日本紀』大宝四（七〇四）年四月甲子《きのえね》条「令鍛冶司、鋳諸国印」にみられる諸国印鋳造に関わる「信濃国印」鋳造、和銅六（七一三）年五月の詔の中で国、郡、郷には好字《こうじ》（嘉字）を用いるようにとされる政府からの法令をふまえれば、大宝四（七〇四）年には「信濃」が用いられ始めたと考えられ、遅くても和銅六（七一三）年頃までには「信濃」と表記、認識されるにいたったと考えられる。

それでは「信濃」の「信」や「濃」はどのような好字として選定されたのか。このことを説明する、裏付ける文献史料は現在まで発見されていない。「美濃」と「信濃」には同じ東山道行政区の隣接国名として「濃」が使用されている。このことを考えれば、この「濃」に深い意味があったと考えられるが、本来の使用意図はわかっていない。当時国名などを選定するにあたり、文博士《ふみのはかせ》が関わり、吉祥句《きっしょうく》や儒教による「仁義礼智信」ほか多くの書物や教えから文字を選定したことが考えられる。

上記より当論では、国の領域や国名が確定していなかったと考えられる推古朝期以前を「シナノ」、国の領域や国名がヤマト王権に認識されはじめたと考えられる推古朝期以降を「科野国」、大宝四（七〇四）年四月以降を「信濃国」と表記することを基本とした。

ただし、他地域の旧国名の使用については、三世紀中頃から十世紀を通して『続日本紀《しょくにほんぎ》』に記載された国名を使用することとしたが、「シナノ」の時代にはカミツケ、カイ、ミノなどの表記とし、「科野国」、「信濃国」の時代には上野国、甲斐国、美濃国などの国を付ける表記とした。

本県地域は長い歴史の中で面積や形状も異なってきたが、旧石器時代以来、東西南北周辺地域からのさまざまな文化や生活習慣を受け入れ、さらにそれらを独自の文化や生活習慣とともに周辺地域へ発信しながら現在にいたっている。

各時代によりそれらの受け入れ方や発信の形はさまざまだが、当冊子は長野県内の長い歴史の中で培われてきた多様な文化や歴史の中の古墳時代から平安時代にかけての約七〇〇年間、それも考古資料を中心に限られた資料を用いた歴史のごく一部についての考察である。

しかし、発掘調査によって得られた限られた考古資料だが、文献史料には残されなかった、また文献史料の記載を実証しえる重要な事実がこの考古資料には秘められている。

当論が今回あつかった長野県内の三世紀中頃から十世紀のうち、特に四世紀前半から六世紀前半の時期は、長野県の歴史の中でも非常に特徴的な時期として捉えることができる。その代表的な動きは、古墳時代と呼ばれるヤマト王権によるクニづくりの中で、前方後円墳と呼ばれる古墳の築造が、ヤマト王権と地方豪族のつながりを示す象徴的構造物であるとすれば、四世紀から五世紀に長野県の北域である善光寺平を中心に築造されていた前方後円墳が、五世紀中頃以降にはその主流が南域の飯田市を中心とする下伊那地域に移行してしまうことである。

また善光寺平では、五世紀前半から六世紀初頭に合掌形石室を埋葬施設とする積石塚古墳が突如造られ、また五世紀中頃には須恵器の使用、カマドの構築、馬具の使用などがはじまる。また下伊那地域でも、同じく五世紀中頃には須恵器の使用、カマドの構築、馬具の使用がみられるが、加えて馬の埋葬（殉葬）がおこなわれ、また横穴式石室が五世紀末葉から六世紀初頭の前方後円墳に構築され始めることを特徴としている。

これらの歴史動向、特に積石塚古墳築造や合掌形石室の構築については、戦前以来の研究史では渡来人、あるいは渡来系の人びとによるものではないかという考え方を前提に研究が進められてきた。ここ数年の県内の古墳時代研究者からは、「渡来人がいた」、「渡来人の墓」という意味と「渡来人を含めた外来系の新たな人びと、集団による影響」とでは、地域の古墳時代社会を考える場合にまったく意味が異なるという意見や、考古資料からは積石塚古墳や合掌形石室には「渡来人の存在をみいだすことはできない」などの意見が出されている。

しかし「渡来人がいた」、「渡来人の墓」の表現に、多くのできごとが「渡来人」によるものでもなく、また「渡来人」の存在を肯定しても、それは「渡来人」が大勢押し寄せ地域を一変させるほどに定住したものではないことは常識的に考えられることと筆者は認識している。長い歴史の中で、特に弥生時代以来渡来人といわれる人びとが新来文化を携え新たな文化を伝え、生活習慣の変化に影響を及ぼしたことは事実であり、今回焦点をあてた時代背景も、一年あるいは一〇年などの時間単位で新来文化を携えた渡来人や渡来系の人びとを含めた他地域の人びととの往来があったことが自然であり、そのような時代背景の中で渡来人や渡来系の人びとを含めた他地域の人びととの存在を想定できるのが考古資料から得られる事実であろうと考えている。

「渡来人」や「渡来系の人びと」の痕跡は、多く残らないのが常識であろうと考える。日常生活を過ごすにあたって地域の人びとや生活習慣に同化することで何の不自由もなかったはずであり、このような日常の中で地域に根ざしながら新たな文化や習慣を広めたものと考えられる。だからこそ、わずかな在地的ではない新来文化的な遺構や遺物の発見があった場合、そこに「渡来人」や「渡来系の人びと」の痕跡をみいだしていくことが自然であろうと考える。これは弥生時代であっても、律令確立期であってもその実態を考古資料から読み取れることは事実である。

また今回あつかった、後半部分の七世紀から十世紀にかけても、飛鳥地域や畿内を中心に、あるいは東国でも「渡来人」や「渡来系の人びと」の痕跡は十分に認識できることが現在の歴史事実である。

七世紀以降の論考については、特に畿内系の土器や銭貨を中心にあつかい、飛鳥諸京や藤原京、平城京、平安京と地方（信濃）との関わりの一端を検証してみた。この結果、『日本書紀』の大化元（六四五）年の東国国司の派遣記載や天武十三（六八四）年の信濃に使者が遣わされ地勢調査がおこなわれたことなどの記載をはじめ、科野国の地では科野人や東人のみならず都人の動きも活発だったことがうかがえ、これらの記載を明確に裏付けるものとして都城（畿内暗文《あんもん》）土器や銭貨などの考古資料が位置づくことを確認した。

科野国、信濃国は畿内と東国を結びつける重要な拠点であり、決して通過点ではなかった。西からの玄関口である伊那郡地域、国府所在地として重要な位置にあった埴科郡地域、小県郡地域、筑摩郡地域、東への玄関口だった佐久郡地域には畿内から東国への重要な道筋があったことが発掘調査で得られた考古資料が物語っている。

このようなことを前提に「こんな歴史の見方もあったんだ」と感じていただければ幸いである。

註
1 日本書紀では信濃と記載

参考文献

傳田伊史「第Ⅱ部 第五章 信濃国における行政地名の制定について」『古代信濃の地域社会構造』 同成社 二〇一七年
西山克己「序章」『シナノにおける古墳時代社会の発展から律令期への展望』 雄山閣 二〇一三年
平田耿二「第二章 科野国の成り立ち 第三節 大和政権と科野のクニ」『長野県史』通史編 第一巻 原始・古代 (社)長野県史刊行会 一九八九年

目次

一　シナノのはじまり

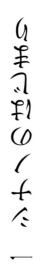

一　シナノの弥生時代終末から古墳時代初頭の墳墓概要

シナノの周溝墓の概要

昭和三十九（一九六四）年に東京都八王子市宇津木《うつぎ》向原《むかいはら》遺跡の発掘調査により発見された溝によって方形に区画された墓域について、大場磐雄氏が〝方形周溝墓《しゅうこうぼ》〟と命名して以来、特に弥生時代後期から古墳時代前期にかけてさまざまな埋葬形態が発見され、全国的に新たな名称がつけられ今日にいたっている。

長野県で初めて〝周溝墓〟が調査されたのは、昭和四十（一九六五）年の飯山市須多ヶ峯《すたがみね》遺跡でのことである。以来八〇遺跡以上から弥生時代後期前半から古墳時代前期にかけての周溝墓類が確認されている。

その分布は、大きくは日本海に流れる千曲川水系と太平洋に流れる天竜川水系に分かれ、千曲川水系では特に自然堤防上や段丘上に造られ、天竜川水系では特に段丘上に造られている状況が多くみられる。これらはそれぞれの地形形成の特徴による立地であることはいうまでもない。

長野県で発見されている周溝墓は、方形区画や円形区画に加え、前方後方形区画のものがみられ、広

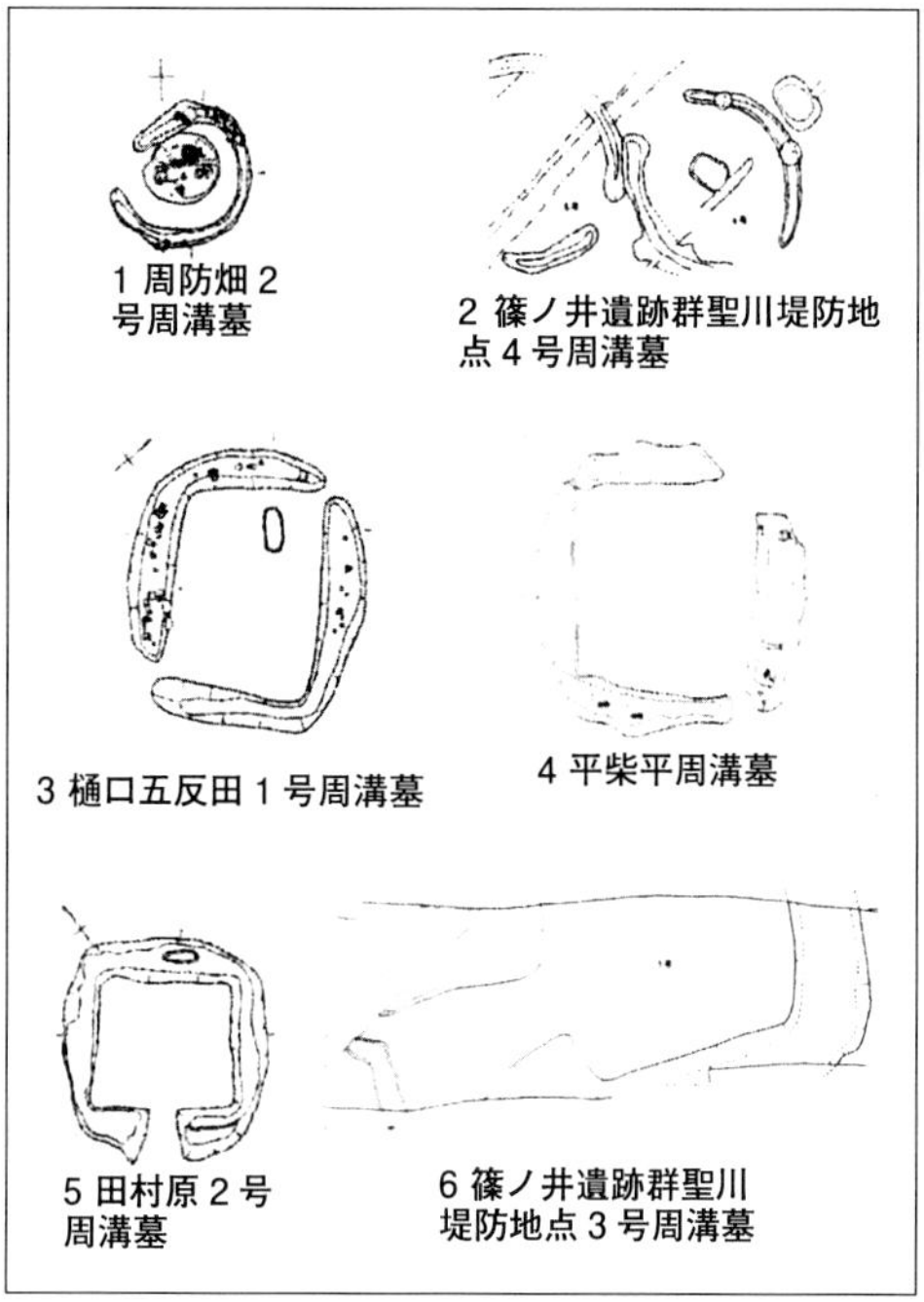

図1　シナノの周溝墓：スケール不統一（宮下　1988）

義的に同時代的な墳墓を加えるならば、飯田市蒜田《ひるた》遺跡の方形台状墓や長野市北平一号墳のような(低)墳丘墓も造られている。

長野県の周溝墓の初現は、佐久市北西の久保遺跡一号方形周溝墓や佐久市周防畑《すぼうばた》B遺跡一号、二号円形周溝墓のような径六《メートル》以下の円形周溝墓で、時期は弥生時代後期前半から中頃と考えられている。このように初現的な周溝墓は方形区画、円形区画を問わず小規模なものだった。

以後、下伊那郡喬木村帰牛原《きぎゅうはら》南原遺跡I号方形周溝墓のようにコーナーの一か所にブリッジが付設、上伊那郡辰野町樋口五反田遺跡一号方形周溝墓のようにコーナーの二か所にブリッジが付設、松本市白神場遺跡一号方形周溝墓のように一辺の中央にブリッジが付設される方形周溝墓と、割合は少ないが、長野市篠ノ井遺跡群聖川《ひじりがわ》堤防地点四号円形周溝墓のように二か所にブリッジが付設、帰牛原遺跡II号円形周溝墓のように一か所にブリッジが付設、下伊那郡喬木村伊久間原遺跡I号円形周溝墓のようにブリッジを付設しない円形周溝墓がともに造られ続ける。そして三世紀末葉から四世紀初頭頃の築造と考えられるシナノ最古の古墳、前方後方墳の松本市弘法山古墳が造られる先後には、長野市篠ノ井遺跡群聖川堤防地点三号周溝墓、九号周溝墓、十号周溝墓や下伊那郡豊丘村田村原遺跡二号周溝墓のような前方後方形周溝墓が造られている。また、この頃に北平一号墳や佐久市瀧ノ峯一号墳、二号墳のような前方後方形墳丘墓も現れる。

シナノの弥生時代終末から古墳時代初頭の埋葬形態

千曲川水系の方形、円形周溝墓は弥生時代後期初頭の一世紀に造られて以来、後期後半の三世紀には聖川堤防地点六号墳などが造られ、長野市平柴平遺跡の方形周溝墓のように古墳時代前期の四世紀にも造られているものもある。

前方後方形周溝墓は、古墳時代前期の四世紀に入ると聖川堤防地点九号周溝墓〜十号周溝墓〜三号周溝墓が、長野市姫塚古墳や長野市川柳将軍塚古墳が築造された山上眼下の自然堤防上となる長野市篠ノ井塩崎地区に順次造られ、三号周溝墓は前方部が発達した形態となっている。

前方後方形墳丘墓は、山上に造られた中野市安源寺城跡一号墳丘墓が三世紀後半に、そしてやはり尾根上に北平一号墳が三世紀末葉に造られた。この後、四世紀に入ると瀧の峯一号墳や二号墳が造られる。

天竜川水系の円形、方形周溝墓は飯田市ミカド遺跡円形周溝墓一、二や飯田市垣外《かいと》遺跡の方形周溝墓一一基が二世紀から三世紀を中心に造られ、諏訪市本城遺跡の方形周溝墓は四世紀に造られている。

前方後方形周溝墓は、三世紀に造られたと考えられる田村原二号周溝墓があり、また諏訪市一時坂《いっときざか》一号周溝墓は四世紀に造られた。

現在長野県内で最も古い古墳は、前方後方墳の弘法山古墳で、三世紀末葉から四世紀初頭頃の築造と考えられていることはすでに述べた。この後、善光寺平に前方後円墳の千曲市森将軍塚古墳や中野市高遠山古墳が四世紀前半から中頃に築造されたと考えられ、またこれらと相前後して前方後方墳の姫塚古墳が築造されたと考えられている。

善光寺平南域では、弥生時代以来の周溝墓は自然堤防上に造られ続け、古墳は周辺の山上に築造される景観となる。この景観のちがいは、自然地形やその利用のちがいに加え、前方後方墳や前方後円墳を築造するに当たっての精神面や造営技術面などのちがいによるものだったと考えられる。

善光寺平南域では、これまでの祖霊が眠る墓域を侵すことなく、また周溝墓とは隔絶化、象徴化を示すものとして周辺の山上に古墳が占地されたと考えられる。

弥生時代から古墳時代への移行期の年代について

中国のいわゆる『魏志倭人伝』の記載から、三世紀前半の日本列島には、邪馬台国を盟主とする三〇か国ほどの小国連合が形成されていたとされる。文献記載のみならず、北部九州を中心に分布していた中国鏡が、三世紀前半になると畿内ヤマトを中心に分布するようになり、考古資料からもこの時期に邪馬台国連合が成立していたことがうかがえる。これらのことから三世紀前半には北部九州から瀬戸内海沿岸地域、さらには畿内にかけての地域に小国連合が形成されていたことは疑う余地がない。それでは『魏志倭人伝』の記載や考古資料から、邪馬台国連合以外の小国連合が想定できるのであろうか。

『魏志倭人伝』の記載からは想定が難しいが、三世紀前半の邪馬台国の中枢部と考えられている奈良盆地東南部の桜井市付近では、桜井市纏向《まきむく》石塚墳丘墓やホケノ山墳丘墓など、後の大形前方後円墳の祖形となる前方後円形墳丘墓が築造されている。西日本を中心とする地域に前方後円形墳丘墓、そして前方後円墳が築造され始めた時期に、伊勢湾や濃尾平野などの東海地域から中部高地、北陸を含む東日本にかけて、前方後方形墳丘墓や前方後方墳という地域首長墓が築造されていることが注目されている。またこれらの前方後方形墳丘墓や前方後方墳が築造されている地域は、きわめて地域色が強い弥生時代後期の土器から古墳時代前期の土器（土師器：古墳時代から古代にかけての素焼き土器の総称）へと移行する頃、濃尾平野を中心とする地域の土器が搬入され、またその土器の影響を受けた土器が作られた。

この前方後方形墳丘墓や前方後方墳を共通の墓とする連合体については、『魏志倭人伝』に記載されている邪馬台国連合と戦っている狗奴国《くなこく》ではないかと想定されている。

さて畿内を中心とする西日本の大形前方後円墳の出現については、土器や鏡などの研究に加え、炭素14年代を年輪年代法で補正する較正《こうせい》炭素年代法によって、三世紀中頃には築造が開始されていたと考えられている。このことをふまえれば、三世紀前半の邪馬台国連合以降三世紀中頃には桜井市箸墓古墳に象徴される前方後円墳を共通の墓とするヤマト王権が成立していたことが想定される。

また上記年代を考慮するならば狗奴国の影響ではないかと想定される前方後方形墳丘墓から前方後方墳への移行は、ヤマト王権の前方後円形墳丘墓から前方後円墳への移行とほぼ同時代、あるいは若干後に推移すると考えられることから、三世紀後半には前方後方形墳丘墓から前方後方墳へと移行

表１　日本考古学協会新潟県大会での弥生時代後期から古墳時代前期にかけての土器対応表（事務局案）（日本考古学協会新潟大会 1993）

新潟シンポ編年	東北	関東北部	関東南部 東京湾 西岸		東岸		東海 赤塚（1990）		中部高地 信濃 千野・宇賀神・青木（1993）		中部高地 甲斐	北陸北東部 坂井・川村（1993）	北陸南西部 田嶋試案（加賀地域）		北陸南西部 漆町編年田嶋（1986）	畿内
1			1	1	I	b	山中式後期		V―3		1期		1期	前	1群	
														後		
													2期	前		
														後		
2				2			廻間I	0	V―4		2a		3期	前後 新	2群	
								1								
3								2						中	（+）	庄内（古）
								3							3群	
4		I期						4	V―5	I	2b	I最新		後	4群	庄内（新）
5	I-1	II期（古）	II	3	II		廻間II	1			3期	II-1	1a	I_1	5群	
								2								
6	I-2	II期（新）		4				3	御屋敷			II-2		I_2	6群	
								4								
7	II-1	III期（古）			III	a	廻間III	1		II	4期	II-3	1b	I	7群	布留（古）
	II-2															
8	III-1	III期（新）	III	5				2				III		II	8群	
								3								
9	III-2	IV期				b		4		III	5期	IV	2	I_1	9群	布留（中）
10	III-3			6			松河戸式前期							I_2	10群	

廻間Ｉ４～廻間Ⅱ２を３世紀前半　弥生時代終末（赤塚 2002、原田 2002）
廻間Ⅱ４～廻間Ⅲ２を３世紀末葉から４世紀初頭　古墳時代前期前葉（赤塚 2002、原田 2002）
布留Ｉを４世紀前半　古墳時代前期前葉（赤塚 2002、橋本 2002）
松戸式前期を４世紀後半　古墳時代前期後葉（赤塚 2002、原田 2002）

したと理解できる。シナノの前方後方形墳丘墓から前方後方墳への移行は、当初狗奴国との連合体制により安源寺城跡第一号墳丘墓ほかの前方後方形墳丘墓が築造され、この後シナノ最古の古墳である弘法山古墳（写真１）に象徴される前方後方墳が築造されたと考えられる。

弘法山古墳出土土器（廻間Ⅱ式土器三段階～廻間Ⅲ式土器一段階）よりも安源寺城跡第一号墳丘墓出土土器（廻間Ⅱ式土器三・四段階）の様相が先行することを踏まえれば、安源寺城跡第一号墳丘墓は三世紀後半に築造されていたと考えられる。

このような狗奴国との関わりで出現した前方後方墳丘墓から前方後方墳の築造の後、ヤマト王権との紐帯《ちゅうたい》関係を結ぶことにより四世紀中頃までには森将軍塚古墳（写真2）が築造され、この後善光寺平南域を治めた有力在地豪族（首長）たちの墳墓として川柳将軍塚古墳をはじめとする前方後円墳が築造されることとなる。畿内の古墳の出現をどのように考えるかはさまざまな意見はあるが、ここでは箸墓古墳が三世紀中頃の二五〇年頃に出現し、桜井市桜井茶臼山古墳やメスリ山古墳が四世紀初頭の築造と考えられていることをふまえれば、森将軍塚古墳の築造年代は四世紀前半から中頃と考えられる。

写真1　弘法山古墳頂上（松本市教育委員会提供）

写真2　森将軍塚古墳墳丘（千曲市教育委員会提供）

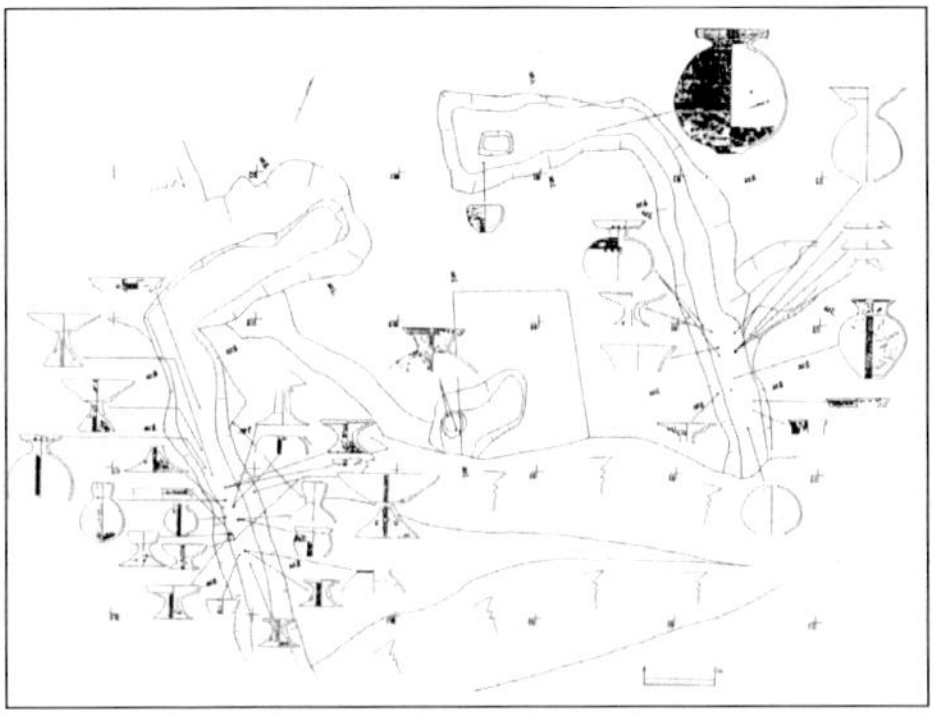
図2　安源寺城跡1号墳丘墓と土器出土状況
（関 他　1999）

シナノ最古の古墳、前方後方墳の弘法山古墳が築造された松本盆地には、現在のところ弘法山古墳に続く前方後方墳や前方後円墳は確認されていない。

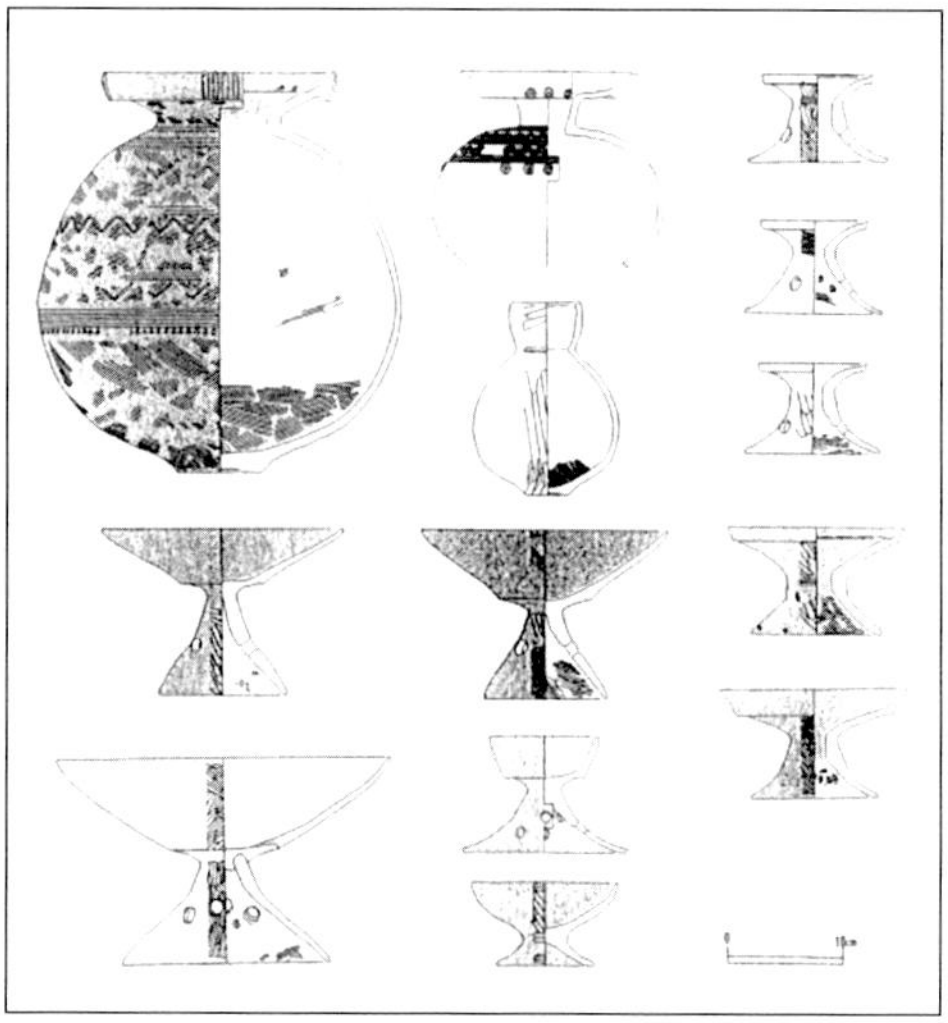

図３　安源寺城跡第１号墳丘墓出土土器（関 他　1999）

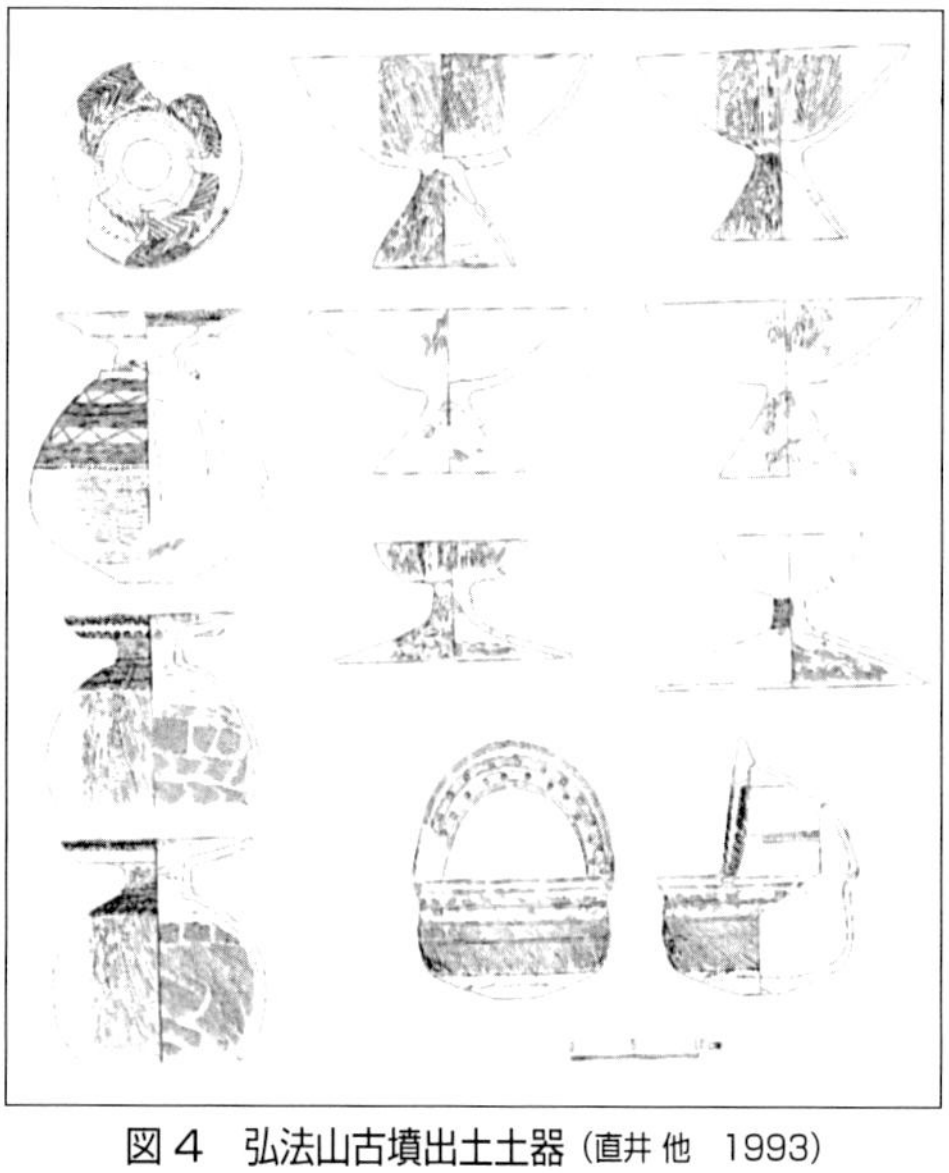

図４　弘法山古墳出土土器（直井 他　1993）

長野市篠ノ井塩崎地域の弥生時代終末から古墳時代への移行期の状況

〝古墳時代〟の概念について、本論では畿内に定型化した大形前方後円墳が出現する時期以降を古墳時代と位置づけておく。これを長野県の千曲川水系の善光寺平地域に位置づければ、土器には櫛画文や赤彩がいまだ用いられている頃で、弥生時代後期の土器様相が継続されている時期である。東海地方や畿内の土器編年を参考にすれば三世紀中頃となる。

三世紀中頃以降西からの影響、まずは前方後方形周溝墓や前方後方墳から出土する土器などの様相から、東海地方の影響が反映され、この後大きな画期となる畿内の影響を受けることとなり、古墳時代的土器、特に庄内式土器の新しい段階から布留《ふる》式土器の影響を受けて、土器への櫛画文や赤彩は消失する。そしていよいよ前方後円墳が築造されることとなる。

篠ノ井遺跡群では、弥生時代後期から古墳時代前期の周溝墓や木棺墓《もっかんぼ》が発見されている。当地域には弥生時代後期の環壕《かんごう》集落が造られ、弥生時代後期の周溝墓類は環壕の外側に、また環壕集落の環壕機能が失われ、古墳時代前期集落が形成され始めた頃には、集落とは混在せず、あるまとまりをもって木棺墓が造られることとなる。

長野市篠ノ井塩崎地域には、弥生時代終末から古墳時代中期の長野市鶴前遺跡、古墳時代前期の居館の一部で祭祀がおこなわれていた長野市石川条里遺跡（祭祀域）、弥生時代から古墳時代の水田跡が調査され多くの木製品が発見された石川条里遺跡（水田域）、自然堤防上に位置し弥生時代後期の環壕集落から古墳時代前期集落、そして両時代の墓域でもあった篠ノ井遺跡群がある。この篠ノ井遺跡群から北を望めば姫塚古墳や川柳将軍塚古墳が位置し、石川条里遺跡のすぐ北側には五世紀後半の築造と考えられる長野市中郷《なかごう》古墳が位置している。

これまで述べたように、篠ノ井遺跡群および周辺では、弥生時代後期以降の方形周溝墓がみられ、古墳時代前期には前方後方形周溝墓や木棺墓が確認され、周辺には前方後方墳や前方後円墳が築造されている。

篠ノ井遺跡群で発見された木棺墓ＳＭ七〇〇六には、変形獣形鏡や玉類が木棺内に副葬されていた。また、木棺墓ＳＭ七〇一六には、珠文鏡や玉類が木棺内に副葬されていた。

墳墓の被葬者の位置づけを考えた場合、埋葬施設を構築する上での労働力や副葬品の内容から、古墳＞周溝墓＞木棺墓という構図が考えられるが、当地域ではどのような状況であろうか。

川柳将軍塚古墳については、これまで鏡、石製品、玉類などの資料に加え、埴輪円筒棺（楕円形埴輪）の出土が知られている。この埴輪が当古墳の築造年代を示すか否かについては確実な資料とはいい難いが、畿内地方で楕円形埴輪が出現するのは四世紀後半とされ、また石川条里遺跡祭祀域より出土した石製品や鏡が川柳将軍塚古墳出土資料と類似性がみられ、その関連を重視すれば、石川条里遺跡より出土した土器からも四世紀後半と考えられる。

また、聖川堤防地点三号周溝墓は、周溝内から出土した土器や周辺周溝墓から出土した資料から四世紀後半に位置づけられる。

木棺墓は環壕集落が消失した後の古墳時代前期の集落と同じ時期と考えられ、また川柳将軍塚古墳出土鏡の類似性から川柳将軍塚古墳と同時期と考えられる。

聖川堤防地点三号周溝墓、篠ノ井木棺墓ＳＭ七〇〇六、ＳＭ七〇一六、川柳将軍塚古墳は四世紀後半に造られたと考えられ、三〇年程度の一世代の年代幅の中で同時存在したと考えられる。

そして、聖川堤防地点三号周溝墓は後世の掘削のため埋葬施設は確認されておらず、副葬品の詳細は不明だが、篠ノ井木棺墓以上の副葬品を持っていたと考えられ、姫塚古墳の副葬品よりも質量ともに劣るものだったと考えられる。そしてこれらの墳墓の示す現象こそが弥生時代的墳墓観と古墳時代的墳墓観の混在や選択を示すもので、これ以降副葬品も墳丘外形も前方後円墳を中心とした「いわゆる古墳」の埋葬観念の確立、定着へと時代は流れていく。そして、有力在地豪族たちはより一層選択され、ごく限られた有力者のみに畿内的埋葬形態が採用される時代となる。

参考文献

赤塚次郎「総説　土器様式の偏差と古墳文化」『考古資料大観2　弥生・古墳時代　土器Ⅱ』小学館　二〇〇二年
大場磐雄　八王子市宇津木向原遺跡の発掘調査にて命名。一九六四年
大場磐雄他（中央高速道八王子地区遺跡調査団）『宇津木遺跡とその周辺―方形周溝墓初発見の遺跡―』考古学資料刊行会　一九七三年
岡村秀典「考古学からみた漢と倭」『倭国誕生』吉川弘文館　二〇〇二年
白石太一郎「考古学からみた東国とヤマト王権―尾張の役割を中心に―」『東国尾張とヤマト王権―考古学からみた狗奴国と尾張連氏―』大阪府立近つ飛鳥博物館　二〇一七年
関　武他『長野県中野市　安源寺城跡遺跡発掘調査報告書』中野市教育委員会　一九九九年
土屋　積「長野県域における集落・墳墓の概要」『東日本における古墳出現過程の再検討』日本考古学協会新潟大会実行委員会　一九九三年
直井雅尚他『弘法山古墳出土遺物の再整理―新発見資料を中心とした土器とガラス製小玉の整理―』松本市教育委員会　一九九三年
西山克己「信州における墳墓の概観と墓域景観」『長野考古学会学会誌―古墳時代特集号―科野における古墳出現期研究の現状と課題　長野県考古学会誌69・70』長野県考古学会　一九九三年
西山克己「中部高地における周溝墓の概要」『考古学ジャーナル五月号』№37　ニュー・サイエンス社　一九九四年
日本考古学協会新潟大会実行委員会事務局「土器対応表」『東日本における古墳出現過程の再検討』日本考古学協会新潟大会実行委員会　一九九三年
橋本輝彦「第三章近畿地方の土器　近畿地方南部の土器」『考古資料大観2　弥生・古墳時代　土器Ⅱ』小学館　二〇〇二年
原田　幹「第四章中部地方の土器　中部地方の土器」『考古資料大観2　弥生・古墳時代　土器Ⅱ』小学館　二〇〇二年

宮下健司「Ⅴ信仰と葬制　2弥生時代の信仰と葬制（2）墓制 図版」『長野県史』考古資料編　全一巻（4）遺構・遺物　（社）長野県史刊行会　一九八八年

善光寺平南域の千曲川左岸の小形倣製鏡について

篠ノ井遺跡群高速道地点の調査から三面の鏡が出土している。いずれも古墳時代前期の倣製の小形鏡である。長野県内の弥生時代から古墳時代にかけての鏡は現在一一九面ほどが知られているが、篠ノ井遺跡群高速道地点から出土した三面の鏡はどのようなものなのか。

この篠ノ井遺跡群高速道地点は善光平南域の千曲川左岸に位置し、四世紀後半築造と考えられる全長九三メートルの前方後円墳川柳将軍塚古墳をはじめ、副葬品として鏡、特に小形鏡を保有していたと考えられる四世紀後半から五世紀前半の古墳が築造されている地域である。

ここで特に特徴的なのは川柳将軍塚古墳に副葬されていたとされる鏡である。古文書では四二面とも二七面とも鏡を保有していたとされてきたが、現在では伝川柳将軍塚古墳出土鏡として近隣の布制神社に異体字日月銘内行花文鏡（舶載鏡《はくさいきょう》）、内行花文鏡など六面保管されている。今回この六面に加え伝川柳将軍塚古墳出土鏡とされている方格規矩四神鏡など五面を加え一一面を紹介した（表2）。

川柳将軍塚古墳周辺の古墳や遺跡からの出土鏡をみると、長野市飯綱社古墳から五世紀前半の馬具（輪鐙）とともに素文鏡二面が出土している。さらに長野市松節遺跡で調査された四世紀後半の竪穴住居跡床面や、石川条里遺跡で調査された四世紀後半の祭祀域跡溝内から内行花文鏡が出土している。

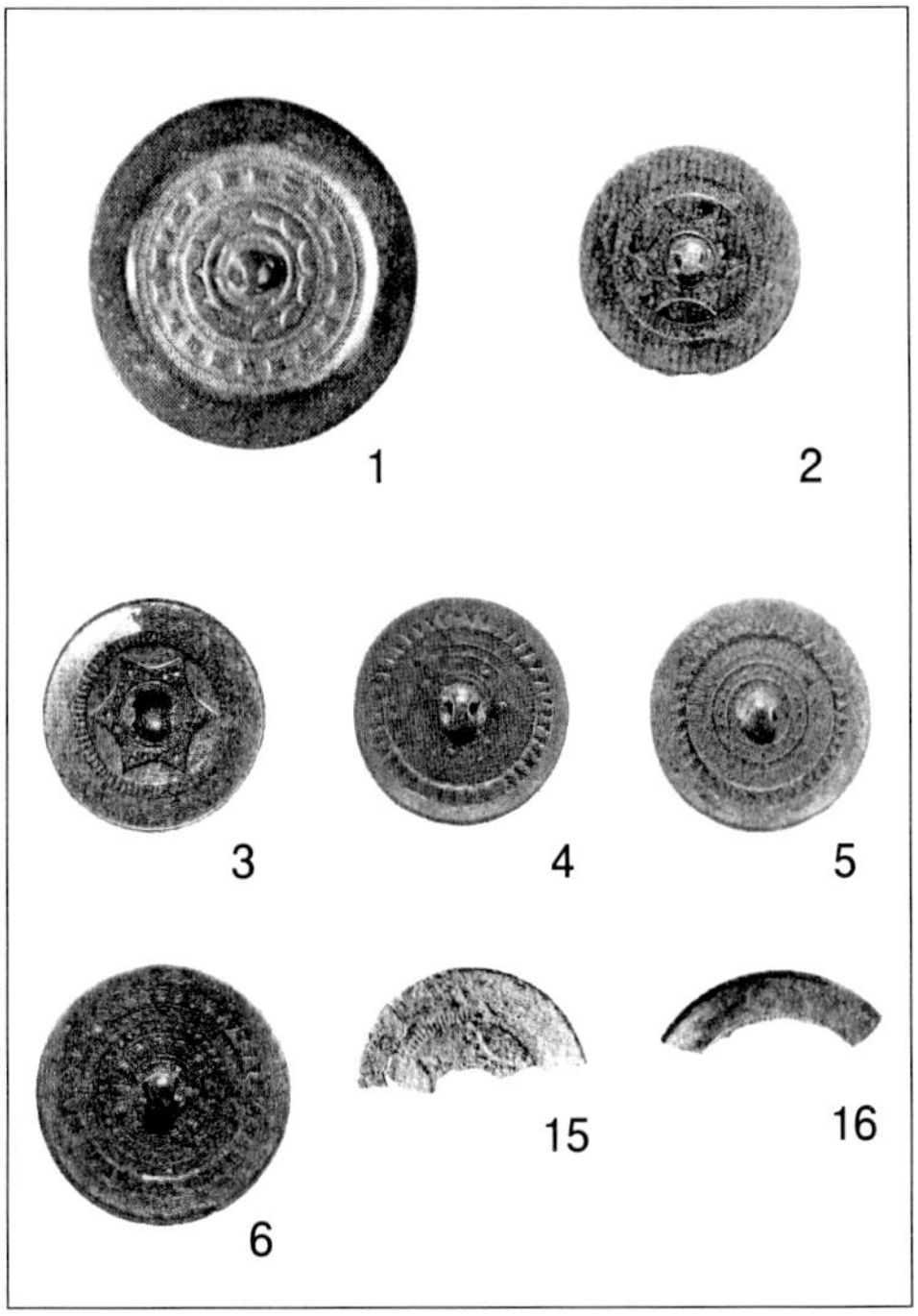

写真３　善光平南域の千曲川左岸出土鏡（岩崎 他 1988）番号は表2内の番号を示す スケールは不統一（イメージ）　所蔵者　１～６ 布制神社　15 長野市教育委員会　16 長野県立歴史館（写真　長野県立歴史館提供）

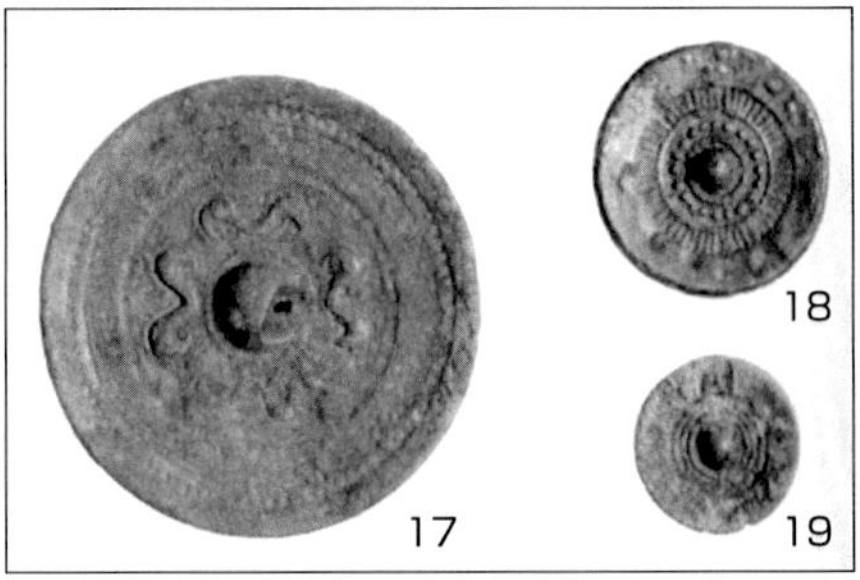

写真４　篠ノ井遺跡群（高速道地点）出土鏡（長野県立歴史館蔵）番号は表２内番号を示す　スケールは不統一（イメージ）

このような諸事例から伝川柳将軍塚古墳出土鏡をはじめ、当地域から一〇センチ以下の小形鏡類が数多く出土していることがわかる。

さてこのような地域だが、篠ノ井遺跡群高速道地点からはさらに特徴的な鏡が木棺墓や古墳時代前期の竪穴住居跡埋土中から出土した。

竪穴住居跡ＳＢ七二五〇からは、素文縁《すもんえん》で内区には三重の円圏が巡る重圏文鏡《じゅうけんもんきょう》が出土している。径三・二一センチ、重さ三・三六グラムを測る極小の鏡で、鋳上がりはよくない。多く用いられたせいか、内区の一部に穴があいている。床面からはかなり浮いた埋土中からの出土で竪穴住居に直接関わるものでは

表2　善光平南域の千曲川左岸出土鏡（岩崎ほか 1998・西山 1997 ほか）（註 1）

	古墳(墳墓)・遺跡名	所在地	出土鏡	面径	備考
1	川柳将軍塚古墳	長野市篠ノ井石川	舶載　異体字日月銘内行花文鏡	11.7cm	伝　川柳将軍塚古墳
2	川柳将軍塚古墳	長野市篠ノ井石川	内行花文鏡	6.5cm	伝　川柳将軍塚古墳
3	川柳将軍塚古墳	長野市篠ノ井石川	内行花文鏡	7.3cm	伝　川柳将軍塚古墳
4	川柳将軍塚古墳	長野市篠ノ井石川	乳文鏡	7.8cm	伝　川柳将軍塚古墳
5	川柳将軍塚古墳	長野市篠ノ井石川	珠文鏡	7.3cm	伝　川柳将軍塚古墳
6	川柳将軍塚古墳	長野市篠ノ井石川	捩文鏡	8.1cm	伝　川柳将軍塚古墳
7	川柳将軍塚古墳	長野市篠ノ井石川	舶載　方格規矩四神鏡	13.0cm	伝　川柳将軍塚古墳か
8	川柳将軍塚古墳	長野市篠ノ井石川	乳文鏡	12.2cm	伝　川柳将軍塚古墳か
9	川柳将軍塚古墳	長野市篠ノ井石川	獣形鏡	10.5cm	伝　川柳将軍塚古墳か
10	川柳将軍塚古墳	長野市篠ノ井石川	内行花文鏡	7.0cm	伝　川柳将軍塚古墳か
11	川柳将軍塚古墳	長野市篠ノ井石川	捩文鏡	6.8cm	伝　川柳将軍塚古墳か
12	飯綱社古墳	長野市篠ノ井石川	素文鏡	8.75cm	伝　飯綱社古墳
13	飯綱社古墳	長野市篠ノ井石川	素文鏡	4.48cm	伝　飯綱社古墳
14	八幡宮古墳	長野市篠ノ井塩崎	捩文鏡	11.2cm	
15	松節遺跡	長野市篠ノ井塩崎	内行花文鏡	6.7cm	古墳前期住居床面
16	石川条里遺跡	長野市篠ノ井塩崎	内行花文鏡	9.6cm	祭祀域跡溝内 外区破片（推定径）
17	篠ノ井遺跡群木棺墓	長野市篠ノ井塩崎	獣形鏡	8.2cm	SM7006
18	篠ノ井遺跡群木棺墓	長野市篠ノ井塩崎	珠文鏡	4.4cm	SM7016
19	篠ノ井遺跡群	長野市篠ノ井塩崎	重圏文鏡	3.2cm	古墳前期住居埋土中

ないと考えられる。

木棺墓ＳＭ七〇〇六からは、外区は素文縁、外向鋸歯文《きょしもん》、素文で構成され、内区にはもはや獣を表現したとは思えない獣形が四つ配された獣形鏡《じゅうけいきょう》が出土している。径八・二《チセン》、重さ

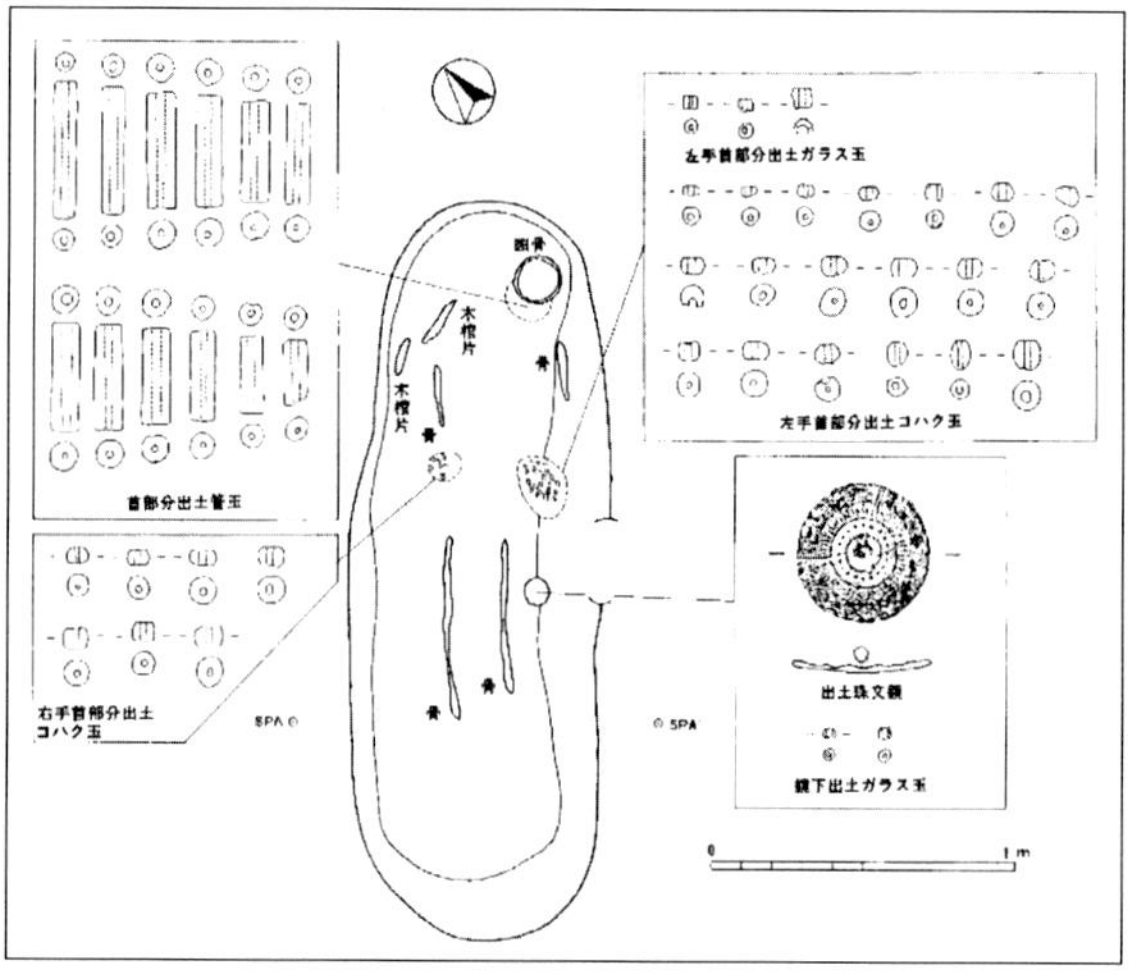

図５　木棺墓 SM7016 遺物出土状況
（西山克己　他　1997 年）

四二・二一《グラム》を測る小形鏡で、鋳上がりはあまりよくない。多く用いられたせいか、鈕《ちゅう》がかなり摩耗し、また鈕の下の内区もかなり摩耗し穴があいている。鏡面に朱の残存が確認できる。木棺墓の副葬品で、瑪瑙《めのう》製勾玉、碧玉《へきぎょく》製管玉、スカイブルーガラス小玉がともに出土している。

木棺墓SM七〇一六からは、素文縁で内区の外側には櫛歯文が巡り、内側には二〇個の珠文が一重に配された珠文鏡が出土している。径四・四《センチ》、重さ一三・三一《グラム》を測る小形鏡で、鋳上がりはよく白銅色をしている。ほかの珠文鏡にくらべ特徴的なことは、鈕が非常に小さく高く作られている。土圧のせいかわずかなひびが鏡面に入っている。木棺墓の副葬品で、琥珀製算盤玉、碧玉製管玉、スカイブルーガラス小玉がともに出土している。またこの鏡を包んでいた布と鏡を入れた木箱の残片がわずかだが鏡に付着していた。

小形倣製鏡類の出土状況

竪穴住居跡SB七二五〇出土の重圏文鏡《じゅうけんもんきょう》は、長野県内では初めての出土例である。全国的にも確実に古墳時代のものは五九面ほどしか知られていない。これらの出土傾向をみると、墳墓からの出土が三三面で、集落内や祭祀場など墳墓以外からの出土は二六面である。これらの傾向から竪穴住居跡SB七二五〇出土重圏文鏡も住居に伴うものとしてあつかってよいとも思えるが、木棺墓SM七〇〇六、SM七〇一六出土例や遺跡の密集度を考えると、墓に副葬されたものが何らかの状況で掘りあげられ、竪穴住居跡SB七二五〇の埋土中に混入したものと考えられる。

さて重圏文鏡とはどのような鏡なのか。その系譜等についてはここでは追究しないが、小形倣製鏡《ぼうせいきょう》である以上はもとになる母型があるはずである。小林三郎氏によると、その母型は中国戦国時代末葉から前漢代にかけて製作された「重圏素文鏡」や「重圏清白鏡」ではなく、前漢代に製作された「日光鏡」や「明光鏡」の類か、「四螭鏡《しちきょう》」と呼ばれる類のものではないかと推定できるが、中国鏡の中にその母型を特定できない鏡種である。また小形の内行花文鏡などとともに、弥生時代からの「小銅鏡」の系列である。

これまでの全国の出土例は上記した通りだが、分布についてはどのようなものであろうか。最も多く出土しているのは千葉県と愛媛県の六面である。次いで静岡県五面、兵庫県、岡山県四面、群馬県、三重県、大阪府三面と続く。資料数が多くないため的確な表現ではないが、畿内の周辺地域やヤマト王権とつながりが強いと考えられる東西の主要地域に多く出土する傾向がみられる。

篠ノ井遺跡群高速道地点出土鏡は面径三・二㌢《チセン》と極めて小さなものである。これに近い面径の鏡が滋賀県坂田郡近江町高溝遺跡より一面、香川県高松市居石《おりいし》遺跡より一面出土しているが、いずれも内区に一重の円圏を持つものである。

木棺墓SM七〇〇六出土の獣形鏡は、長野県内では八面目の出土例である。この八面の分布をみると、善光寺平で三面、諏訪湖周辺に二面、伊那谷に三面となり、全国的に多い面数である。しかし県内には同型あるいは類似した獣形鏡の出土例はないが、県外の類似例として京都市鏡山古墳出土鏡がある。

さて獣形鏡とはどのような鏡なのか。その系譜等については重圏文鏡同様に追究しないが、樋口隆康氏によると、一般的に獣形が崩れているが、その母型は中国の半肉彫獣帯鏡を模倣したものである。また古墳時代を通して倣製鏡中最も数の多い鏡種である。

木棺墓SM七〇一六出土の珠文鏡は、長野県内では十七面目の出土例である。この一七面の分布をみると、善光寺平に一〇面、伊那谷に六面、上田市（旧丸子町）一面で、善光寺平では古墳時代前期から中期にかけて出土、伊那谷では古墳時代中期から後期の出土傾向となる。確実に古墳時代のものと考えられるものは全国で二五九面ほどで、重圏文鏡にくらべ古墳時代の小形倣製鏡として多く用いられていたことがわかる。

長野県内では、長野市川田条里遺跡で、水田跡の道路跡に置かれた状況で発見されるなど、古墳への副葬品以外の使用方法もみられる。

さて珠文鏡とはどのような鏡なのか。小林三郎氏によると、中国鏡の中にその母型を特定できない鏡種である。

写真５　川田条里遺跡出土鏡（径5.6㎝）（鶴田　他　2000年）（長野県立歴史館蔵）

全国の出土分布はどのようなものであろうか。最も多く出土しているのは福岡県で二九面である。次いで兵庫県一八面、静岡県、長野県一七面、広島県一六面、岡山県一一面と続く。このように出土傾向をみると、重圏文鏡以上に畿内の周辺地域やヤマト王権とつながりの強い東西の限られた地域に多く出土している。

木棺墓SM七〇一六出土の珠文鏡のような素文縁＋櫛歯文＋二〇個の珠文という文様構成の鏡は、面径や鈕の形状は異なるが高松市居石遺跡から一面出土している。

以上、篠ノ井遺跡群高速道地点より出土した鏡個々についてみてきたが、この三面に加え、遺跡が立地する篠ノ井塩崎地域、さらには三面の鏡が出土した住居跡や木棺墓と同時代の古墳が築造されている隣接の篠ノ井石川地域より出土した鏡についてみてみたい。

篠ノ井塩崎地域では、篠ノ井遺跡群高速道地点の三面に加え、松節遺跡の竪穴住居跡から内行花文鏡一面が出土し、径約一七メートルの円墳長野市八幡宮古墳から変形四獣鏡一面、石川条里遺跡（祭祀域）から内行花文鏡片一面が出土している。

篠ノ井石川地域では、一辺約一六メートルの方墳飯綱社古墳から素文鏡二面、全長約九三メートルの前方後円墳川柳将軍塚古墳からは伝川柳将軍塚古墳鏡六面ほか、出土鏡とされている五面を含めて、方格規矩四神鏡一面（舶載鏡）、異体字日月銘内行花文鏡一面（舶載鏡）、内行花文鏡三面、乳文鏡二面、捩文鏡二面、獣形鏡一面、珠文鏡一面が残されている。このように塩崎、石川地域には重圏文鏡、珠文鏡、素文鏡、獣形鏡、乳文鏡、捩文鏡、内行花文鏡といった小形倣製鏡が集中していることがわかる。

全国の代表的な諸例をみると、東日本例の集落遺跡出土例は、千葉県市原市草刈遺跡の複数の竪穴住居跡から重圏文鏡一面、珠文鏡三面、素文鏡一面、獣形鏡一面が出土している。祭祀遺跡出土例は、足立区伊興遺跡で重圏文鏡一面、珠文鏡一面、素文鏡一面、捩文鏡一面が出土し、静岡市元宮川神明原遺跡では重圏文鏡一面、珠文鏡一面、素文鏡一面が出土している。古墳出土例では、径約二〇メートルの円墳千葉県山武市島戸境一号古墳から珠文鏡一面、捩文鏡二面、内行花文鏡一面が出土している。

西日本の祭祀遺跡出土例は、兵庫県明石市藤江別所遺跡で井泉祭祀に用いられた重圏文鏡二面、珠

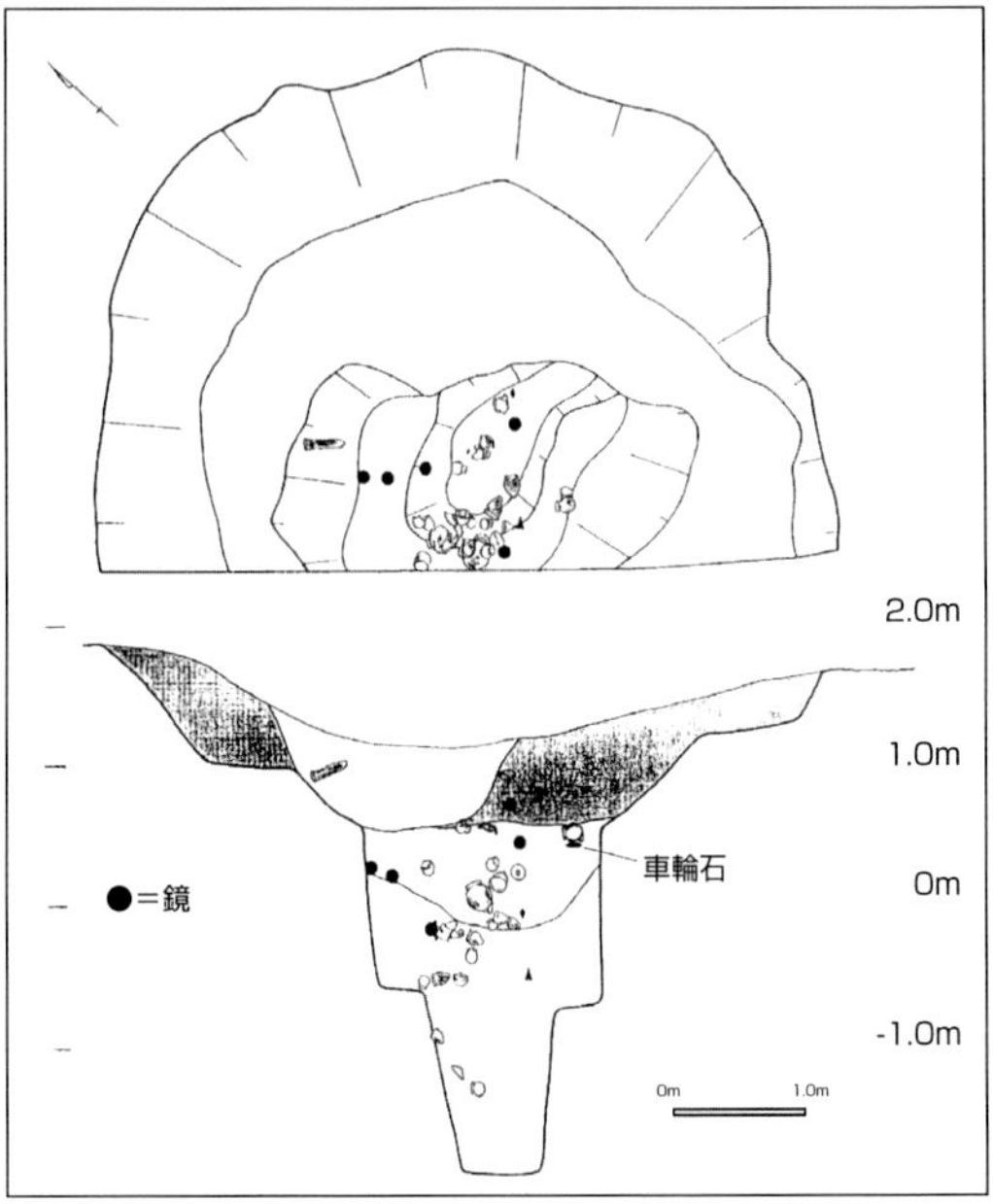

図６　兵庫県明石市藤江別所遺跡の井泉祭祀　●＝鏡出土状況　（稲原　1996 年）

文鏡二面、素文鏡二面、櫛歯文鏡三面が車輪石などとともに出土し、香川県高松市居石遺跡では祭祀に用いられたものとして、河川底より並んだ状況で重圏文鏡一面、珠文鏡一面、素文鏡一面が出土している。古墳出土例では、径約一六から一七《メートル》の方墳奈良県橿原市新沢千塚古墳群四八号古墳から珠文鏡二面、四獣形鏡一面、捩文鏡一面が出土し、全長七〇《メートル》の前方後円墳和歌山市大谷古墳では石棺内から素文鏡九面、四鈴素文鏡五面が出土している。

このように集落遺跡および祭祀遺跡や包含層など明らかに古墳や墳墓ではない遺跡や遺構から出土した銅鏡は面径が六《チセン》以上のものは少なく、小形であることにこの種の鏡の特徴があると考えられる。ただし、大谷古墳の家形石棺出土鏡一四面のように例外的な使用もみられる。

古墳の副葬品のみならず集落内（集落内祭祀）や祭祀場での祭祀行為に珠文鏡を中心とする小形倣製鏡類が多く用いられ、それも古墳時代前期を中心としながらも、中期、後期と古墳時代を通して用いられていたことがわかる。

以上から、篠ノ井塩崎、石川地域に持ち込まれた小形倣製鏡類は、古墳時代前期より珠文鏡＋重圏文鏡（櫛歯文鏡）＋素文鏡を代表として、珠文鏡＋獣形文鏡＋捩文鏡、珠文鏡＋獣形文鏡＋捩文鏡＋内行花文鏡などの組み合わせを中心としながら、それぞれが有力在地豪族たちや中小在地豪族たちにセットとして配布されたようである。また古墳や集落、祭祀場で用いられているものの、特に珠文鏡、重圏文鏡（櫛歯文鏡）＋素文鏡の組み合わせについては祭祀に用いられることが多く、他の小形倣製鏡類とも一線を画していたようである。

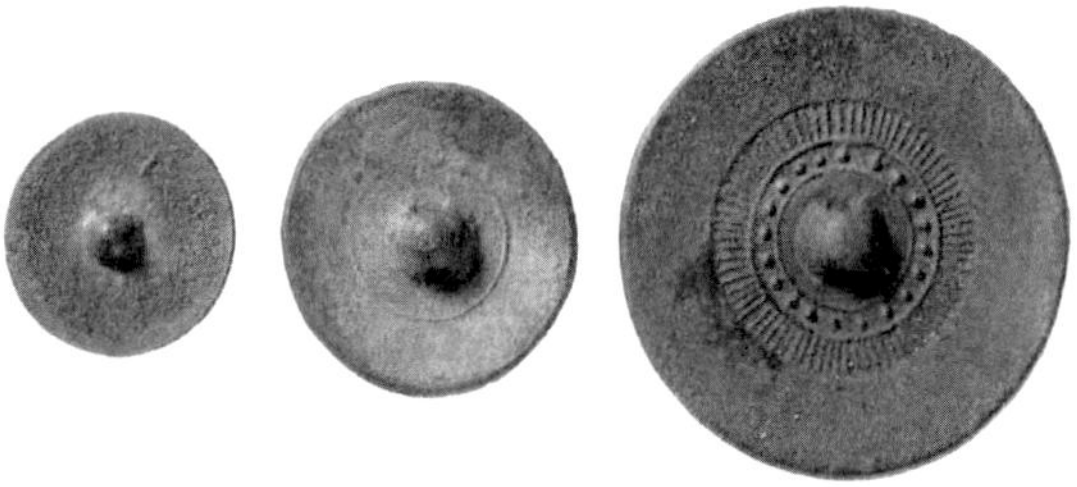

写真６　香川県高松市居石遺跡出土の（左）素文鏡 径 2.75cm・（中）重圏文鏡 径 3.55cm・（右）珠文鏡 径 5.35cm（山元 他 1995）（高松市教育委員会蔵）

小形倣製鏡類全般にいえることだが、特に珠文鏡、重圏文鏡（櫛歯文鏡）、素文鏡については、大形舶載鏡や大形倣製鏡類のような〝隔絶した祭祀に用いられた宝器的性格〟を帯びた鏡ではなく、〝身近な穢《けが》れを祓い身を守ってくれる儀鏡的性格〟が強かったと考えられる。それは篠ノ井遺跡群をはじめとして、藤江別所遺跡出土鏡、居石遺跡出土鏡にみられるそれぞれの紐の摩耗状況をみても理解できる。篠ノ井塩崎、石川地域の在地豪族たちや人びとにとってみれば、それは将来を約束されたヤマト王権から賜った儀鏡だったと考えられる。

それでは小形鏡の出土分布傾向はどうであろうか。珠文鏡、重圏文鏡、素文鏡にはその分布に特徴がみられる。先にもふれたが、畿内では大阪府域以外にこれらの鏡の出土はみられず、特に古墳時代前期から中期には大形舶載鏡や大形倣製鏡が多く分布する地域以外に多く配布された鏡類であることがわかる。畿内を挟んで、東日本では特に静岡県や長野県で多く出土し、次いで千葉県、群馬県となる。西日本では兵庫県、岡山県、広島県、鳥取県に多く、九州地方では福岡県で多くみられる。

重圏文鏡、珠文鏡、素文鏡類は、大形倣製鏡類の製作や使用とはまったく異なった様相を示す鏡類だったことがわかる。

篠ノ井遺跡群出土小形倣製鏡の性格

以上みてきたように、素文鏡や重圏文鏡などの小形鏡は弥生時代終末から古墳時代にかけて祭祀用として儀鏡化し、祭祀具としての性格を強く持つ鏡となっていったことがわかる。そしてその使用あるいは出土年代は四世紀後半から六世紀が主流となり使用年代には幅があるものの、篠ノ井遺跡群の竪穴住居跡ＳＢ七二五〇出土重圏文鏡、木棺墓ＳＭ七〇〇六出土獣形鏡、木棺墓ＳＭ七〇一六出土珠文鏡や全国で出土している小形鏡の紐や鏡面の摩耗、摩滅状態を考えれば、かなり使い込まれたか、長期間にわたり使用されていたことが考えられる。

ヤマト王権がクニづくりの基盤整備を進めるにあたり、四世紀後半の一時期に各地域で祭祀行為を担った有力在地豪族たちへ大形鏡とともに小形鏡を配布し、そこからさらに中小在地豪族たちに配布された小形鏡と、直接中小在地豪族たちに配布した小形鏡があったと考えられる。そしてその後それぞれの中小在地豪族たちは武人として成長し、その結果これらの鏡を祭祀行為に使用し、また古墳の

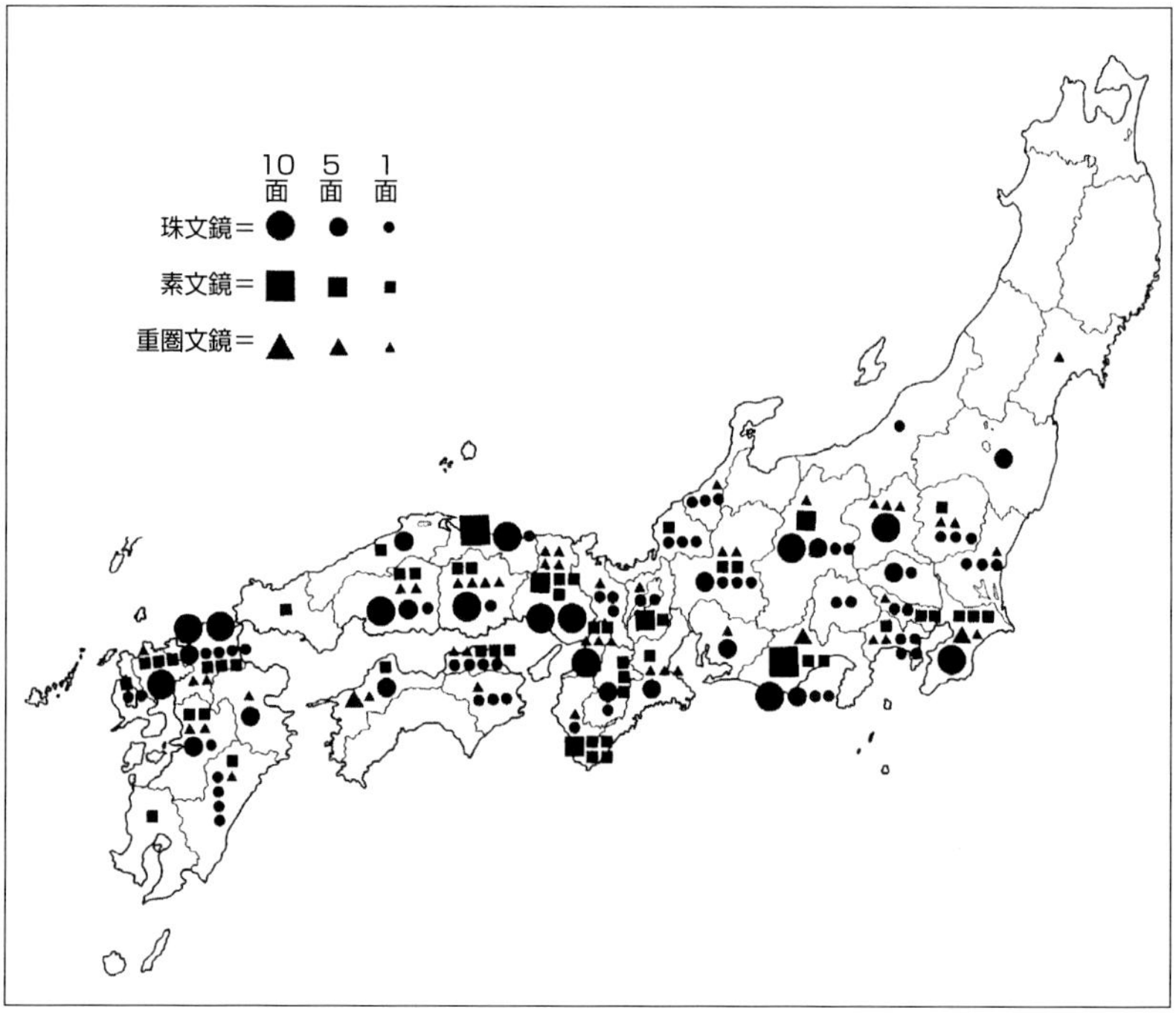

図７　素文鏡・重圏文鏡・珠文鏡分布図（西山　1997年）

副葬品として用いた地域は、中期以降の馬具の出土数が多い地域と重なる結果となる。このことからヤマト王権が押さえておかねばならない重要な軍事拠点の有力在地豪族たちや中小在地豪族たちに四世紀後半という早い段階から分け与えたものだったと考えられる。ヤマト王権は四世紀の早い段階から画文帯神獣鏡、方格規矩四神鏡、三角縁神獣鏡などの大形鏡を配布する有力在地豪族たちと素文鏡や重圏文鏡あるいは珠文鏡などの小形鏡を配布する中小在地豪族たちの差別化をはかり、身分の序列のみで配布したものではなく、将来的なヤマト王権との職務分担を明確にする意味で活用したものと考える。また宝器としての大形鏡とは異なり、小形鏡は中小在地豪族個人、あるいは集落全体を守る〝儀鏡〟として重宝したと考えられる。

川柳将軍塚古墳に埋葬された有力在地豪族は全国的にも類をみないほど小形鏡類を多く保有したようである。そして小形鏡を地域の有力者、あるいは職務分担され武人として成長する中小在地豪族たちに分け与えたと考えられる。篠ノ井遺跡群の木棺墓に埋葬された人びとは、生前には祭祀行為に用いるなど、自身の身分を保障した大切な鏡として自身の埋葬に際し副葬したものと考えられる。

註

1　飯島哲也氏のご教示による。

参考文献

明石市文化博物館　「発掘された明石の歴史展―藤江別所遺跡―」　一九九四年
稲原昭嘉　「藤江別所遺跡」『日本考古学協会一九九六年度三重大会シンポジウム1　水辺の祭祀』日本考古学協会三重大会実行委員会　一九九六年
岩崎卓也 他　「Ⅲ生産と生活の道具　4古墳時代の道具（5）青銅鏡 図版」『長野県史』考古資料編　全1巻（4）遺構・遺物　（社）長野県史刊行会　一九九八年
風間栄一　「32　川柳将軍塚古墳」『長野市誌』第12巻　資料編　原始・古代・中世　長野市　二〇〇三年―1
風間栄一　「33　飯綱社古墳」『長野市誌』第12巻　資料編　原始・古代・中世　長野市　二〇〇三年―2
白石太一郎他　「共同研究　日本出土鏡データ集成」2『国立歴史民俗博物館』第56集　国立歴史民俗博物館　一九九四年
鶴田典昭他　『川田条里遺跡』（財）長野県埋蔵文化財センター　他　二〇〇〇年
西山克己他　『篠ノ井遺跡群』（財）長野県埋蔵文化財センター　他　一九九七年
西山克己　「篠ノ井遺跡群出土の小形倣製鏡の一考察」『篠ノ井遺跡群』（財）長野県埋蔵文化財センター 他　一九九七年
西山克己　「第一章 第二節 小形仿製鏡類の性格について～篠ノ井遺跡群出土小形仿製鏡類の検討から～」『シナノにおける古墳時代社会の発展から律令期への展望』　雄山閣　二〇一三年
宮下健司　「長野県川柳将軍塚古墳をめぐる古文献―史料「万伝書く覚帳」を中心として」『信濃』第31巻第九号　一九七九年
山元敏裕他　『居石遺跡』高松市教育委員会　一九九五年

二　シナノの古墳

シナノの前方後円墳と前方後方墳

長野県内の前方後円墳の分布は、特に北の善光寺平と南の伊那谷南域の下伊那地域に集中している。しかし、その分布の背景には大きな違いがある。

北の善光寺平では、弥生時代以来の経済力の蓄えによる古墳時代前期から森将軍塚古墳に代表される前方後円墳を中核とする古墳群が形成され、五世紀中頃には前方後円墳の縮小化と衰退、長野市大室古墳群にみられる積石塚古墳を中核とする古墳群形成がはじまる。

南の下伊那地域では、四世紀の前方後方墳と考えられる飯田市代田狐塚古墳が築造されるものの善光寺平のように継続的な前方後円墳の築造はなく、五世紀中頃から大形円墳や帆立貝形古墳、そして前方後円墳が築造され、遅くても五世紀末葉から六世紀初頭という東国では早い段階に前方後円墳の埋葬施設として横穴式石室が導入されることとなる。

上記の違いの背景を前方後円墳の築造や古墳群形成の推移、積石塚古墳の分布、合掌形石室と横穴式石室の導入などから比較検討してみたい。

善光寺平から下伊那地域への五世紀中頃以降の前方後円墳を中核とする古墳群形成の地域的移行については、ムサシの南武蔵地域や比企地域から埼玉地域へ、ミノやオワリ地域の濃尾平野や犬山扇状地地域から名古屋台地方面への移行ほか、シモツケやミカワなどでもみられる。

各地域の前方後円墳を中核とする古墳群の移行はそれぞれの地域のさまざまな状況によるものと考えられるが、シナノではヤマト王権がクニ造りを進めるにあたり、〝赤い土器〟に象徴される箱清水式土器文化圏の弥生時代以来の在地有力者たちによるヤマト王権への自己主張的権威表現の結果、森将軍塚古墳や高遠山古墳を初めとする善光寺平の前方後円墳が築造され、さらにその有力在地豪族たちの善光寺平南域への集約化により順次前方後円墳が築造されたものと考えられる。

善光寺平の前方後円墳

南北約五〇《キロメートル》の善光寺平では四世紀前半から中頃にかけて、森将軍塚古墳や高遠山古墳が築造され、四世紀から六世紀にかけて六基の前方後方墳や二〇基の前方後円墳が築造される。この中で最大規模を誇るのが森将軍塚古墳で約一〇〇《メートル》を測る。

この善光寺平では、血縁や地縁を基にした一系列による前方後円墳築造というよりも、弥生時代後半以来の地域的統合による集団関係を示すものとして、前方後方墳や前方後円墳を中核とするいくつかの地域集団が寄り合う状況となり、やがて善光寺平南域の集団が善光寺平を治める有力在地豪族として成長し、ヤマト王権に認知されていく過程がよみとれる。それは弥生時代以来の有力在地豪族た

表3　善光寺平の前方後方墳・前方後円墳（西山　2013　一部改変）

図No.	古場名	所在	規模	主体部	時期	備考
1	有尾１号	飯山市飯山	35.0m	?	?	前方後方墳
2	勘助山	飯山市静間	35.0m	?	4C 後	前方後方墳
3	法伝寺２号	飯山市静間	23.0m	?	4C 後	前方後方墳
4	高遠山	中野市小田中	51.2m	木炭槨・粘土槨	4C 前 ~ 中	
5	七瀬双子塚	中野市七瀬新井	61.0m	?	5C 中	
6	蟹沢	中野市蟹沢	40.0m	?	4C	前方後方墳
7	庚申塚	飯綱町平出	45.0m	?	5C 中?	
8	和田東山１号	長野市若穂保科	41.0m	?	4C	
9	和田東山３号	長野市若穂保科	48.0m	竪穴式石室	4C 後	
10	和田東山４号	長野市若穂保科	41.0m	?	5C 前?	
11	三才１号	長野市古里	45.0m	?	5C 後	
12	地附山	長野市上松	39.0m	?	5C 後	
13	南向塚	長野市高田	47.5m	?	5C 後?	
14	大室 18 号	長野市松代町大室	55.5m	?	5C 前	
15	馬神塚	長野市小田切	30.5m	?	6C 前	
16	腰村１号	長野市篠ノ井小松原	43.0m	竪穴式石室か?	6C 初	
17	舞鶴山２号	長野市松代町西条	36.5m	竪穴式石槨	5C 後	
18	姫　塚	長野市篠ノ井石川	32.0m	?	4C 中	前方後方墳
19	川柳将軍塚	長野市篠ノ井石川	93.0m	竪穴式石室	4C 後	埴輪棺あり
20	見　山	長野市篠ノ井四野宮	45.0m	?	4C 後～ 5C 初	中世に破壊
21	中　郷	長野市篠ノ井四野宮	53.0m	?	5C 後	
22	田野口大塚	長野市信更町	40.0m	?	5C 中?	前方後方墳
23	土口将軍塚	千曲市土口	67.7m	竪穴式石槨	5C 前	
24	倉科将軍塚	千曲市倉科	83.0m	竪穴式石室	5C 前	竪穴石室２つ
25	有明山将軍塚	千曲市小島	36.5m	竪穴式石室	4C 後	
26	森将軍塚	千曲市森	99.0m	竪穴式石室	4C 前 ~ 中	

ちの政治的、経済的蓄積によるものである。

善光寺平北域に四世紀の前方後方墳と考えられている飯山市有尾一号古墳、勘助山古墳、法伝寺二号古墳や、中野市蟹沢古墳があり、前方後円墳には全長五一・二㍍《メートル》の高遠山古墳があるなど、善光寺平南域とは異なった様相をみせている。

また長野市東山古墳群では前方後円墳の一号、三号、四号古墳が一つの尾根上に築造されるが、その中心勢力は森将軍塚古墳や川柳将軍塚古墳が集中する善光寺平南域に集約される状況となる。そして四世紀前半から五世紀中頃まで森将軍塚古墳～川柳将軍塚古墳、千曲市有明山将軍塚古墳～千曲市倉科将軍塚古墳～千曲市（長野市）土口将軍塚古墳のような系統的な前方後円墳が築造されるが、五世紀後半にはその系統的な築造は途絶え、一変してヤマト王権と政治的に密接な関係を示す地域は飯田市を中心とする下伊那地域へと移行することとなる。

下伊那地域の前方後円墳

下伊那地域は善光寺平とは対象的に南北約一〇キロメートルの中に前方後方墳三基、帆立貝形古墳五基、前方後円墳二三基が確認されている。これらは天竜川東岸の下伊那郡喬木村の前方後円墳郭一号古墳を除いてすべてが天竜川西岸の飯田市内に分布し、飯田市北方の笛吹二号古墳以外は、現在の国道一五一号線沿いに連なるように築造されている。郭一号古墳を考慮すると立地状況などから前方後円墳を中核とする古墳群は七群に地域分けすることができる。

七群とは、天竜川西岸を北から座光寺地域、上郷地域、松尾地域、竜丘地域（駄科地域・桐林地域）、川路地域、そして郭一号墳のある天竜川東岸の阿島地域である。

これらの古墳群形成にあたって核となるのが以下の五点である。

・五世紀中頃から有力在地豪族たちが武人的地域統括者として成長し始めるが、そのあらわれが、大形円墳や帆立貝形古墳への甲冑の副葬化である。

・前方後円墳が古墳群構成の中核となる。

・中核となる古墳の石室は竪穴式石室から横穴式石室に移行し、横穴式石室は当初から有力在地豪族

表４　下伊那地域の前方後方墳・前方後円墳（西山　2013　一部改変）

図No.	古墳名	所　在	規　模	主体部	時　期	備　考
27	高岡１号	飯田市座光寺	約 72.3m	横穴式石室	6C 前	
28	新井原 12 号	飯田市座光寺	25.0m	竪穴式石室	5C 後	帆立貝形
29	北本城	飯田市座光寺	24.0m	横穴式石室	6C 初	
30	飯沼天神塚	飯田市上郷飯沼	74.5m	横穴式石室	6C 前 ~ 中	雲彩寺古墳
31	番神塚	飯田市上郷別府	? m	?	?	伝・消滅
32	溝口の塚	飯田市上郷別府	推 47.5m	竪穴式石室	5C 後	
33	笛吹２号	飯田市北方	30.0m	?	4C 後	前方後方墳
34	御射山獅子塚	飯田市松尾	58.0m	竪穴式石室	5C 代	
35	茶柄山３号	飯田市松尾	推 50.0m	竪穴式石室か	5C 後半	
36	八幡山	飯田市松尾	? m	?	5C 代	帆立貝形？
37	代田山狐塚	飯田市松尾	約 42.0m	竪穴式石室か	4C 後か	前方後方墳
38	おかん塚	飯田市松尾	推 50.0m	横穴式石室	6C 後	
39	上溝天神塚	飯田市松尾	40.0m	横穴式石室	6C 前	
40	姫塚	飯田市松尾	40.0m	横穴式石室	6C 初	
41	羽場獅子塚	飯田市松尾	44. 3m	?	5C 以前	前方後方墳
42	代田獅子塚	飯田市松尾	61.0m	横穴式石室か	5C 代	
43	水佐代獅子塚	飯田市松尾	54.0m	?	5C 代	
44	塚越１号	飯田市駄科	72.7m	横穴式石室	6C 後	
45	権現堂１号	飯田市駄科	60.9m	?	5C 後～ 6C 前か	
46	丸　山	飯田市桐林	約 60.0m	竪穴式石室か	5C 代	
47	大　塚	飯田市桐林	73. 0m	竪穴式石室か	5C 代	
48	兼清塚	飯田市桐林	63. 6m	竪竪穴式石室か	5C 代	
49	塚原二子塚	飯田市桐林	約 72.0m	竪穴式石室か	5C 後	
50	塚原３号	飯田市綱林	維 45.0m	竪穴式石室か	5C 後	帆立貝形
51	鏡　塚	飯田市桐林	推 45.0m	竪穴式石室か	5C 後	帆立貝形
52	鎧　塚	飯田市桐林	推 45.0m	竪穴式石室か	5C 後	帆立貝形
53	金山二子塚	飯田市上川路	推 63.0m	横穴式石室	6C 前	
54	馬背塚	飯田市上川路	46.4m	横穴式石室	6C 末～ 7C 前	横穴石室２つ
55	御猿堂	飯田市上川路	約 65.4m	横穴式石室	6C 前 ~ 中	
56	久保田１号	飯田市上川路	61.0m	横穴式石室か	5C 末 ~6C初	
57	郭１号	喬木村岡島	38.2m	横穴式石室	6C 代	

たちの埋葬施設として採用される。

・馬の生産、管理による畿内豪族たちとの紐帯関係が背景にある。

・馬の生産、管理など新来文化の受容は渡来人や渡来系の人びととの関わりが想定される。

以上五点から、下伊那地域の五世紀中頃からの前方後円墳の築造、さらに五世紀末葉以降の前方後円墳への横穴式石室の採用は、ヤマト王権の東国支配の拠点づくりによる結果であり、この拠点づくりには畿内豪族たちが競って独

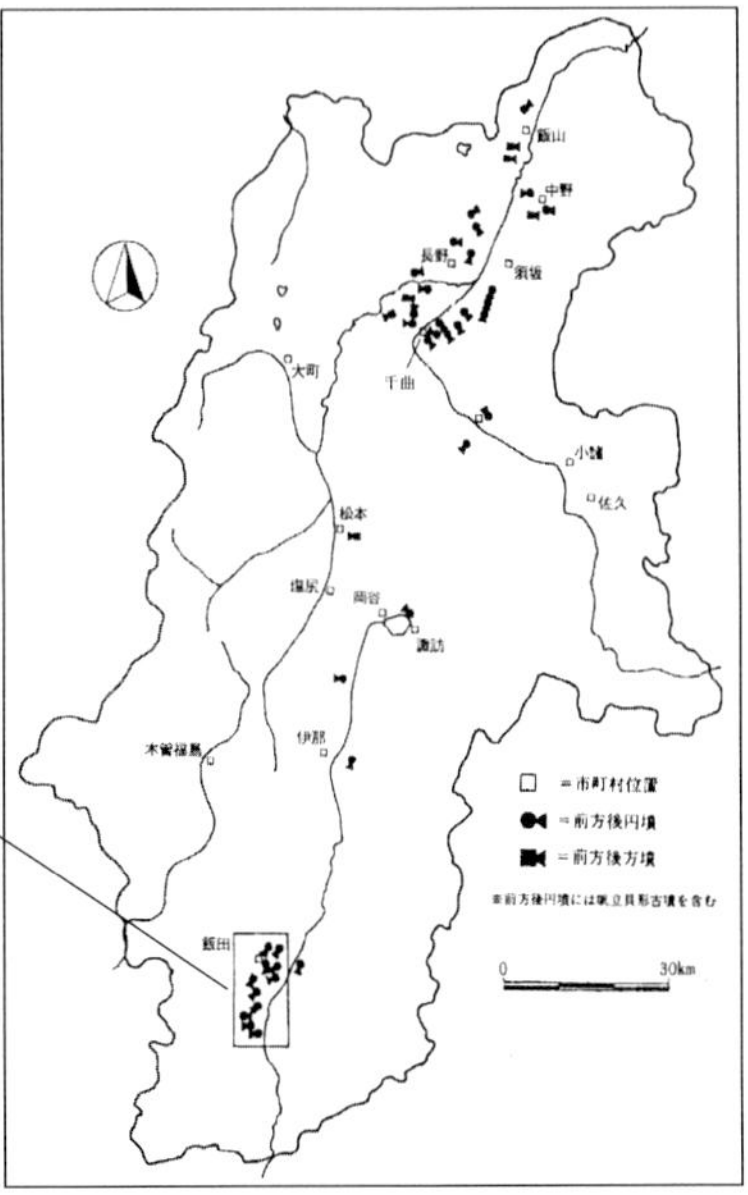

図８　長野県内の前方後方墳・前方後円墳
（西山　2013　一部改変）

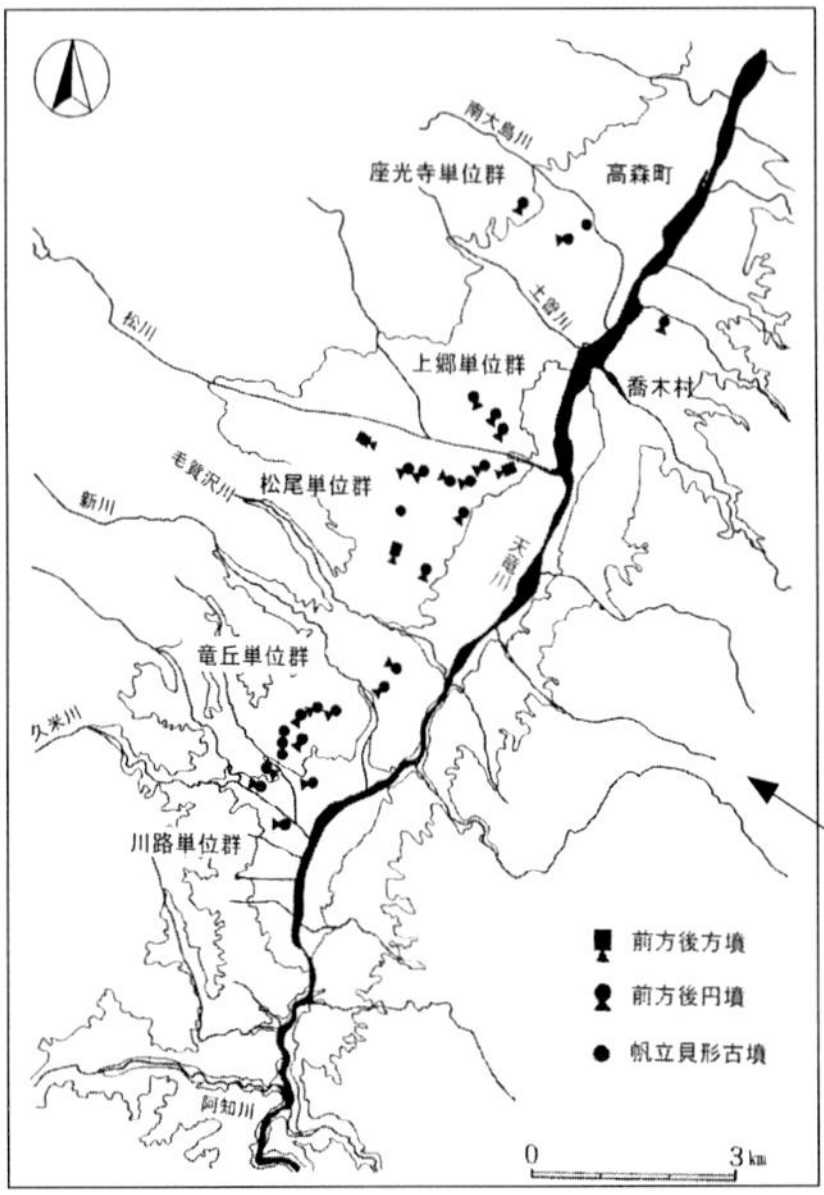

図９　下伊那地域の前方後方墳・前方後円墳
（澁谷　2012　一部改変）

自ルートによる有力在地豪族たちとの紐帯関係を模索した結果と考えられる。それは特に五世紀前半から後半にかけて馬匹《ばひつ》生産を中核とした畿内豪族たちとの紐帯関係によって力を蓄えてきた有力在地豪族たちの成長、さらには馬匹生産に直接関わった渡来人や渡来系の人びとによるものであることはいうまでもなく、当地域の今後の成り立ち、すなわち七世紀中頃以降の東国地域への律令体制整備の拠点ともなる伊那郡衙が置かれた座光寺地域を中心とする下伊那地域を考える上で非常に大きな意味を示している。

これらの様相を踏まえて、下伊那地域の前方後円墳を中核とする七古墳群の様相について、簡単に触れてみたい。

座光寺地域は、五世紀前半（須恵器編年：陶邑《すえむら》ＴＫ二一六型式期～ＴＫ二〇八型式期）（註：須恵器は古墳時代の五世紀から古代にかけて窯で焼かれた硬質土器の名称 95頁表8と須恵器説明参照）の木芯鉄地張輪鐙《わあぶみ》が出土した周溝含む外径約四〇メートルの大形円墳の新井原二号古墳の築造、五世紀第3四半期頃の約二五メートルの帆立貝形古墳の新井原十二号古墳の築造を発端とし五世紀前半から古墳群が形成される。また五世紀末葉から六世紀初頭の前方後円墳で下段（腰石）に平石を立て、上段には平石を一段、二段平積みにした横穴式石室が構築された全長約二四メートルの北本城古墳や、若干後出と考えられるが同様の石室をもつ径約一九・八メートルの円墳畦地一号古墳や全長約七二・三メートルの前方後円墳高岡一号古墳が近接して築造される。古墳群形成とともに馬の埋葬（殉葬）がおこなわれるようになる。

上郷地域は、五世紀後半の前方後円墳で竪穴式石室を持つ全長約四七・五メートルの溝口の塚古墳が造られ、石室内には横矧板鋲留衝角付冑《よこはぎいたびょうどめしょうかくつきかぶと》、横矧板鋲留短甲《たんこう》、三角板鋲留短甲が副葬されていた。溝口の塚古墳築造以降、全長約七四・五メートルの前方後円墳飯沼天神塚古墳や全長は不明の番神塚古墳が散発的に造られることとなる。また古墳群形成とともに馬の埋葬（殉葬）がおこなわれるようになり、宮垣外遺跡SM〇三内SK六四馬墓からは五世紀第3四半期（陶邑TK二〇八型式期）（95頁表8参照　以後同様）の木芯鉄地張輪鐙他が出土している。

松尾地域は、四世紀に全長約四二メートルの前方後方墳代田山狐塚古墳が築造されるが、以後継続して前方後円墳は造られず、五世紀中頃に眉庇付冑《まびさしつきかぶと》が副葬されていた径約二九・五メートルの大形円墳妙前大塚古墳がヤマト王権との関係を示す初現的古墳として築造される。六世紀に入り全長約四〇メートルの姫塚古墳や全長約四〇メートルの上溝天神塚古墳などの横穴式石室を持つ前方後円墳が継続的に造られることとなる。この地域でも古墳群形成とともに寺所遺跡や茶柄山古墳群、物見塚古墳などで馬の埋葬（殉葬）がおこなわれるようになる。この後前方後円墳が六世紀を通して継続的に築造され続け、前方後円墳の築造数では南隣の竜丘《たつおか》地域と二分することとなる。

松尾地域の西側にある北方西の原遺跡で平成二十五（二〇一三）年に前方後方墳の笛吹二号古墳が発見された。四世紀中頃の築造で全長三一メートル《メートル》を測る。笛吹二号古墳は埋滅し詳細不明の古墳だったが、前方後方墳と確認された。また隣り合わせで同時期の方墳笛吹五号古墳も発見された。これまで前方後方墳や前方後円墳がないとされた地域で発見されたことの意味は大きい。また五世紀後半には墳丘で土師器や須恵器（陶邑TK二三型式期）を用いた祭祀がおこなわれていたことも確認された。この祭祀がおこなわれた頃、周辺に円墳や下伊那地域ではじめての積石塚古墳が三基発見された。

竜丘《たつおか》地域は本来、駄科《だしな》地域、桐林地域それぞれの在地豪族たちの存在を示していたが、桐林地域が上川路《かみかわじ》地域へ拡張展開し、さらには駄科地域を吸収することによって成立したと考えられる。

駄科地域では、当地域の在地勢力と畿内勢力とのつながりの中で、五世紀後半から六世紀前半頃に全長約五五メートル《メートル》の前方後円墳権現堂一号古墳が築造されたが、以後畿内豪族たちとの紐帯《ちゅうたい》関係が継続せず、六世紀前半には桐林地域の在地勢力に吸収され、その後北域の松尾地域を牽制するように大形の横穴式石室石室を持つ全長約七二・七メートル《メートル》の塚越一号古墳が六世紀後半に築造される。

桐林地域では五世紀中頃以降の畿内豪族たちとの関係の中で、ようやく五世紀後半になって竪穴式石室に横矧板鋲留短甲が副葬されていた全長約四五メートル《メートル》の鎧塚古墳などの帆立貝形古墳が築造され、この経過の中で竪穴式石室に斜縁式二神二獣鏡、変形四神四獣鏡変形、四獣鏡、内行花文鏡他が副葬されていた全長六三・六メートル《メートル》の前方後円墳兼清塚《けんせいづか》古墳が畿内勢力との関係を示す古墳として築造される。以後六世紀に入り横穴式石室を持つ前方後円墳が造られるようになる。六世紀前半以降、南隣の上川路地域に畿内の影響を受けた東濃型大形横穴式石室を持ち四仏四獣鏡が副葬されていたとされる六世紀前半から中頃の築造と考えられる全長六五・四メートルの前方後円墳御猿堂《おさるどう》古墳や、後円部と前方部にそれぞれ一基ずつ大形横穴式石室を持つ六世紀末葉から七世紀前半頃の築造と考えられる全長四六・四メートルの前方後円墳馬背塚《ませづか》古墳が続く。六世紀に入り大形の横穴式石室が前方後円墳に継続的に造られる状況は、畿内中枢部の動向に類似している。このように前方後円墳は桐林地域のみならず、川路地域を意識して南隣の上川路地域に、松尾地域を意識して北隣の駄科地域に展開することとなり、竜丘地域では桐林地域や駄科地域の五世紀後半から六世紀初頭にかけての古墳群形成期と、竜丘地域として成長する六世紀前半以降の古墳群拡張期がみられる。この結果前方後円墳の築造数では、北に隣接する松尾地域と二分することとなる。竜丘地域では座光寺地域、上郷地域、松尾地域とは異なり、これまで馬の埋葬（殉葬）例は確認されていない。

川路地域では、五世紀後半に地域南端に位置する径約二一メートルの円墳月の木一号古墳が築造される。月の木一号古墳には横矧板鋲留短甲他が木棺直葬内に副葬され、武人的な在地豪族の存在を示し、この系譜の中で全長約六〇メートルの前方後円墳久保田一号古墳が築造されることとなる。久保田一号古墳は五世紀末葉から六世紀初頭頃に集落を移動させて墓域が設定され築造されたもので、二重の周溝に造出しを持ち周溝を含めると全長約九〇メートル以上の規模となる。二重の周溝も何らかの都合で、造り替えられたことが調査で判明している。以後六世紀後半まで久保田一号古墳を中心に古墳祭祀がおこなわれ、六世紀後半には北に隣接する径約二六メートルの大形円墳猿魔王塚《えんまおうづか》古墳が築造され、祭祀域が拡大するものの竜丘地域に吸収されて行く過程が想定される。

阿島地域は唯一の天竜川東岸の前方後円墳が構築された地域である。郭一号古墳は全長四六・四メートルで六世紀の築造と考えられるが、以降前方後円墳は築造されず、対岸の松尾地域に吸収されていったのであろうか。

その他の前方後円墳

六世紀前半以降、古東山道の道筋に関わる重要拠点の有力在地豪族たちの墓として、前方後円墳の下諏訪町青塚古墳が諏訪郡の中枢部に、箕輪町松島王墓古墳が諏訪郡南部に、上田市二子塚古墳が小県郡に築造されたと考えられる。

伊那市松老場一号古墳については、現在保存に関わる調査中で詳細は不明だが、現状の所見として五世紀前半頃に築造された前方後円墳と考えられている。この所見が正しければ、伊那郡北部にこの後なぜ継続的に前方後円墳が築造されなかったのか、大きな疑問となる。

表5　その他の前方後円墳（西山2013　一部改変）

図 No.	古境名	所　在	規　模	主体部	時　期	備　考
58	二子塚	上田市上田	48.0m	横穴式石室	6C 前	
59	王子塚	上田市西塩田	50.8m	?	5C 後～6C 前	帆立貝形
60	弘法山	松本市出川	66.0m	竪穴式石室	3C 末～4C 初	前方後方墳
61	青塚	下諏訪町横町	57.0m	横穴式石室	6C 中	
62	松島王墓	箕輪町松島	50.0m	横穴式石室	6C 中	
63	老松場 1 号	伊那市東春近	30.0m	粘土槨か	5C 前か	

シナノ（科野）国造と日系百済官人

六世紀前半以前にシナノ（科野）国造が確実に存在したことを示す文献史料や考古資料はない。しかしシナノ（科野）国造に関わると考えられる初見が『日本書紀』雄略紀十一年条にある。また下伊那地域の有力在地豪族たちが、五世紀中頃から渡来人や渡来系の人びとともに馬の生産や管理を背景に、ヤマト王権やヤマト王権中枢部の有力畿内豪族たちとつながりを強め、武人的地域統括者として成長し、五世紀後半から前方後円墳が密集して築造されたことは事実である。

このようなことから、雄略天皇の治世の五世紀後半にはシナノ（科野）国造につながる有力在地豪族が誕生したと考えられ、下伊那地域にその本貫地があったと考えられる。

さて『日本書紀』などには科野（斯那奴）氏の名が物部氏に次いで多く登場する。物部氏に代表される日系百済官人の性格や活躍と同様に、科野（斯那奴）氏の活躍を垣間みることが出来る史料が残されている。

『日本書紀』の継体天皇の巻と欽明天皇の巻に以下の四つの史料がある。これらの史料は六六〇年の百済滅亡後に日本に亡命した百済人が本国から持参した記録をもとに編纂した『百済本記』がもとになったとされ、確実性ある記録と考えられている。

1　継体天皇十年九月戊寅（五一六年九月十四日）
百済、灼莫古《やくまくこ》将軍・日本《やまと》の斯那奴阿比多《しなのあひた》を遣《つか》はして、高麗の使安定《あんてい》らに副《そ》へて、来朝して好《よしみ》を結ぶ。

2　欽明天皇五年二月（五四四年二月）
百済、施徳《せとく》（百済の官位八品）馬武《めむ》・施徳高分屋《こうぶんおく》・施徳斯那奴次酒《しなのししゅ》らを遣はして任那《みまな》に使し、日本府と任那の旱岐《かんき》（任那諸国の国王）らとに謂《かた》りて曰はく、（以下略）

3　欽明天皇十四年正月乙亥（五五三年一月十二日）

百済、上部徳率《しょうほうとくそち》（百済の官位四品）科野《しなの》次《し》酒《しゅ》・杆率《かんそち》礼塞敦《らいそくとん》らを遣はして、軍兵を乞ふ。

4 欽明天皇十四年八月丁酉（五五三年八月七日）

百済、上部奈率《しょうほうなそち》科野新羅《しらぎ》・下部《かほう》固徳汶休帯山《ことくもんきゅうたいせん》らを遣はして、表《ふみ》を上《たてまつ》りて曰《もう》さく、（以下略）

継体天皇から欽明天皇の時期に日系百済官人として登場する「斯那奴阿比多」、「科野次酒」、「科野新羅」らは、あえて科野（斯那奴）を名乗ることにより彼らの出自を明確にしたものと考えられる。彼らは五世紀後半にシナノに新来文化を伝えた百済人（渡来人）が、百済への帰国時に同行したシナノ人の二世あるいは三世だったと考えられる。

五世紀後半以降に渡来人とともに百済へ同行できた人びとは誰だったのか。日系百済官人として活躍したヤマト王権の中枢部に関わった物部氏一族があえてその名を名乗っていることを考えれば、科野を名乗った人びともあえてその名と出自を明確にしていることから、下伊那地域を本貫地とし、後のシナノ（科野）国造家となった有力在地豪族の一族出身者ではないかと考えられる。

ただしこの『日本書紀』継体天皇の巻と欽明天皇の巻に記載された「斯那奴」あるいは「科野」は六六〇年以降に記されたものであり、継体朝期の六世紀前半に使用されていたシナノを示す文字ではない。

シナノの方墳

方墳とは墳丘の平面形が方形になる古墳をいう。日本全国の古墳数は一五万七四一一基ともいわ

表６　長野県内の方墳（一部）（西山　2012　一部改変）

No.	古墳名	所在地	規模	埋葬主体	時期	その他
1	大蔵京古墳	上田市秋和字大蔵京	辺 35m × 32m × 高 2.5m	不明	4 世紀末〜5 世紀前半	
2	中曽線親王塚古墳	東御市大字和	辺 51m × 52m × 高 10.75m	不明	5 世紀前半	
3	大星山 1 号古墳	長野市若穂川田大字下和田	辺 17.4m × 17.4m × 高5.6m 以上	石槨	4 世紀第 4 四半期	石槨 × 2
4	大星山 2 号古墳	長野市若穂川田大字下和田	辺約 17m × 約 17m × 高不明	合掌形石室	5 世紀第 2 四半期	
5	大星山 4 号古墳	長野市若穂川田大字下和田	辺約 17m × 約 17m × 高不明	石槨	5 世紀初頭	積石塚古墳
6	天神 1 号古墳	須坂市米持天神	辺 35m × 30m × 高 4m	不明	5 世紀中頃	上円下方墳?
7	安坂 1 号古墳	東筑摩郡筑北村大字安坂	辺 10m × 11m × 高 m	竪穴式石室	5 世紀前半	積石塚古墳 竪穴 × 2
8	安坂 2 号古墳	東筑摩郡筑北村大字安坂	辺 15m × 8m × 高 m	竪穴式石室	5 世紀前半	積石塚古墳
9	安坂 3 号古墳	東筑摩郡筑北村大字安坂	不明	不明		積石塚古墳
10	安坂 4 号古墳	東筑摩郡筑北村大字安坂	不明	横穴式石室	7 世紀前半	積石塚古墳
11	大塚古墳	茅野市ちの塚原	辺 33m × 33m × 高 3m	横穴式石室	7 世紀代	積石塚古墳
12	フネ古古墳	諏訪市神宮寺フネ	辺約 35m × 約 20m × 高約 7m	粘土槨	4 世紀末頃	粘土槨 × 2
13	一時坂古墳	諏訪市上諏訪元町	辺 20m × 20m? × 高 2m?	木棺直葬	5 世紀後半	円墳？・木棺 × 5

れ、その大半を円墳が占めるが、方墳は円墳の次に多い墳形とされている。また前方後円墳はおよそ四七〇〇基程度と考えられる。古墳時代の初期に築造された方墳は、弥生時代の畿内で造られた方形周溝墓や島根県東部の出雲地方で造られた四隅突出型墳丘墓との関わりで論じられることが多い。

方墳が多い地域としても出雲地方が知られている。辺一〇メートル〜二〇メートル前後の小型のものが多いが、全国最大規模の方墳は五世紀前半の築造と考えられる奈良県橿原市の桝山古墳で辺約八五メートル・高さ約一五メートルを測る。

畿内の傾向は、五世紀の大形前方後円墳の大阪府羽曳野市誉田御廟山古墳（伝応神天皇陵古墳）や奈良市コナベ古墳などの陪塚《ばいちょう》として方墳が造られ、方墳の被葬者は前方後円墳の被葬者よりも社会的地位が低かったと考えられるが、前方後円墳が畿内を中心に築造されなくなる七世紀以降には、大阪府南河内郡太子町所在の用明天皇陵といわれている七世紀前半の築造と考えられる辺約六五メートル×六〇メートル、高さ約一〇メートルの春日向山古墳や、推古天皇陵といわれている七世紀前半の築造と考えられる辺約五九メートル×五五メートル、高さ約一一メートルの山田高塚古墳など社会的地位が非常に高い人びとの墓として築造されることとなる。

長野県には現在二八六一基の古墳があるとされ、そのうち前方後円墳が四七基に対し、方墳は約五〇基とされている。代表的な方墳は表6に示したが、一辺三五メートル×三二メートル、高さ二・五メートルの上田市大蔵京古墳や、一辺五一メートル×五二メートル、高さ一〇・七五メートルの東御市中曽根親王塚古墳など四世紀から五世紀にかけての方墳や、一辺一一メートル×一〇メートル、高さ不明の方形積石塚古墳の東筑摩郡筑北村安坂将軍塚一号古墳など方形の積石塚古墳が確認されているが、それ以外の方墳についての詳細は不明な点が多い。平成十（一九九八）年には安曇野市潮古墳群の発掘調査で、一辺南北一五メートル×東西一二メートルの隅丸方墳潮六号古墳が確認された。

東日本では七世紀初頭の辺約六〇メートル、高さ約一〇メートルの千葉県山武市駄ノ塚古墳や七世紀後半と考えられる辺約八〇メートル、高さ約一三メートルの印旛郡栄町龍角寺岩屋古墳などが築造されるなど有力在地豪族たちによる地域首長墓として築造されている。

方墳の築造にはじまる小県地域

シナノの方墳の出現は、四世紀末葉から五世紀前半頃の築造と考えられる大蔵京古墳や、五世紀前半の築造と考えられる中曽根親王塚古墳とされている。なお一九九二年に北陸新幹線建設工事に伴う発掘調査で大蔵京古墳の西側約二五〇メートルで辺推定二〇メートルの方墳と考えられる上田市風呂川古墳が発見されている。時期は五世紀第2四半期の築造と考えられている。

　長野県内にはおよそ五〇基ほどの方墳があることは先に述べたが、大蔵京古墳や中曽根親王塚古墳はともに盛土による大形方墳だが、東筑摩郡筑北村に所在する安坂将軍塚古墳群では一号古墳を初めとして五世紀前半から七世紀前半にかけて四基の方形の積石塚古墳が築造されている。

大蔵京古墳、風呂川古墳、中曽根親王塚古墳が築造されている頃、善光寺平では四世紀後半から五世紀前半にかけて前方後円墳の川柳将軍塚古墳、有明山将軍塚古墳～倉科将軍塚古墳～土口将軍塚古墳が順次築造され、ヤマト王権とのつながりによる有力在地豪族たちの首長系列がみられる。

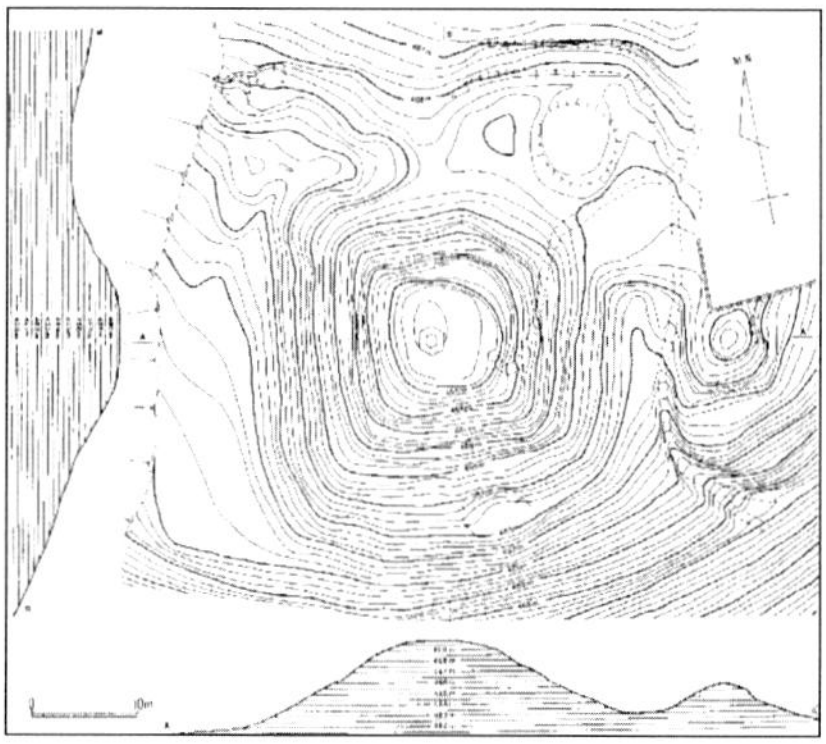

図10　大蔵京古墳（常木ほか　1986）

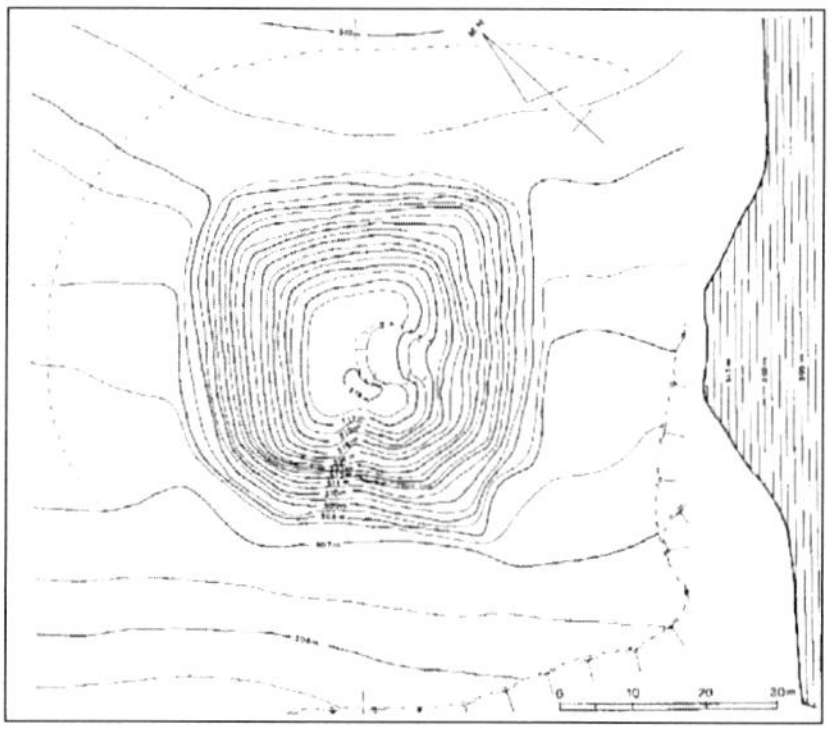

図11　中曽根親王塚古墳（常木ほか　1984）

　また、五世紀後半以降にはヤマト王権とのつながりにより、下伊那地域に有力在地豪族たちの墓として溝口の塚古墳や久保田1号古墳をはじめ二三基もの前方後円墳が築造されるようになる。

　前方後円墳の築造をヤマト王権とのつながりの中でみいだす従来の考え方からすれば、小県郡から佐久郡にいたる地域は、ヤマト王

写真7　稲荷山古墳（著者撮影）

写真8　丸墓山古墳（著者撮影）

権との密接なつながりとは一線を画した地域だったといえる。

同様にヤマト王権と一線を画していたのではないかと考えられる事例が、埼玉県行田市埼玉《さきたま》古墳群丸墓山古墳や長野市大星山古墳群でみることができる。

埼玉古墳群は一一五文字の辛亥年銘金象嵌《ぞうがん》鉄剣が出土した全長約一八〇メートル以上と考えられ、残存後円部高さ九メートルを測る稲荷山古墳をはじめとする八基以上の前方後円墳と、径一〇五メートル、高さ一六メートルを測る全国最大規模の大形円墳の丸墓山古墳を含む円墳二基からなり、ムサシ国造に関わる古墳群と考えられている。当古墳群では五世紀後半築造の稲荷山古墳に続いて全長約一二八メートル、高さ一一メートルの前方後円墳二子塚古墳が六世紀前半頃に築造されるが、同じ頃に大形円墳の丸墓山古墳が築造されている。前方後円墳による首長系列墓が築造されているにもかかわらず、同じ墓域内に最大規模の円墳丸墓山古墳が築造されたことは何を物語っているのであろうか。

また、善光寺平では長野市若穂に尾根を並べて、和田東山古墳群、大星山古墳群があり、和田東山古墳群には尾根上に四世紀後半以降三基の前方後円墳が継続して築造されているが、大星山古墳群には四世紀中頃から五世紀前半にかけて、円墳、方墳、方形積石塚古墳が築造されているなど、各尾根による古墳築造に差別化がみられる（142頁図46参考）。

前方後円墳 二子塚古墳の築造

熊本県玉名郡和水町の江田船山古墳出土の七五文字銀象嵌銘大刀の銘文や埼玉県行田市の稲荷山古墳出土の一一五文字辛亥年銘金象嵌鉄剣の銘文からも理解されるように、ヤマト王権が雄略天皇の時期に西国や東国との関係を深めていたことがうかがえ、以降東国への重要ルートとなる古東山道の整備がさらに進んだと考えられる。そして六世紀中頃以降の欽明天皇や敏達天皇の頃、シナノの有力在地豪族たちの子弟たちが大王の宮に仕え舎人に編成されたことにより金刺舎人や他田舎人の姓を賜ったと考えられ、ヤマト王権がクニ造りを進める中、シナノの有力在地豪族たちもその職制に組み込まれていく状況がうかがえる。このような時代背景の中、古東山道ルートの重要拠点の有力在地豪族たちの墓として、箕輪町松島王墓古墳や下諏訪町青塚古墳、そして東信唯一の前方後円墳で全長約四八《メートル》の上田市二子塚古墳が築造されたと考えられる。

このことは文献史料や出土木簡の記載からも金刺舎人や他田舎人姓を名乗った人びとが埴科郡や小県郡に多くみられることからも裏付けることができる。またこの六世紀の動きは、二子塚古墳から西に約八《キロメートル》離れた場所にある坂城町青木下遺跡の六世紀に継続しておこなわれた祭祀行為にも現れているのではないだろうか。

小県郡域とヤマト王権とのつながり

ヤマト王権によるクニ造りが進められる中、シナノでは四世紀から六世紀に善光寺平南域の有力在地豪族たちや下伊那地域の有力在地豪族たちがヤマト王権との強いつながりを示していた時、小県郡から佐久郡の有力在地豪族たちはヤマト王権との強いつながりを結ぶことなくその関係を保っていた。その結果、有力在地豪族たちの墓として築造されたのが大形方墳や五世紀中頃から後半の築造と考えられる帆立貝形古墳の王子塚古墳である。そして六世紀中頃以降に小県郡の有力在地豪族がヤマト王権の職制に組み込まれつながりを強めた結果、二子塚古墳が築造されたと考えられる。

そして七世紀以降、伊那郡や埴科郡、小県郡、佐久郡の金刺舎人や他田舎人姓を名乗った人びとが中心となり、ヤマト王権と軍事や外交面でのつながりをさらに強化した結果、伊那郡とともに埴科郡～小県郡～佐久郡は新たな律令体制整備に向けての重要拠点となっていったと考えられる。

参考文献
澁谷恵美子『飯田古墳群』長野県飯田市教育委員会　二〇一二年
常木　晃　他「千曲川上流域における古墳の実測調査」『信濃』第36巻第11号 信濃史学会　一九八四年
常木　晃　他「上田市秋和八幡大蔵京古墳の実測調査」『信濃』第38巻第4号 信濃史学会　一九八六年
長野県飯田市教育委員会『北方西の原遺跡』二〇一七年
西山克己「長野県の古墳と上田地域の古墳 ～方墳からはじまる上田地域の古墳～」『平成24年度特別展 権力者と富裕者の幽世 ―上田市域の古墳総まくり―』上田市立信濃国分寺資料館　二〇一二年

西山克己「シナノの古墳時代中期を中心とする北と南」『シナノにおける古墳時代社会の発展から律令期への展望』雄山閣　二〇一三年
濵　慎一「伊那市老松場古墳群1号墳 地元小学校児童の前方後円墳発見から保存調査へ」『信州の遺跡』第18号（一財）長野県文化振興事業団 長野県埋蔵文化財センター　二〇二三年
堀田雄二『平成26年度 市内遺跡発掘調査概要報告書』長野県東御市教育委員会　二〇一五年

積石塚古墳と合掌形石室とは

積石塚古墳の研究は、明治時代以来おこなわれ、石で築かれた特殊な古墳として、ヨーロッパなどの類例から、〝ケールン（積石塚）〟と呼ばれ、その研究が進められた。

そしてそれは、「大陸起源説」あるいは「環境自生説」とする二つの大きな説が論じられ、今日にいたっている。

「大陸起源説」とする場合、その起源を高句麗積石塚に求め、その根底には「石中誕生譚」（石から生まれて石に帰る）に関わる石中葬と称すべき埋葬観念が存在し、積石塚の積石そのものが石中葬のひとつの表現と理解することにある。また、「環境自生説」とする場合には、古墳を築造する土地が土を盛るよりも石を積むことが合理的だったからと考えられるが、なぜ石が多い土地を選んだのかという疑問も出てくる。いずれにせよ、どうして石積みなのかという疑問は古くて新しいテーマである。

日本国内の古墳といわれるものの多くは土で墳丘が築かれ、さらに築かれた墳丘に葺き石が用いられたものが一般的である。しかし九州地方から関東地方にいたる地域には、それぞれ地域性を持ちながら石で墳丘を築く古墳がみられる。これが「石塚」、「石築墳」、「積石塚」などと呼ばれたいわゆる「積石塚古墳」である。

各地域の弥生時代墳墓や中、近世の塚の中にも積石によるものがみられることから、本書では古墳時代の石のみによって築造された古墳を〝積石塚古墳〟とした。

合掌形石室の研究は大正時代以来おこなわれ、積石塚古墳同様、特殊な石室として位置づけられた。昭和に入り、朝鮮半島の百済古墳の類例が紹介され、これらの類例と関連づけた研究が進められたが、平成に入り大室古墳群などの調査成果から新たな視点による研究が進められている。

この「合掌形石室」という名称は、もともと大正十三（一九二四）年に矢沢頼道氏によって長野市松代町の皆神山周辺の積石塚古墳に「屋根型天井」を持つ古墳があると紹介されたことにはじまる。以降「粗製組合式家形石棺」、「拝み式」、「三角形石槨」、「横口式」、「屋根型式石槨」などの名称で呼ばれたが、昭和三（一九二八）年に岩崎長思氏が「屋根型に合掌せしめたり」と表現し、昭和九（一九三四）年に栗岩英治（酔古）氏が現在の長野市吉古墳群三一号古墳の石室に対して「合掌石棺」という名称を用いた。この後、昭和二十六（一九五一）年に大場磐雄氏は「合掌式石室」と呼び、昭和三十（一九五五）年には大塚初重氏が「合掌形石室」という名称を用いて現在にいたっている。

このように本来、「合掌形石室」という石室名称は長野県の善光寺平に分布する板石を屋根形に組む石室に対する名称として理解するものだが、佐賀県松浦郡浜玉町谷口古墳東石室などの初期横穴式石室や、徳島県三好郡三加茂町丹田古墳や奈良県天理市黒塚古墳の竪穴式石室にみられるような、板石を小口積みに持ち送り、天井石を用いない天井構造に対しても昭和四十六（一九七一）年の丹田古

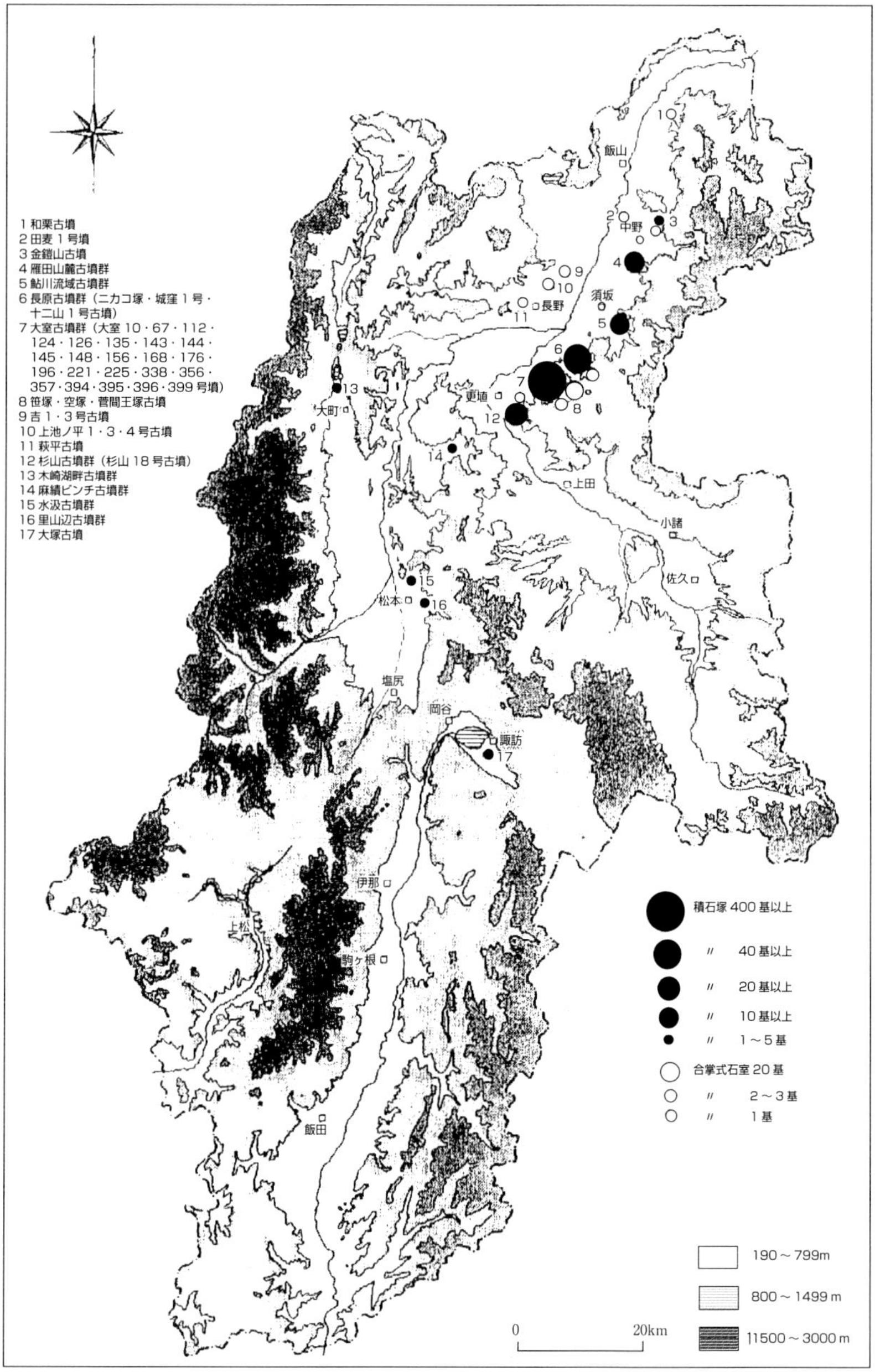

図 12　長野県内の積石塚古墳と合掌形石室分布図（桐原　1988　西山2013　一部改変）

墳の調査以来「合掌式（形）天井」、「合掌形石室」の表現が用いられている。

一見屋根形にするこの形態そのものの起源が同一に求められ、仮に新来文化の一連の枠組みの中に位置付けられたとしても、形態は類似していながらも、構築方法はまったく異なる。善光寺平に一類型として定型化した石室構造が存在することを評価すれば、「合掌形石室」という名称については、これまでの研究史からも本来善光寺平で定型化した合掌形の石室に対する名称であるべきと考える。しかし西日本でいわれる合掌形石室との混乱を避けることに注意を払うならば、あえて「善光寺平型合掌形石室」という名称を提唱する。

シナノの積石塚古墳研究

長野県内の積石塚古墳研究の出発は大正十二（一九二三）年の唐沢貞次郎氏と岩崎氏による上高井郡鎧塚古墳の記述にはじまる。

積石塚古墳の形態研究については、高句麗積石塚との関係を探る一要素として方墳であるか否かについて期待が寄せられながら調査や研究が進められることとなる。

現在確実に方形積石塚古墳として確認されているのは、東筑摩郡筑北村安坂《あさか》将軍塚古墳群一号、二号、三号、四号古墳（以後：安坂将軍塚一号古墳ほか同様）と長野市大星山古墳群四号古墳（以後：大星山四号古墳ほか同様）を代表例としてわずかである。

合掌形石室との関係についてはどうであろうか。長野県内の積石塚古墳研究がはじまった大正十二年の翌年、大正十三年には早くも矢沢氏によって積石塚古墳に今でいう合掌形石室が用いられていることが紹介されている。以後、積石塚古墳に用いられる石室として合掌形石室が理解されることとなるが、昭和六（一九三一）年に仁科義男氏の調査によって帆立貝形古墳の山梨県中央市王塚古墳で合掌形石室が発見され注目された。昭和九（一九三四）年には栗岩氏が盛土古墳の長野市吉古墳群三一号古墳（以後：吉三一号古墳ほか同様）の調査によっても合掌形石室が確認され、合掌形石室が必ずしも積石塚古墳のみに伴うものではないことが確認された。

平成四（一九九二）年、大塚氏は大室古墳群大室谷支群の各単位支群では、最初に出現した古墳はみな積石塚古墳であり、しかもそれらの石室は合掌形石室であることを明らかにした。また平成七（一九九五）年、山口明氏は長野県以外にも合掌形石室を埋葬施設とする積石塚古墳が築造されている例として山形県南陽市松沢古墳群一号、二号古墳（以後：松沢一号古墳ほか同様）を確認し紹介した。

善光寺平での積石塚古墳群の代表例とされる大室古墳群とは全く異なった様相をみせているのが千曲市杉山古墳群である。

杉山古墳群は五世紀中頃に築造がはじまり、七世紀に築造が終わる積石塚古墳群である。杉山古墳群A号古墳（以後：杉山A号古墳ほか同様）は裾部分を石垣状に板石を積む六角形墳で、埋葬施設は無袖式の横穴式石室が構築され、その年代は七世紀を前後するものである。杉山A号古墳よりも標高の高い場所に営まれたほかの積石塚古墳はいずれも石英閃緑岩を小口積みにした竪穴式石室を埋葬施設とするもので、竪穴式石室をもつ古墳からは土器祭祀に用いられた土師器の壺と高杯《たかつき》がセットで出土しており、いずれも五世紀の築造と考えられている。竪穴式石室は倉科将軍塚古墳や土口将軍塚古墳で構築された竪穴式石室の系譜を引くもので、杉山D号古墳は一辺一〇《メートル》ほどの隅丸方形墳と確認されたが、杉山A号古墳以外の古墳は同程度の規模で、竪穴式石室を埋葬施設とする方形墳の可能性が指摘されている。

注目すべきことは、杉山G一号古墳から百済土器あるいは馬韓土器の可能性のある格子叩きをもつ

〔日本後紀〕第5巻・延暦十六年三月十七日

信濃國人外従八位下前部綱麻呂賜姓安坂。

（訓読）信濃國の人外従八位下前部綱麻呂に姓を安坂と賜ふ。

又信濃國人外従六位下卦婁眞老。後部黒足。前部黒麻呂。前部佐根人。下部奈弖麻呂。前部秋足。小縣郡人无位上部豊人。下部文代。高麗家継。高麗継楯。前部貞麻呂。上部色布知等言。己等先高麗人也。小治田。飛鳥二朝庭時節。歸化來朝。自爾以還。累世平民。未改本号。伏望依去天平勝寶九歳四月四日勅。改大姓者。賜眞老等姓須々岐。黒足等姓豊岡。黒麻呂姓村上。秋足等姓篠井。豊人等姓玉川。文代等姓清岡。家継等姓御井。貞麻呂姓朝治。色布知姓玉井。

〔日本後紀〕第8巻・延暦十八年十二月五日

（訓読）又信濃國の人外従六位下卦《け》婁《る》眞老・後部黒足・前部黒麻呂・前部佐根人・下部奈弖麻呂・前部秋足、小縣郡人無位上部豊人・下部文代・高麗家継・高麗継楯・前部貞麻呂・上部色布知《しこふち》等言す。己等の先は高麗人なり。小治田・飛鳥の二朝庭の時節に、帰化来朝す。それより以還、累世平民にして、未だ本号を改めず。伏して望むらくは、去る天平勝寳九歳四月四日の勅に依つて、大姓に改めんことをと。眞老等に姓を須々岐、黒足等に姓を豊岡、黒麻呂に姓を村上、秋足等に姓を篠井、豊人等に姓を玉川、文代等に姓を清岡、家継等に姓を御井、貞麻呂に姓を朝治、色布知に姓を玉井と賜ふ。

史料1　『日本後紀』「延暦16年」・「延暦18年」の記事（坂本 他　1952）

瓦質（陶質土器）の甕が出土していることである。杉山古墳群が百済からの渡来人による墓である可能性を示している。

渡来人との関わりについては、昭和四（一九二九）年の『松代町史』の中で早くも高句麗からの渡来人との関係で述べている。また昭和十三（一九三八）年には栗岩氏が積石塚古墳と高句麗の積石塚、さらには『日本後紀』の信濃への高句麗渡来人記載を関連させ、高句麗系渡来人との関係で述べている。昭和二十六（一九五一）年には大場氏が安坂将軍塚古墳群の調査や『新撰姓氏録』などの記載から、同様に高句麗系渡来人との関係で述べている。昭和三十四（一九五九）年には永峯光一氏、亀井正道氏によって須坂市八丁鎧塚一号古墳、二号古墳の調査がおこなわれ、積石塚古墳としての形状や二号古墳から出土した鍍《と》銀《ぎん》青銅製獅《し》噛《がみ》文《もん》帯《おび》金《かな》具《ぐ》から百済や高句麗との関わりで考えた。また昭和三十九（一九六四）年には大場氏、桐原健氏らによって、安坂将軍塚古墳群の調査がおこなわれ、その結果、高句麗積石塚同様に方形積石塚古墳であり、また『日本後紀』の信濃への高句麗渡来人記載から、高句麗渡来人説を補強した。

この高句麗渡来人説を補強する文献史料として『日本後紀』「延暦十六年」や「延暦十八年」の記事がある。前者には渡来人が安坂の姓を賜ったことが記され、また後者には渡来人に須々岐、豊岡、村上、篠井他の姓がみられ、これらの姓は渡来人が定住した地名として考えられ、安坂は方形積石塚古墳群の安坂将軍塚古墳群との関係で述べ、また須々岐は松本市針塚古墳を含む薄町古墳群との関係で論じらた。このような考古資料と文献史料との相互関連による分析がおこなわれてきたが、篠井他の渡来人の居住地と考えられる地には積石塚古墳は発見されていない。

シナノの積石塚古墳の実態

五世紀前半以降に築造された積石塚古墳の八丁鎧塚一号古墳や安坂将軍塚一号古墳、二号古墳、そして大室古墳群の五世紀前半から中頃の初現期積石塚古墳は、盛土古墳が造られた地域にあえて積石による墳墓を築造している。その意識を考えれば、初期積石塚古墳は墳墓に石を積むことにこだわった文化を持ち得た人びとの墓であり、在地の人びととは異なった意識をもった人びとであったことはまちがいない。

これまで積石塚古墳といわれてきたものは、栗林紀道氏の研究以来、①石塊のみ、②内部は土で上部が石塊、③内部は石塊で上部が土、④石塊に土が混在するものを含み、積石塚古墳が広い範囲でとらえられてきた。

長野県内にはこれまで純粋な石だけで築造された積石塚古墳に土石混合墳を加えると六〇〇基ほどの積石塚古墳があると考えられているが、この中にはすでに消滅したものや、曖昧なものがあり正確な数の把握は難しい。純粋に石のみによるものは一〇〇基にも満たないかも知れない。

積石塚古墳の分布は、これまで茅野市一基、大町市一%、松本市二%、東筑摩郡筑北村・麻績村三%で、全体の九四%が長野市を中心とする北は下高井郡木島平村から南は埴科郡坂城町におよぶ善光寺平に集中する。これまで下伊那地域には積石塚古墳はないと考えられてきたが、平成二十六(二〇一四)年に飯田市北方西の原遺跡で、これまで長野県内で発見されたことのない形状の積石塚古墳三基が発見された。

積石塚古墳の初現は五世紀前半の八丁鎧塚一号古墳、大星山四号古墳、安坂将軍塚一号古墳と考えられ、大星山四号古墳や安坂将軍塚一号古墳は方形積石塚古墳である。この後、大室古墳群などで円形や不整形の小形積石塚古墳による古墳群形成が五世紀前半から中頃の時期にはじまる。またすでに述べたが、大室古墳群大室谷支群の各単位支群では、最初に出現した古墳はみな積石塚古墳で、しかもそれらの石室は合掌形石室であることが明らかにされている。

ここでシナノの代表的な積石塚古墳を紹介してみたい。

安坂将軍塚一号古墳は山の中腹テラスにある南北一辺一〇～一一メートル、東西一辺八～九メートルの方形で、

写真9　安坂将軍塚１号古墳(筆者撮影)

写真10　菅間王塚古墳(筆者撮影)

写真11　八丁鎧塚１号古墳（奥）２号古墳（手前）(筆者撮影)

墳頂平坦部は南北一辺一〇メートル、東西六メートル、高さ二・四メートル～四メートルで埋葬施設は竪穴式石室である。五世紀前半頃の築造と考えられている。

長野市菅間王塚古墳は山麓斜面にある直径三四メートル、高さ六・七メートルの円形で、埋葬施設は長さ四・一メートルの竪穴式石室と長さ三・五メートル、幅一・二五メートルで赤色塗彩された合掌形石室をもつとされている。合掌形石室の規模を考えると、大室古墳群の竪穴系横口式の合掌形石室と皆神山周辺の横穴式石室構造の合掌形石室の中間的規模で、竪穴系横口式の合掌形石室から横穴式石室構造の合掌形石室への変化を示すものとも考えられる。二つの石室構造から五世紀後半から六世紀前半頃の築造と考えられる。

写真12　大室168号古墳(筆者撮影)

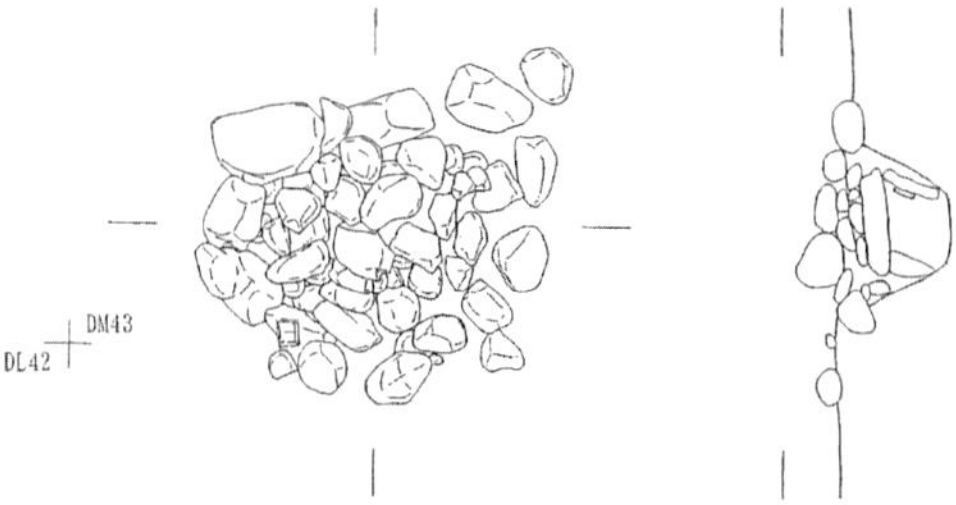

図13　北方西の原S101(長野県飯田市教育委員会　2017)

八丁鎧塚一号古墳は扇状地形に築造された東西径二三メートル、墳頂部径一〇メートル、高さ二・五メートルの円形もしくは円形に近い不整形で、埋葬施設は木棺だったと考えられている。五世紀前半の築造と考えられている。

大室古墳群一六八号古墳(以後：大室一六八号古墳ほか同様)は径約八メートルで高さは約二メートルの円形あるいは円形に近い不整

形である。埋葬施設は竪穴系横口式の合掌形石室である。五世紀後半の築造と考えられている。

飯田市北方西の原遺跡ではSI〇一からSI〇三とされる三基の積石塚古墳が発見され、それぞれ二〇《センチ》から五〇《センチ》程度の石を積み、長軸二・三《メートル》以下の円形に近い不整形で、高さ二〇《センチ》〜三五《センチ》の箱形石棺状の埋葬施設をもつ。SI〇一は直径一・五五《メートル》×一・三《メートル》、高さ二〇《センチ》の円形に近い不整形で、箱形石棺状の埋葬施設をもつ。出土遺物から五世紀後半の築造と考えられている。

中国や韓国の積石塚とシナノの積石塚古墳

シナノの積石塚古墳のルーツを中国東北部や朝鮮半島に求める「大陸起源説」を考えれば、筆者が中国東北部でみてきた中には、高句麗の都集安にも積石塚の中に土石混合墳のようなものも含まれていたが、やはり積石塚といわれるものの基本は石塊のみによるものである。そして横穴式石室などを造るための石はしっかりと積みあげられ、さらに裏込め等もされ、それを覆うように握手大、人頭大などの石が積み重ねられていた。

シナノの積石塚古墳の墳形等の詳細な調査例は少なく、確実に方形として報告されているものは先にも紹介した安坂将軍塚一号、二号、三号、四号古墳、大星山四号古墳、杉山D号古墳だけである。

集安の積石塚の類型を参考にするならば、その基本形は方台形または方錐形をした方形プランを基本としている。しかし東潮氏によれば高句麗でも紀元前一世紀から三世紀に円形や方形の積石塚が造られているとのことである。さらに百済や新羅地域の積石塚の中にも不整形や円形が含まれることから、「大陸起源説」を考えるにあたり、方形にこだわる必要はないかも知れない。

また、シナノの積石塚古墳のタイプとは異なるが韓国ソウルの石村洞三号古墳や、あるいは韓国大邱の多富洞古墳群の石槨積石塚は土を主体とする墳丘の周囲に石をめぐらし、石を覆いかぶせるような築造方法をとっていることを考えればシナノの積石塚古墳に類似性がうかがえる。

シナノの積石塚古墳を考える場合、「環境自生説」を起因とするものもあると考えられるが、多くが盛土古墳を造っている地域に突然積石塚古墳が造られたことを考えれば、その多くは「大陸起源説」に起因するものと考えるのが自然ではあるまいか。またその伝播については、多くはヤマト王権下の意図のもとに渡来、そして派遣された人びとによるもので、おそらく文献に残された記録以上に渡来人や渡来系の人びととの往来があったものと考えられる。

そのような人びととの往来の中で、特に保守的な埋葬方法として善光寺平を中心に残されたのが八丁鎧塚一号古墳、大星山四号古墳、安坂将軍塚一号古墳だったと考えられる。八丁鎧塚一号古墳には、方格規矩四神鏡や石釧、貝釧《かいくしろ》など同時期の前方後円墳の副葬品と同じものが保有されていたにも関わらず、あえて積石塚古墳を造り、また安坂将軍塚一号古墳や大星山四号古墳は方形の積石塚古墳を造ったことを考えれば積石塚古墳築造へのこだわりが読み取れる。

東アジアの四世紀後半から五世紀前半の活発な動きは、高句麗の拡張政策に起因するものだが、高句麗のみならず百済や加耶の人びとの動きなども単純なものではなかったことが、積石塚古墳の築造年代、築造地域、築造方法の検討から推測させられる。積石塚古墳を築造した人びとの出身地のちがいが積石塚古墳の築造にちがいをみせる一因になったと考えられる。いずれにしてもシナノに初期積石塚古墳を造った人びととは、八丁鎧塚一号古墳や安坂将軍塚一号古墳、そして大室古墳群の五世紀前半から中頃にかけての積石塚古墳が、それまで盛土古墳が造られた地域にあえて積石による墳墓を築造している意識を考えれば、新たな文化を伝えながらも在地に同化し、在地の人びととは異なった意識をもった人びと、渡来人や渡来系の人びとの墓と考えられる。これらの人びとはヤマト王権の東国経営の一端を担いながらそれぞれが故郷の習俗や習慣をシナノの中に表現した時、積石塚古墳が出現しその伝統が引き継がれ、いつしか在地に同化しながら積石塚古墳を造る必要がなくなっていったと考えられる。

最後に、あえて構造面からシナノの積石塚古墳の変遷を考えれば、八丁鎧塚一号古墳や安坂将軍塚一号古墳などの高句麗的なものから、大室古墳群などでみられるような高句麗積石塚の影響によって造られた百済、加耶地域にみられるものへと時代が下がるにしたがって変わっていったと考えられ、それは五世紀前半の積石塚古墳出現期には高句麗的なものが、五世紀中頃以降には百済、加耶地域的なものが築造されはじめたと考えられる。

シナノの合掌形石室研究

合掌形石室の研究の出発は大正十三（一九二四）年の矢沢氏による桑根井空塚古墳や竹原笹塚古墳の紹介にはじまる。

形態研究については大正十五（一九二六）年に森本六爾氏がその系譜を家形石棺に求めようとした。

この後、合掌形石室研究の大きな画期となるのは昭和十九（一九四四）年に斎藤忠氏が朝鮮三国時代の百済古墳の斜天井石室との関わりを示したことから、百済地域の公州柿木洞一号古墳などとの関連が指摘されてきた。この論考以降、積石塚古墳を高句麗積石塚と、合掌形石室を百済古墳石室（後にその系譜は高句麗古墳の石室にまでおよぶ）との関わりで考えることとなる。

このような中、昭和三十一（一九五六）年に米山一政氏は合掌形石室と箱式石棺の違いを天井石の差ととらえたが、昭和六十三（一九八八）年の青木和明氏による地附山古墳群の調査成果により合掌形石室と箱式石棺への論考は新たな視点を生み、平成八（一九九六）年には地附山古墳群の調査成果を受けて土生田純之氏は合掌形石室が竪穴系横口式石室であることと指摘した。

善光寺平型合掌形石室の構造は、大星山二号古墳で五世紀第2四半期に竪穴系横口式石室構造が出現し、大室古墳群では五世紀前半から六世紀初頭まで構築され、六世紀初頭から皆神山周辺の積石塚古墳に構築された横穴式石室構造の合掌形石室へと推移したと考えられる。詳細については「近年の合掌形石室に関わる研究」でふれることとする。

善光寺平の合掌形石室

シナノの善光寺平型合掌形石室の分布は善光寺平のみとなる。積石塚古墳の埋葬施設になるものは、北は下高井郡木島平村和栗古墳、南は千曲市杉山一八号古墳におよび、千曲川東岸の木島平村、中野市、須坂市、長野市若穂から松代地区、千曲市に集中する。県内の総数は五六基以上と考えられる。現在のところ善光寺平以外では、山梨県中央市王塚古墳、福島県河沼郡会津坂下町長井前ノ山（銚子ヶ森）古墳、山形県南陽市松沢一号、二号古墳の四基だけとなる。

県外四基の石室は善光寺平からの影響下に構築されたものと考えられる。

善光寺平に合掌形石室が造られる素地はみあたらず、五世紀第2四半期に大星山二号古墳に突然新たな石室として造られる。また突然出現し、限られた時期や地域に構築されたことを考えれば、在地の人びとによる構築ではないことが考えられ、新たな情報を持ちえた人びとの発想による石室だったことが想定される。また六世紀初頭からの横穴式石室構造の合掌形石室が大室古墳群から離れ、墓域を変えながらも皆神山周辺という特定地域に構築され続けたことを考えれば、天井を「合掌形」にすることに深い意識があったことはまちがいない。

このように積石塚古墳も合掌形石室も五世紀前半以降に善光寺平を中心に採用されることとなる。

初現期の合掌形石室を持つ大星山二号古墳が盛土古墳であり、また初現期の積石塚古墳である八丁鎧塚一号古墳や安坂将軍塚一号古墳が埋葬施設に合掌形石室を採用していないことからもわかるように、善光寺平へ積石塚古墳と合掌形石室が導入された時点では、本来両者は墳墓形態として直接関係があったものではないと考えられている。

また五世紀後半に築造された合掌形石室を持つ積石塚古墳の大室一六八号古墳の墳丘から馬形土製品が出土し、あわせて埴輪も出土していることから、埋葬者は馬匹生産などの新来文化を伝えながら在地の文化を受け入れた人物、あるいは馬匹生産に関わるなど新来文化を伝えた人びとと関わりを持った人物と考えられる。

大室古墳群より尾根沿い北東約七《キロメートル》ほど離れた長野市榎田遺跡（137頁　検証渡来人により再開発されたムラ？・長野市榎田遺跡参照）の調査成果による五世紀前半から中頃にかけての新来文化の受け入れ方を考えれば、ヤマト王権の意図のもとに新来文化を伝えた渡来人や渡来系の人びとが中小在地豪族とともに新たな集落を開発しながら新たな地域づくりをおこなっていたと考えられる。大室古墳群や榎田遺跡が立地する長野市松代地区から若穂地区には、渡来人あるいは渡来系の人びとが活発に活動していたことがうかがえる。

善光寺平の合掌形石室の出現年代については、昭和時代までは六世紀初頭と考えられていたが、昭和五十八（一九八三）年以来の明治大学考古学研究室や長野市教育委員会による大室古墳群や、長野県埋蔵文化財センターによる大星山古墳群の調査成果により、大室一五六号古墳の合掌形石室は出土土器から五世紀前半、大星山二号古墳の合掌形石室は出土遺物より五世紀第2四半期と考えられるようになった。

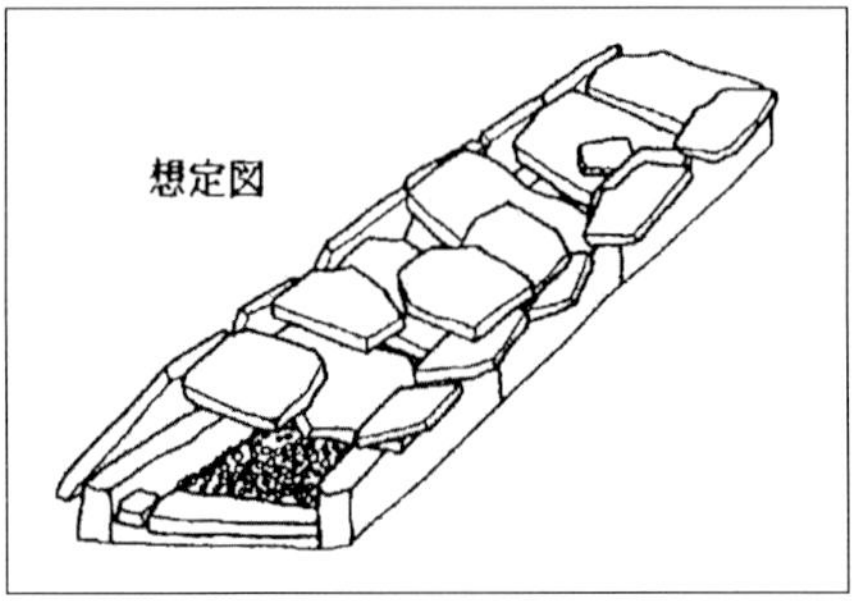

図14　大星山2号古墳（西山 1999）

写真13　大室168号古墳（筆者撮影）

大星山二号古墳は約一辺一七《メートル》の盛土の方墳で、埋葬施設は竪穴系横口式の合掌形石室である。本石室は大室古墳群の合掌形石室に類似し、長さ二・一《メートル》、幅〇・七《メートル》、（高さ不明）だが、天井石がほかの合掌形石室の天井石とは異なり、小形の板石を多く重ねて合掌形天井を造っていたようである。石室からは、馬具飾り金具（76頁写真15参照）や鉄鏃ほかが出土している。竪穴系横口式の合掌形石室の典型例として、大室一六八号古墳がある。墳丘から陶邑ＴＫ二三型式期（95頁表8参照、以後同様）と考えられる須恵器が出土していることから五世紀後半の築造とされている。径約八メートルで不整形な円形で、合掌形石室は長さ一・八二メートル、幅〇・八四メートル、高さ〇・九四メートルで大きな板石の天井石は側壁直上にのり、中央部で合掌状に組合っている。この竪穴系横口式の合掌形石室は、両小口壁の高さがちがい、一方の高さの高い小口壁は奥壁、一方の低い小口側が入口と考えられ、構造的には極小の横穴式石室ともいえる。

写真14　竹原笹塚古墳（筆者撮影）

横穴式石室の合掌形石室には長野市竹原笹塚古墳がある。径約二六メートルの積石塚古墳で、石室全長六・八メートル、羨道の現状の長さは一・四メートル、幅一・二メートル、玄室は五・四メートル、幅一・八メートル、高さ（推定一メートル）で、側石は一段あるいは二段に横積みし、その上に大きな板石の天井石をのせ中央部で合掌状に組合わせている。

中国や韓国の石室とシナノの合掌形石室

これらの系譜はどこに求められるのか。合掌形石室のこれまでの研究史からも家形石棺との関係でその系譜を求められるものではない。それでは先にもふれたが斉藤氏による朝鮮半島の斜天井石室にその系譜を求められるのか。

現在確認されている資料は、百済の公州に斜天井石室五例、高句麗の高山里に斜天井石室一例、高句麗の集安に家形石槨一例である。それらの石室の構造について図面や写真、あるいは実際に見学した所見から、たとえば柿木洞一号古墳のような切石による斜天井石室や、集安太王陵の横穴式石室内の切石による家形石槨をみると、合掌形石室とするよりもむしろ横口式の家形石棺であり、善光寺平の合掌形石室への系譜を直接たどることは非常に難しい。もしあえてその系譜を求めるならば、公州錦町一号古墳や公州校村里六号古墳に類似性が求められるようにも思われる。

高山里七号古墳の石室の構造をみると、東側室に三角持ち送り天井を用いながらも、西側室を斜天井(屋根形)にしている。この西側室も斜天井としながら合掌形石室とはまったく異なった構造である。

公州の斜天井石室については、武寧王陵のトンネル形石室に構造上の系譜をたどる考えがある。これが事実ならば、公州に都がおかれ、トンネル形の石室が構築された以降ということから、早く考えても六世紀前半以降の年代となり、善光寺平の合掌形石室の年代よりも後出となる。また、柿木洞一号古墳ほかの斜天井石室の系譜についても、太王陵の家形石槨や高山里七号古墳西側室の斜天井石室との関連性についても不明であることから、公州の斜天井石室に善光寺平の合掌形石室の系譜を求めることは難しい。

それでは列島内に系譜が求められるのか。徳島県丹田古墳や奈良県黒塚古墳など西日本の前期古墳にみられる合掌形の竪穴式石室や、佐賀県谷口古墳東石室など北部九州にみられる合掌形の初期横穴式石室にその系譜を求められるか否かについても現時点では難しい。

近年の合掌形石室に関わる研究

長野市教育委員会が史跡大室古墳群の保存、そして整備の一環で継続調査を進めてきた中で、竪穴系横口式の合掌形石室を埋葬施設とする大室二四一号古墳が平成二十二（二〇一〇）年に調査された。調査担当者の風間栄一氏は出土遺物の所見から、二四一号古墳の築造時期を六世紀初頭とした。大室二四一号古墳の合掌形石室は大室古墳群で最も新しい竪穴系横口式の合掌形石室で、大室古墳群の合掌形石室構築の最終段階と位置づけた。

また馬具研究を進めている宮代栄一氏は、竹原笹塚古墳の馬具の年代について、鉢部に円文を打ち出した無脚雲珠の存在から陶邑ＭＴ一五型式期～ＴＫ八五型式期の年代を与えることが妥当としている。この馬具の年代が竹原笹塚古墳築造の年代を示すものであれば、六世紀初頭から前半となる。

風間氏の大室二四一号古墳の所見や宮代氏の竹原笹塚古墳出土馬具の所見により、大室古墳群で積石塚古墳と竪穴系横口式の合掌形石室がセットとなる古墳の築造が終わると、バトンタッチをするかのように皆神山周辺へ横穴式石室の合掌形石室を内部主体とする積石塚古墳が築造されるようになり、この移行時期が六世紀初頭と位置づけられることとなった。

さらにそれは善光寺平に横穴式石室が六世紀初頭に導入されたことにとどまらず、東日本でも早い時期に横穴式石室が導入されたことになり、その主たる構造に合掌形石室が継承される事実が確認されたことから、大室古墳群の初期積石塚古墳の埋葬者や皆神山周辺の積石塚古墳の初期埋葬者を考え

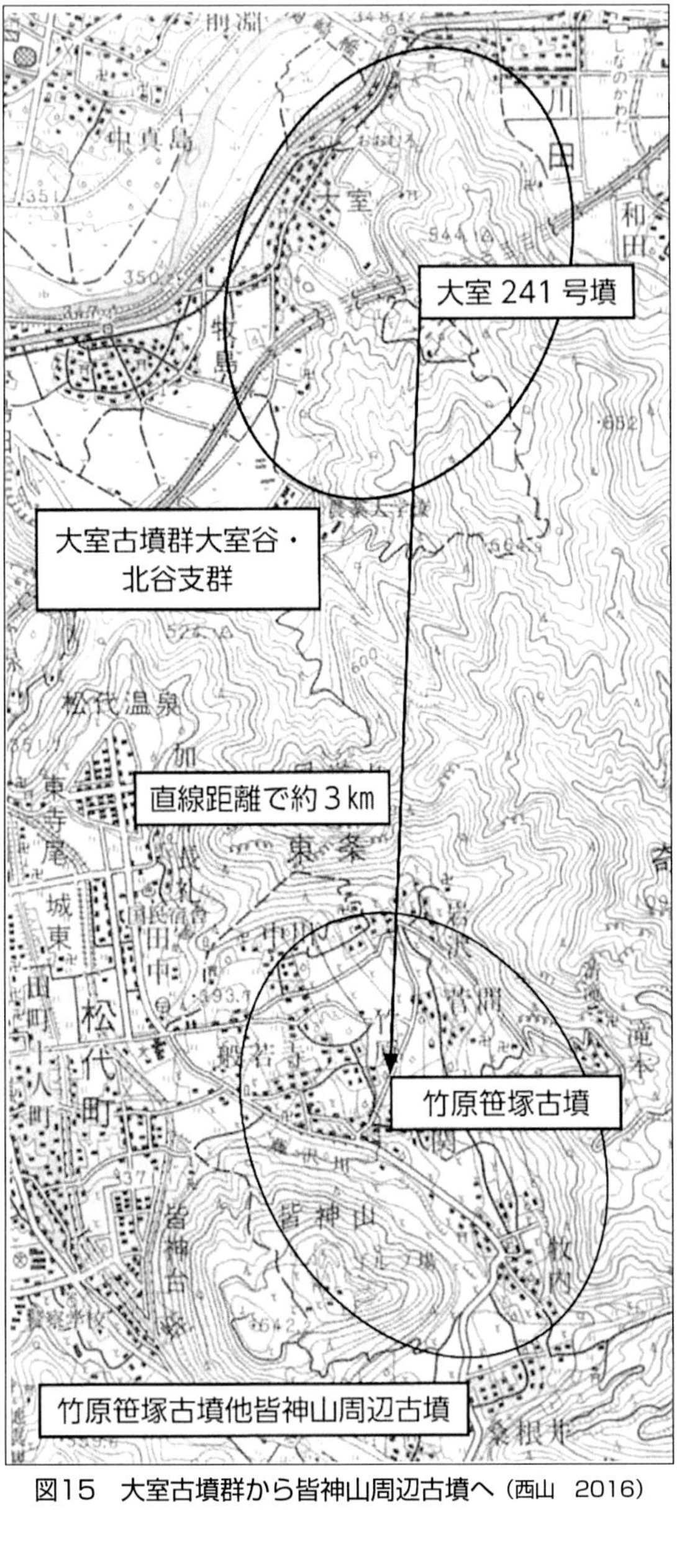

図15　大室古墳群から皆神山周辺古墳へ（西山　2016）

る上で画期的な研究成果となった。

在来の盛土古墳と渡来系積石塚古墳～高崎市剣崎長瀞西遺跡と浜松市内野古墳群～

長野県内の積石塚古墳は善光寺平、麻績盆地、松本市、大町市、茅野市に分布し、特に善光寺平の石のみによって築造された純然たる積石塚古墳は、千曲川東岸の木島平村から坂城町におよび、県内の総数は、純粋に石のみによるものは一〇〇基に満たないことはすでに述べた。シナノの合掌形石室は善光寺平にのみ分布し、県内の総数は四六基以上と考えられ、善光寺平以外では、山梨県王塚古墳、福島県長井前ノ山古墳、山形県松沢一号、二号古墳の四例だけであることもすでに述べた。

それぞれの出現はどうであろうか。長野県内の積石塚古墳は、五世紀前半に円形積石塚古墳の八丁鎧塚一号古墳、方形積石塚古墳の大星山四号古墳や安坂将軍塚一号古墳が築造される。そしてこの後、大室古墳群などで小形積石塚古墳が築造されるが、この古墳群の初期段階に合掌形石室が築造され、その年代は五世紀前半から中頃である。

それでは周辺地域の積石塚古墳の様相はどのようなものであろうか。

群馬県高崎市剣崎長瀞西遺跡（図16）では、河原石を二段小口積みにして、一辺約四《メートル》の方形積石塚古墳他四基と積石塚古墳的要素を含む方墳三基が調査されている。方墳の一〇号古墳からは金製垂飾付耳《たれかざりつき》飾や韓式系軟質土器（朝鮮半島で製作された、あるいは在地でまねて製作された素焼き土器：以後軟式土器）が出土していることから、渡来系集団の墓の可能性が指摘され、築造時期は五世紀後半から六世紀初頭と考えられている。

限られた調査範囲ではあるが、おそらく図16に示した楕円内を含め東側には積石塚古墳や積石塚古墳的要素を含む古墳が築造され、楕円内以外の西側には在来の盛土による円墳を中心とする古墳が築造されていると考えられる。

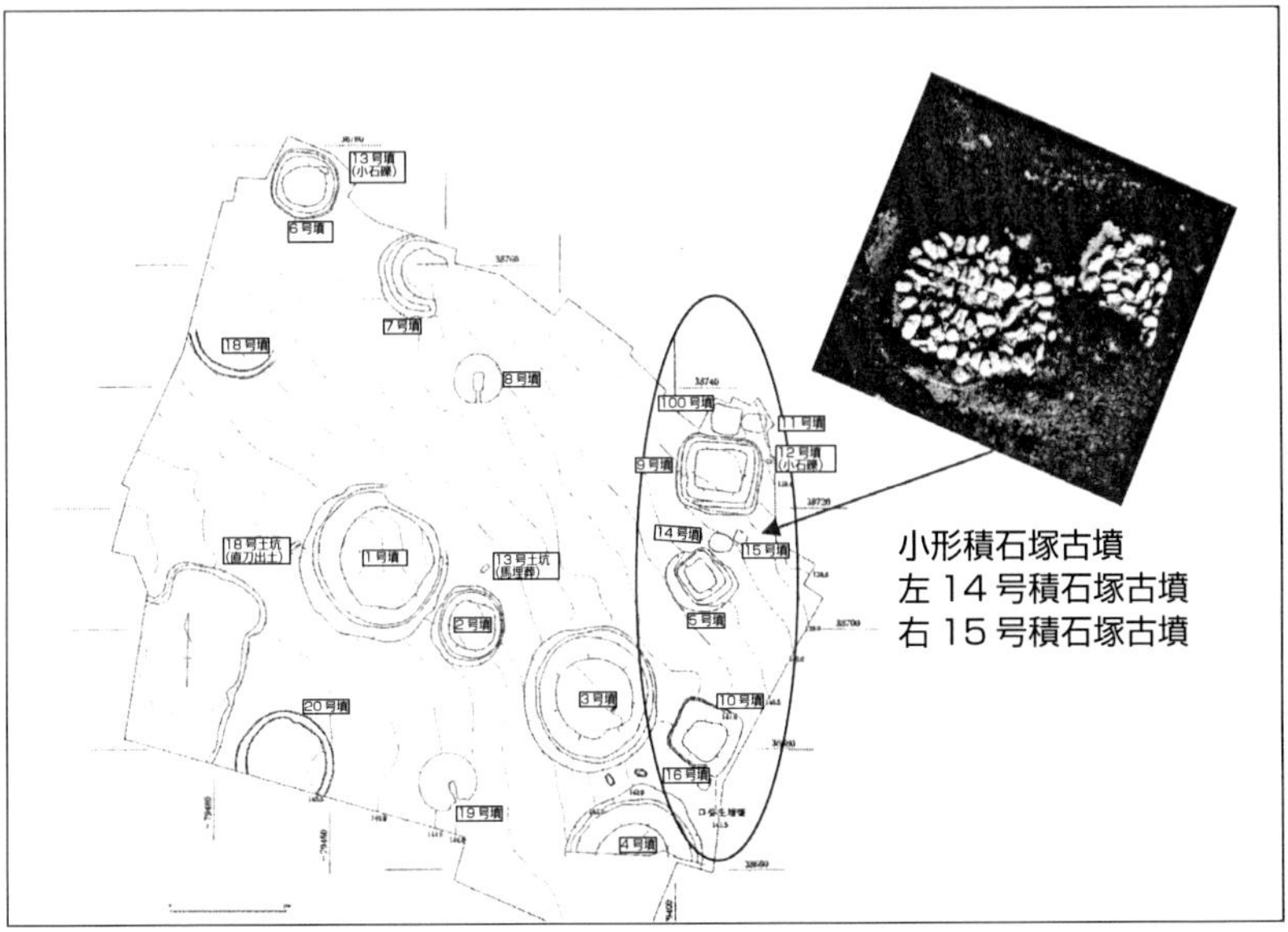

図16　高崎市剣崎長瀞西遺跡（高崎市教育委員会　2001）（高崎市教育委員会提供）

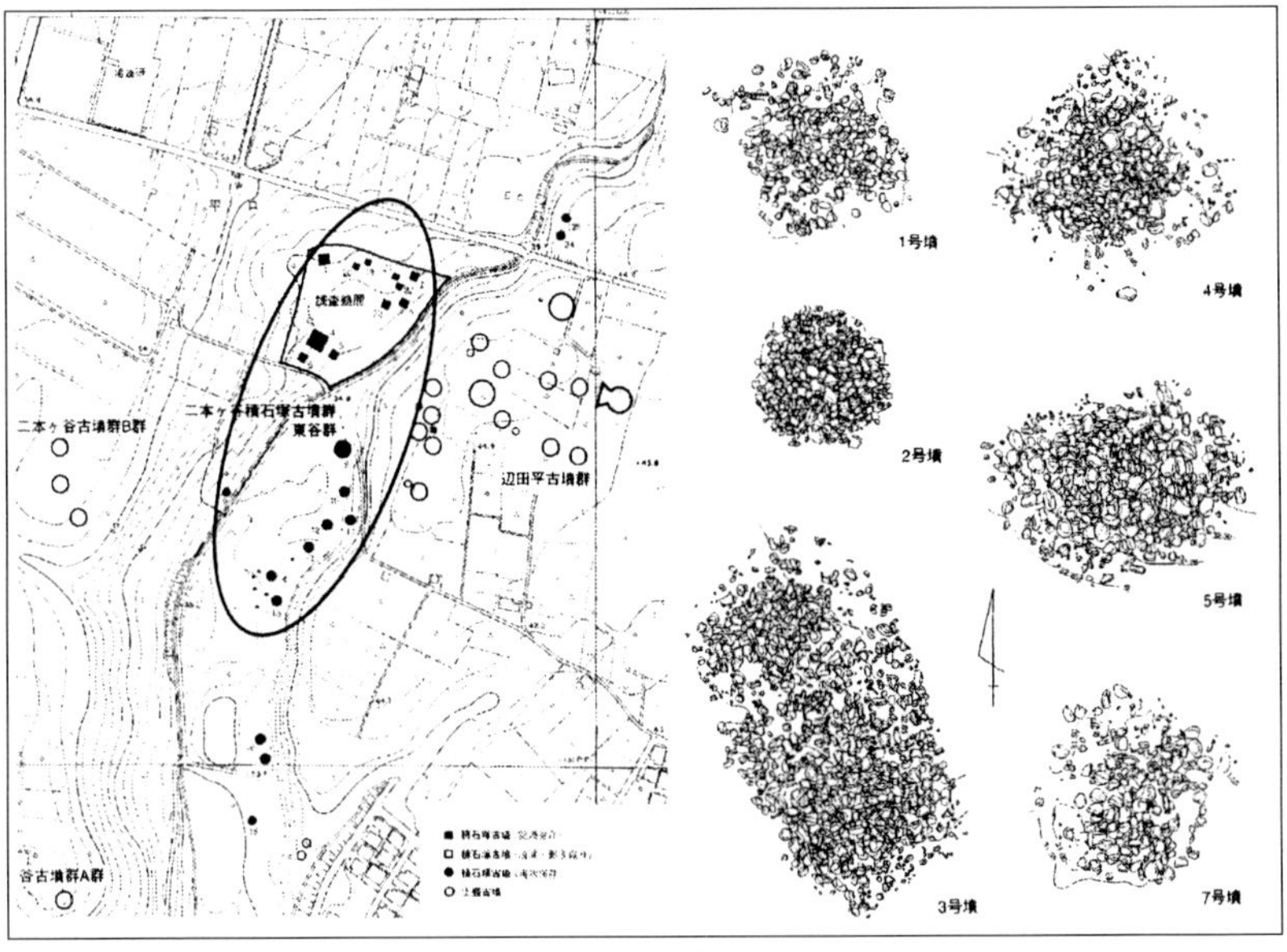

図17　浜松市内野古墳群（浜北市教育委員会　2000）

また静岡県浜松市内野古墳群（図17）は五世紀第3四半期に、盛土古墳の立地とは異なる谷地形に積石塚古墳群の築造が開始され、盛土古墳と積石塚古墳の立地がはっきりと区別されている。剣崎長瀞西遺跡や内野古墳群にみられるように、五世紀後半の時期に盛土古墳に近接しながらも、墓域を明確に区別して積石塚古墳群が形成されることは、単なる偶然とは思えない。

積石塚古墳が築造される時代背景

五世紀中頃以降、特に陶邑ＴＫ二〇八型式期の時期は、東日本では陶邑ＴＫ二〇八型式期以前の初期須恵器の集落への持ち込みが増加し、その分布の広がりをみせる時期である。善光寺平でも千曲川西岸の長野市本村東沖遺跡のように、集落によっては多くの竪穴住居に初期須恵器が持ち込まれ、カマドが付設され、あわせての竪穴住居が間仕切り構造となり、その特異性もみられる。また千曲川東岸の長野市榎田遺跡では、五世紀第2四半期には木製鞍（後輪《しずわ》）が、五世紀第3四半期には木製黒漆塗壺鐙《つぼあぶみ》が製作され、保有されていた。

これら初期、古式須恵器（95頁と表8参照）の所持やカマドの付設、そして馬具の製作や保有から考えられる乗馬の風習など新たな生活習慣への変化は、西日本同様に渡来人や渡来系の人びとにより善光寺平にも新来文化として伝えられ、新たな文化をいち早く受け入れ「新来文化の担い手」に成長した在地の人びとの存在によるものと考えられる。

このように、善光寺平では本村東沖遺跡で早い段階に須恵器の使用やカマドの構築、また榎田遺跡の木製馬具出土の事例からもわかるように、渡来人や渡来系の人びとによる朝鮮半島文化をいち早く受け入れた在地の新来文化の担い手の存在がうかがえ、渡来人や渡来系の人びとによる新たな墓制として積石塚古墳である八丁鎧塚一号古墳や大星山四号古墳あるいは安坂将軍塚一号古墳が築造され、この後、大室古墳群大室谷支群や北谷支群では、渡来人や渡来系の人びとの墓として、そして徐々に在地の新来文化を受け入れた人びとの墓として積石塚古墳が築造されたと考えられる。また渡来人や渡来系の人びとにより、新たな埋葬施設として大星山二号古墳の合掌形石室が考案され「善光寺型合掌形石室」が構築されたものと考えるが、その系譜については先に述べたように現状では不明である。

写真15　大星山2号古墳出土の馬具飾金具（長野県立歴史館蔵）

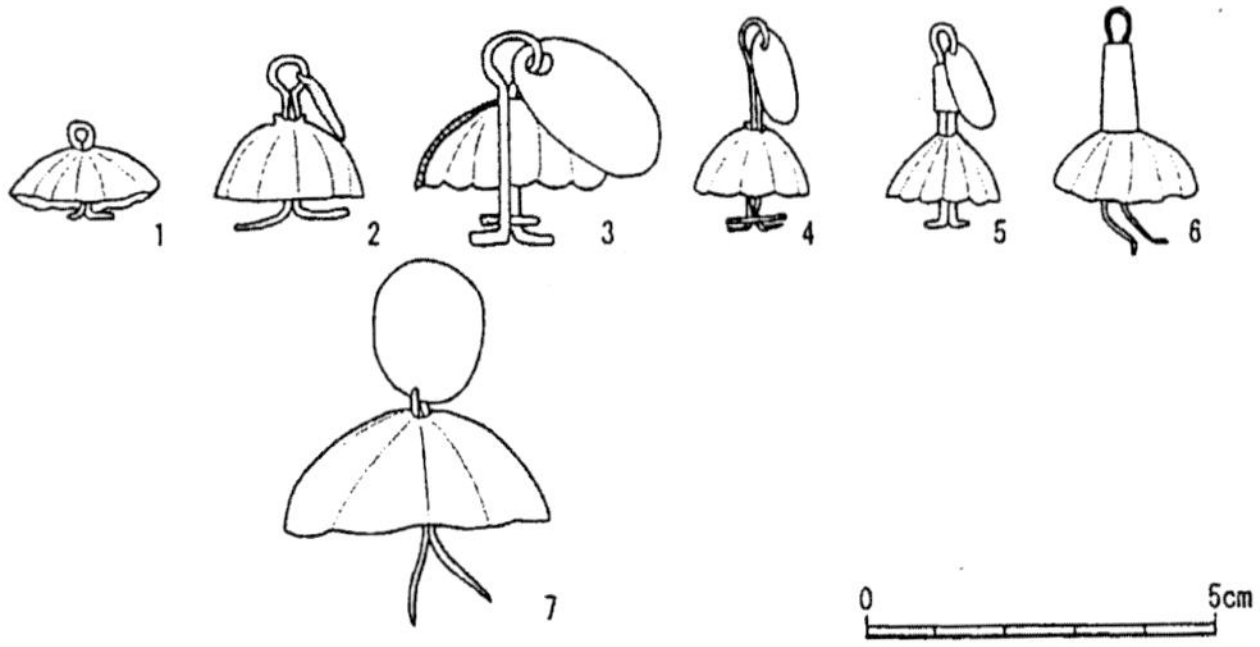

高句麗の歩揺付菊形飾金具
1：西大塚　2：禹山下 992 号墓　3：禹山下 3319 号墓　4：麻線溝 2100 号墓
5：千秋塚　6：太王陵　7：西海里 2-1 号墓

図18　高句麗の歩揺付菊形飾金具（諫早 2012）

しかし近年その系譜を考えさせられる研究成果が発表された。大星山二号古墳石室内から出土した鉄鏃が中国吉林省集安の太王陵出土鉄鏃と類似しているとする風間栄一氏や、船載品の公算が大きい

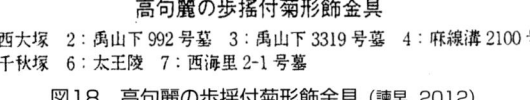

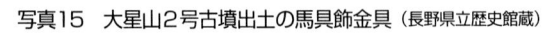

写真16　高句麗の太王陵（筆者撮影）

とする平林大樹氏の指摘とともに、諫早直人氏は大星山二号古墳石室内から鉄鏃とともに出土した馬具飾金具が、高句麗や新羅の王陵級の墳墓から出土した馬具飾金具と類似すると指摘している。最古の合掌形石室内から高句麗由来と考えられる鉄鏃や馬具飾金具が出土していることから、合掌形石室構築の由来を考える上で画期的な研究成果である。

この成果を踏まえれば、渡来人や渡来系の人びとにより何らかの情報の中で造り出されたものと考えられる。

現在のところ合掌形石室の構築と直接関係するか否かは別として、大星山二号古墳から出土した鉄鏃と類似した鉄鏃が出土している太王陵は、一辺六六《メートル》の壮大な規模を誇り、「広開土王（好太王）陵」の有力な候補とされる大王の墓にふさわし積石塚である。この太王陵には横穴式石室が埋葬施設として構築されているが、先にも述べたが石室内には切石による家形石槨《せっかく》がある。

八丁鎧塚一号古墳と二号古墳

五世紀前半の築造と考えられている八丁鎧塚一号古墳には少なくても方格規矩四神鏡一点、碧玉製石釧二点、南海産貝釧の列点文スイジガイ製貝釧一点や広田型ゴウホラガイ製貝釧三点以上、碧玉製勾玉、滑石製勾玉、緑色凝灰岩製管玉ほかが副葬品とされていた。これらの副葬品は当時代の前方後円墳の副葬品とほぼ同じである。

列点文スイジガイ製貝釧の古墳からの出土は、本州では八丁鎧塚一号古墳、兵庫県新宮東山二号古墳の二古墳、九州では大分県世利門古墳、熊本県伝佐山古墳の二古墳から出土している。

広田型ゴウホラガイ製貝釧の古墳からの出土は、本州では列点文スイジガイ製貝釧同様に八丁鎧塚一号古墳、新宮東山二号古墳の二古墳、九州では世利門古墳、大分県臼塚古墳の二古墳から出土している。

さらにスイジガイやテングガイのように鉤状突起《かぎじょうとつき》がみられる有鉤貝釧が出土した古墳は、八丁鎧塚一号古墳（スイジガイ）、静岡県松林山古墳（スイジガイ）、山梨県甲斐銚子塚古墳（スイジガイ）、島根県軍原古墳（テングガイ）の四古墳で、八丁鎧塚一号古墳以外の三古墳は前方後円墳である。

これらから八丁鎧塚一号古墳に埋葬された人物は、ヤマト王権から前方後円墳の築造を許されながらも、あえて人頭大の礫を積み上げた大規模な高句麗積石塚を思わせる積石塚古墳を築造することにこだわりがあったと考えられる。

八丁鎧塚一号古墳の築造や大星山2号古墳出土の鉄鏃や馬具飾金具から両古墳に埋葬された人物は高句麗系渡来人と考えられ、当地に新来文化を伝えた人物だったと考えられる。

五世紀後半の築造と考えられる八丁鎧塚二号古墳には鍍銀青銅製獅噛文帯金具三点、鈴杏葉一点、轡一点、鉄鏃四点が副葬されていた。

この獅噛文帯金具には鋳造技法と打ち出し技法で作られたものがあり、鋳造技法のものが先行して作られたと考えられている。

山本孝文氏の研究によると、八丁鎧塚二号古墳出土の獅噛文帯金具は鋳造技法で作られたものである。朝鮮半島では公州水村里一号墓などから出土し、製作技術面では共通性が指摘できるものの、形態的には変容している。打ち出し技法により作られたものは国内では福井県十善の森古墳、岡山県牛文茶臼山古墳、鳥取県高山古墳など山陰や山陽地方の古墳から出土し、朝鮮半島では公州水村里四号古墳、高霊池山洞四七号古墳ほかから出土している。これら打ち出し技法のものは、技術的共通性から文様は同一性がみられるとしている。いずれの獅噛文帯金具も朝鮮半島では百済や大加耶の有力古墳群から出土している。

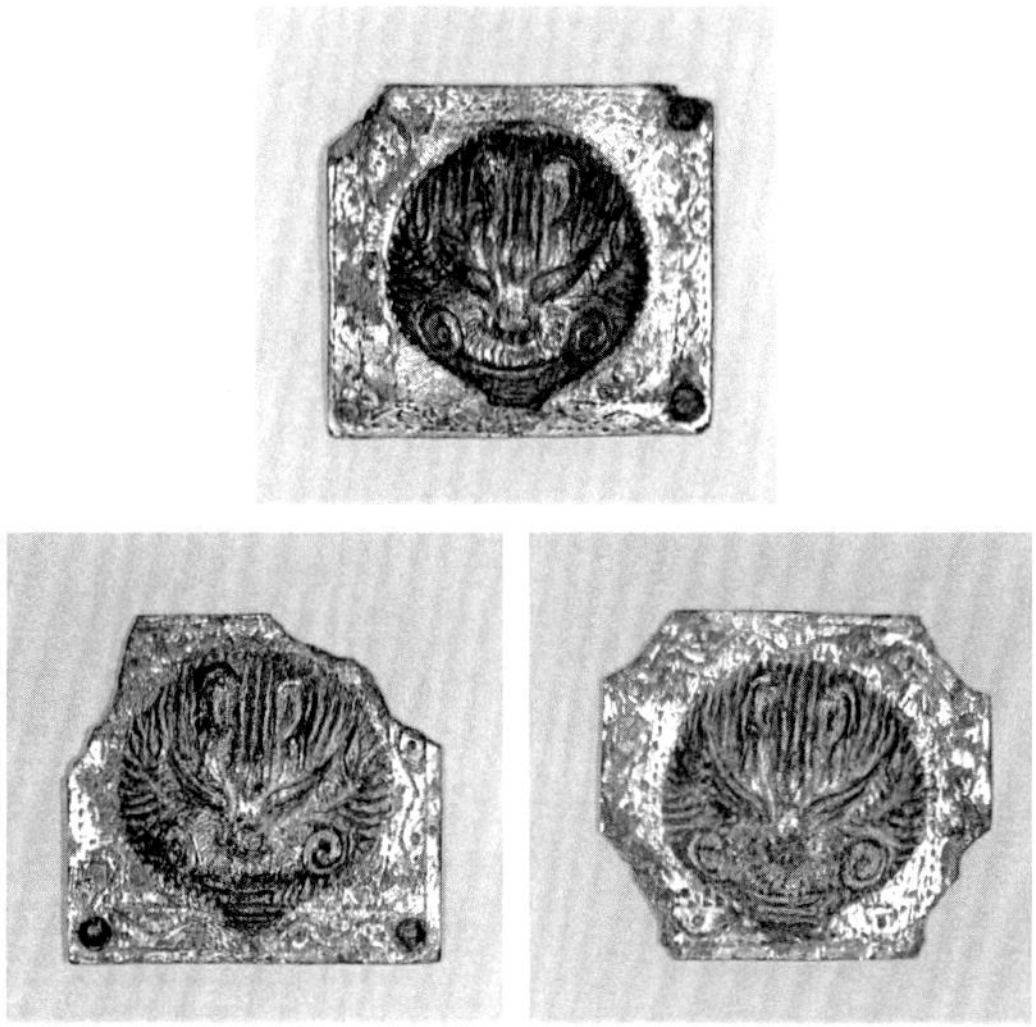

写真17　八丁鎧塚２号古墳出土獅噛文帯金具
（須坂市立博物館蔵）

八丁鎧塚二号古墳に埋葬された人物は、八丁鎧塚一号古墳の墳丘規模や構造を踏襲し、渡来遺物の獅噛文帯金具を保有していたことから、八丁鎧塚一号古墳に埋葬された人物と血縁あるいは地縁で強くつながった人物と考えられる。

また八丁鎧塚二号古墳が築造された時には、すでに大室古墳群が形成されている。大室古墳群で築造された積石塚古墳には合掌形石室が埋葬施設とされ、墳丘

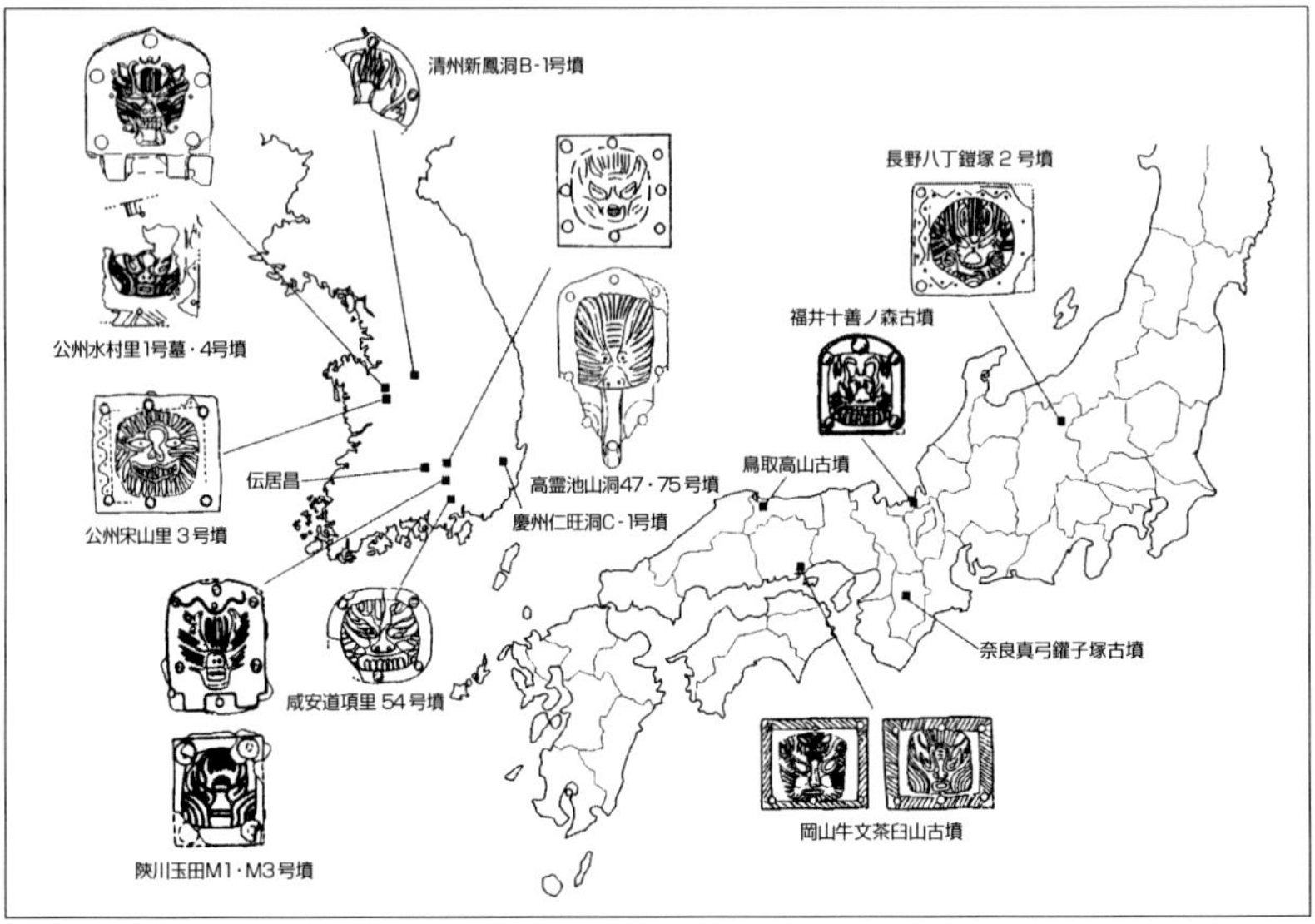

図19　獅噛文帯金具の分布（山本　2014）

構造も異なることから、八丁鎧塚一号古墳と八丁鎧塚二号古墳に埋葬された人物は、五世紀前半から六世紀初頭の初期大室古墳群を形成した人びととは異なった系譜をもった人物と考えられる。

善光寺平の積石塚古墳と合掌形石室

高句麗では国都を集安に置いた四世紀から五世紀前半頃に積石塚が構造的にも規模的にも数的にも発展し、四二七年の平壌遷都以降、突然積石塚の築造は衰退して行く。さらに積石塚が百済や新羅で一般的な墓制とはなり得なかったことは考慮しなければならない。このことをふまえれば、八丁鎧塚一号、二号古墳、そして安坂将軍塚一号、二号、三号、四号古墳と大星山四号古墳の積石塚古墳の築造方法や形態を考慮すると、五世紀前半からの善光寺平を中心とするシナノ北域は高句麗からの渡来人による新来文化の伝播があり、この後百済、新羅や伽耶地域からの影響を受けながら新来文化を受け入れ続けたと考えられる。

積石塚古墳については、韓国東岸の鬱陵島積石塚群が加耶地域の墓制の影響を受け、福岡県糟屋郡新宮町の相島積石塚古墳群は、高句麗積石塚の影響がみられるなどのことをふまえれば、時代の変化とともに新たな形態の積石塚を受け入れながら、シナノでは善光寺平的あるいはシナノ的な積石塚古墳を築造し、また合掌形石室は独自の変化を遂げていくこととなる。

大室古墳群と剣崎長瀞西遺跡や内野古墳群とは、積石塚古墳の形態に大きな違いをみせているが、この違いはそれらを築造した渡来人や渡来系の人びとの出身地や在地の人びとの受け入れ方の違いと考えられる。

支群	古墳数	確認数	谷部・扇状地	山腹・尾根	積石塚	合掌形石室
北山支群	22	21	2	19	3	0
大室谷支群	241	224	192	32	176	27
霞城支群	16	13	0	13	5	0
北谷支群	208	179	162	17	138	12
金井山支群	18	17	9	17	2	0
合計	565	454	356	98	324	39

図20と表7　長野市大室古墳群（長野市教育委員会社会教育課文化財係　1997）

朝鮮半島の斜天井石室のあり方をみれば、公州でも高山里でも現在のところ積石塚との関連はなく、すべて盛土墳につくられている。このことからすれば、善光寺平の大

室古墳群のあり方に特異性がみられる。

また積石塚古墳の松沢一号、二号古墳や前方後円墳の長井前ノ山古墳は、千曲川東岸の合掌形石室をもつ初期積石塚古墳を築造した善光寺平の新来文化の担い手たちの一派が新来文化伝播のために移動した結果と考えるが、前方後円墳の長井前ノ山古墳になぜ合掌形石室が採用されたかについては、今後検討する必要がある。

大室古墳群の五世紀前半から六世紀初頭にかけて構築された合掌形石室を埋葬施設とする積石塚古墳は、大室一六八号古墳から馬形土製品が出土しているように、馬匹生産に関わるなど新来文化を伝えた渡来人や渡来系の人びとの墓であり、徐々に在地の新来文化を受け入れた人びとを含めた墓となっていったと考えられ、その現れが吉古墳群などにみられる盛土古墳への合掌形石室の採用だったと考えられる。

五世紀前半から六世紀初頭の善光寺平は、他地域同様に朝鮮半島からの新来文化を受け入れ新たな生活様式へと変化をみせる。決して特別な地域ではない。しかし、大室古墳群を中心とする合掌形石室を埋葬施設とする積石塚古墳の出現は、特定の限られた地域と時期に造られ、他地域にはみられない特異な景観を形成したことは事実である。

最後に積石塚古墳や合掌形石室すべてを渡来人や渡来系の人びとの墓とする必要はないが、構築された五世紀前半から六世紀初頭の時代背景を考慮すれば、渡来人や渡来系の人びとの存在を否定する理由は何もない。

近年の新たな積石塚古墳の発見〜飯田市北方西の原遺跡の事例から〜

四世紀中頃築造と考えられる飯田市笛吹二号古墳が五世紀第3四半期頃に墳丘くびれ部で土器を用いた祭祀をおこなった頃、あるいはその後に積石塚古墳が笛吹二号古墳の近接した場所に築造されていた。

今回発見された積石塚古墳は三基で、SI〇一積石塚古墳は、二〇〜五〇《センチ》の石を用い、東西方向一・五五《メートル》×南北方向一・三《メートル》で、現存高さ二〇《センチ》である。埋葬施設は地山を掘りこみ墓坑内に平石を立てた箱形石棺状で主軸五七《センチ》、幅は二一〜一四《センチ》である。遺物は出土していない。

SI〇二積石塚古墳は、三〇〜四〇《センチ》の石を用い、東西方向二・三《メートル》×南北方向一・四《メートル》で、現存高さ二〇《センチ》である。埋葬施設は地山を掘りこみ墓坑内に平石を立てた箱形石棺状で主軸七五《センチ》、幅は一五《センチ》である。副葬品として出土した刀子や鉄鏃から五世紀後半の築造と考えられる。

SI〇三積石塚古墳は、二〇〜五〇《センチ》の石を用い、東西方向一・九《メートル》×南北方向一・五五《メートル》で、現存高さ三五《センチ》である。埋葬施設はSI〇一やSI〇二とは異なり、墓坑内壁に平石を立てず、長軸一・三《メートル》×短軸〇・四五《メートル》深さ〇・五五《メートル》の墓坑の周縁に四〇〜六〇《センチ》の石を配している。

この三基の墳丘構造は内野古墳群や剣崎長瀞西遺跡でも確認されている。内野古墳群の小型積石塚古墳群小型一号古墳から小型五号古墳、小型七号古墳は円形や不定形で短径一・四《メートル》〜長径三・五《メートル》内の規模で西側の緩い傾斜面に造られている。また剣崎長瀞西遺跡一一号、一四号、一五号、一六号、一〇〇号古墳は短径〇・九《メートル》〜長径四・二《メートル》内の規模で、埋葬施設は竪穴式小石槨である（74頁の図16，図17参照）。

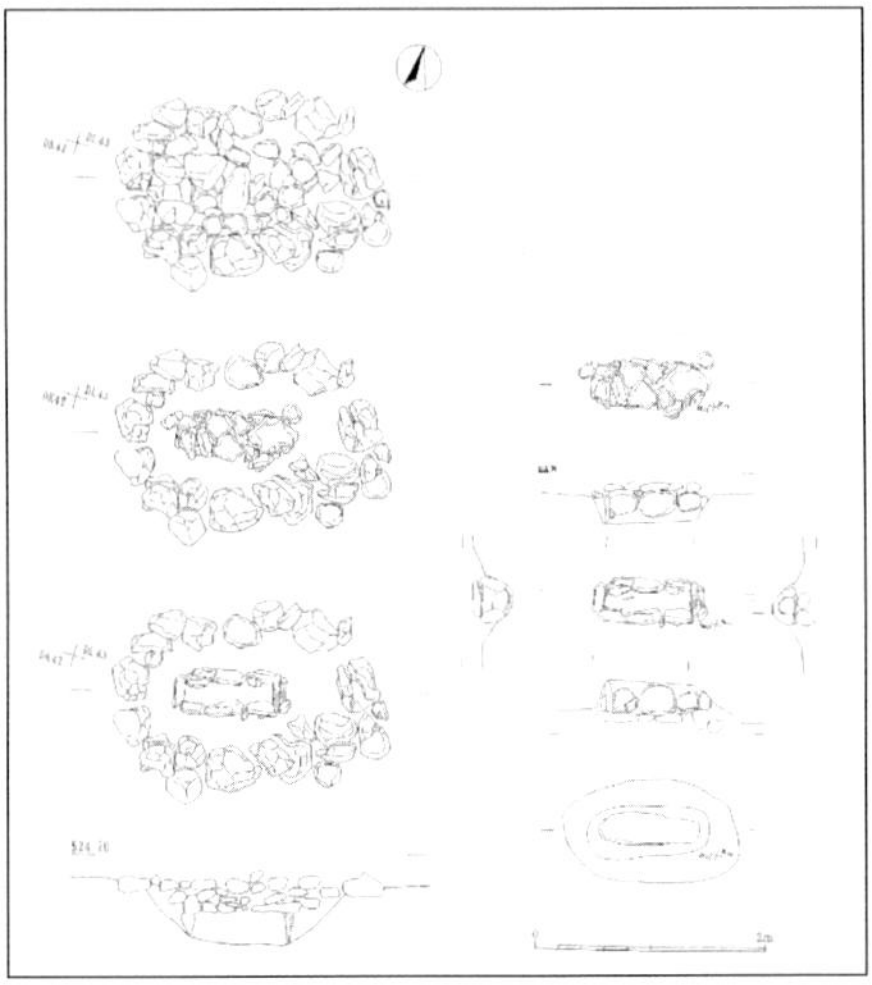

図21　飯田市北方西の原遺跡SI02　左：墳丘　右：埋葬施設（長野県飯田市教育委員会　2017）

北方西の原遺跡で発見されたSI〇一〜〇三の積石塚古墳はシナノに代表される大室古墳群、八丁鎧塚一号、二号古墳、安坂将軍塚古墳群などにみられるような積石塚古墳とは異なり、内野古墳群や剣崎長瀞西遺跡遺跡の積石塚古墳を築造した人びとと出身地をともにした、あるいは身分や立場をともにした人びとにより築造されたものと考えられる。

下伊那地域や善光寺平の馬墓や積石塚古墳のありかた等の違いから、ヤマト王権による蔀屋北遺跡周辺からの一元的な渡来人の派遣については否定的な意見もあったが、下伊那地域で五世紀後半の積石塚古墳が発見されたことと

同様に、塩崎遺跡群で五世紀後半の円墳SM一〇〇九周溝内から馬の歯が発見され馬墓の可能性が考えられることから、ヤマト王権の指示のもとに蔀屋北遺跡周辺の百済からの渡来人が下伊那地域や善光寺平に派遣され、馬匹生産を中心とした新たな渡来文化の伝播があったと考えた方が自然ではなかろうか。

参考文献
飯田市教育委員会『北方西の原遺跡』二〇一七年
諫早直人「日本列島出土初期高句麗系馬具について―長野県大星山二号墳出土馬具の検討―」『古代渡来文化研究Ⅰ古代高麗郡の建郡と東アジア』高志書院　二〇一八年
大塚初重「東国の積石塚古墳とその被葬者」『国立歴史民俗博物館研究報告』第44集　国立歴史民俗博物館　一九九二年
風間栄一「中部高地」『古墳時代研究の現状と課題』上　同成社　二〇一二年
風間栄一「二四一号墳」『史跡大室古墳群エントランスゾーン保存整備事業報告書』長野市教育委員会　二〇一五年

木下尚子　「第2節 八丁鎧塚1号墳スイジガイ・ゴウホラガイ貝釧について」『長野県史跡 八丁鎧塚古墳』 須坂市教育委員会　二〇〇〇年
木下正史　「第5章まとめ 3杉山古墳群」『千曲市内古墳範囲確認調査報告書―五量眼塚古墳・堂平大塚古墳・杉山古墳群―』 長野県千曲市教育委員会　二〇〇七年
桐原　健　「(13) 積石塚の分布」『長野県史 考古資料編』 全一巻 (4) 遺構・遺物　長野県史刊行会　一九八八年
久野正博　『静岡県浜北市内野二本ケ谷積石塚古墳群』 浜北市教育委員会　一九九八年
坂本太郎 他　『信濃史料』 第二巻 信濃史料刊行会　一九五二年
須坂市教育委員会・國學院大學　『長野県史跡八丁鎧塚―鎧塚一号墳・二号墳・六号墳出土資料の再整理―』 二〇一五年
高崎市教育委員会　『剣崎長瀞西遺跡』 1　二〇〇一年
長野県埋蔵文化財センター　「塩崎遺跡群」『長野県埋蔵文化財センター年報』30　二〇一三年
長野市教育委員会社会教育課文化財係　『史跡 大室古墳群』 (プリント)　長野市教育委員会　一九九七年
西山克己　「信濃の積石塚古墳と合掌形石室」『長野県埋蔵文化財センター研究論集 長野県の考古学』 長野県埋蔵文化財センター　一九九六年
西山克己　「科野の積石塚古墳と合掌形石室」『大塚初重先生頌寿記念考古学論集』 東京堂出版　二〇〇〇年
西山克己　「第1章 第3節 シナノの積石塚古墳と合掌形石室」『シナノにおける古墳時代社会の発展から律令期への展望』 雄山閣　二〇一三年
西山克己　「研究の窓 シナノ古墳文化の画期を示す当館所蔵の馬具二例」『長野県立歴史館たより』 二〇一六年 冬号 vol. 89　長野県立歴史館
量　博満　「石中葬について―その1 積石墓」『上智史学』 第三七号　一九九二年
土生田純之編　「Ⅶ論考 4 f剣崎長瀞遺跡Ⅰ区における方墳の性格」『剣崎長瀞西五・二七・三五号墳―剣崎長瀞西遺跡2―』 専修大学文学部考古学研究室　二〇〇三年
浜北市教育委員会　『内野古墳群』 二〇〇〇年
平林大樹　「武富佐古墳出土遺物の再検討」『長野市立博物館紀要』 第15号 (人文系) 二〇一四年
宮代栄一　「長野県出土の馬具の研究―北信出土の環状鏡板付轡を中心に―」『信濃大室積石塚古墳群の研究』Ⅳ　二〇一五年
山本孝文　「初源期獅噛文帯金具にみる製作技術と文様の系統―長野県須坂市八丁鎧塚二号墳の帯金具から―」『日本考古学』38　日本考古学協会　二〇一四年
山本孝文　「日韓の獅噛文帯金具の一類型にみる技術系譜―打ち出し技法の検討―」『一般社団法人 日本考古学協会第48回総会研究発表要旨』 一般社団法人 日本考古学協会　二〇一八年

シナノの古東山道とエチゴへの古東山道支路

四世紀から五世紀にかけての古墳時代に東国へ通じる道として古東山道が整備されはじめ、律令国家により整備が進められた東山道がどのような道筋だったのか、古墳の立地や遺跡での道路状遺構やほかの遺構、そして遺物の発見からいくつかの道筋が考えられてきた。

五世紀前半に神坂峠を越え現在の阿智村～飯田市（三穂）～飯田市（上川路）～前方後円墳や馬墓が連なる現在の国道一五一号線を北上～飯田市上郷別府あたりで現在の国道一五三号線と合流、さらに北上したと考えられるが、北上の道筋については遺跡からの検証は難しい。

写真18　神坂峠からシナノを望む（筆者撮影）

六世紀以降の古東山道は、古墳の立地等から五世紀前半からの道筋に続き、天竜川を北上し諏訪郡に入り、前方後円墳松島王墓古墳（箕輪町松島）付近を通過し、天竜川をさらに北上し諏訪湖にいたり、前方後円墳青塚古墳（下諏訪町横町）付近を通過し雨境峠を越え佐久郡にいたった道筋が考えられる。

また松島王墓古墳（箕輪町松島）付近を通過し、善知鳥《うとう》峠を越え筑摩郡（松本市）に入り、さらに保福寺峠を越え小県郡へいたり、前方後円墳二子塚古墳（上田市上田）付近を通過し、佐久郡へ向かう道筋も考えられる。

この二つの道筋は併用されていたものと考えられ、七世紀まで古東山道として東国へ通じる幹線道路として利用されていたと考えられる。

四世紀以降の古東山道のエチゴへの支路は、どのような道筋だったのか。

シナノの善光寺平からエチゴへの道筋、北陸道への古東山道支路は、三世紀後半からの前方後方形周溝墓の築造、そして四世紀から五世紀にかけての前方後方墳、前方後円墳が築造された立地から想定できる。

五世紀末葉までには善光寺平南域の森将軍塚古墳（千曲市屋代）付近から、土口将軍塚古墳（千曲市土口）付近〜大室一八号古墳（長野市松代）付近〜東山古墳群（長野市若穂保科）付近〜榎田遺跡（長野市若穂綿内）周辺を通過し、八丁鎧塚一号、二号古墳（須坂市八丁）付近〜高遠山古墳（中野市小田中）付近〜七瀬二子塚古墳（中野市七瀬）付近〜飯山街道（国道二九二号線）付近を北上し、勘助山古墳、法伝寺二号古墳（飯山市静間）付近〜有尾一号古墳（飯山市飯山）付近を通過し、飯山街道（国道二九二号線）周辺沿いにエチゴへ向かったと考えられる。

この古墳の立地とは別にシナノとエチゴを結ぶ主要な道筋を想定させる資料が平成十一（一九九九）年から平成十二（二〇〇〇）年にかけての信濃町川久保遺跡と仲町遺跡の調査で発見された。

川久保遺跡と仲町遺跡はナウマンゾウの発見で有名な野尻湖西側の野尻地籍にある。筆者も担当者の一人として調査に加わったが、信濃町では皆無とされていた古墳時代の遺構や遺物が発見された。特に遺物については四世紀から七世紀にかけての非常に多くの土器とともに、生活で用いる道具や祭祀で用いた品も発見された。

当地域は池尻川低地で、ナウマンゾウが生息していた四万年前には野尻湖のような湖があり、現代にいたるまでに湿地化、さらには低地化したと考えられている。このような水場の環境が変化することにより、四世紀には水辺が生活空間の一部に組み込まれ、五世紀後半から六世紀前半にはさらにその空間が広がりをみせたと考えられる。

発見された四世紀の土器の中には、東海系、北陸系、畿内系土器が多く混在していた。それぞれの地域からの人びとの往来が頻繁だったことがうかがえる。

生活で用いた道具には、漁で使う網のおもりとして使用された土錘や糸を紡ぐのに使用された紡錘車が出土した。

祭祀品は五世紀から六世紀にかけてよくみられる滑石製石製模造品の未製品や剥片が出土し、また六世紀以降の古墳の横穴式石室に副葬品として用いられる耳環（銀環）が発見さ

写真19　川久保遺跡出土土器（信濃町教育委員会蔵）

れた。

この調査では集落跡は発見されなかったが、遺跡の立地や出土品から、四世紀以降当地に集落が形成され、峠越えの安全祈願に関わる集落内祭祀、あるいは湿地帯が広がっていたことから水辺に関わ

写真20　寺山古墳（筆者撮影）

る集落内祭祀がおこなわれていたと考えられる。

信濃町地域ではこの発見まで古墳時代の遺構は全く発見されていなかった。

また川久保遺跡と仲町遺跡のこの発見から、近くに古墳があると考え、周辺の尾根などを踏査した結果、近接する北東側山（寺山）上に円墳（寺山古墳）を発見することとなった。もちろん信濃町地域で初めて発見された古墳である。現状墳丘中央部分に落ち込みがみられることから、埋葬施設としての木棺が腐食した結果落ち込んだものと考えられ、五世紀以前の円墳と考えられる。

弥生時代終末から古墳時代前期にかけての墳墓などの立地から、人びとがエチゴとシナノを頻繁に往来した古東山道支路が、現在の新潟県妙高市関川～長野県飯山市～中野市～須坂市～長野市へ続く道筋が推定できることはすでに述べたが、川久保遺跡や仲町遺跡の調査によってこれとは別の道筋として、前方後方型周溝墓、前方後方墳、前方後円墳などは築造されていないが、東海、北陸、畿内方面からの人びとの往来が頻繁だった新潟県妙高市関川から長野県信濃町野尻へと通じる道筋があったことがわかった。

またこの調査成果により、六世紀以降のエチゴへの主要古東山道支路は、筑摩郡（松本市）を北上し更級郡（善光寺平南域）へ到達した後、篠ノ井遺跡群（長野市篠ノ井塩崎）周辺を通過し、前方後円墳越村一号古墳（長野市篠ノ井小松原）付近を通過、犀川を渡り前方後円墳馬神塚古墳（長野市小田切）付近へと水内郡に入り、長野市浅川扇状地遺跡群内を通過、さらに前方後円墳三才1号古墳（長野市三才）付近の道筋を北上、前方後円墳庚申塚古墳（飯綱町平出）付近を通過、信濃町仲町遺跡、川久保遺跡（信濃町野尻：国道一八号線）付近を通過しエチゴへ入ったと考えられる

この道筋は後の律令国家により整備された東山道から北陸道へ通じる支路（錦織駅～麻績駅～曰理駅～多古駅～沼辺駅）の基礎となったと考えられ、川久保遺跡や仲町遺跡一帯に沼辺駅があったと考えられる。

参考文献

長野県埋蔵文化財センター 他 『川久保遺跡』 二〇〇四年

長野県埋蔵文化財センター 他 『仲町遺跡』 二〇〇四年

三　シナノの弥生時代終末から古墳時代中期の渡来文化

弥生時代終末の渡来文化

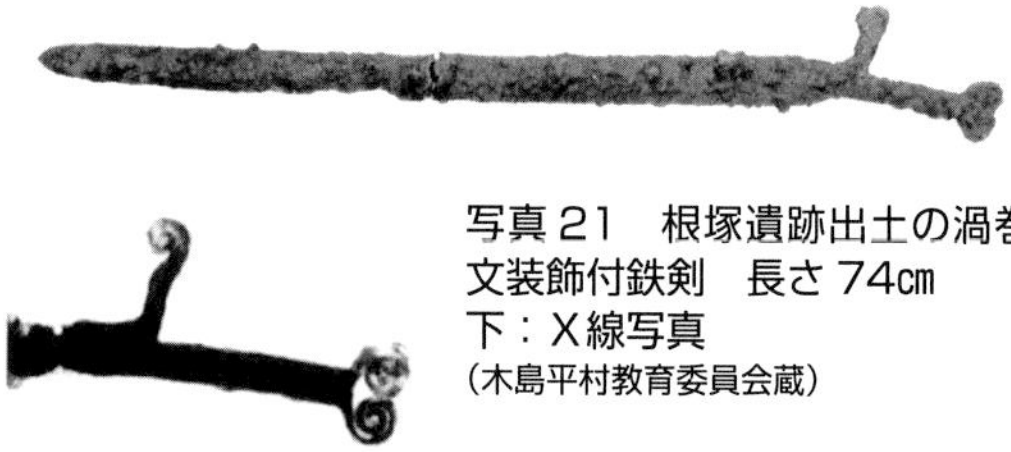

写真21　根塚遺跡出土の渦巻文装飾付鉄剣　長さ74㎝
下：X線写真
（木島平村教育委員会蔵）

シナノの弥生時代出土遺物全体の割合からすれば渡来系遺物は微量だが、特に二世紀から三世紀にかけての渡来系遺物の種類や総数を考えれば、東日本では稀な数である。

下高井郡木島平村根塚遺跡出土の渦巻文装飾付鉄剣《うずまきもんそうしょくつきてっけん》や長野市浅川端遺跡出土の馬形帯鉤《うまがたたいこう》は二世紀後半から三世紀前半頃（弥生時代後期後半）に朝鮮半島から日本海側を介してもたらされたものと考えられている。

渦巻文装飾付鉄剣の渦巻装飾は朝鮮半島の加耶地域一帯にみられることから当地域で製作された可能性が考えられている。しかし剣の柄軸部分が剣身からわずかに屈折し、屈折部で枝部が作り出されている形状は、当時代の東日本に特徴的な鹿角製柄頭に共通することから、根塚遺跡に関わる人物の特注品ではないかと想定されている。

浅川端遺跡出土の馬形帯鉤は位を示すベルトの飾金具で、朝鮮半島南部の製品と考えられる。

上田市上田原遺跡四〇号土坑出土の鉄矛は全長二六・六チセンで、身部分が一四・四チセンと短身の特徴から弥生時代後期のものと考えられ、朝鮮半島からの搬入品と考えられている。

佐久市の社宮司遺跡出土の多紐無文鏡片は明らかに朝鮮半島製品で、破片を再加工した製品である。紀元前一世紀～二世紀頃（弥生時代中期後半）のものと考えられている。

また佐久市北一本柳遺跡H三三号竪穴住居跡からは二点の板状鉄斧が出土している。この鉄斧は二世紀後半（弥生時代後期後半）を前後するもので、朝鮮半島南部で製作されたものである。

弥生時代の渡来系遺物の出土のみならず、シナノの弥生時代墳墓には鉄製武器を副葬する習俗がみられ、この習俗は朝鮮半島南部が顕著で山陰から北陸にもみられる。弥生時代後期後半期の千曲川流域一帯に朝鮮半島南部の鉄器や青銅器が出土することや墳墓への習俗から、列島内でも山岳内陸部でありながら、朝鮮半島南部～北部九州～山陰～北近畿～北陸～千曲川流域との間に交流するルートが整備されていたことを示している。

五世紀に伝えられた渡来文化

五世紀になると列島内に新たな多くの渡来文化が伝えられ、シナノにも多くの渡来文化が伝えられる。五世紀の渡来文化は、稲作等の伝播により縄文時代から弥生時代に生活様式が大きく変化したことと同様に、人びとの生活様式を大きく変えるものだった。

渡来系土器は千曲市（長野市）土口将軍塚古墳から出土したと伝えられる短脚有蓋高杯《たんきゃくゆうがいたかつき》と蓋《ふた》は加耶系（釜山地域）の韓式系陶質土器（朝鮮半島で製作された、あるいは在地でまねて製作された窯で焼かれた硬質土器：以後陶質土器）、城ノ内遺跡出土の把手《とって》付有蓋有脚短頸壺《つきゆうがいゆうきゃくたんけいこ》は加耶系（釜山地域以外）の陶質土器、先にも紹介したが、杉山G一号古墳出土の瓦質の甕は、百済土器あるいは馬韓土器と考えられる陶質土器である。また、上田市（旧丸子町）鳥羽山洞穴遺跡からは、陶質土器ではないかと考えられている二重𤭯と把手付椀が出土している。現状では朝鮮半島からの軟質土器は確認されていない。

列島内では朝鮮半島の陶質土器の系譜をひく須恵器の生産が大阪府陶邑古窯跡群《すえむらこようせきぐん》をはじめとして五世紀前半に開始される。シナノでも陶邑古窯跡群産の須恵器が使用されるようになる。須恵器の使用に伴い、土師器に小形の杯類が作られるようになり、個人が使用する銘々器として普及することとなる。

また土師器の杯類を中心に、水分の浸透を防ぐ内面黒色処理された杯も生産されるようになる。シナノで黒色処理された杯の生産開始は、遅くても五世紀第３四半期と考えられ、全国最古の黒色土器と考えられている。

この黒色処理技術は、朝鮮半島の黒色磨研土器の黒色処理技術と同じと考えられている。しかし朝鮮半島では日常使用する土器（杯）への処理はおこなわれていない。

弥生時代以来、銅製品や鉄製品の多くは道具として使用されていたが、特に五世紀後半以降、特定の身分の人びとに限られるが、金銀銅製の装身具が使用されるようになる。

八丁鎧塚二号古墳から鍍銀青銅製獅噛文帯金具が出土していることはすでに述べた。飯田市松尾上溝天神塚古墳から金銅製帯金具垂飾品、飯田市畦地一号古墳から銀製垂飾付長鎖式耳飾が出土している。渡来系の馬具は大星山古墳群二号古墳出土の飾金具についてはすでに紹介したが、飯綱社古墳からは五世紀第2四半期の木芯鉄板張輪鐙片や鉄製輪鐙、鞍に取り付ける鉄製覆輪が出土している。また、中野市林畔一号古墳や長野市地附山古墳群池ノ平五号古墳からは五世紀中頃から後半の鑣轡《ひょうくつわ》が出土している。

榎田遺跡から五世紀第2四半期の木製鞍（後輪《しずわ》）や五世紀第3四半期の木製黒漆塗壺鐙が出土している。飯田市物見塚古墳周溝からは五世紀前半の鑣轡が出土し、また飯田市新井原二号古墳周溝内からは五世紀第2四半期から五世紀第3四半期の木芯鉄板張輪鐙が出土している。五世紀中頃から後半には飯田市新井原・高岡古墳群の四号土坑からf字形鏡板付轡、剣菱形杏葉、飾鋲、責金具が出土し、飯田市茶柄山古墳群馬の墓一〇から、鉄製輪金具と三環鈴が出土している。

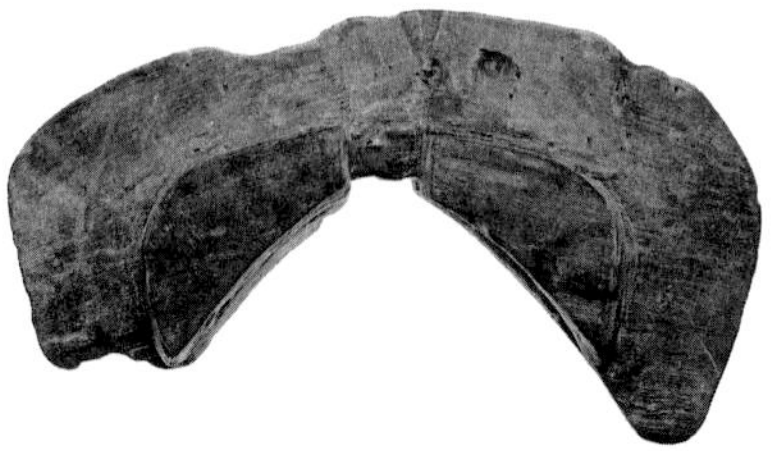

写真22　榎田遺跡出土木製鞍（後輪）幅：47.6㎝　カエデ属（贄田他　1999）（長野県立歴史館蔵）

写真23　榎田遺跡出土木製黒漆塗壺鐙　高さ：49.5㎝　クワ（贄田他　1999）（長野県立歴史館蔵）

構造物では、縄文時代以来住居の中で調理をしたり暖や明かりをとるための炉から住居内の壁に造り付けられたカマドが構築されることとなる。また住居構造にも変化をもたらした。

古墳については、善光寺平を中心に突然積石塚古墳が築造され、五世紀第2四半期には大星山二号古墳に合掌形石室が構築され、大室古墳群の初期積石塚古墳ほか一部の限られた古墳の石室として採用される。

また古墳の埋葬施設が個人を埋葬した竪穴式石室ほかから、特定の限られた人びとではあるが、家族墓として横穴式石室の構築がはじまり、埋葬概念の大きな変化が生じた。シナノでも六世紀に入り、横穴式石室の構築がはじまる。

シナノではヤマト王権との関わりの中で、馬の飼育と乗馬の風習が広がりをみせる。

表8　今回基準とした須恵器の年代観

大阪陶邑古窯跡群編年を基本に作成		暦年代（参考）
古墳時代前期		3世紀中頃～4世紀
Ⅰ期	TK73型式期	5世紀前半
	TK216型式期	5世紀第2四半期頃
	TK208型式期	5世紀第3四半期前半頃
	TK23型式期	5世紀第3四半期後半頃
	TK47型式期	5世紀第4四半期頃 471年（辛亥年）
Ⅱ期	MT15型式期	6世紀初頭
	TK10型式期	6世紀前半
	TK43型式期	6世紀後半 588年（飛鳥寺下層）
	TK209型式期	6世紀末葉～7世紀前半

参考文献

田辺昭三　1981年『須恵器大成』　角川書店
西　弘海　1983年『特別展観 法隆寺昭和資材帳調査秘宝展図録』1　法隆寺
大阪府立近つ飛鳥博物館　2006年『年代のものさし陶邑の須恵器』　ほか

シナノで須恵器が用いられ始めた頃の古墳出土の須恵器

「須恵器」とは、縄文土器や弥生土器、古墳時代の土師器とは異なり、窯を使用し酸化還元焔焼成により焼成された土器である。新羅や加耶といった朝鮮半島南部の陶質土器の製作技術が伝えられたもので、五世紀以降大阪府陶邑《すえむら》古窯跡群を中心に作られ始めた土器である。

本論では田辺昭三氏の研究による初期須恵器（陶邑編年ＴＫ七三型式期、ＴＫ二一六型式期：五世紀前半で陶質土器の影響が残り、須恵器として定型化していない時期：以後 陶邑ＴＫ七三型式期と標記、他も同様）、古式須恵器（陶邑編年ＴＫ二〇八型式期、ＴＫ二三型式期、ＴＫ四七型式期：五世紀中頃から後半で須恵器として定型化した時期）の名称を使用する。

東日本で古式須恵器が出土した最も顕著な古墳は、一一五文字の辛亥年銘金象嵌鉄剣が出土し有名となった埼玉《さきたま》県埼玉古墳群の稲荷山古墳であろう。この稲荷山古墳出土の須恵器は「伝稲荷山古墳くびれ部出土」のもので、陶邑ＴＫ二三型式期〜ＴＫ四七型式期の有蓋高杯《ゆうがいたかつき》、蓋《ふた》、䏰《はそう》などが出土している。

写真 24　一時坂古墳遠景（諏訪市教育委員会提供）

写真 25　一時坂古墳近景と墓前祭祀跡（諏訪市教育委員会提供）

写真 26　一時坂古墳墓前祭祀状況（諏訪市教育委員会提供）

シナノの古墳から出土した須恵器の用いられ方はどのような状況であろうか。

諏訪市一時坂古墳は直径二〇《メートル》の円墳もしくは隅丸の方墳と考えられ、埋葬施設は木棺直葬でほぼ北向きに四基あるいは五基並列していた。副葬品は直刀、鉄剣、鉄鏃、玉類がある。

須恵器、土師器はそのほとんどが周溝内から出土し、祭祀をおこなったと考えられる七か所の土器集中部分が発見された。このうち三か所で須恵器と土師器が整然と配列された状態で検出され、それぞれが多少の差異はあるものの、基本的には土師器の高杯が四個ずつ列に並べられ、高杯の上に土師器の杯、椀、𤭯、短頸壺、須恵器の杯身、杯蓋、𤭯がのせられていた。

高杯にのせられていないものは土師器壺、須恵器甕、有蓋高杯などである。

須恵器は陶邑ＴＫ二〇八型式期～ＴＫ二三型式期のものである。土師器は鬼高式土器（日本で須恵器が生産された以降、特に関東地方で須恵器の杯を土師器で模倣した杯を使用し始めた土器型式の時代）といえる。五世紀第３四半期に須恵器と土師器を用いて整然と墓前祭祀がおこなわれたことがうかがえる良好な資料である。

松本市中山古墳群の柏木古墳は径一七《メートル》、残存高さ一《メートル》の円墳で、埋葬施設は横穴式石室である。副葬品は玄室最奥部から玉類、耳環（金環）、直刀、馬具、須恵器提瓶が、玄室南東隅から須恵器有蓋高杯、有蓋高杯蓋、壺、提瓶、土師器高杯、𤭯、手捏ねによる皿ほか、直刀、鉄鏃、馬具、耳環（金環）が出土している。また他に羨道口付近に須恵器有蓋高杯、有蓋高杯蓋、耳環（金環）等が散在していたようである。古墳築造の時期は陶邑ＴＫ一五型式期で六世紀初頭と考えられ、横穴式石室内に須恵器を副葬品としたシナノでの最古例である。

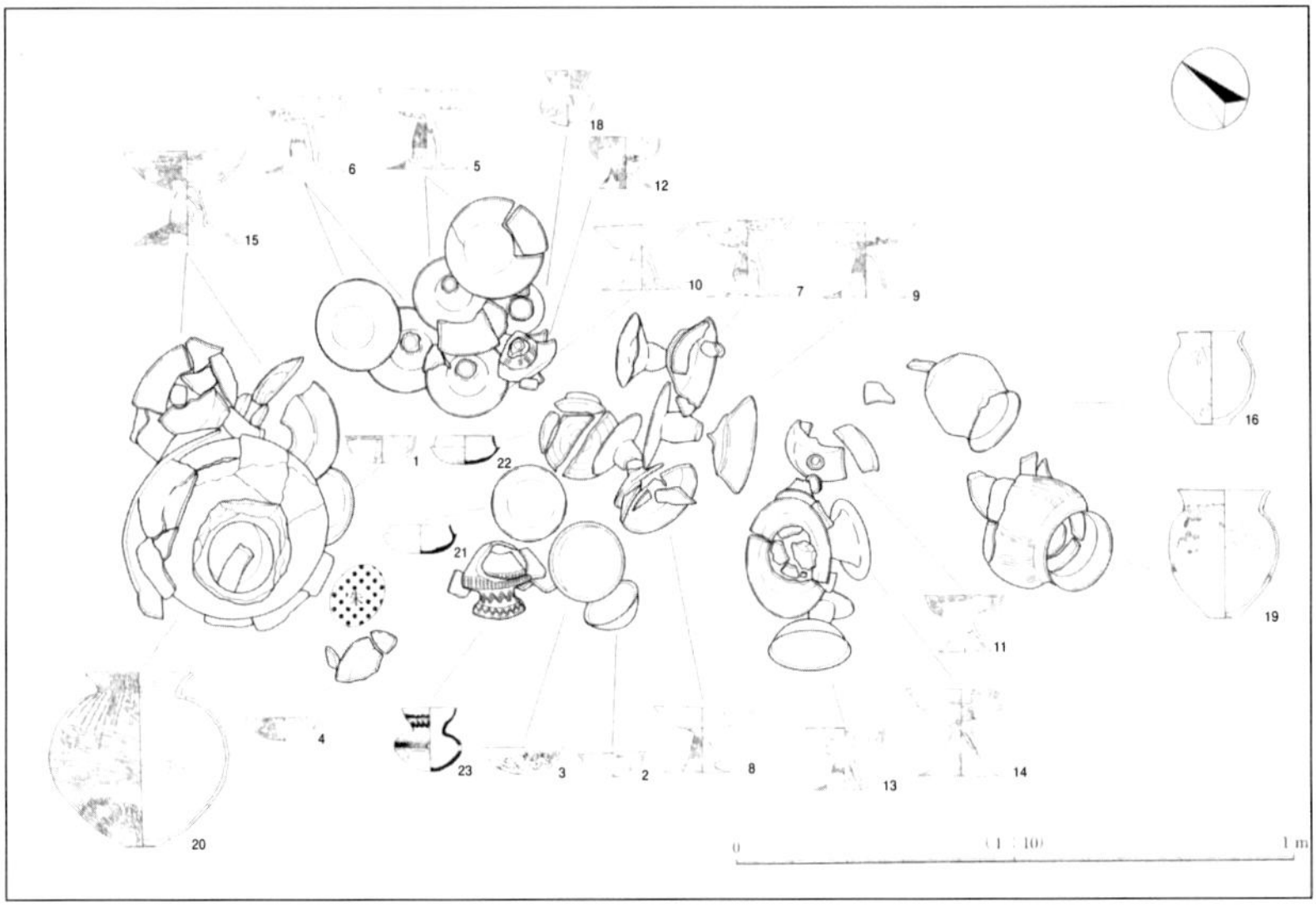

図22　篠ノ井遺跡群（(主)長野上田線塩崎バイパス地点）SZ004周溝内土器出土状況（長野市教育委員会　2007）

篠ノ井遺跡群（(主)長野上田線塩崎バイパス地点）では、五世紀後半の古墳周溝内から土器を用いた祭祀行為が発見された。

その中で注目されるのが、ＳＺ〇〇一（高畑一号古墳）、ＳＺ〇〇三（高畑三号古墳）、ＳＺ〇〇四（高畑四号古墳）、ＳＺ〇〇二九（高畑二九号古墳）である。ＳＺ〇〇一には須恵器杯身が一点、ＳＺ〇〇三には須恵器高杯が一点、ＳＺ〇〇四には須恵器杯身二点、𤭯一点が用いられていた。ＳＺ〇〇一の須恵器杯身は単独の出土で、ＳＺ〇〇三では二列に土器が並べられ土師器は逆位で発見されたが、須恵器高杯は二列目に用いられ、逆位ではなく完形で発見された。このことから土師器と須恵器の取りあつかいが異なっていたと考えられている。

またＳＺ〇〇四は五群に土器が配置されていた。それぞれの土器の個体数は一群四点、二群五点、三群八点、四群三点、五群二点で須恵器三点は三群から発見され、杯身二点は伏せられて発見され、𤭯一点は壊れて発見された。須恵器䃉は意図的に破砕を受けた可能性が指摘されている。

積石塚古墳で合掌形石室を持つ大室一六八号古墳の墳丘から須恵器の杯蓋五点、杯身四点、有蓋高杯一点、䃉二点、広口壺一点、甕五点の一八点と甕等の破片、土師器の高杯、高杯蓋、杯、䃉、壺等の破片が多数出土した。出土した須恵器は、杯蓋の形態的特徴や胎土および色調から、愛知県猿投窯跡を中心とする尾張地域で生産された須恵器と考えられている。

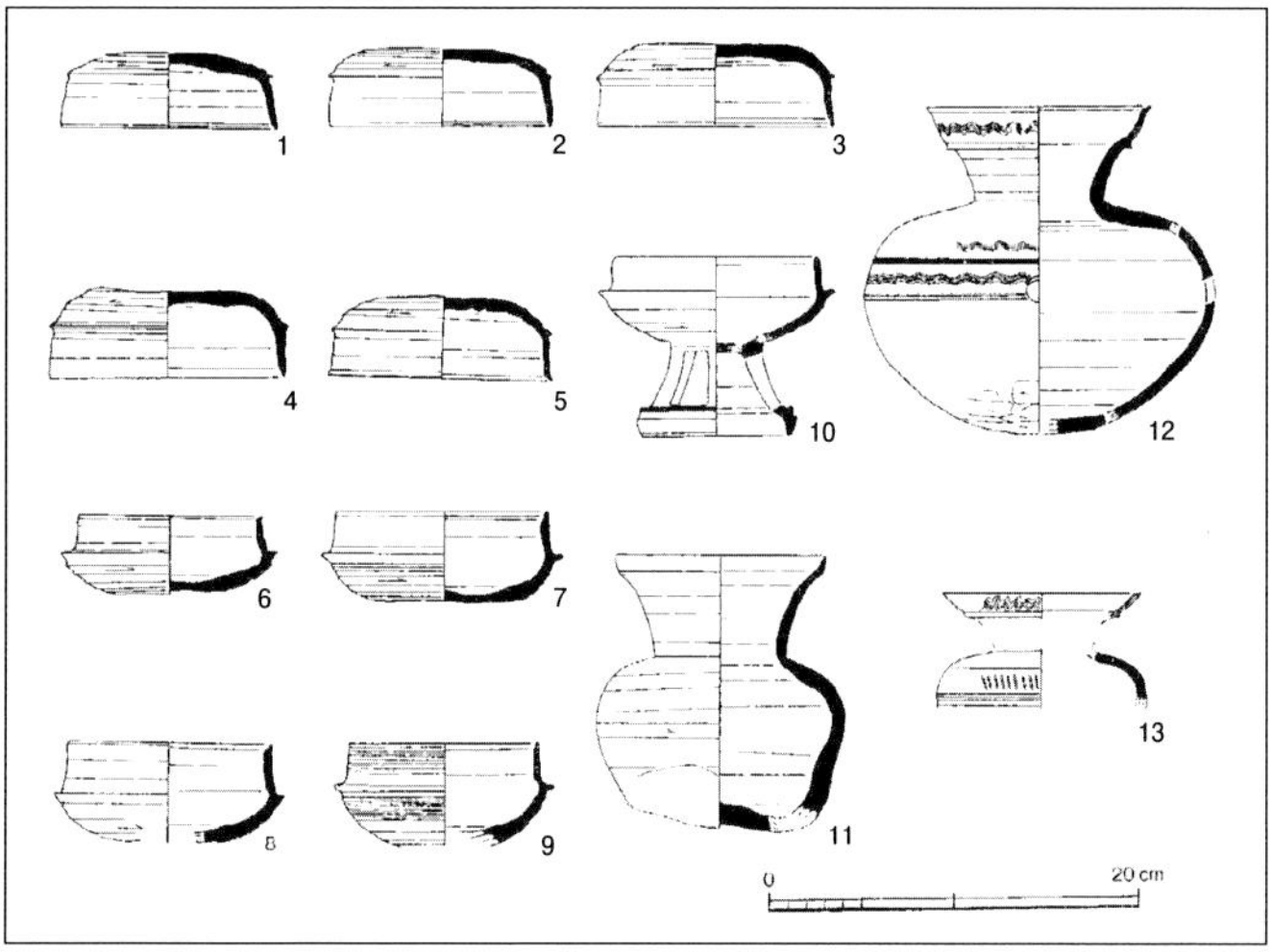

図23　大室168号古墳出土須恵器　1～5杯蓋、6～9杯身、10有蓋高杯、12䃉（小林・大塚他　2008）

大室一六八号古墳の築造時期は、尾張地域の須恵器型式編年と陶邑古窯跡群の須恵器型式編年との照合により陶邑ＴＫ二三型式期と考えられている。

長野市地附山古墳群は上池ノ平一号古墳から五号古墳の五基からなる古墳群で、一号古墳一号石室、三号古墳石室、五号古墳石室は合掌形石室である。

上池ノ平二号古墳では、墳丘裾二か所で土器埋納遺構が発見され、北裾土器埋納遺構は長径二メートル、短径一・三メートルのやや楕円形で、土師器高杯九点、坩一点がほぼ完形で埋納されていた。また西裾土器埋納遺構は長辺五・六メートル、短辺一・五メートルの隅丸長方形で、陶邑ＴＫ四七型式期を主体とする須恵器杯身四点、杯蓋四点、有蓋高杯五点、𤭯二点の計一五点が完全な形で出土し、土師器高杯ほかは破片で五〇点以上が埋納されていた。また上池ノ平三号古墳では墳丘斜面や裾から、陶邑TK二三型式期を主体とする須恵器杯身、杯蓋、有蓋高杯、有蓋高杯蓋、𤭯、高杯が四〇点以上出土している。上池ノ平三号古墳の須恵器は、祭祀行為をおこなった後の状況と考えられる。

両古墳で発見された須恵器は、陶邑TK二〇八型式期~TK四七型式期の様相を示すものを含み、須恵器の胎土や様相が近接する本村東沖遺跡出土須恵器に類似することや本村東沖遺跡で発見された当時期の限られた集落への須恵器の入手状況を考えると、本村東沖遺跡の集落の有力者と当古墳群の

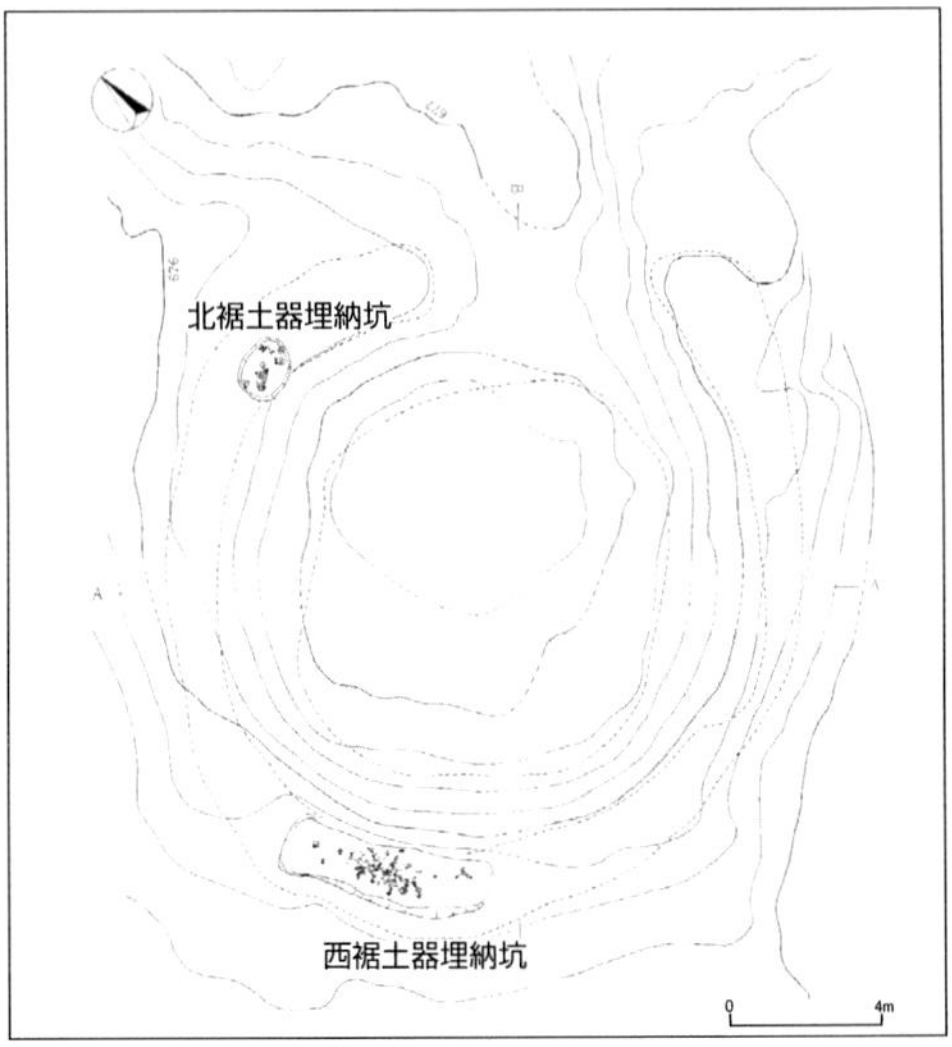

図24　長野市地附山古墳群上池ノ平第2号古墳埋納遺構（長野市教育委員会　1988）

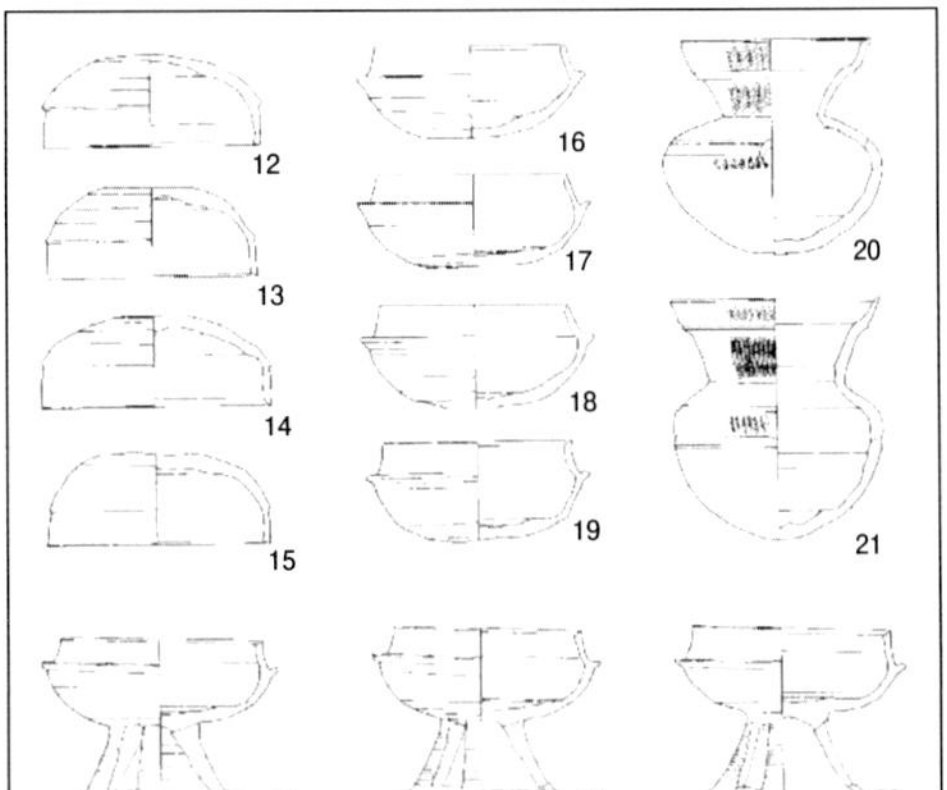

図25　上池ノ平第2号古墳出土須恵器　12～15杯蓋、16～19杯身、20～21𤭯、22～26有蓋高杯（長野市教育委員会　1988）

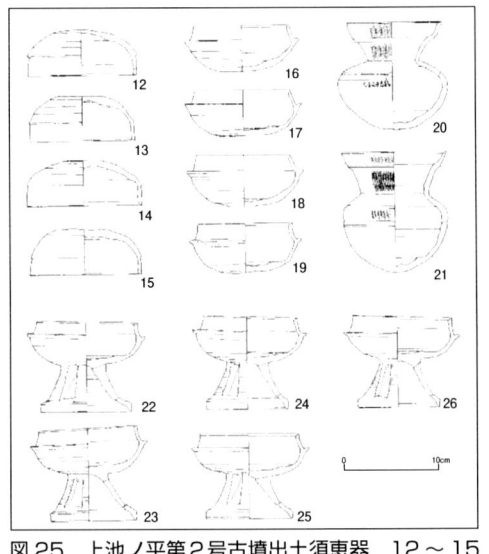

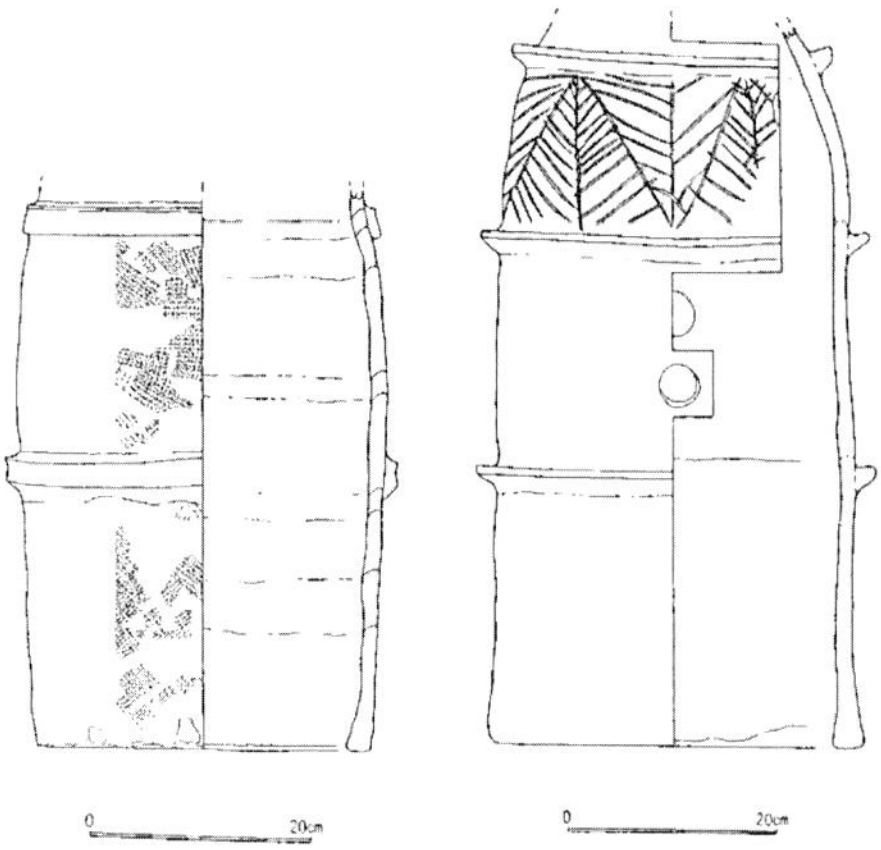

図 26　土口将軍塚古墳出土の叩き目のある埴輪・逆矢バネ形線刻のある埴輪（長野市教育委員会・更埴市教育委員会　1987）

埋葬者との関連が想定できる。
また須恵器のあつかい方を考えれば、当古墳群の須恵器の埋納行為や廃棄行為は、当該期の土師器とは異なった希少価値としての須恵器へのあつかい方がうかがえる。

土口将軍塚古墳は全長六七・七メートルの前方後円墳である。当古墳資料には伝土口将軍塚古墳資料として朝鮮半島の陶質土器と考えられる短脚有蓋高杯とその蓋がある。また当古墳出土の大半の円筒埴輪には須恵器生産技術の一つである平行叩き目と格子叩き目が施されていた。

これは須恵器生産の初期段階の工人たちが埴輪製作に何らかの関与をしていたことをうかがわせている。このような叩き目を埴輪に施した類似資料は、長野県内では上水内郡飯綱町（旧牟礼村）の前方後円墳庚申塚古墳の埴輪にみられ、また県外では埼玉県本庄市公家卿塚古墳、埼玉県児玉町金鑽神社古墳、生野山将軍塚古墳の近隣三古墳、茨城県那珂郡東海村の権現山古墳にみられる。

また円筒埴輪に施された叩き目以外に逆矢バネ形の線刻が施されており、形象埴輪の楯形埴輪や須恵器の鋸歯文とのつながりを考えさせられる。土口将軍塚古墳の周辺から陶質土器や初期須恵器が発見されていることから、タタキ目をもった埴輪の存在（生産を含め）と無関係ではないと考えられる。

須恵器工人と埴輪工人などさまざまな工人たちが技術交流をおこなっていたことがうかがえる。

このようにシナノの五世紀の古墳出土須恵器は葬送儀礼に用いたり供献土器として用いられていた。六世紀に入ると柏木古墳や北本城古墳では、横穴式石室の導入とともに土師器や須恵器が副葬化されることとなる。

シナノでも六世紀に入り横穴式石室の普及・浸透と併行して石室への土器の副葬化が進むこととなる。須恵器型式では陶邑MT一五型式期～TK一〇型式期で、六世紀初頭から前半あるいは中頃の時期に古墳への埋葬認識の変化があらわれる。

西日本では土器（須恵器）の副葬化が早くも五世紀前半以降にみられ、好例としては大阪府藤井寺市野中古墳、兵庫県加古川市印南野《いなみの》二号古墳、カンヌ塚古墳、兵庫県姫路市宮山古墳、兵庫県笠岡市七ッ塚古墳などをあげることができる。特に野中古墳では埋葬施設への副葬と、墳頂部からの出土があり、七ッ塚古墳では須恵器を副葬するための副室を設けていた。

シナノでの初期、古式須恵器の段階には一時坂《いっときざか》古墳例などのように周溝内に整然と並べられて用いられている。朝鮮半島で須恵器の源流となる陶質土器が石室内に副葬品として用いられていたにも関わらず、須恵器が生産、使用されはじめても、土器を副葬品化しない伝統が須恵器移入後もしばらくは続くこととなる。

須恵器所有については、初期須恵器（陶質土器を含む）の時期は地域の有力在地豪族たちが、ヤマト王権とのつながりの中で須恵器を入手したり、また在地生産を試みたものと考えられる。これが古式須恵器の時期になると、その所有には有力在地豪族たちの存在に加え、群集墳の発生にも関わる中小在地豪族たち（新しい支配者層）の台頭をみることとなり、須恵器の入手に広がりをみせることとなる。

シナノで須恵器が用いられ始めた頃の住居跡出土の須恵器

住居跡から出土する五世紀の須恵器は、大阪府陶邑古窯跡群周辺地域や各地方窯周辺地域で多くみられ、単純に生産地域から距離が遠くなるにつれ、その量は減少する。ヤマト王権による須恵器の大生産地陶邑古窯跡群のある畿内の集落からは比較的多くの須恵器が出土するものの、溝や土坑内からの出土も多い。

東国に位置するシナノの竪穴住居跡出土の須恵器は、東国のカミツケ（群馬県域）、ムサシ（埼玉県域から東京都域）、カズサやシモフサ（千葉県域）などのような総体的な出土量はみられないが、下伊那地域や善光寺平南域の限られた集落から五世紀の初期、古式須恵器の出土がみられる。以下、県内の調査事例を参考に、その性格について考えてみたい。

飯田市天伯B、山岸遺跡は切石遺跡群にあり、それぞれ遺跡名は異なるものの、松川右岸沿いに細長く続く段丘上に位置する同一集落である。天伯B、山岸遺跡では鬼高式土器期のカマドを持つ竪穴住居跡が五四軒確認され、その内三二軒から陶邑TK二〇八型式期~TK二三型式期の須恵器が出土している。東国で五世紀の一集落からこれだけの須恵器が出土したのは、埼玉県児玉町のミカド遺跡や後張遺跡などいくつかの集落跡を数えるにすぎない。ミカド遺跡や後張遺跡は、その近隣地域に在地の初期須恵器や古式須恵器の窯跡の存在が考えられている。

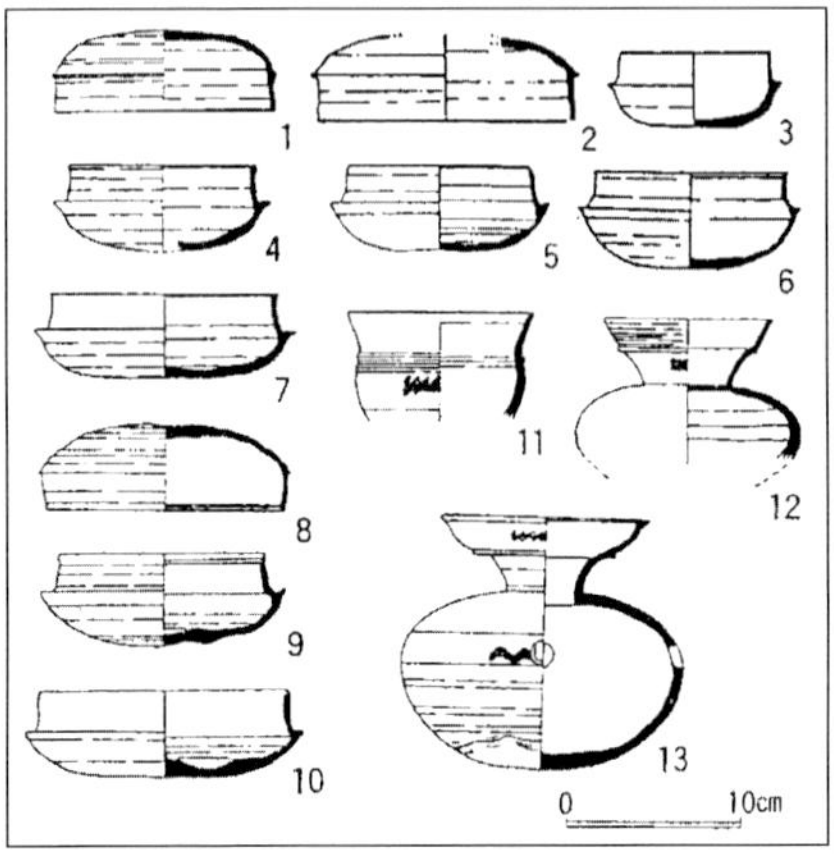

↑図28　天伯B・山岸遺跡住居跡出土須恵器（西山　2013　一部改変）

→図27　天伯B・山岸遺跡須恵器出土住居跡（西山　2013）

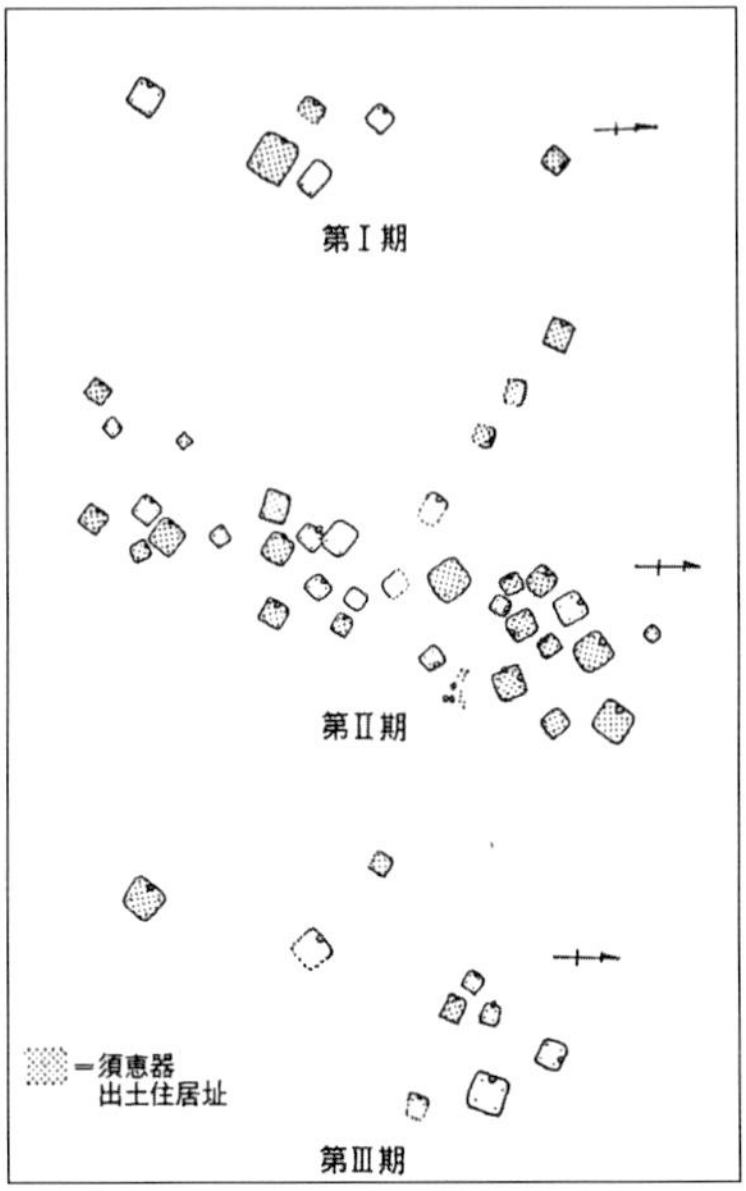

天伯B、山岸遺跡はその地理的条件から東海地方の須恵器生産とのつながりが考えられるが、陶邑古窯跡産と考えられる須恵器が多く搬入されている。天竜川水系の拠点的集落だったため入手できたのか、あるいは下伊那地域に早い時期の在地生産が想定されるのであろうか。

長野市本村東沖遺跡では陶邑TK二〇八～TK四七型式期の竪穴住居跡が三八軒調査され、三三点以上の須恵器（杯身七・杯蓋二、高杯二、壺六、𤭯二、鉢一、器台一、甕一〇ほか甕片など）が出土している。この内竪穴住居跡SB一五の貯蔵穴から杯身一点、竪穴住居跡SB三〇の床面から杯身一点、竪穴住居跡SB三一の床面から杯身一点が出土し、他の須恵器は埋土中ほかからの出土である。これらの須恵器は陶邑古窯跡で生産された須恵器に類似するものの、在地生産された須恵器の可能性が考えられている。

本村東沖遺跡では半数の一九軒にカマドが付設され、間仕切り構造遺構も伴っていた。カマドの付設については陶邑ＴＫ二〇八型式期と考えられ、シナノで最も早くカマドが付設された集落の一つと考えられる。

このことを考えれば、早い段階の須恵器の使用やカマドの使用など、新来文化をいち早く積極的に受け入れた集落と考えられる。

本村東沖遺跡を含めた浅川扇状地遺跡群はシナノでも早い段階に新来文化を受け入れた地域だったと考えられる。このことを善光寺平南域で考えれば、大室古墳群などでみられる積石塚古墳の築造や合掌形石室の構築にも関連する事象と考えられる。

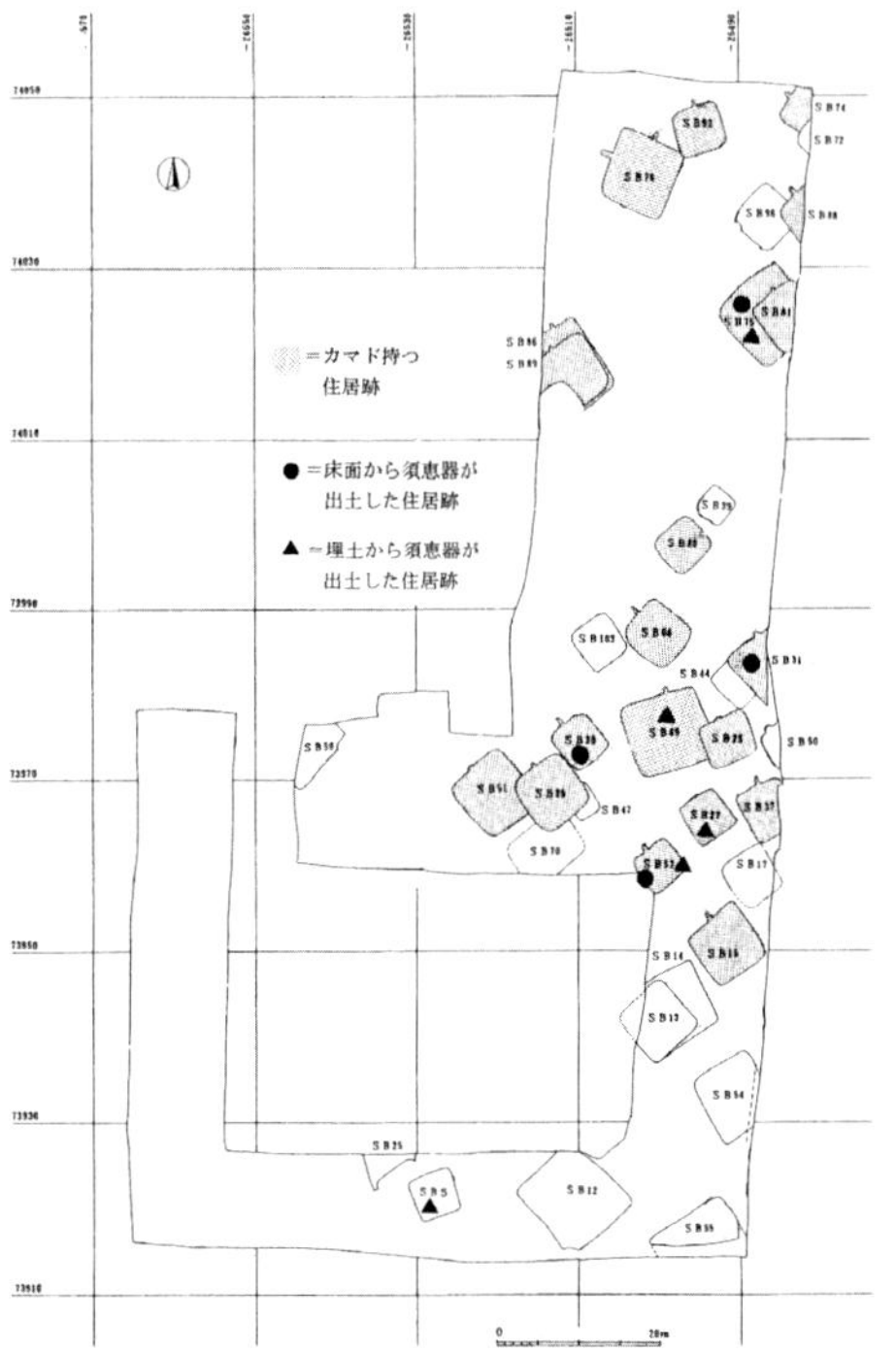

図29　本村東沖遺跡の須恵器出土住居跡とカマド付設住居跡（西山　2013）

北佐久郡御代田町前田遺跡では和泉式土器期（関東地方の鬼高式土器期の前の土器型式期で、須恵器の杯を土師器で模倣した杯を使用する前の時期）から鬼高式土器期にかけての竪穴住居跡が一一軒確認された。カマドが付設されていない竪穴住居跡五軒中四軒から陶邑ＴＫ二〇八型式期と考えられる古式須恵器が出土している。また須恵器が出土した竪穴住居跡中一辺八・一《メートル》×八・三《メートル》を測る最大規模のＨ‐六一号住居跡から祭祀に用いられる石製模造品（有孔円板）も出土している。

須恵器出土の集落跡や竪穴住居跡は、特に天伯B、山岸遺跡、本村東沖遺跡や前田遺跡などのように五世紀の初期須恵器や古式須恵器の所有の割合がほかの周辺集落と極端にちがいをみせ、須恵器を所有する集落は各地域の拠点集落と考えられる。

祭祀遺跡出土の須恵器

長野市四ツ屋遺跡では、円筒埴輪列を伴った祭祀遺構が検出され、その内側から土師器の𤭯、高杯、須恵器は初期須恵器あるいは陶質土器と考えられる把手付杯が出土している。土師器の𤭯は、須恵器の𤭯を模倣して作られたものである。

長野市駒沢新町遺跡からは、当遺跡最大規模の一号祭祀跡より石製模造品とともに土師器の𤭯が二点ほか多くの土師器が出土している。初期、古式須恵器は発見されていない。この土師器𤭯二点のうち一点はとても興味深い資料となっている。この𤭯は体部に鋸歯文をもち須恵器生産開始期の𤭯を模倣したものである。この𤭯の時期は初期須恵器の年代に求められ、またその時期を共伴土師器に求めると和泉式土器期である。

この𤭯の鋸歯文は土口将軍塚古墳出土の円筒埴輪に施された鋸歯文と共通している。この頃善光寺平南域に陶質土器が持ち込まれるが、持ち込んだ人びとが渡来系、あるいは初期、古式須恵器生産に関与しえた人びとであれば当然これらの文様や図柄を知りえたはずである。いまだ確認されていない善光寺平南域の初期、古式須恵器生産を考える上で貴重な資料である。

中野市新井大ロフ遺跡は夜間瀬川の氾濫の影響によって明確な遺構は検出されていないが、出土遺物よ

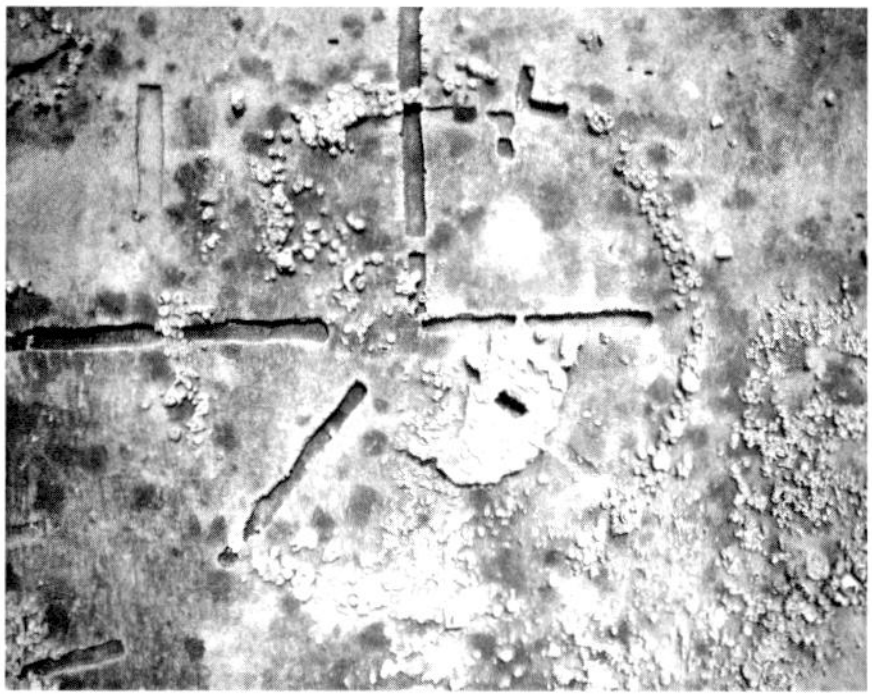

写真 27　坂城町青木下遺跡 Ut5 土器出土状況
（坂城町教育委員会提供）

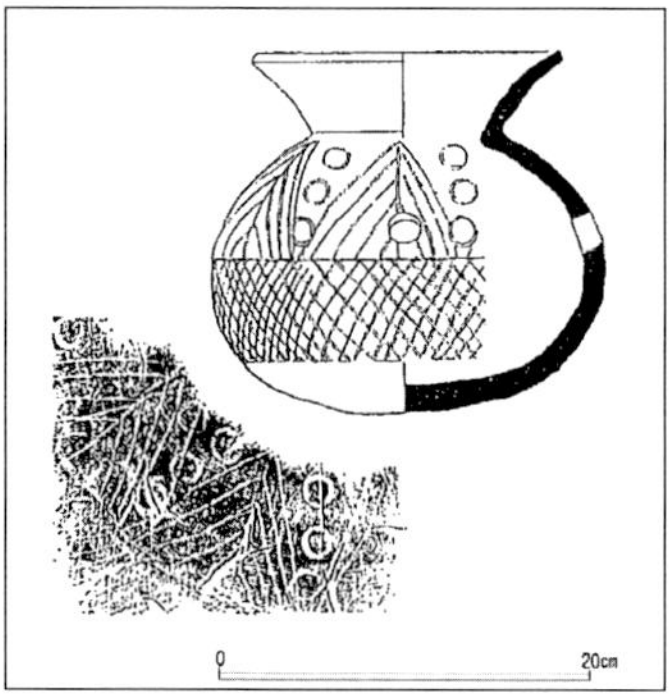

図 30　駒沢新町遺跡出土の鋸歯文のある土師器𤭯（笹沢　1982）

り祭祀遺跡と考えられている。出土遺物は石製模造品とともに土師器が多数出土し、その中には多くの高杯や𤭯が含まれている。須恵器は杯身と𤭯が出土している。土師器は和泉式土器期で、また須恵器は陶邑TK二三型式期と考えられる。

千曲市羽場堀之内遺跡からは東西幅三メートルほどの第一集石といわれる遺構から陶邑TK二三型式期と考えられる須恵器杯蓋と𤭯が出土している。

埴科郡坂城町青木下遺跡では五世紀末葉から七世紀前半にかけて、特に六世紀を中心とする土器、玉類を用いた祭祀跡が発見された。祭祀跡は調査区約一五〇〇平方メートルの中に二〇か所発見され約五〇〇〇個体の土器が集中していた。

各祭祀行為をおこなった土器集積址は五世紀末葉からの土師器が用いられていたが、須恵器は六世紀に入ってからの使用である。ただしここで用いられた須恵器は陶邑古窯跡群や東海地方で生産されたと考えられる須恵器とは特徴が異なり産地は不明である。またこの調査までに長野県内で発見された六世紀の須恵器の数をはるかに越える須恵器の発見となり、意図的に須恵器を大量に持ち込み使用した可能性も考えられる。

上田市（旧丸子町）鳥羽山洞穴遺跡からは初期須恵器あるいは陶質

土器と考えられる二重𤭯、把手付椀や陶邑ON四六型式期（TK二一六型式期とTK二〇八型式期の中間型式期）からTK二〇八型式期と考えられる小型𤭯と大型壺が出土している。

この二重𤭯はこれまで集落跡や古墳、古窯跡から発見されておらず、朝鮮半島からも出土していない。また把手付椀は国内の古窯跡で発見されている棒状の把手ではなく、板状の把手を持つ。ともに器面は黒灰色で光沢をおび、胎土《たいど》はともに鉄色に焼きしまったもので、朝鮮半島からの舶載品と考えられる土器である。

鳥羽山洞穴遺跡は長期にわたる特別葬所、祭祀遺跡で、このような遺構にこれらの陶質土器や須恵器が伴ったことは洞穴の性格を考える上で非常に重要な資料である。

五世紀に祭祀で用いられた陶質土器や須恵器は特別な器、あるいは希少品として当初から祭祀用の容器としての性格を持っていたと考えられる。しかし六世紀以降須恵器のあつかわれ方は、古墳石室への副葬品や祭祀に用いる装飾器台などの特別仕様品を除いて、日常使用した器を副葬品あるいは祭祀に転用しはじめることとなる。

陶質土器や初期、古式須恵器の所有者は、ヤマト王権とのつながりの中で各地域の祭祀行為をおこなえた有力在地豪族たちだったと考えられる。

シナノの須恵器生産

長野県内の須恵器生産のほとんどが七世紀以降のもので、その中心は八世紀から九世紀にかけてのものだが、長野市松ノ山窯跡はTK四七型式期～MT一五型式期の移行期と考えられる須恵器が生産されていたことから五世紀末葉から六世紀初頭の須恵器生産窯跡と考えられ、現在発見されている窯跡ではシナノ最古の須恵器窯である。

松ノ山窯跡は農道拡幅工事の際に発見され、須恵器甕片、𤭯、短頸壺、杯蓋、手づくね土器が出土している。甕以外はすべて完形品で、手づくね土器以外は酸化還元焔焼成ではなく酸化焔焼成による赤褐色となっている。

発見された須恵器の作りが陶邑製品に類似しているため、陶邑窯工人によって須恵器生産がおこなわれたと考えられる。

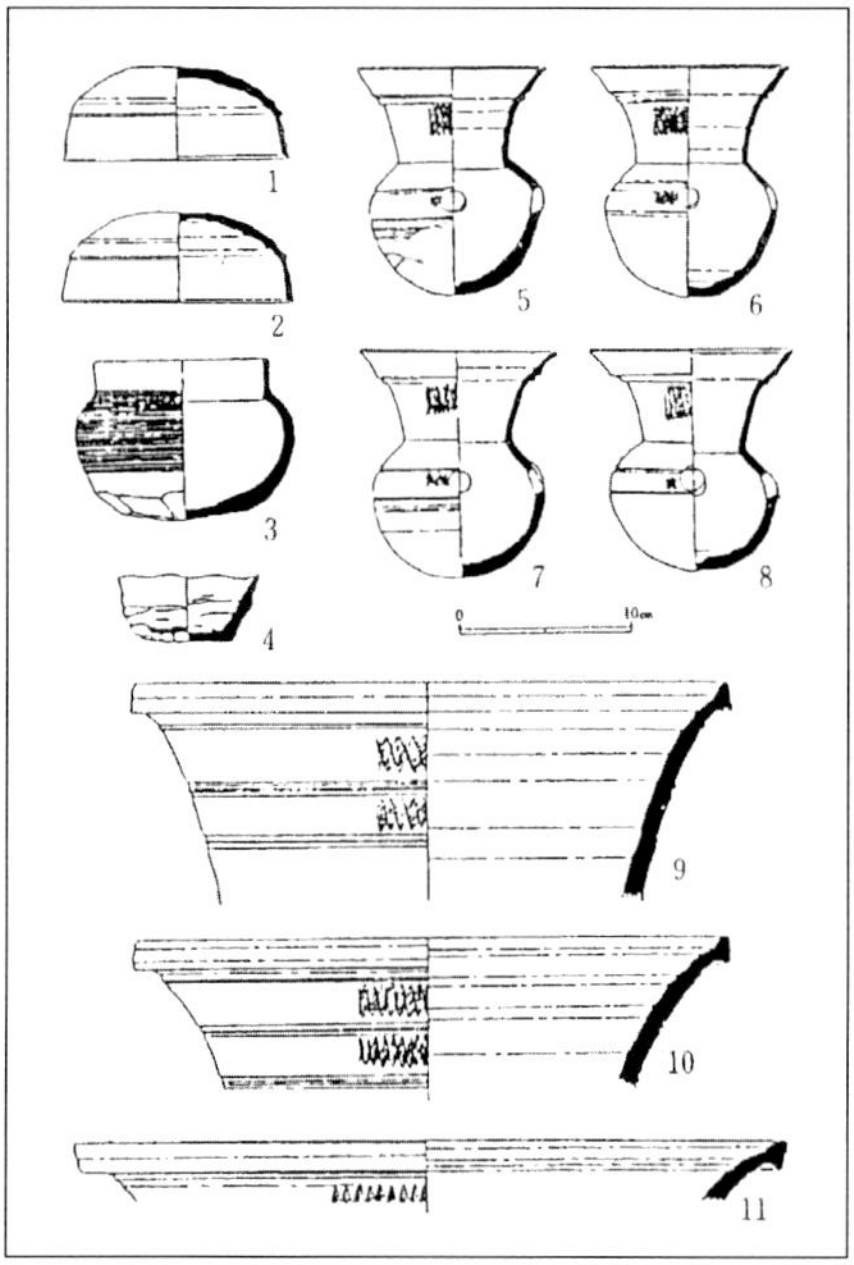

図31　松ノ山窯跡出土須恵器　1～2杯蓋、4手づくね土器、5～8𤭯、9～11甕片（西山　1990）

長野県内の五世紀から六世紀の須恵器窯の発見は現在のところ松ノ山窯だけだが、これまでみてきた古墳、集落跡、祭祀跡などの須恵器出土例から、松ノ山窯以前に操業した窯の存在が考えられる。

下伊那地域の天伯B、山岸遺跡、善光寺平の本村東沖遺跡を含む浅川扇状地遺跡群、さらには地附山古墳群の出土須恵器の特徴を考えると、生産地周辺以外の集落内や古墳から多くの須恵器が出土する例は東国では異例である。

埼玉県児玉町のミカド遺跡で発見された五世紀後半の多くの須恵器は、同じ胎土や型式の須恵器の中に、不良製品の須恵器が混在していることから周辺地域に須恵器生産窯があったのではないかと考えられている。

ミカド遺跡の所見を参考にすれば下伊那地域は西からのシナノの玄関口にあたり重要な地域だったことは下伊那地域の古墳の分布や出土遺物によってうかがうことができる。ヤマト王権と有力在地豪族たちのつながりの中で地方窯の招致、生産がおこなわれた可能性が考えられる。

また善光寺平では千曲市四ツ屋遺跡や城の内遺跡、そして本村東沖遺跡を含む浅川扇状地遺跡群や地附山古墳群などの資料からもわかるように、千曲市や長野市域に陶質土器や初期、古式須恵器が集中している。また土口将軍塚古墳出土の鋸歯文が刻まれた円筒埴輪、駒沢新町遺跡出土の鋸歯文の刻まれた土師器䑺や松ノ山窯跡の存在を考えあわせると、初期須恵器の製作技術を知りえた人びとの存在が浮かび上がり、松ノ山窯に先行する窯の存在は充分に考えられる。

陶邑古窯跡群の調査以来、須恵器生産については陶邑一元論的な評価がされてきたが、初期須恵器段階の地方窯の発見、あるいは地方窯の可能性が考えられる資料の増加によって初期須恵器の段階に列島内の特定地域に点々と地方窯が操業されたと考えられるが、結果的には多くの地方窯は長期操業されなかった。その要因は須恵器生産に関わる基本的な条件として、須恵器生産過程を把握した熟練の工人を長期的に確保できなかったことに起因すると考えられるが、各地方窯を持ちえた各地域の有力在地豪族たちが一大須恵器生産地である陶邑を統括していたヤマト王権の組織に組み込まれて行く過程の結果と考えられる。

列島内の動きと同様に、下伊那地域や善光寺平の有力在地豪族たちも陶質土器や陶邑産初期、古式須恵器を入手しながら、下伊那地域や善光寺平でも初期、古式須恵器の在地須恵器生産をおこなった可能性は考えられるが、ヤマト王権の組織に組み込まれ陶邑産須恵器を中心とする須恵器が供給され、善光寺平では再び松ノ山窯の操業をおこなうものの、短期間で操業を終えてしまうこととなる。

陶邑古窯跡群は五世紀前半に操業が開始されたが、北部九州地域を始めとする西日本各地はもちろん、東日本でも地方窯とされるものの中には五世紀中頃から五世紀後半までの須恵器窯跡が発見されている。代表的な例として愛知県東山窯、城山窯、静岡県有玉西窯、三重県久居窯、小杉大谷窯、石川県鳥居窯、宮城県大蓮寺窯ほかいくつかがあげられ、窯の存在を示す遺跡としてミカド遺跡をあげることができる。これらの窯跡から出土する須恵器はそれぞれの特徴を示しながらも陶邑ＴＫ二一六型式期～ＴＫ四七型式期までの各段階のいずれかである。

畿内から東海地方、中部地方への窯跡の所在を調べると、特に初期、古式須恵器を生産した窯跡が、四世紀から五世紀にかけての古墳が分布する地域にあることがわかる。このように四世紀から五世紀にヤマト王権とある一定のつながりを持つことができた有力在地豪族たちは、初めはその関係の中で独自の須恵器生産を開始したが、五世紀後半以降多くの地方窯では生産が中断することとなる。しかし六世紀後半以降のヤマト王権との新たなつながりの中で、再び地方窯の操業がおこなわれることとなる。シナノの各地域もそのような社会状況に組み込まれていたものといえる。

単なる器《うつわ》ではなかった初期・古式須恵器

以上、シナノで須恵器が用いられ始めた頃の古墳出土の須恵器、集落跡出土の須恵器、祭祀遺跡出土の須恵器、そして須恵器生産をみてきた。

陶質土器や初期須恵器は限られた有力在地豪族たちが入手し、拠点集落に持ち込まれ、古式須恵器の時期には拠点集落周辺で須恵器生産が開始されたとも考えられ、もちろん搬入品も多く存在した。古式須恵器も拠点集落への供給は変わらなかったが、その供給は中小在地豪族たちの集落へとさらに広がりをみせていく。

初期須恵器から古式須恵器へと移行する時期に限っていえることは、拠点集落には須恵器のみならず馬具やカマドほかの新来文化が受け入れられ、生活習慣等に大きな変化がみられる。そのような中、古墳祭祀には須恵器が限られた状況で用いられることから、この頃の須恵器は単に器ではなく政治的な社会背景の中で重要な存在価値を担っていたものと考えられる。

参考文献
飯島哲也「4本村東沖遺跡出土の古代須恵器について」『本村東沖遺跡』　長野市教育委員会　一九九三年
大阪府立近つ飛鳥博物館『年代のものさし 陶邑の須恵器』　二〇〇六年
風間栄一『篠ノ井遺跡群』㈥　長野市教育委員会　二〇〇七年
小林三郎・大塚初重・他編『信濃大室積石塚古墳群の研究』Ⅲ　明治大学考古学研究室　二〇〇八年
坂城町教育委員会 他『青木下遺跡』Ⅱ・Ⅲ　二〇〇七年
笹沢　浩「駒沢新町遺跡」『長野県史』考古資料編　全一巻（二）主要遺跡（北・東信）（社）長野県史刊行会

一九八二年
白石太一郎「第三章　須恵器の年代」『冬季企画展図録　年代のものさし　陶邑の須恵器』大阪府立近つ飛鳥博物館　二〇〇六年
諏訪市教育委員会『一時坂』一九八八年
田辺昭三「須恵器・4」『日本美術工芸』第三九一号　日本美術工芸社　一九八一年
田辺昭三「第3章　須恵器生産の展開」『須恵器大成』角川書店　一九八一年
長野市教育委員会・更埴市教育委員会『長野県史跡 土口将軍塚古墳 重要遺跡確認調査』一九八七年
長野市教育委員会『地附山古墳群』一九八八年
長野市教育委員会『篠ノ井遺跡群』（6）二〇〇七年
西　弘海「土器概説」『特別展観 法隆寺昭和資材帳調査秘宝展図録』1　法隆寺　一九八三年
西山克己「関東地方における須恵器出現期の様相」『駿台史学』第六四号　駿台史学会　一九八五年
西山克己「信州における須恵器出現の頃」『考古学ジャーナル』№三一六　ニュー・サイエンス社　一九九〇年
西山克己「第2章 第1節 シナノで須恵器が用いられはじめたころ」『シナノにおける古墳時代社会の発展から律令期への展望』雄山閣　二〇一三年

竪穴住居へのカマドの導入

東国古墳時代の大陸や朝鮮半島からの新来文化の受容の画期は、大きく二時期に分けることができる。その一つは五世紀前半から六世紀前半のことで、その内容はカマドの構築と使用および住居構造の変化、馬の飼育と乗馬の風習と活用、須恵器生産と使用、日常使用する土器組成の変化、金銅製品の使用、横穴式石室の受容と埋葬観念の変化等があげられ、列島に住む人びとの生活習慣の大きな変革期となる。もう一つは六世紀末葉から七世紀の律令国家誕生前夜の頃である。

五世紀中頃から六世紀の竪穴住居の構造について、特にシナノのカマドの出現についてみてみたい。

善光寺平で五世紀中頃から後半にかけて多くのカマドを付設した集落跡である。集落は本村東沖遺跡で発見された三八軒中一九軒にカマドが付設されていたことはすでに述べた。

炉からカマドへと移行を示す良好な資料が千曲市屋代遺跡群竪穴住居跡SB五一三六で確認されている。竪穴住居跡SB五一三六では同一床面に炉とカマドが併設されていた。

集落と古墳群との係わりについては本村東沖遺跡の五世紀後半の集落と、西に近接する地附山古墳群との関連が指摘されている。地附山古墳群上池ノ平二号古墳や三号古墳の周溝内からは陶邑TK二〇八型式期～TK四七型式期の須恵器が多量に出土し、また五号古墳の合掌形石室からは鏕轡が出土し

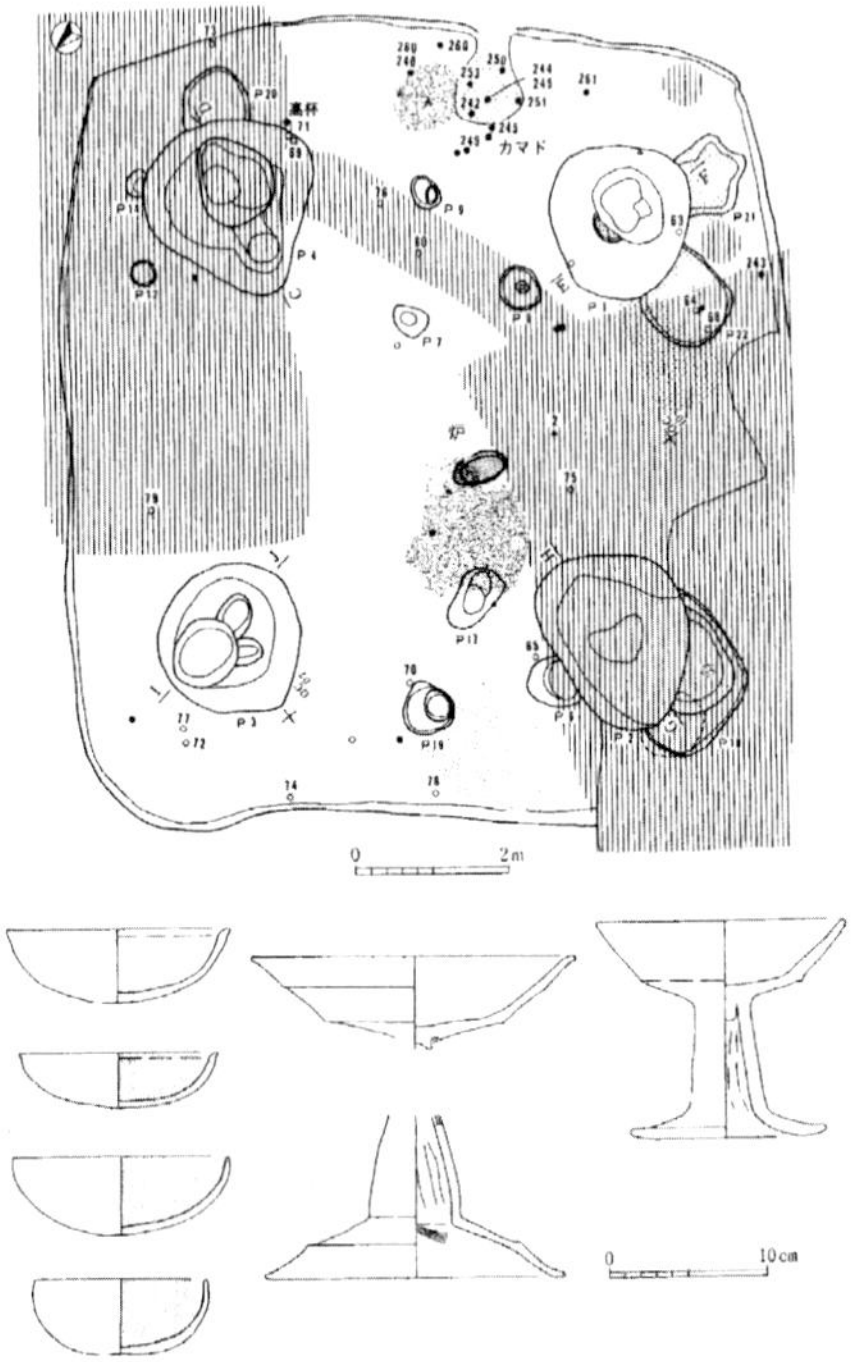

図32　屋代遺跡群SB5136竪穴住居と出土遺物（西山　2013）

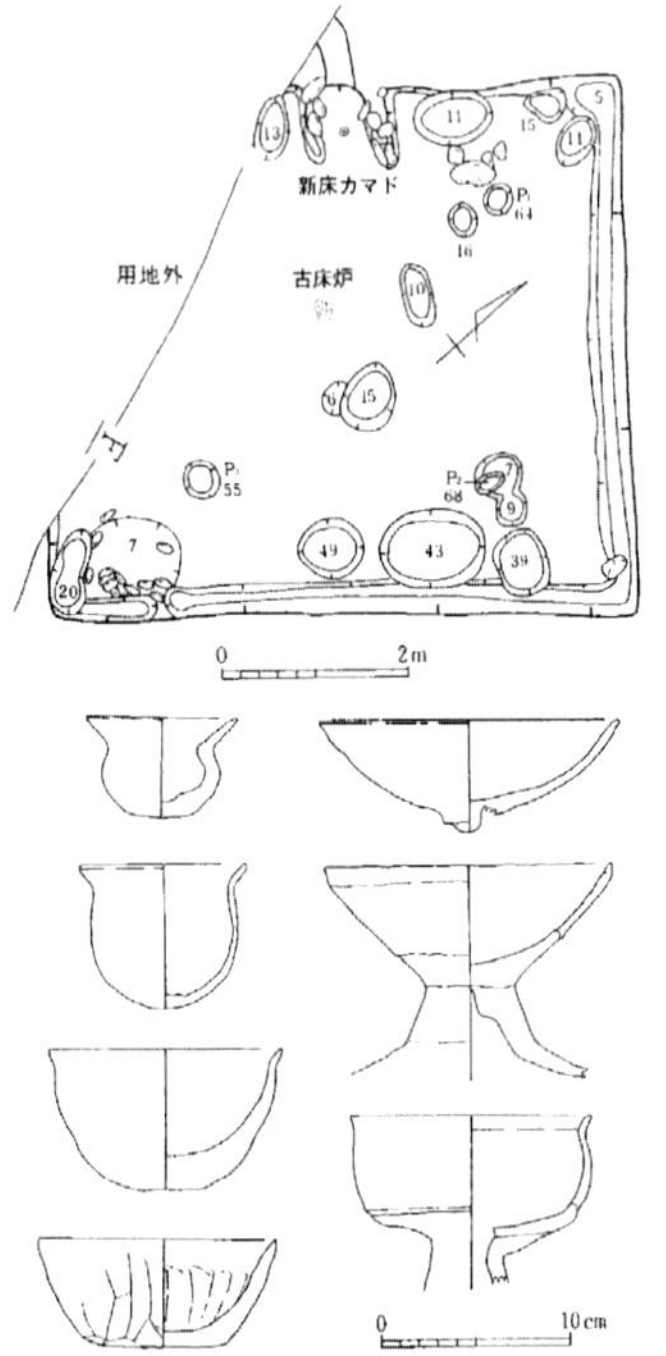

図33　龍江大平3号竪穴住居跡と出土遺物（西山　2013）

ている。さらに、五世紀第2四半期の木製鞍（後輪）や五世紀第3四半期の木製黒漆塗壺鐙が出土した榎田遺跡の五世紀前半から後半の集落は、新来文化を早々に取り入れた集団の集落と考えられ、五世紀前半に古墳群形成が開始される大室古墳群との関連が考えられる。

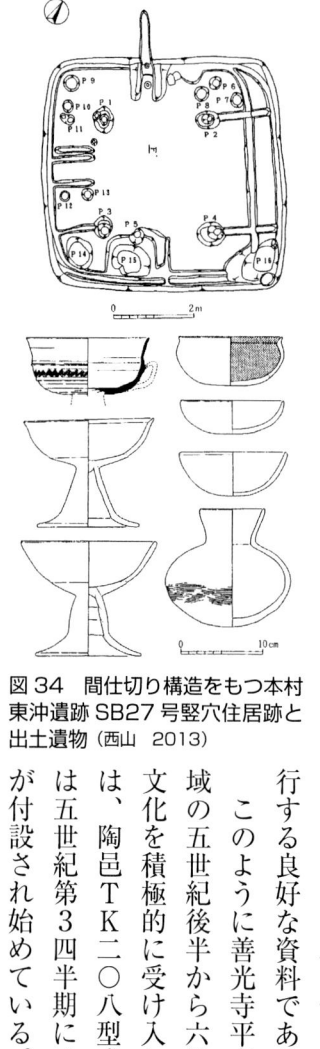

下伊那地域でカマドを早い時期に多く取り入れた集落は、すでに紹介したが天伯B、山岸遺跡で発見された集落である。ここではカマドが付設された竪穴住居跡が六三軒確認され、このうち五世紀後半の竪穴住居跡は五四軒である。集落全体に五世紀後半の時期にカマドが付設された特筆すべき集落である。当地域の五世紀後半から六世紀前半の拠点集落と考えられるが、前方後円墳を中核とする古墳群との関係については今のところ確認されていない。下伊那地域の天伯B、山岸遺跡以外のカマドの初現例は、飯田市伊賀良小垣外遺跡二五号竪穴住居跡や二六号竪穴住居跡、飯田市龍江大平遺跡三号竪穴住居跡などがあり、龍江大平遺跡三号竪穴住居跡では二枚の床面が確認され、初めの床には炉が付設され、造り替えられた後の床にはカマドが付設されていた。下伊那地域の炉からカマドへと移行する良好な資料である。

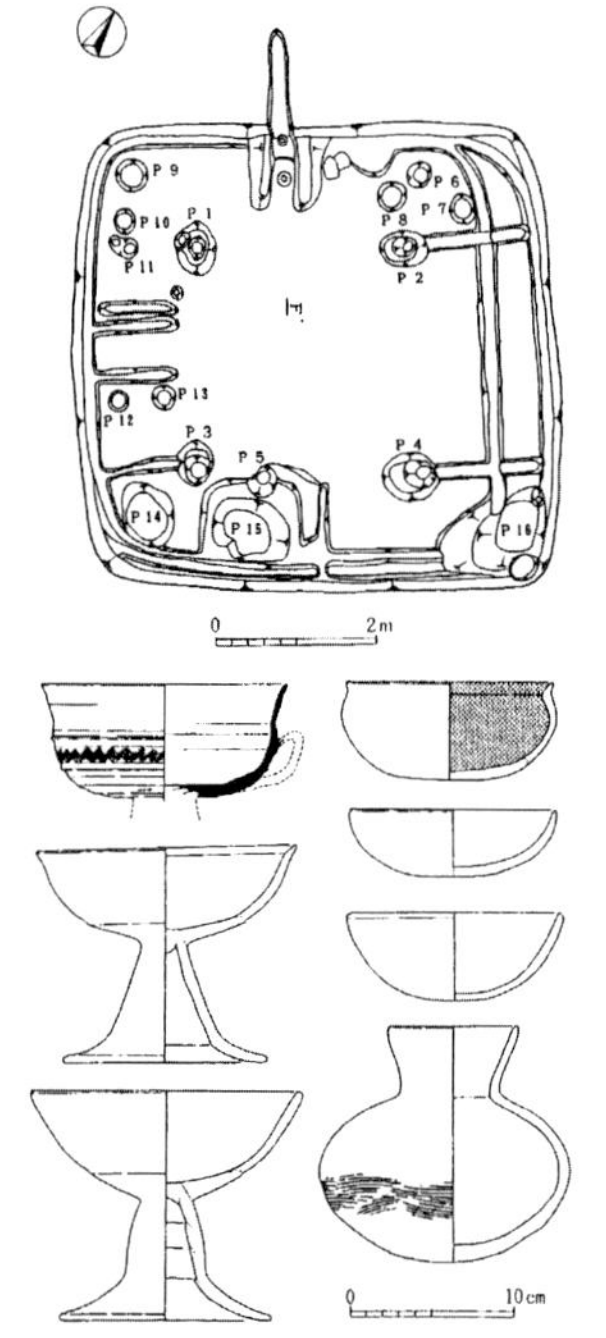
図34　間仕切り構造をもつ本村東沖遺跡SB27号竪穴住居跡と出土遺物（西山　2013）

このように善光寺平南域や下伊那地域の五世紀後半から六世紀前半の新来文化を積極的に受け入れた拠点集落では、陶邑TK二〇八型式期、年代的には五世紀第3四半期には確実にカマドが付設され始めている。シナノの集落全体にカマドが波及するには六世紀に入らねば実現しないことを考えれば、善光寺平南域や下伊那地域の先進性をうかがうことができる。

カマドの付設と同様に住居内構造の変化として、間仕切り構造を持つ住居があらわれる。ここでいう間仕切り構造とは、住居床面に壁から柱穴にかけて浅い溝を掘り、その溝に間仕切り材を据えたと考えられるものである。

この間仕切り構造は、本村東沖遺跡で調査されたカマドが付設された竪穴住居跡で確認されていることはすでに述べた。

下伊那地域でも間仕切り構造が五世紀末葉の飯田市伊賀良殿原遺跡八八号竪穴住居跡や飯田市桐林前の原遺跡二六号竪穴住居跡などで確認されている。これらの集落は渡来系の人びとやその末裔、あるいは新来文化を積極的に取り入れた有力在地豪族たちの集落と考えられる。このような例は善光寺平の本村東沖遺跡を含む浅川扇状地遺跡群や下伊那地域の殿原遺跡や前の原遺跡以外ではほとんど確認されていない。

このように間仕切り構造はカマドとともに家屋構造の一つとして同じ頃に伝えられたものと考えられる。

参考文献
西山克己「シナノの古墳時代中期を中心とする北と南」『シナノにおける古墳時代社会の発展から律令期への展望』雄山閣　二〇一三年

シナノへの横穴式石室の導入

四世紀後半頃、朝鮮半島で埋葬施設として採用されていた横穴式石室が、北部九州地域で採用され、五世紀中頃には畿内でも採用された。六世紀初頭から前半になるとシナノでも、横穴式石室が造られるようになる。横穴式石室の特徴は、入口の封鎖（閉塞石）を解けば、何回でも埋葬することができる。この横穴式石室の採用は、古墳が首長交代の場から、家族墓的な性格を持ち、複数人を埋葬可能にしたことを意味している。

シナノでは、長野市布施塚二号古墳、竹原笹塚古墳、松本市柏木古墳、飯田市久保田一号古墳、北本城古墳の横穴式石室の年代が六世紀初頭と考えられる。シナノの初期横穴式石室は善光寺平では積石塚古墳や円墳に、松本盆地では円墳に、下伊那地域では前方後円墳に導入された。

布施塚二号古墳の埋葬施設は、工事用道路により北側半分が消滅している。石室は裏込石として円礫、角礫や土砂を充填し完成させている。玄室は推定全長約五メートル《メートル》前後、幅一・二〜一・三メートル《メートル》で、実際の玄室の高さは推定できない。羽子板状の平面形で、玄門部に框石《かまちいし》を持つ無袖式の横穴式石室と考えられる。

遺物は土師器、須恵器、石製丸玉三点、練玉五点、臼玉二点、ガラス小玉三二点、鉄鏃二点、直刀、刀子《とうす》、鍔《つば》、釘が出土している。

須恵器の杯蓋などが陶邑ＴＫ四七型式期〜ＭＴ一五型式期のものと考えられ、また石室構造が羽子板状の平面形、玄門部に段構造の上がり框とよばれる框石をもつことなどから、当墳の築造時期は遅くても六世紀初頭と考えられ、東国最古級の横穴式石室と考えられる。

竹原笹塚古墳は直径二六メートル、高さ三・六メートルの土と石を混ぜた積石塚古墳で、陶邑ＭＴ一五型式期の馬具（鏡板付轡）が出土していることから、六世紀初頭の築造と考えられている。

埋葬施設の横穴式石室は天井を合掌形構造としている。石室規模は全長六・八メートル、羨道は残存長さ一・四メートル、幅一・二メートル、玄室は長さ五・四メートル、幅一・八メートルで、合掌形石室では最大規模である。

柏木古墳は直径一七メートル、残存高さ一メートルの円墳で、南に開口した全長一〇・九メートル、幅二・一メートル、高さ不明の、片袖式の横穴式石室である。須恵器の高杯、蓋、提瓶《ていへい》や多くの玉類、馬具類、耳環（金環、銀環）、銀象嵌装鍔を持つ直刀など多くの副葬品が発見されている。出土した須恵器は陶邑ＭＴ一五型式期で六世紀初頭と考えられる。

下伊那地域の初現的な横穴式石室は、川路地域の久保田一号古墳の横穴式石室で、六世紀初頭の構築と考えられる。江戸時代に石室は破壊されたため詳細は不明だが、古墳の墳丘および周辺調査から下伊那地域の出現期の横穴式石室と考えられている。

座光寺地域の北本城古墳は全長二四メートルの前方後円墳である。横穴式石室は下段（腰石）に平石を立て、上段には平石を一段二段平積みにした構造で、規模は全長六メートル、幅一・七メートル、高さ一・四メートルである。石室から陶邑ＭＴ一五型式期以降の須恵器杯身、杯蓋、高杯、有蓋高杯ほか、鉄地金銅張楕円形鏡板付轡、鉄鏃等が出土し六世紀初頭と考えられている。同様の石室は、ほぼ同時期あるいは継続的に円墳の畦地一号古墳や前方後円墳の高岡一号古墳にも採用されている。

松尾地域の飯田市姫塚古墳は全長四〇メートルの前方後円墳である。横穴式石室は小形の河原石あるいは河原石に近い石材を用いた両袖式の横穴式石室で、玄室に対していちじるしく細い羨道をもつ。規模は全長四・二メートル以上、羨道は残存長さ一・三メートル、幅一・一メートル、高さ一・二メートル、玄室は長さ二・九メートル、幅一・八メートル、高さ一・四メートルである。石室構造から六世紀初頭の構築と推測されている。

さて上記の古墳に遅れて竜丘地域の上川路地区に六世紀前半から中頃に飯田市御猿堂古墳が築造される。玄室長さ一〇・二六メートル、幅二・三五メートル、高さ二・九メートル、羨道長さ二・七五メートル、幅一・五メートルの横穴式石室が構築される。

また同地区の飯田市馬背塚古墳には六世紀末葉から七世紀前半にかけて二つの石室が構築される。後円部には玄室長さ八・四メートル、幅二・一メートル、高さ二・七メートル、羨道長さ三・三メートル、幅一・八メートル、現状高さ一・四メートルの横穴式石室が構築されている。大形の自然石を架構した無袖式の細長い横穴式石室で、平面的には玄室と羨道の区別がなく、立面的に羨道部の天井を下げて玄室と区別している。

さらに馬背塚古墳前方部には玄室長さ六・四メートル、幅三・三メートル、高さ三・三メートル、羨道残存長さ五・五メートル、幅二・〇メートル、高さ一・六メートルの横穴式石室が構築されている。大形の自然石を用い、両袖式の横穴式石室で平面的にも立面的にも玄室と羨道の区別が明確である。

御猿堂古墳や馬背塚古墳にみられる巨大な石室はシナノのほかの地域にはみられず、畿内の有力豪族たちとの関係やこれらを構築した有力在地豪族たちの力量が想像できる。

いずれにしても善光寺平とは異なり、初現的横穴式石室は前方後円墳への採用で、また石室規模も善光寺平の横穴式石室とは比較にならないほど大形の石室が構築されている。

座光寺地域の下段（腰石）に平石を立て、上段に平石を一段一段平積みにした横穴式石室については、すでに述べた。北本城古墳、畦地一号古墳、高岡一号古墳に加え、高森町下市田の北原一号古墳でも確認されている。

土生田純之氏は、北本城古墳ほかこれらの石室の系譜について、竪穴式石槨をもち五世紀と考えられる韓国漆谷郡の若木古墳や、六世紀前半に下るが板石を同様に隙間なく縦位に並べ、天井石との間に若干の平積み石材を置いた竪穴系横口式の石室をもつ韓国金泉の帽岩洞古墳一号墳例をあげ、座光寺地域四古墳石室の形状に近いと指摘している。竪穴、横口を問わず板石をほとんど隙間なく縦位に並べた構造が、韓国大邱周辺の古墳石室の特徴的構造であることから、その系譜を大邱周辺の加耶古墳に求められる可能性を指摘している。

この構造の石室が善光寺平初期横穴式石室の布施塚二号古墳に近接して築造された海道北山古墳の石室として構築されていることも近年確認された。

以上のことから、六世紀初頭以降の前方後円墳への横穴式石室の構築は、ヤマト王権による東国支配の拠点づくりの結果であり、この拠点づくりには、五世紀中頃から後半の馬匹生産を中核とした畿内豪族たちとの紐帯関係によって力を蓄えてきた下伊那地域の有力在地豪族たちによるものである。また、座光寺地域の下段に平石を立て、上段に平石を平積みした石室の四古墳の内、畦地一号古墳から、銀製長鎖式垂飾付耳飾が出土し、畦地一号古墳と北原一号古墳は円墳であることから、この二つの古墳に埋葬された人物は、馬匹生産に直接関わった渡来人や渡来系の人びとだったと考えられる。

布施塚二号古墳、竹原笹塚古墳、柏木古墳、久保田一号古墳、北本城古墳の横穴式石室の年代が六

写真 29　横穴式石室入口正面

写真 28　墳丘と石室入口正面

写真 31　石室内部から外を望む

写真 30　石室玄室内部

写真 27 から 30 ＝大室 244 号古墳の横穴式石室（6世紀末葉から7世紀前半）石室全長＝ 11.7 m・玄室長＝ 6.5 m・幅＝ 2.3 m・高さ＝ 2.5 m(大塚 他　1993)（筆者撮影）

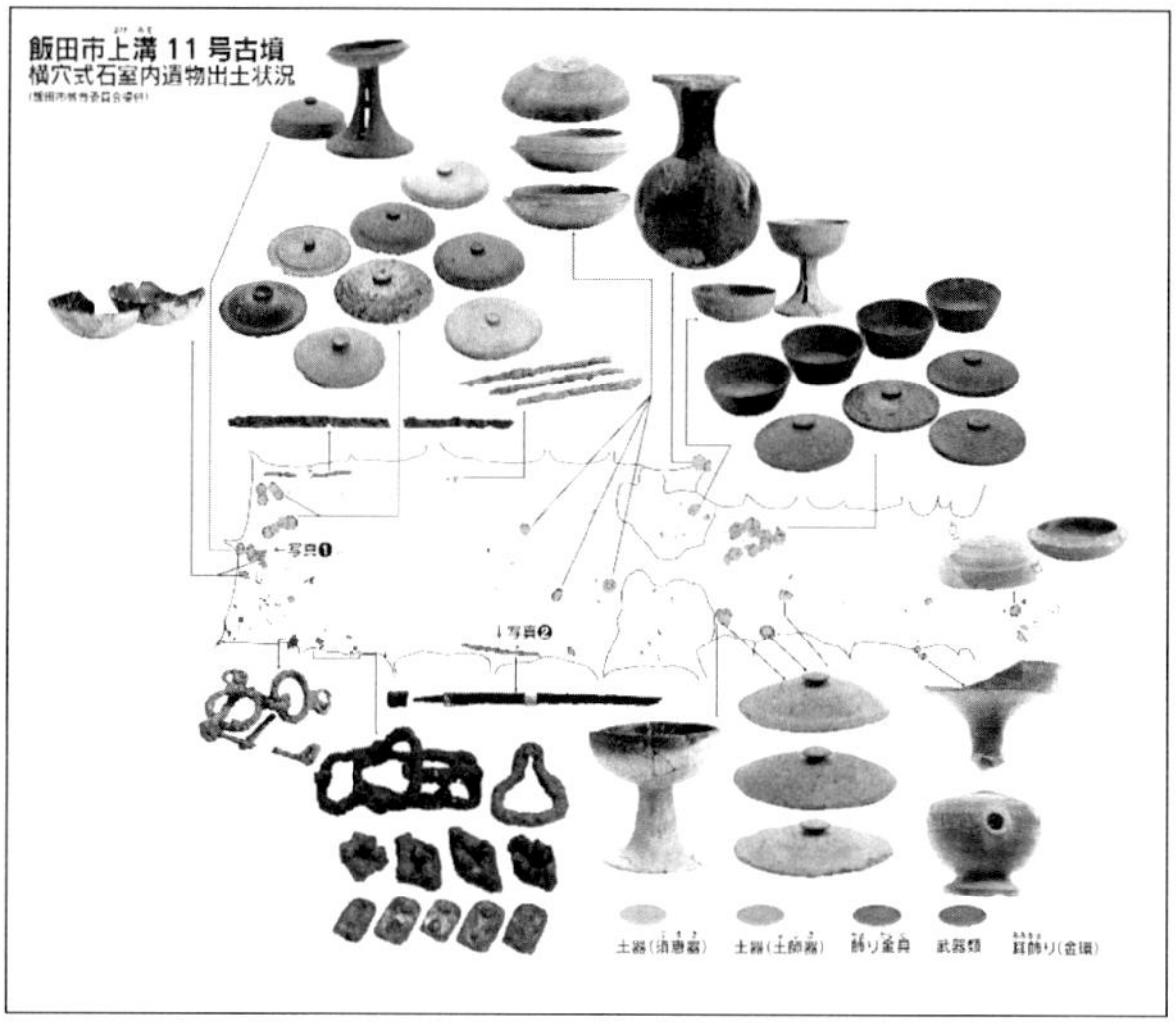

図 35　上溝 11 号古墳の横穴式石室内遺物出土状況 （6世紀末葉から7世紀末葉）（西山 2009）　石室全長＝ 7.1 m
玄室長＝ 4.4 m
幅＝ 1.65 m
残存高さ＝ 1.1 m
（長野県立歴史館提供）

世紀初頭と考えられることから、これらの古墳はシナノのみならず東国最古級の横穴式石室を持つ古墳であることがわかった。

追葬行為が続けられた横穴式石室

長野市松原一号古墳は南に開口する全長一二・六メートルの両袖式の横穴式石室で、玄室長さ三・九メートル、幅二・二メートルで、天井部と羨道部は破壊されていたため高さと羨道部の詳細は不明ある。石室内からは金銅装と銀装の大刀や多量の土師器や須恵器、馬具類、鉄鏃、耳環、玉類とともに七体分の頭骨等が出土した。石室内の出土遺物から七世紀前半に築造され、七世紀後半までの間、石室への追葬行為がおこなわれていた。

飯田市上溝一一号古墳は円墳だが詳細な墳径は不明である。南に開口する全長七・一メートルの両袖式の横穴式石室で、羨道部長さ二・七メートル、玄室長さ四・四メートル、幅一・六五メートル、高さ二・四メートルで、上部が破壊されていたため高さの詳細は不明である。石室内から多量の土師器や須恵器、柄頭に銀象嵌を施した大刀、馬具や鉄鏃が出土した。

石室内の遺物から六世紀末葉に築造され、八世紀までの一〇〇年以上、石室への追葬行為がおこなわれていた。これらの古墳に埋葬や追葬された人びとは血縁や地縁で結ばれたある特定の地位や立場にあった家族あるいは家族的な集団で、何世代にもわたって埋葬が続けられた。

現世と黄泉の国をつなぐ横穴式石室

『日本書紀』や『古事記』ではイザナギノミコトが、死んだ妻イザナミノミコトへの想いから墓を訪れるが、変わり果てた妻の姿に驚き逃げ帰る話がある。その墓の中は、「黄泉の国」と表現されている。まさに死んだ家族が黄泉の国へ旅立つ場所が横穴式石室内だった。

七世紀になると、県内各地に横穴式石室を持った古墳が群集して造られるようになる。首長以外の多くの集落の有力者が古墳を造ることができるようになったことを意味している。このような家族墓的性格を強くした古墳では、来世（黄泉の国）へ向かう死者のために、副葬品にも大きな変化がみられるようになる。横穴式石室導入以前の首長権力を示すような鏡や釧などの副葬品はなくなり、実用的な直刀や鉄鏃、馬具などが多量に副葬される。また死者に飲食物を供える儀礼がおこなわれることにより、それまでの竪穴式石室等にはほとんど入れられることがなかった土器が、横穴式石室に多量に副葬されるようになり、これらの土器が、『日本書紀』や『古事記』にみられる、黄泉の国で食事をしたからもう現世に戻れないと宣言する「ヨモツヘグイ」の儀式に用いられたと言われている。

まさに横穴式石室の中は、現世と黄泉の国とを橋渡しする場と考えられていた。

参考文献
飯田市教育委員会『飯田における古墳の出現と展開』二〇〇七年
飯島哲也「第二章 第二節 五項 群集墳と古墳の終末 横穴式石室のひろがり」『長野市誌』第二巻 歴史編 原始・古代・

中世　二〇〇〇年
飯島哲也「第一編第一章 44 竹原笹塚古墳・桑根井空塚古墳」『長野市誌』第十二巻資料編 原始・古代・中世　二〇〇三年
大塚初重・小林三郎・石川日出志編　『信濃大室積石塚古墳の研究』Ｉ　東京堂出版　一九九三年
桐原　健「第二章第三節 鍬形原古墳群」『松本市史』第二巻歴史編Ｉ 原始・古代・中世　一九九六年
西山克己「横穴式石室の世界―黄泉の国へ―」『命 いのち―生と死―信濃の風土と歴史15』　長野県立歴史館　二〇〇九年
西山克己「シナノの古墳時代中期を中心とする北と南」『シナノにおける古墳時代社会の発展から律令期への展望』　雄山閣　二〇一三年
青木一男『松原遺跡』古代・中世　長野県埋蔵文化財センター他　二〇〇〇年
土生田純之「積石塚古墳と合掌形石室の再検討 ―大室古墳群を中心として―」『福岡大学総合研究所報』第二四〇号（総合科学編第三号）　福岡大学総合研究所　二〇〇〇年
矢口忠良『布施塚一号古墳・二号古墳』　長野市教育委員会　一九九六年

シナノで発見された古墳時代の馬

五世紀前半から後半に下伊那地域には馬の墓が集中して造られるようになる。

現在、長野県で最も古い馬の存在を示す資料は、長野市篠ノ井遺跡群土坑ＳＫ六〇四二から出土した四世紀後半の馬の歯である。

篠ノ井遺跡群土坑ＳＫ六〇四二の発見と相前後して山梨県甲府市塩部遺跡の方形周溝墓の周溝内からも同時期の馬の歯が確認され、中部高地に四世紀後半の馬が存在したことを示す資料となっている。しかしこの馬は荷物を運ぶため、あるいは乗馬のために利用された中型馬だったのかは不明で、どのような目的で人間と接していたかについては今後の類似例の発見に期待が寄せられる。

写真32　篠ノ井遺跡群土坑SK6042出土の馬歯（長野県立歴史館蔵）

それでは五世紀前半以降のシナノの馬の存在はどのようなものなのか。

シナノでは日本全国から出土している古墳時代馬具の二割以上が出土し、またこの内の三割以上が飯田市を中心とする下伊那地域に集中している。

善光寺平では五世紀第2四半期の木製鞍（後輪）や五世紀第3四半期の木製黒漆塗壺鐙が榎田遺跡から出土している。また五世紀前半から中頃の木芯鉄板張輪鐙片や鉄製輪鐙、鞍に取り付ける鉄製覆輪が飯綱社古墳から出土し、上池ノ平四号古墳からは五世紀後半の鑣轡《ひょうぐつわ》が出土している。これらの事例から五世紀中頃にはすでに善光寺平に乗馬の風習が伝わっていたことがうかがえる。

下伊那地域の馬具の初現は五世紀第1四半期から第2四半期の移行期頃と考えられ、また特筆すべきことは五世紀前半以降に多くの馬の墓が確認されていることである。これら馬の墓は座光寺地域、上郷地域、松尾地域に集中し三地域だけで一八例が確認されている。この馬墓は殉葬されたものと考えられている。これまで日本全国で確実に五世紀前半から六世紀前半の馬の墓と考えられている資料数は七十数例に過ぎず、下伊那地域以外の発見例では熊本県に二〇例ほどが集中し、残りが他地域に散在している。いずれにしても全国の発見例の四割ほどが下伊那地域に集中していることは注目しなければならない。

この馬を埋葬する行為は五世紀初頭に東北アジア諸民族から高句麗を経て、新羅や加耶諸国に波及したことがその分布からうかがえる。日本には五世紀前半に伝えられたと考えられている。

日本国内の古墳時代の馬墓例は、南は宮崎から北は青森にまでおよぶが、五世紀前半から六世紀前

表９　長野県内出土の５世紀前半から６世紀前半の馬墓

●下伊那地域

遺跡	遺構	出土部位	所在地	時期	註
新井原・高岡古墳群	4 号土坑	歯・骨	飯田市座光寺	5 世紀中頃	A
	土坑馬の墓 1	歯	飯田市座光寺	5 世紀中頃？	
	土坑 SK47	歯	飯田市座光寺	5 世紀中頃？	
新井原2号古墳	円墳周溝内 70 号土坑	歯（2 頭）	飯田市座光寺	5 世紀前 ~ 中	B
	円墳周溝内 71 号土坑	歯	飯田市座光寺	5 世紀前 ~ 中	B
	円墳周溝内 72 号土坑	—	飯田市座光寺	5 世紀前 ~ 中	B
高岡4号古墳	円墳周溝内土坑	歯か	飯田市座光寺	5 世紀前半	
宮垣外遺跡	土坑 SK10	歯・骨	飯田市上郷別府	5 世紀中頃？	
	土坑 SK11	歯	飯田市上郷別府	5 世紀中頃？	
	土坑 SK42	歯	飯田市上郷別府	5 世紀中頃？	
	土坑 SK68	歯	飯田市上郷別府	5 世紀中頃？	
	円形低墳丘墓周溝内 SM15	歯	飯田市上郷別府	5 世紀中頃？	
	円形低墳丘墓周溝内土坑 SM03（SK64）	歯・骨	飯田市上郷別府	5 世紀中頃	C
物見塚古墳	円墳周溝内	歯	飯田市八幡町	5 世紀前半	D
寺所遺跡	土坑 SK03	歯	飯田市松尾新井	5 世紀後半	
	円形低墳丘墓周溝内 SM02	歯	飯田市松尾新井	5 世紀後半	
	方形低墳丘墓周溝内 SM03	歯	飯田市松尾新井	5 世紀後半	
	円形低墳丘墓周溝内 SM04	歯	飯田市松尾新井	5 世紀後半	
茶柄山9 号古墳	円墳周溝内土坑 1	歯	飯田市松尾上溝	5 世紀中～後？	
	円墳周溝内土坑 2	歯	飯田市松尾上溝	5 世紀中～後？	
	円墳周溝内土坑 3	歯	飯田市松尾上溝	5 世紀中～後？	
	円墳周溝内土坑 4	歯	飯田市松尾上溝	5 世紀中～後？	
	円墳周溝内土坑 5	歯	飯田市松尾上溝	5 世紀中～後？	
	円墳周溝内土坑 6	歯	飯田市松尾上溝	5 世紀中～後？	
	円墳裾土坑 8	歯	飯田市松尾上溝	5 世紀中～後？	
茶柄山古墳群	土坑 7	歯	飯田市松尾上溝	5 世紀中頃	
	土坑 9	歯	飯田市松尾上溝	5 世紀中頃	
	土坑 10	歯	飯田市松尾上溝	5 世紀中頃	E
鬼釜古墳	円墳周溝内	骨	飯田市上久堅	6 世紀前半	F

●善光寺平

遺跡	遺構	出土部位	所在地	時期	註
塩崎遺跡群 SM1009	円墳周溝内	歯	長野市篠ノ井塩崎	5 世紀後半	

註 A= 馬具（ｆ字形鏡板付轡・剣菱形杏葉・飾鋲・責金具）出土
B= 馬具（周溝内から輪鐙・鞍金具）出土
C= 馬具（ｆ字形鏡板付轡・面繋金具・鞍・木芯鉄板張輪鐙・環状雲珠・剣菱形杏葉）出土
D= 馬具（轡）出土　　E= 馬具（輪金具・三環鈴）出土
F= 馬具（鞍金具・雲珠）出土

半という限られた時期に、一地域の古墳および周溝墓の周溝内、周溝内土坑、周溝近接土坑などの限られた方法で埋葬がおこなわれ、さらに馬具を装着したまま埋葬している例がみられることは、熊本県内でも類似例がみられるものの、下伊那地域の特異性を示すものである。良好な資料が飯田市内で発見されている。飯田市新井原・高岡古墳群四号土坑から馬の骨や歯とともに五世紀第３四半期と考えられるｆ字形鏡板付轡、剣菱形杏葉、飾鋲、責金具が、宮垣外遺跡ＳＭ〇三内ＳＫ六四から馬の骨や歯とともにｆ字形鏡板付轡、面繋金具、木芯鉄板張輪鐙、環状雲珠、剣菱形杏葉が出土している。さらに茶柄山古墳群の馬の墓一〇からは馬の下顎骨の下部より五世紀中頃の鉄製輪金具と三環鈴が、新井原二号古墳周溝内土坑三基からは馬の歯がみつかり、同じ周溝内から五世紀第２四半期から第

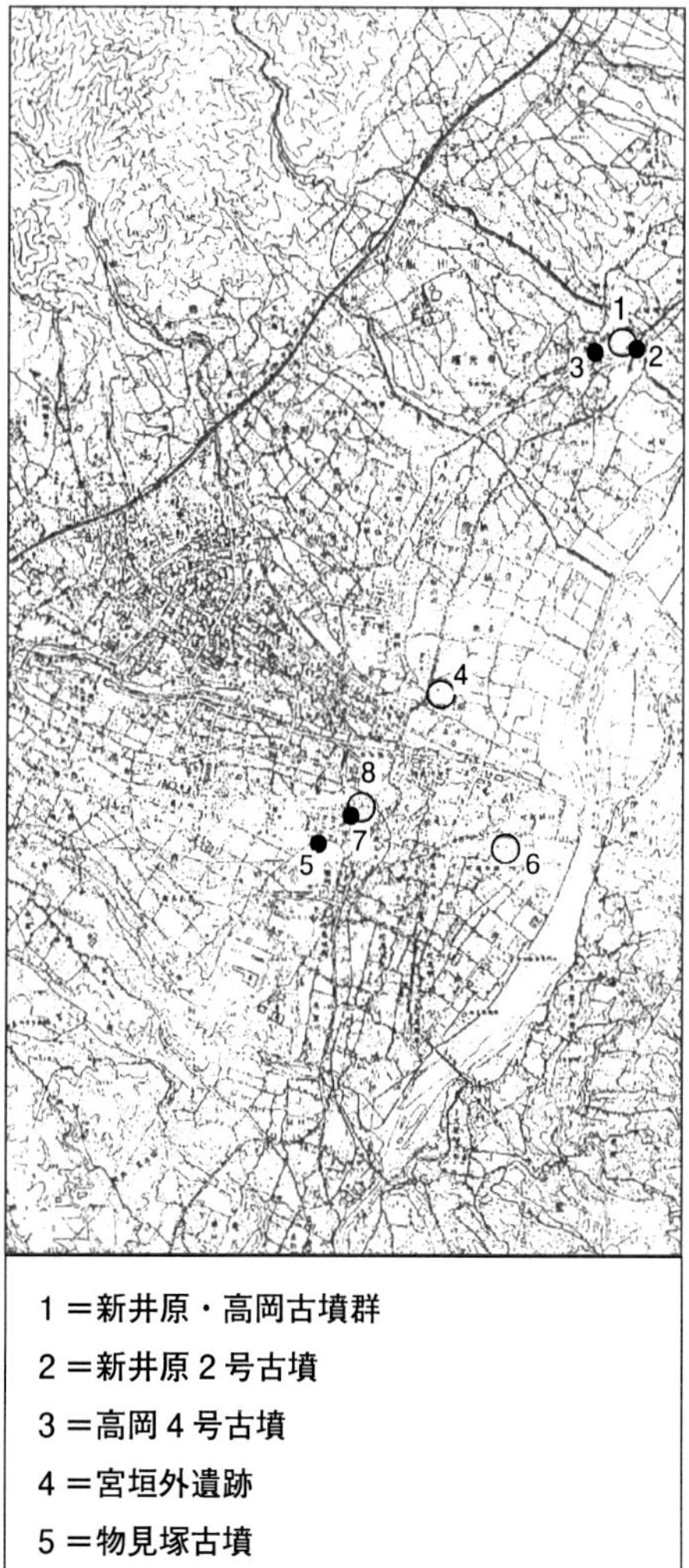

1＝新井原・高岡古墳群
2＝新井原２号古墳
3＝高岡４号古墳
4＝宮垣外遺跡
5＝物見塚古墳
6＝寺所遺跡
7＝茶柄山９号古墳
8＝茶柄山古墳群

図 36　下伊那地域の５世紀中頃から後半にかけての殉葬馬分布図（西山　2013）

３四半期の木芯鉄板張輪鐙が出土している。また物見塚古墳周溝からは馬の歯とともに五世紀第１四半期の鑣轡が出土し、それぞれに馬具が装着されていた状況が想定されている。

馬を埋葬する風習は朝鮮半島を経由して日本に伝えられたことはすでに述べたが、新羅や加耶の埋葬例では馬具などは装着しない裸馬のままで埋葬されていることが確認されていることを考えれば、下伊那地域の例を含め、馬具を装着した埋葬の在り方は、馬の埋葬の日本化を示す大きな特徴と考えられる。

それでは古墳時代の馬はどのような馬だったのか。

下伊那地域等で発見された馬墓に残されていた馬の骨の分析から、体高（馬の肩までの高さ）が一二四チセン《チセン》以上の中型馬と考えられ、現存する木曽馬に近い馬と考えられている。

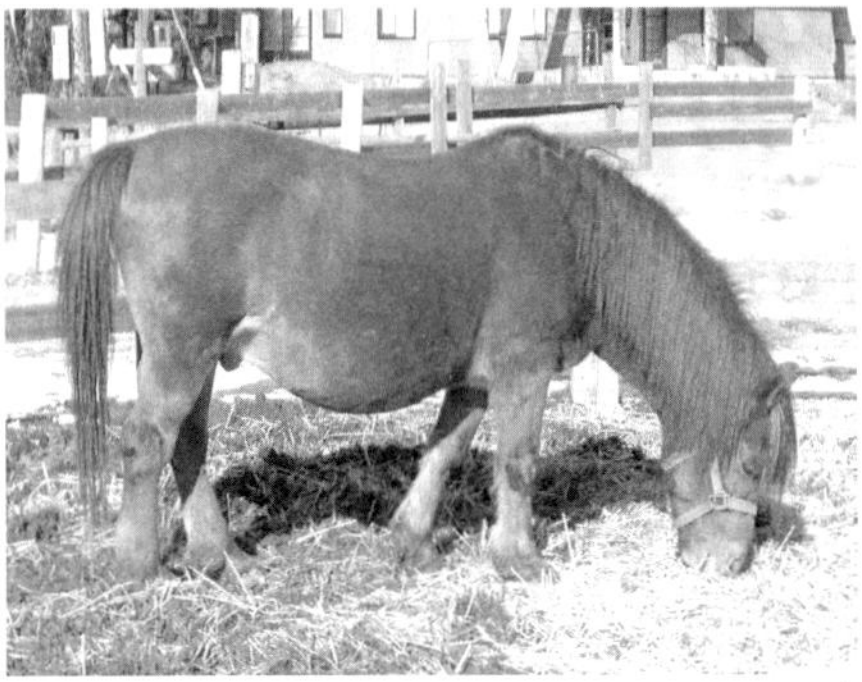

写真33　木曽馬（木曽町開田の木曽馬の里にて）（筆者撮影）

当時、鉄と馬（中型馬以上）をより多く入手、保有することは、戦闘手段あるいは生産手段や交通手段で優位な立場となることから、ヤマト王権にとっては非常に重要なことだった。軍馬の調達を目的としたヤマト王権の指示のもとに派遣された渡来人や渡来系の人びとは、馬匹《ばひつ》生産に秀でた人びとで、馬匹生産に関わることで下伊那地域の政治的、経済的効果の向上に大きく関わったものと考えられる。そして新来文化を積極的に摂取しようとした有力在地豪族たちとの密接な紐帯関係を保つことで、より在地化し、有力在地豪族たち同様に政治的、経済的に力を蓄える結果となったと考えられる。

これらのことから、当時軍備品あるいは運搬手段として重要だった馬にあでやかな馬具を装着させて埋葬されたことは、その主体墓に埋葬された人物との寵愛関係を示し、また彼らの威信を示すための行為だったと考えられる。いずれにせよ、馬の埋葬を伴う古墳の埋葬者は、当地域の政治的、経済的効果を向上させる大きな手段となる馬匹生産に関わり、新来文化を積極的に摂取しようとした有力在地豪族たちや、ヤマト王権の指示のもと、当地に派遣され馬匹生産に積極的に関わって力を蓄えた渡来人や渡来系の人びとの墓と考えられる。

渡来人や渡来系の人びとについては、倭人化することにより威信財として馬具を装着させたままの埋葬を試みたとも考えられる。またこの後裔たちの一部が馬匹生産に関わる主導権を握ることにより新興在地豪族化し、本来の在地豪族たちとともに東国舎人の中心的存在として成長していったものと考えられる。

また、有力在地豪族たちの子弟たちの一部が、先にも述べたように渡来人が帰郷の際に同行し、後の百済官人として活躍したものとも考えられる。

参考文献
諫早直人　日本列島出土初期高句麗系馬具について —長野県大星山二号墳出土馬具の検討—」『古代渡来文化研究Ⅰ　古代高麗郡の建郡と東アジア』　高志書院　二〇一八年
西山克己　「第1章　第4節　シナノの古墳時代中期を中心とする北と南」『シナノにおける古墳時代社会の発展から律令期への展望』　雄山閣　二〇一三年
西山克己　「第2章　第2　下伊那地域の古墳時代における新来文化の受容」『シナノにおける古墳時代社会の発展から律令期への展望』　雄山閣　二〇一三年

渡来人のムラ　大阪府蔀屋北遺跡他の概要

具体的に畿内との関係の中で、渡来人や渡来系の人びとの実態、生活様式が確認できる可能性を秘めた遺跡の事例を紹介してみたい。

平成二十二（二〇一〇）年に報告された大阪府四条畷《しじょうなわて》市蔀屋《しとみや》北遺跡や周辺遺跡の調査成果から、五世紀前半から後半にかけての渡来人の集落の様相が鮮明になってきた。そしてこの集落から出土した遺構や遺物と非常に類似した遺跡が長野市内で平成十一（一九九九）年に報告されている。これまでにも紹介した長野市榎田遺跡である。

この蔀屋北遺跡と周辺遺跡の調査成果や榎田遺跡

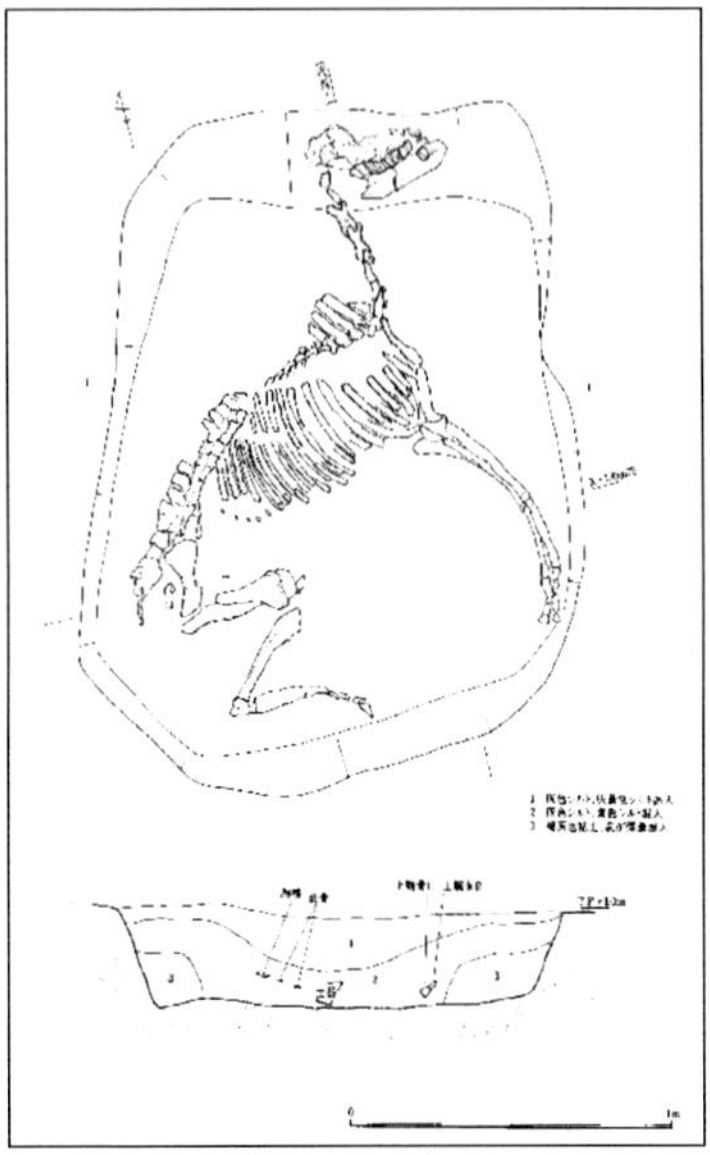

図 37　蔀屋北遺跡出土馬の墓
（大阪府教育委員会　2010）

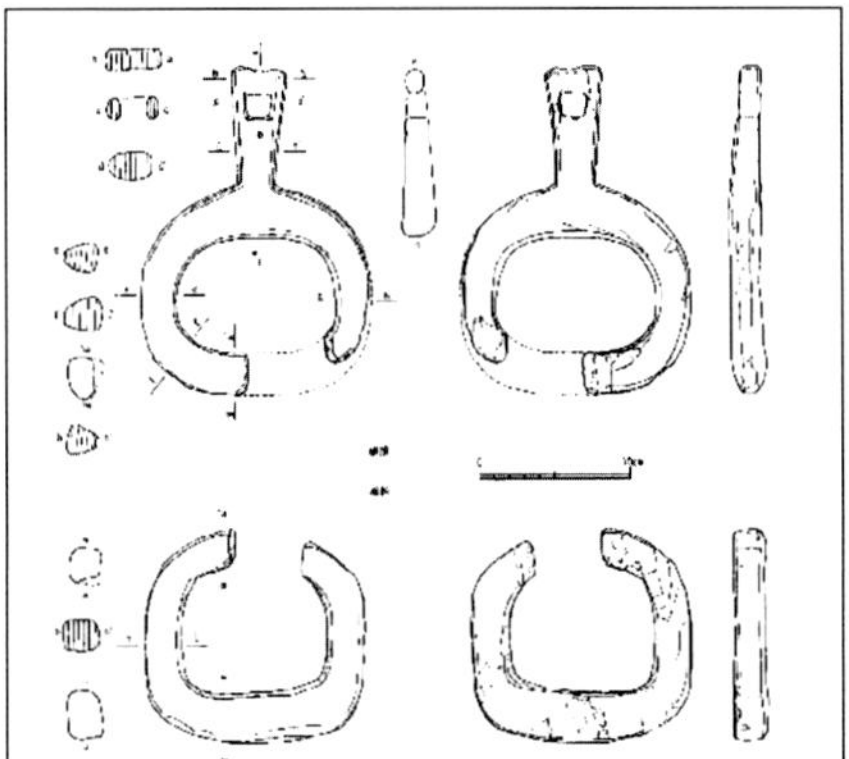

図 38　蔀屋北遺跡出土輪鐙
（大阪府教育委員会　2010）

の調査成果を参考に渡来人の集落や墓について考えてみたい。

蔀屋北遺跡は、なわて水みらいセンター建設工事に伴って平成十三（二〇〇一）年度から十九（二〇〇七）年度まで大阪府教育委員会により約二万二二〇〇平方メートル《メートル》が発掘調査され、平成二十二（二〇一〇）年に報告されている。

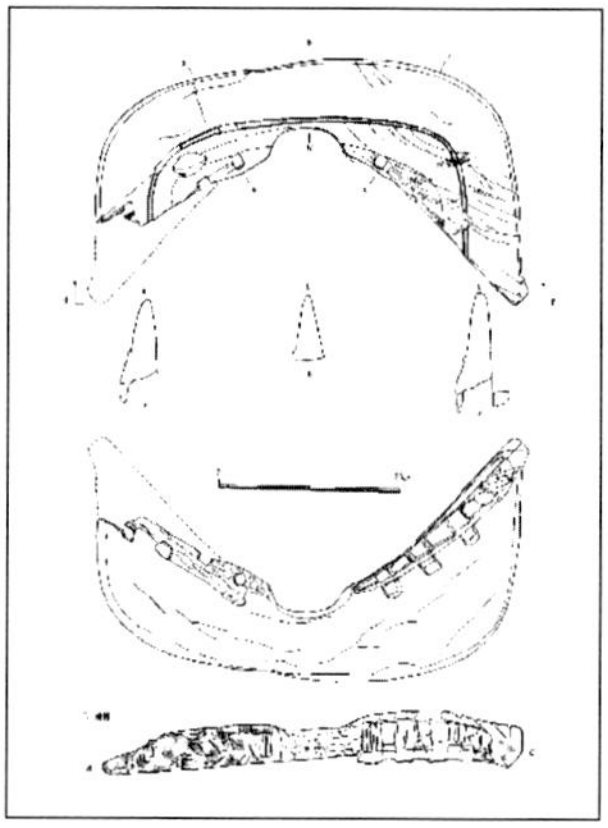

図39　蔀屋北遺跡出土鞍（後輪）（大阪府教育委員会　2010）

蔀屋北遺跡で注目したいのが古墳時代中期から後期にかけての五世紀から六世紀の遺構、遺物である。全身骨格が検出された馬の埋納土坑や、木製輪鐙、木製黒漆塗鞍（後輪）、鑣轡、そして多数発見される馬の骨や歯、さらに馬に与える塩を作り出す製塩土器が約一五〇〇個発見されていることから、蔀屋北遺跡は『日本書紀』に記載されている「河内の馬飼」に深く関わる集落遺跡と考えられている。また朝鮮半島とのつながりを強く示す軟質土器、陶質土器が出土し、土坑一一二〇からは「鳥足紋タタキ目」を施した陶質土器が出土している。この土器

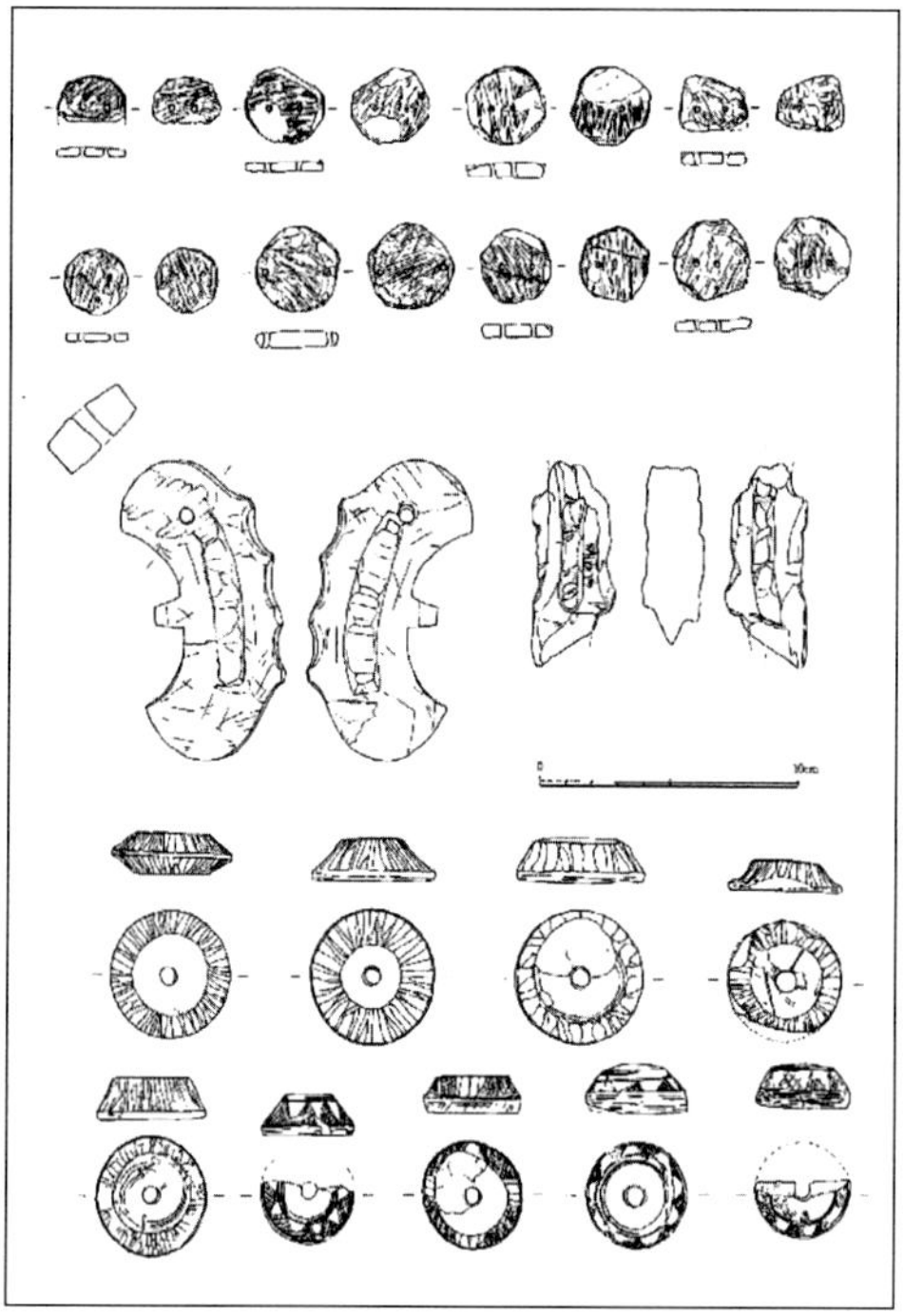

図40　蔀屋北遺跡出土滑石製双孔円盤・子持ち勾玉・紡錘車（大阪府教育委員会　2010）

は百済地域にみられるもので、百済地域との関連をうかがわせている。さらにカマドの焚き口を保護するU字板状土製品やカマドの煙道や構築部材に使用されたと考えられる円筒形土製品の出土などからも、百済地域との関わりが想定される。

木製輪鐙は大溝から二点出土している。一点は高さ二〇・六センチ、幅一五・六五センチ（内径縦七・三センチ、横一〇・六センチ）を測る。もう一点は残存幅一三・三センチ（内径縦八・一センチ、横九・七センチ）を測る。ともにアカガシ亜属の柾目材を利用している

木製黒漆塗鞍（後輪）は大溝から出土している。遺存状態がよく内外面ともに黒漆が塗布されている。内面の漆は使用されたことで擦れている。現存幅四六・五センチ、高さ二七センチ、厚さ四・五センチを測る。トチノキの柾目材を利用している。

鑣轡は左右一対のうちの左側半分の部品と、右側の鑣の一部および立聞《たちきき》金具が出土している。左側半分は銜《くつわ》と引手が遊環によって連結され、銜外環に鹿角製鑣が押し込まれていた。銜と引手が遊環によって連結される例は百済および加耶《かや》の轡にみられる特徴であることから、朝鮮半島南西部からの搬入品あるいは搬入品の模倣と考えられている。遊環鑣轡は五世紀前半のもので、五世紀中頃に大溝に廃棄されたと考えられている。

この他祭祀に用いたと考えられる滑石製紡錘車、双孔円盤、子持ち勾玉を含む勾玉なども出土している。

それでは蔀屋北遺跡で確認された古墳時代中期から後期の集落はどのようなものだったのか。

北東居住域（竪穴住居跡一二軒、掘立柱建物跡四三棟、井戸跡五基、周溝墓二基　他膨大な数の遺構）、南東

居住域（竪穴住居跡四軒、掘立柱建物跡二棟、井戸跡六基　他）、南西居住域（竪穴住居跡一三軒、掘立柱建物跡一三棟、井戸跡六基、馬埋葬土坑二基　他膨大な数の遺構）、北西居住域（竪穴住居跡二五軒、掘立柱建物跡一六棟、井戸跡三基　他）、西居住域（竪穴住居跡一九軒、掘立柱建物跡一〇棟、井戸跡六基　他膨大な数の遺構）の五か所の居住域が確認された。その中で北東居住域は他の居住域より一段高い場所に方形に区画され、最も遺構が密集し、集落の中心となる居住域と考えられている。

北東居住域一二軒の竪穴住居跡のＣ一六九三、Ｃ二四八四、Ｃ三七七〇から軟質土器、Ｃ三七六七からＵ字形板状土製品、Ｃ一六九三、Ｃ三七六七、Ｃ三八四〇、Ｃ三八八八、Ｃ三八一八とＣ三八四〇周辺から円筒形土製品、Ｃ三八四〇から百済系陶質土器、Ｃ二四四〇、Ｃ二四八四、Ｃ三二一七から製塩土器が出土している。この他の居住域内の竪穴住居跡や区画溝、溝、北東谷、南東谷などからも軟質土器、Ｕ字形板状土製品、移動式カマド、製塩土器、滑石製石製模造品類などが出土している。

そして蔀屋北遺跡の古墳時代中期から後期にかけての集落については、藤田通子氏が以下のような変遷を示し、分析している。

一期＝須恵器Ｉ型式二段階以前（陶邑ＴＫ二一六型式期以前）[註1]が共伴する。五世紀前半。

二期＝須恵器Ｉ型式二段階と三段階（陶邑ＴＫ二一六型式期とＴＫ二〇八型式期）が共伴するが、特にＴＫ二〇八型式期。五世紀中頃。

三期＝須恵器Ｉ型式四段階と五段階（陶邑ＴＫ二三型式期とＴＫ四七型式期）が共伴する。五世紀後半の第４四半期。

四期＝須恵器Ⅰ型式五段階とⅡ型式一段階（陶邑ＴＫ四七型式期とＭＴ一五型式期）が中心となる時期。五世紀後半から六世紀前半。

五期＝須恵器Ⅱ型式二段階とⅡ型式三段階（陶邑ＴＫ一〇型式期とＴＫ四三型式期）の時期が中心。六世紀中頃から六世紀後半。軟質土器はすべて土師器化する。

一期と二期は少数の渡来人が、北東、南東、南西、北西、西すべての居住域に散在していたのに対し、三期に新たに居住した渡来人はほぼ北東、南西の居住域に限って居住している。朝鮮半島全羅南道栄山江流域と強いつながりのある集団で、U字形板状土製品や移動式カマド、羽釜などの故地の生活様式の一部を強く残した土器、土製品を使用して居住していたことが判明した。また四期には軟質土器の消滅と在地土師器への同化がすすみ五期となる。五期では軟質土器の器種は製作技法、調整などが完全に土師器の器種となる。

また蔀屋北遺跡では、五世紀中頃から後半に大型の準構造船の船底などを井戸枠に再利用した井戸が発見されている。朝鮮半島から河内の蔀屋に渡来するにあたって使用した船の再利用ではないかと考えられている。

岩瀬透氏は蔀屋北遺跡から木製の鐙や鞍、鉄製の鑣轡、陶質土器、軟質土器、移動式カマド、U字形板状土製品、円筒形土製品や馬の埋葬など百済地域の特徴を示す遺物や遺構が発見され、また製塩土器が多量に出土していることから、蔀屋北遺跡で発見された集落では百済からの渡来人を中心とした人びとによる馬匹生産を柱とした生業がおこなわれていたとしている。

四世紀末葉から五世紀初頭にかけて朝鮮半島から日本に馬がもたらされて以降、遅くても蔀屋北集落では五世紀第1四半期から五世紀第2四半期の時期には集落が形成され始め、あわせて牧の経営が開始されはじめたと考えられる。

河内地域を中心に朝鮮半島の百済地域から渡来した人びとが新たな集落の開発に加わり、馬の飼育を中心とする牧を備えた集落づくりを進めたと考えられる。

蔀屋北遺跡に限らず、近接する四条畷市中野遺跡、南野米崎遺跡、奈良井遺跡、鎌田遺跡、八尾市八尾南遺跡、寝屋川市讃良郡条里遺跡などから、馬形埴輪、馬の骨や歯、初期馬具類、ナスビ形鋤、U字形鉄製鋤先や鍬先、滑石製石製模造品類などが出土している。

八尾南遺跡井戸跡SE四から木製鞍（前輪）や孔に木製詮が填め込まれた須恵器の大型𤭯が出土している。同様の𤭯が讃良郡条里遺跡の自然流路からも出土している。ともに陶邑TK二一六型式期の𤭯である。出土した木製鞍（前輪）は、現存高さ二二センチ、最大幅三九センチ、上端厚さ一・五センチ下端幅二・七センチ、馬狭（推定）三六・五センチを測る。

讃良郡条里遺跡の調査では、自然河川から木製輪鐙、木製鞍（後輪）、ナスビ形鋤斧膝柄、滑石製臼玉および双孔円盤、孔に木製詮が填められた𤭯が出土している。鞍が出土し、馬骨が多数出土することから、当時貴重な馬が多くいたことがわかった。また、当時としては珍しい陶質土器や初期須恵器が出土する等、最新物資が集積する集落だったと考えられている。

また出土した木製鞍（後輪）はヒノキ製で、朝鮮半島にはヒノキが自生していなかったことから、

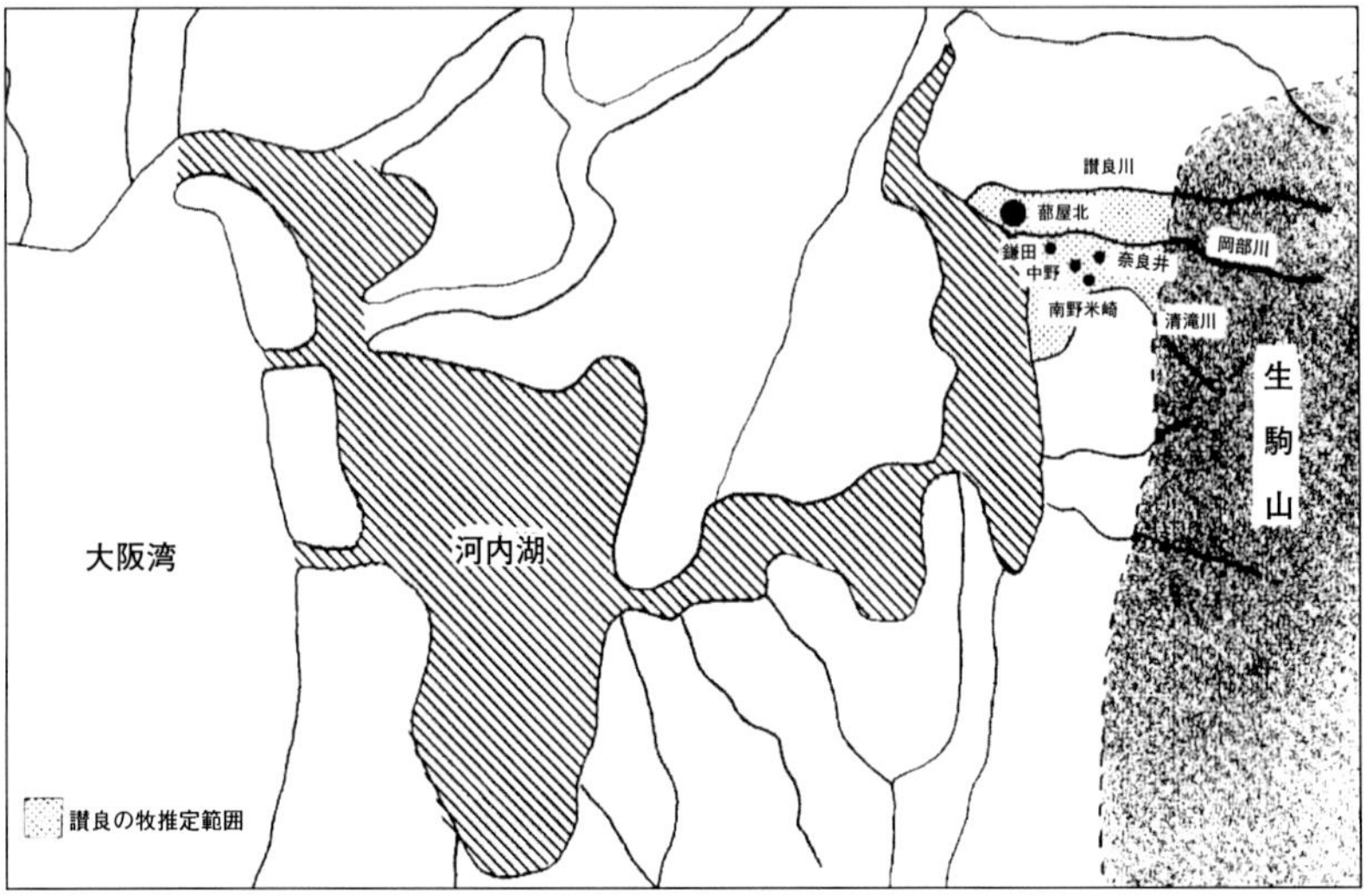

図41　「讃良の牧」の範囲と周辺環境（岩瀬　2010）

ヤマト王権に関わる工人が鞍のより良い材料としてヒノキを提供し、そのヒノキを使って百済からの工人が鞍を作ったと考えられ、工人どうしが協業していたと考えられている。

このような成果から、讃良郡条里遺跡の集落は蔀屋北遺跡の集落と近接し、五世紀前半から中頃には当時最新の農耕具類を使用して集落の開発を進め、牧を伴う一連の集落が形成されていたと考えられる。「讃良の牧」の範囲は、讃良川を北限、権現川中流域を南限とした飯盛山麓から河内湖までの東西約二キロ、南北約三キロの範囲内にあり、これらを自然の柵として利用した河内地域および生駒山周辺地域一帯の内側六平方キロメートルの範囲と考えられている。

百済系渡来人による讃良の牧関連の集落が明らかになったが、新たな文化を伝えた百済からの渡来人やそれを受け入れた在地の人びとからなるこの集落の構成員の墓（古墳）については明らかになっていない。

浜松市内野古墳群や高崎市剣崎長瀞西遺跡での盛土古

墳と積石塚古墳の在り方には明確な墓域の違いがみられ、墓域選定で在地系、渡来系の差別化がはっきりとみられる。

蔀屋北遺跡および周辺遺跡では、讃良の牧の集落を支えた人びとの墓の検討が今後の課題である。

さて、百済からの渡来人により形成されたと考えられる讃良の牧関連の集落とシナノを結ぶ中継点に位置する滋賀県東近江市蛭子田遺跡の河川跡から木製壺鐙が三点発見された。一点（W1）は幅一四・二一センチ、奥行き一六・一センチ、高さ一九・七センチで針葉樹のコウヤマキ製、二点（W二九・W三〇）は破損部分が多い。二点とも広葉樹のキハダ製である。それぞれ五世紀後半から六世紀前半のもので、実際に使用するために作られたものと考えられる。榎田遺跡出土木製黒漆塗壺鐙よりも後出だが、木製馬具製作の伝播を考える上で重要な資料と考えられる。

ここで興味深いのは、河内の蔀屋北遺跡を中心とする百済からの渡来人による集落では木製輪鐙が使用され、オウミやシナノなど地方では木製壺鐙が発見されている。一般的な鐙の使用機能から考えれば、乗馬の初心者にはつま先が安定しない輪鐙は使いこなしにくく、つま先が安定し安全な壺鐙は使いこなしやすいとされている。地方で使いこなしやすい壺鐙が発見されるのは、地方で初めて牧を運用し、乗馬をする人びとへの配慮を物語っているのかも知れない。

検証　渡来人により再開発されたムラ？　長野市榎田遺跡

榎田遺跡は平成元（一九八九）年度から平成四（一九九二）年度にかけて、上信越道長野線の工事に先立って約四万四四七〇平方メートル《メートル》が発掘調査され、平成十一（一九九九）年に調査成果が明らかにされている。

古墳時代初頭の四世紀初頭には、河川近くに集落が営まれ、この後五世紀前半には九軒ほどまで竪穴住居数が減少する。しかし陶邑ＴＫ二〇八型式期～ＴＫ二三型式期の五世紀第3四半期に再び河川近くに竪穴住居が集中することとなり、六八軒ほどまで増加し内八割の竪穴住居跡にカマドが付設されていた。さらに陶邑ＴＫ四七型式期の五世紀後半には住居軒数がさらに七八軒ほどに増し、居住空間も広域となる。出土遺物は多くの土器に加え、滑石製石製模造品の臼玉や子持勾玉を含む各種玉類や石製紡錘車も多くみられ、特に注目されるのが豊富な木製品であ

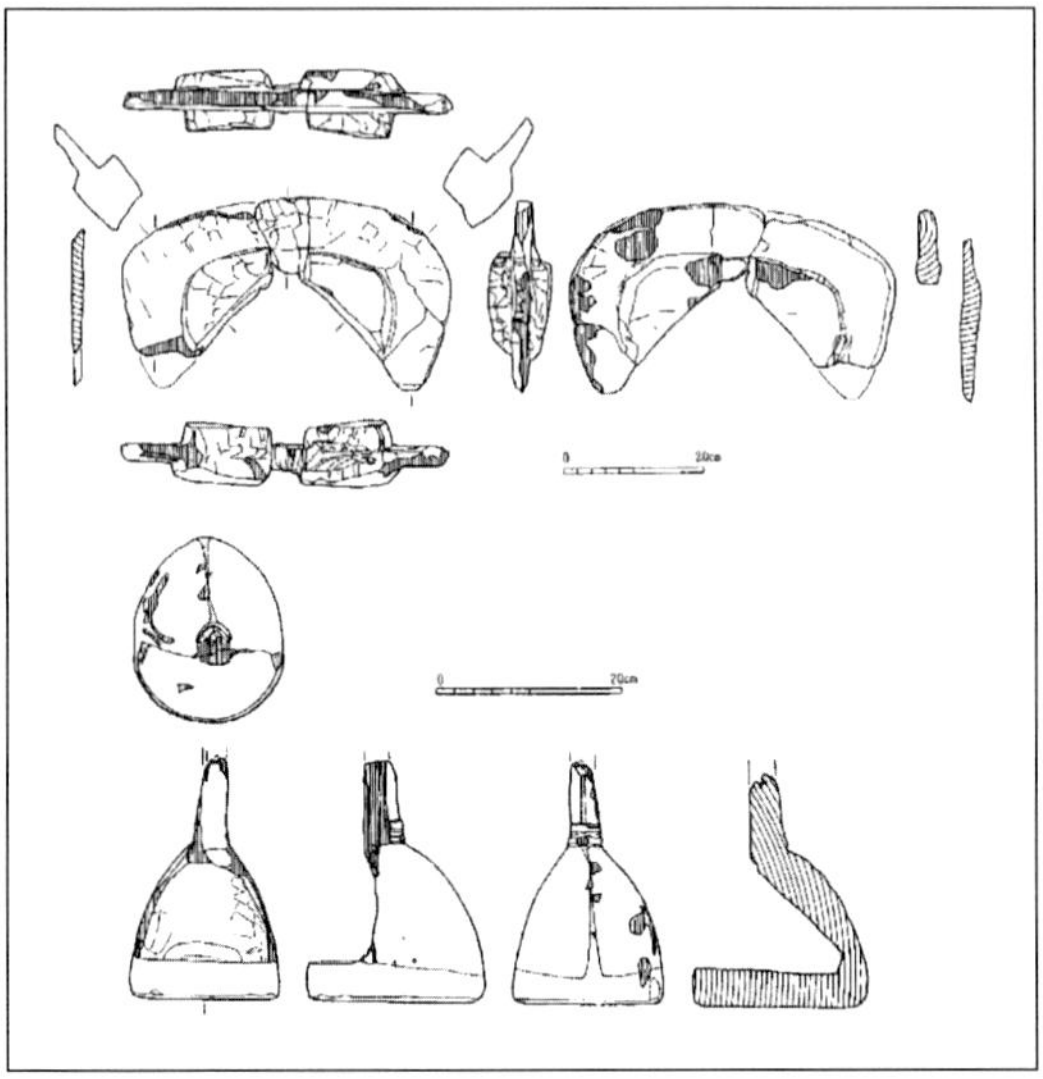

図42　榎田遺跡馬具類（鞍＝後輪・壺鐙）（長野県埋蔵文化財センター他　1999）

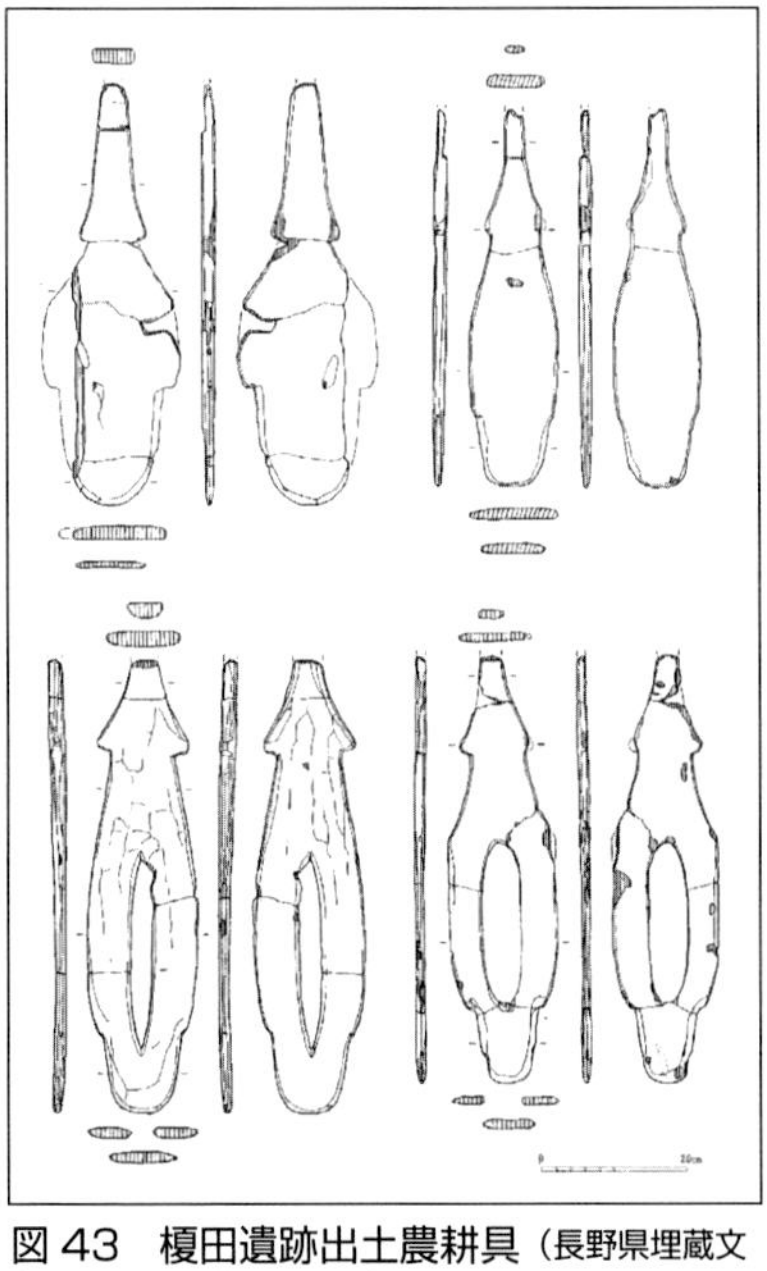

図43　榎田遺跡出土農耕具（長野県埋蔵文化財センター他　1999）

る。一〇〇〇点を超す木製品はその多くが幅約二〇メートル、深さ約二メートルから三メートルの河川跡ＳＧ三から出土している。特に五世紀第1四半期を中心とする土器が出土したⅧ層から五世紀第3四半期から第4四半期にかけての土器が出土したⅣ層にかけて多量の木製品が出土した。

五世紀第2四半期を中心とするⅥ層の出土木製品は農具類（鋤《すき》、鍬《くわ》、竪杵《たてきね》、木槌《きづち》、木錐《もくすい》など）、高床式建物の建築部材（扉《とびら》、梁《はり》、梯子《はしご》、柱など）、各種刳物容器、紡織具（桛《かせ》、樴《かたり》など）、鞍（後輪《しずわ》　現存高さ二六・五センチ、最大幅四七・六センチ、厚さ九センチ、飾り金具の装着孔がなく未製品　カエデ属製）、剣鞘《けんしょう》、腰掛（一木作り）、きぬがさ状木製品などである。

ここで注目したいのは、腰掛けである。当時の腰掛けは身分の高い人物が使用した権威の象徴とされている。

また木製鋤や鍬の刃先にＵ字状の鉄製刃先が装着された痕跡が確認されたことである。木製鋤や鍬の刃先に装着するＵ字状鉄製刃先は五世紀に出現し、五世紀には特に畿内以西に多くみられ、東日本ではわずかに古墳の副葬品としてみられる希少品である。

さらに後輪は未製品で廃棄されていた状況から、馬具が当地で製作され廃棄されたと考えられる重要な資料であるとともに、木製品が発見された河川ＳＧ三からは馬骨も発見されていることから、すでに当地に馬がいたことを物語っている。

Ⅳ層出土の木製品は農具類（鋤、鍬、えぶり、田下駄）、容器類（曲物など）、弓類（黒漆塗弓を含む）、黒漆塗壺鐙（現存高さ四九・五センチ、最大幅三二・七センチ、左足用？　吊し紐孔は前後方向にあり　クワ製）などが出土している。Ⅳ層出土の木製鋤や鍬にもＵ字状鉄製刃先を装着したものがみられるほか、黒漆塗弓や

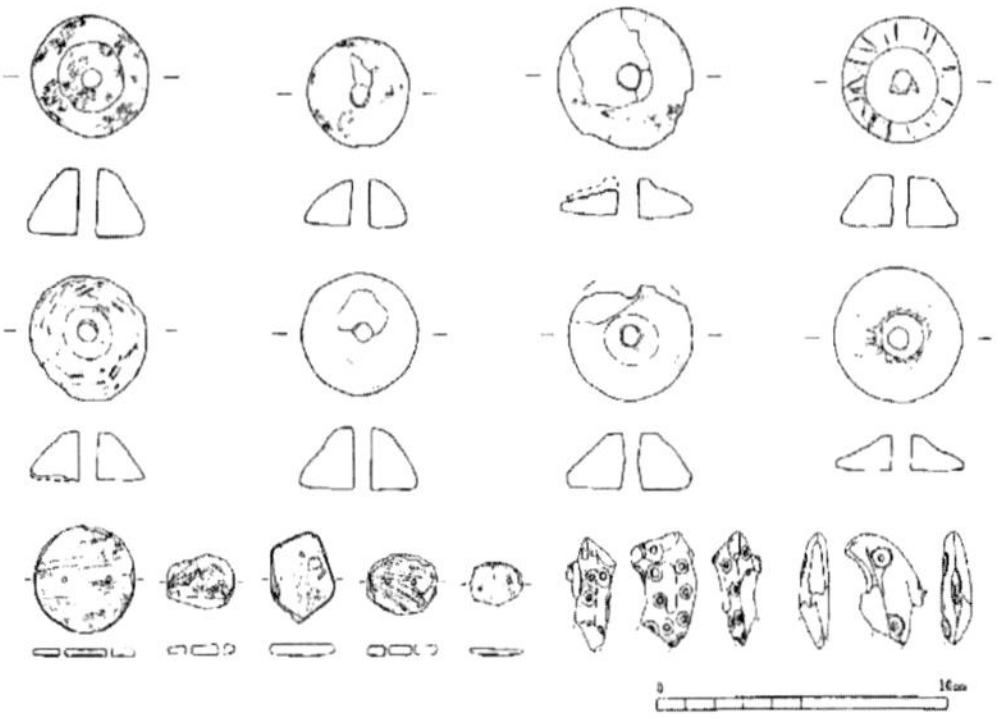

図44　榎田遺跡出土滑石製双孔円盤・子持ち勾玉・紡錘車（長野県埋蔵文化財センター他　1999）

黒漆塗壺鐙など全国的に大変希少な資料が出土するなど、五世紀から六世紀の東国の通常の集落では考えられない貴重、希少な資料が発見されている。

ここで重要なのは、榎田遺跡の集落で発見された曲柄平鍬は一点を除いて全てにU字形鉄製刃先の装着痕がみられ、また一木鋤にもその痕跡が確認されている。榎田遺跡で発見された集落では、五世紀前半にはすでにU字状鉄製刃先の使用がはじまり、U字状鉄製鋤、鍬刃先の大きさや規格にあわせて木製鋤や鍬が製作されたのではないかと贄田明氏は指摘している。

このように榎田遺跡の集落は五世紀でも早い時期に木製鋤や鍬の刃先にU字状鉄製刃先を装着させ新たな集落の開発をおこなっていたこと、そして馬具を製作し牧の運営に活用していたことを考えれば、ヤマト王権の管理や指導のもと、東国では早い時期に有力在地豪族と新たな文化を伝えた人びとが協力して牧の運営をおこなった先進的な集落だったと考えられる。

また榎田遺跡では居館と考えられる遺構は確認されなかったが、高床式建物の木製建築部材（観音開きとなる扉、楣材《ひさしざい》、蹴放材《けはなしざい》、台輪、梁材《はりざい》、棟木《むなぎ》、壁板、床板、屋根板、柱、垂木《たるき》、梯子など）およびきぬがさ状木製品、剣鞘、腰掛の出土から居館を構えた有力在地豪族の集落と考えられる。

蔀屋北遺跡と榎田遺跡からみえてきたシナノの渡来人

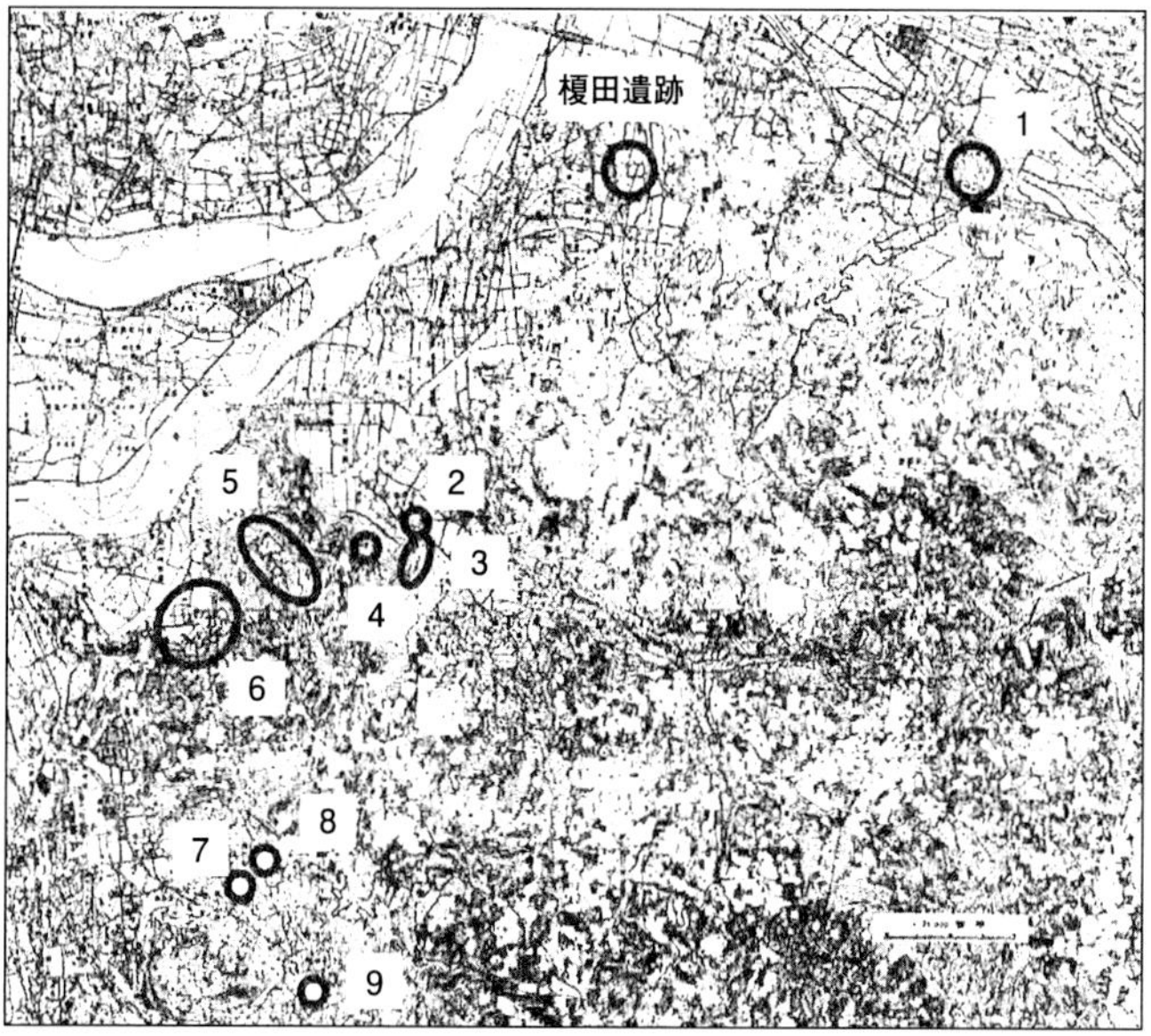

図45　榎田遺跡と周辺関連遺跡（西山　2013-1）
1＝須坂市八丁鎧塚1号古墳・2号古墳　2＝長野市長原古墳群　3＝長野市和田東山古墳群　4＝長野市大星山古墳群　5＝長野市大室古墳群大室谷支群
6＝長野市大室古墳群北谷支群　7＝長野市竹原笹塚古墳
8＝長野市菅間王塚古墳　9＝長野市桑根井空塚古墳

蔀屋北遺跡および周辺遺跡や榎田遺跡の出土遺物や遺構についてみてきた。これらを比較検討すると、五世紀前半には蔀屋北遺跡をはじめ、周辺の中野遺跡、南野米崎遺跡、奈良井遺跡、鎌田遺跡、八尾南遺跡、讃良郡条里遺跡からも百済系渡来人による馬匹生産や乗馬に関わる新たな文化の導入に伴う資料が出土しているとともに、農具でもいち早くU字形鉄製鋤や鍬刃先を装着する木製品が生産され、使用されていることがうかがえる。これらから、蔀屋北遺跡および周辺遺跡で確認された讃良の牧に伴う集落の開発を進める中、榎田遺跡で発見された集落に讃良の牧に伴う集落から百済系渡

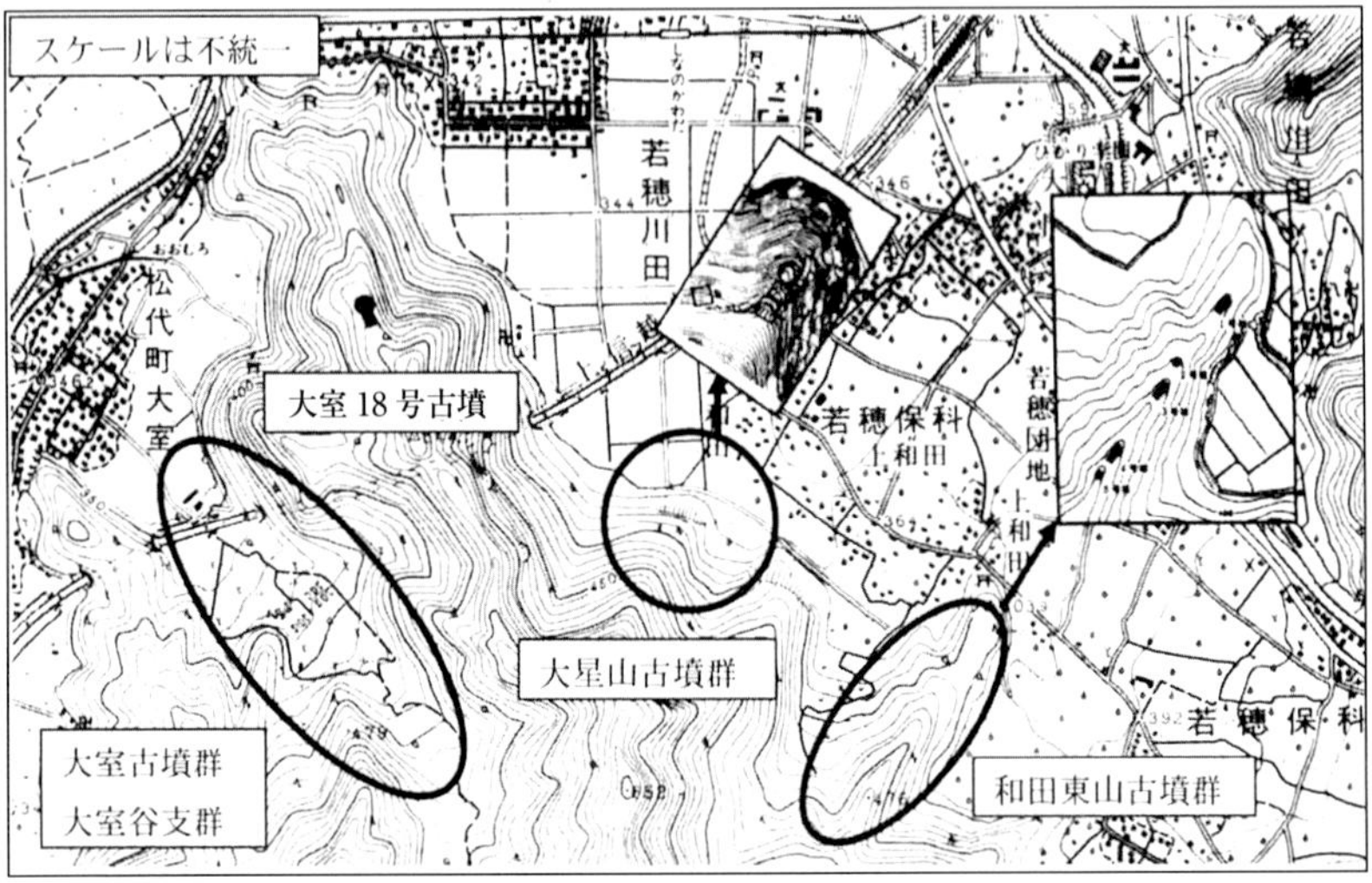

図46　差別化された古墳群（西山　2013-2）

来人がヤマト王権の意図の元に派遣され、有力在地豪族と共に新たな先進文化を発信する居館を構えた拠点集落の建設を進め、牧を中心とする生業をおこなうとともに、馬具を生産し乗馬の風習を広め、カマド構築などをおこなったものと考えられる。

牧については第二章二　シナノ・科野・信濃の牧と馬で考察している。

篠ノ井遺跡群出土馬歯からシナノにも四世紀後半には馬がもたらされていたことがわかる。シナノではヤマト王権とのつながりの中で、派遣された渡来人や渡来系の人びとにより五世紀前半から馬匹生産を意識した地域づくりがはじまるとともに、新たな農耕具を用いて新たな集落を開発しながら牧を完成させていったものと考えられる。その開発された集落、そして牧運営の拠点となった集落の一つが榎田遺跡で発見された集落だったと考えられる。

和田東山古墳群に埋葬された有力在地豪族たちや、大星山古墳群に埋葬された人びとの後を受けて、榎田遺跡で発見された集落は、新来文化を積極的に受け入れ、新興集落として発展していくが、時期を同じくして大室古墳群には合掌形石室を埋葬施設とした積石塚古墳が築造されはじめ、これまでにないまったく新たな古墳群が形成されることとなる。そして大室一六八号古墳墳丘から出土した馬形土製品からもわかるように、大室古墳群の初期積石塚古墳は、榎田遺跡で発見された五世紀前半以降の集落を開発し、牧の運営に関わった渡来人や渡来系の人びとの墓だと考えられる。

五世紀のシナノ全体の動向を考えれば、蔀屋北遺跡および周辺遺跡で発見された讃良の牧の活動を担っていた百済からの渡来人や渡来系の人びとにより、ナスビ形鋤やU字状鉄製刃先などの新たな農耕具類の普及、牧の運用に関連する乗馬の風習、馬具の製作や使用、馬の埋葬などの新たな文化がシナノの北（善光寺平）や南（下伊那地域）へ持ち込まれたものと考えられる。

注

1 （ ）内の記載は筆者が記載。

参考文献

諫早直人「日本列島出土初期高句麗系馬具について ―長野県大星山2号墳出土馬具の検討―」『古代渡来文化研究Ⅰ 古代高麗郡の建郡と東アジア』 高志書院 二〇一八年
岩瀬　透「総括編 第三章「讃良の牧」の形成と展開」『蔀屋北遺跡』Ⅰ 大阪府教育委員会 二〇一〇年
大阪府教育委員会『讃良郡条里遺跡発掘調査概要』Ⅱ 一九九二年
(財) 大阪府文化財センター『讃良郡条里遺跡』Ⅶ 二〇〇八年
大阪府教育委員会『蔀屋北遺跡』Ⅰ 二〇一〇年
大阪府教育委員会『蔀屋北遺跡』Ⅱ 二〇一二年
風間栄一「飯綱社古墳」『長野市史』第12巻 資料編 原始・古代・中世 長野市 二〇〇三年
滋賀県教育委員会他『蛭子田遺跡』2 二〇一四年

田辺昭三　『須恵器大成』　角川書店　一九八一年
長野県埋蔵文化財センター他　『榎田遺跡』　一九九九年
贄田　明　「第二分冊（本文編Ⅱ）第Ⅴ章4　出土木製品の意義」『榎田遺跡』　長野県埋蔵文化財センター他　一九九九年
西山克己　「シナノにおける古墳時代中期の渡来人のムラと墓」『研究紀要』第19号　長野県立歴史館　二〇一三年　―一
西山克己　「シナノの積石塚古墳と合掌形石室」『シナノにおける古墳時代文化発展と律令期への展望』　雄山閣　二〇一三年―一
藤田道子　「総括編　第一章第二節　古墳時代の遺構の検討とその変遷」『蔀屋北遺跡』Ⅰ　大阪府教育委員会　二〇一〇一年
松島高根　「口絵　北原4号古墳の横穴式石室」『伊那』二〇〇七年四月号　伊那史学会　二〇〇七年
（財）八尾市文化財調査研究会　「Ⅰ　八尾南遺跡（第八次調査）」『八尾南遺跡』一九九五年

二　シナノから科野へ

一　七世紀前半を中心に科野で用いられた円筒形土製品

円筒形土製品とは

東国では決して多い事例ではないが、六世紀末葉から七世紀の竪穴住居跡のカマド付近から円筒形をした土器が発見される。

昭和四十三（一九六八）年に刊行された八王子市中田遺跡の報告書の中で、岡田淳子氏が円筒形土器はカマド内およびその近辺で発見されたもので、出土位置の共通性からカマドの施設の一部として考えることができるとした。その時期は鬼高式土器期初頭（五世紀後半から六世紀前半）とし、円筒形土器の命名と使用方法、時期を明らかにした。

中田遺跡で発見された円筒形土器は畿内に円筒形土器（円筒形土製品）が伝えられて間もない時期のものである。

このように円筒形土器をカマドとの関係でとらえたことは、これ以降の円筒形土器を考える上で大きな視点を示したものである。

筆者は平成八（一九九六）年に円筒形土器を検討した結果、土器（うつわ）ではなく「円筒形土製品」あるいは「円筒形カマド材」の名称を提案した経過がある。長野県内の六世紀末葉から七世紀の円筒形土製品の出土例はあまり多くないが、どのようなものだったのか探ってみたい。

科野出土の円筒形土製品

六世紀末葉以降の円筒形土製品は富山県、長野県、山梨県以東の地域にみられる。

長野県内で確認した遺跡は、長野市田中沖遺跡、屋地遺跡、榎田遺跡、千曲市東條遺跡、埴科郡坂城町北浦遺跡、宮上遺跡、上田市法楽寺遺跡、東御市大川遺跡、松本市出川南遺跡である（表10）。

田中沖遺跡では第二号、第七号、第一二号、三号、四四号竪穴住居跡などから出土している。

第七号竪穴住居跡では、カマドに用いた自然石と並行するように円筒形土製品が出土し、第十二号竪穴住居跡では、カマド前面より円筒形土製品が出土している。

宮上遺跡ではH三号、H四号、H一六号竪穴住居跡から円筒形土製品が出土している。

H三号竪穴住居跡では、カマドの左右袖部の先端に土師器の長胴甕を補強材として用い、さらにカマド火床部手前に円筒形土製品が横位で出土している。

H一六号竪穴住居跡では、カマドの構築材として石と粘土が用いられ、さらに袖部の先端に芯材として円筒形土製品を用いていた。左袖部では正位に円筒形土製品が用いられ、右袖部では逆位に用いていた。

法楽寺遺跡ではSB一八一、SB三五二竪穴住居跡からそれぞれ一点ずつ出土している。それぞれカマドの構築材として使用された状態で出土している。

これら宮上遺跡や法楽寺遺跡の使用例は、円筒形土製品の性格を考える上で良好かつ重要な資料で

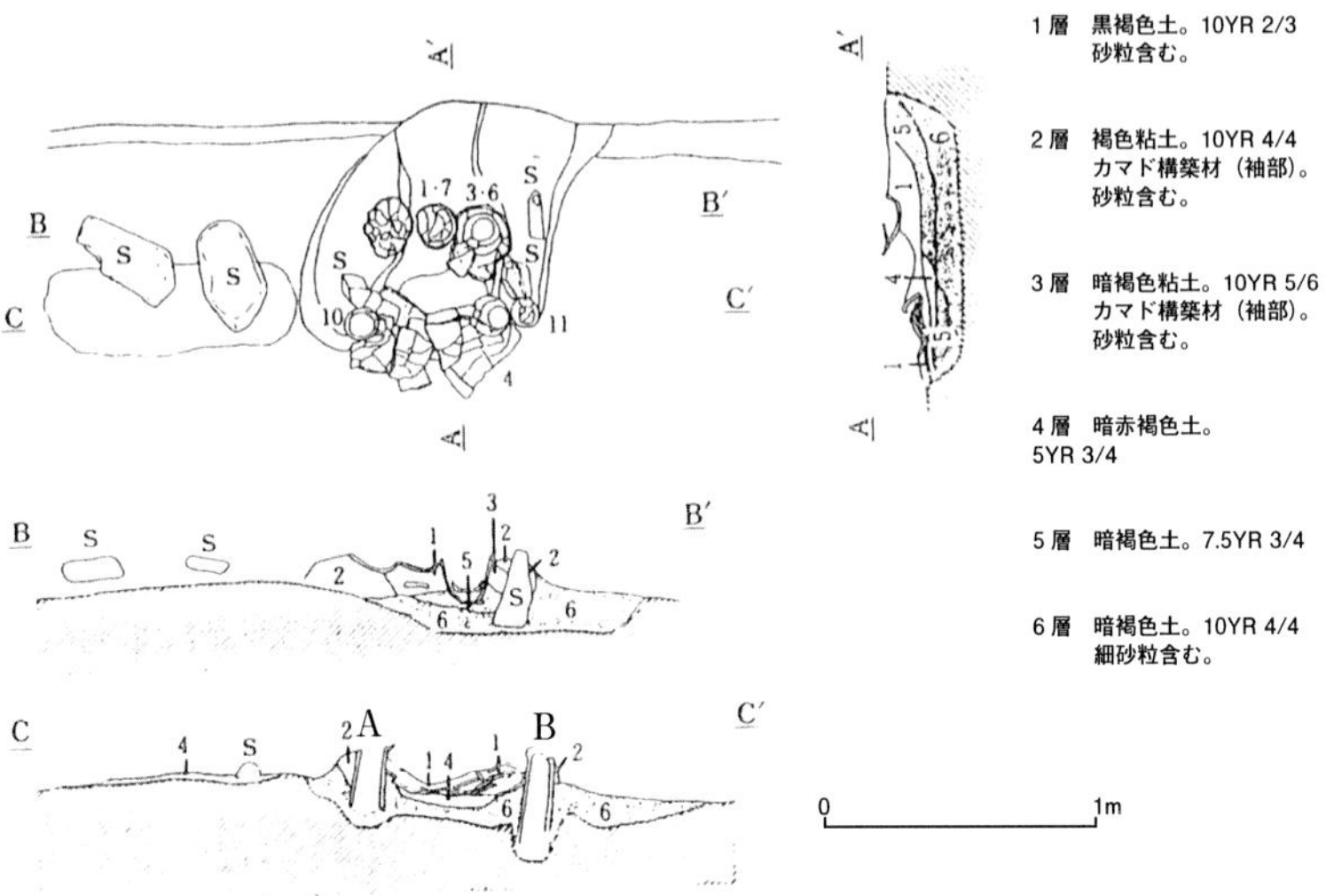

図47　坂城町宮上遺跡H 16号竪穴住居跡のカマド跡：AとBが円筒形土製品（坂城町教育委員会 1993　西山 2018）

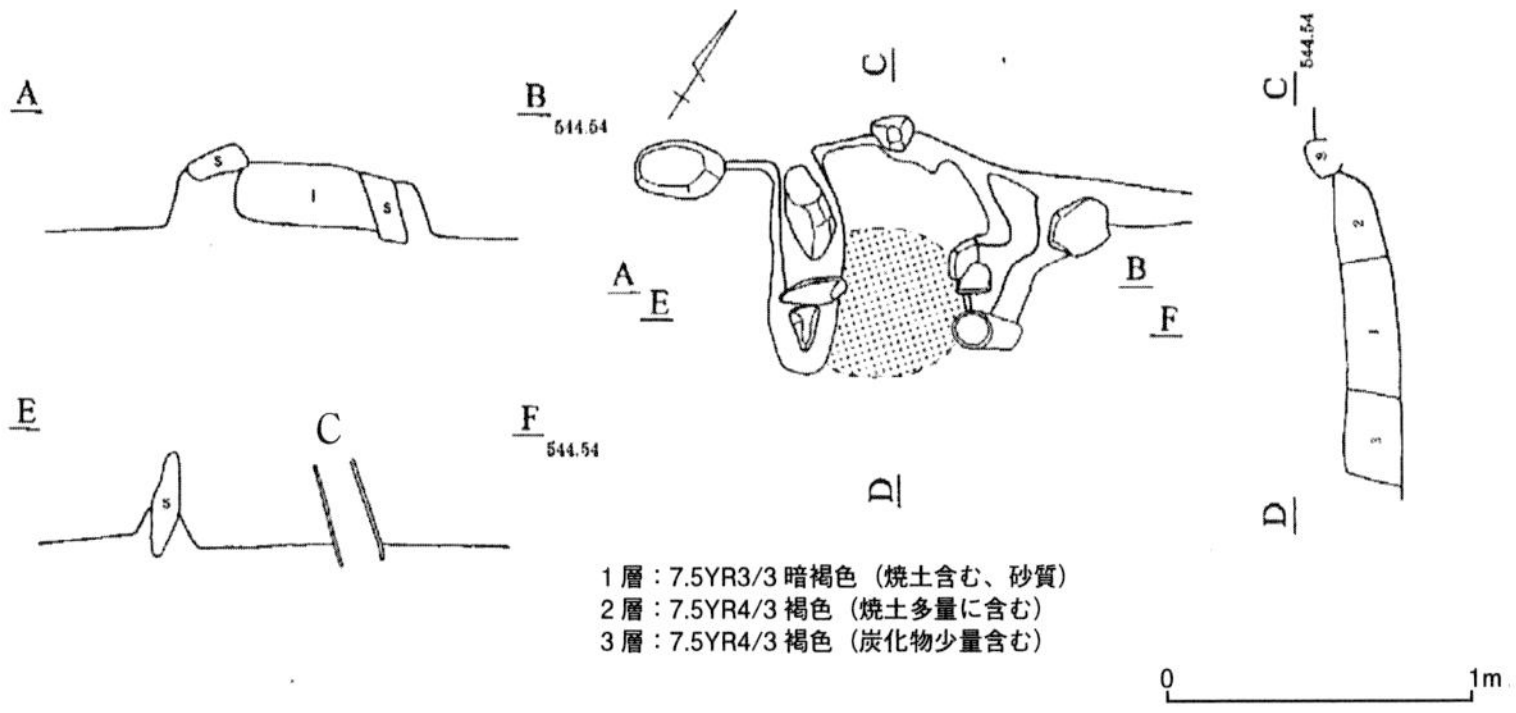

図48　上田市法楽寺遺跡SB352竪穴住居跡のカマド跡：Cが円筒形土製品（上田市教育委員会 他　2004）

ある。

円筒形土製品の特徴

この円筒形土製品の一番の特徴は、円筒形で内面に明瞭に輪積み痕や巻き上げ痕を残すことで、これはあえて残されたものだったと考えられる。それはこの土製品を〝器〟として用いる目的ではなく、カマド構築材としての〝一部品〟として仕上げればよかった、あるいはこのように仕上げる必要があったからではないか。

外面は、あえて輪積み痕を残しながら当時代の土師器甕と同様の技法をもって整形や調整がされている。

それはカマドに用いる土製品として、製作時、焼成時、そして焼成後に破損することを防ぐために、外面の整形や調整が必要だったと考えられる。

まず口縁部形態については、
1＝外に開きぎみのもの
2＝直立するもの
なぜこれらに分類できるのか、その製作上の意図はどのようなものだったのか。

カマドの構築材として、その長さ（寸法）はカマドの規模によることとなる。しかし、大きいカマドにあわせて始めから長大な円筒形土製品を作れば、製作時や焼成時に破損しやすいため、ある一定の大きさ（口径が約一〇チセンから一五チセン程度のもので長さ五〇チセンから六〇チセン程度）を限度として製作したものと考える。

そのような製作上、あるいは使用上の制限から、作るに可能な大きさ以上の円筒形土製品をカマドに用いる場合、特に天井部材は、二つの円筒形土製品を組合せて用いることが必要であり、そのために円筒形土製品を組み合わせられるように、当初よりソケット状のものを製作したと考える。

また底部の有無については、使用目的が始めから決められていたことによるものだったと考える。

たとえば、

表10　科野出土の6世紀末葉から7世紀の円筒形土製品（西山2013 一部改定）

出土数	遺跡名	所在地	出土遺構	器種分類	時　期
1	田中沖遺跡	長野市	第2号竪穴住居跡	?・?・b	7世紀前半から中頃
2	田中沖遺跡	長野市	第2号竪穴住居跡	?・?・b	7世紀前半から中頃
3	田中沖遺跡	長野市	第7号竪穴住居跡	2・A・b	7世紀前半から中頃
4	田中沖遺跡	長野市	第12号竪穴住居跡	1・A・c	7世紀前半から中頃
5	田中沖遺跡	長野市	3号竪穴住居跡	1・?・a	7世紀前半から中頃
6	田中沖遺跡	長野市	44号竪穴住居跡	?・?・b	7世紀前半から中頃
7	屋地遺跡	長野市	A9号竪穴住居跡	1・?・c	7世紀前半
8	榎田遺跡	長野市	SB1401 竪穴住居跡	2・B・b	7世紀中頃以前
9	東條遺跡	千曲市	SB70 竪穴住居跡	?・?・a	7世紀末葉から8世紀前半頃
10	東條遺跡	千曲市	SB72 竪穴住居跡	?・B・c	7世紀末葉頃
11	北浦遺跡	坂城町	第1号竪穴住居跡	1・?・b	7世紀代か不明
12	北浦遺跡	坂城町	第1号竪穴住居跡	1・A・b	7世紀代か不明
13	宮上遺跡	坂城町	H3号竪穴住居跡	1・?・c	7世紀中頃
14	宮上遺跡	坂城町	H4号竪穴住居跡	?・?・c	7世紀代
15	宮上遺跡	坂城町	H16号竪穴住居跡	?・A・b	6世紀末葉から7世紀初頭頃
16	宮上遺跡	坂城町	H16号竪穴住居跡	?・?・b	6世紀末葉から7世紀初頭頃
17	法楽寺遺跡	上田市	SB181 竪穴住居跡	?・?・a	6世紀末架から7世紀初頭頃か
18	法楽寺遺跡	上田市	SB352 竪穴住居跡	2・B・a	6世紀末葉から7世紀初頭頃か
19	大川遺跡	東御市	SB04 竪穴住居跡	?・?・c	6世紀末葉から7世紀初頭頃
20	出川南遺跡	松本市	35号竪穴住居跡	1・?・c	6世紀末葉から7世紀初頭頃
	9遺跡	6市町	17遺構		

円筒形土製品の機種分類基準
● 口縁部形態　1外に開き気味のもの　2直立するもの
● 底部形態　A　はじめから底部があるもの
B　はじめから底部がないもの
C　製作後、あるいは使用時に意図的に底部を破煩させたもの
●外面調整　a　縦方向のヘラケズリを施すもの
b　縦方向のナデやオサエを施すもの
c　縦方向のハケメを施すもの

A＝始めから底部があるもの。芯材としての用途を目的とした。

B＝始めから底部がないもの。円筒形土製品をソケット状につなげて使用するため、あるいは煙道あるいは煙突としての用途も目的としていた。

C＝円筒形土製品をソケット状につなげて使用するため、製作後、あるいは使用時に底部を破損させたもの。

Cタイプは結果的にはBタイプと同様だが、その意図はおそらくカマドを造る際に急きょBタイプとして転用されたものと考える。

また単品として、あるいは組み合わせて用いた時に、天井部材または

芯材として必要な長さの調整によって切断された可能性もある。

外面の調整についてはどうであろうか。

円筒形土製品の外面調整は、基本的には輪積み痕をあえて残し、その上に当時代の土師器の長胴甕と同様の調整技法を施しており、以下のように分類した。

a＝縦方向のヘラケズリを施すもの

b＝縦方向のナデやオサエを施すもの

c＝縦方向のハケメを施すもの

これらを各遺跡より出土した資料に照らしあわせると表10のようになる。

円筒形土製品が用いられた時期

科野国で円筒形土製品が用いられはじめるのは、それぞれの共伴土器などから六世紀末葉に出現し、主に七世紀に使用されたと考えてほぼまちがいない。また九世紀に入り再び使用されるようになる。

現在長野県内では二〇点以上の円筒形土製品が発見されているが、その内一九点以上が千曲川流域に集中している。

田中沖遺跡出土資料は七世紀前半から中頃と考えられ、屋地遺跡A九号竪穴住居跡出土資料は七世紀前半に、榎田遺跡出土資料は七世紀中頃以前と考えられる。

東條遺跡ＳＢ七〇号竪穴住居跡出土資料は七世紀末葉から八世紀前半に、ＳＢ七二号竪穴住居跡出

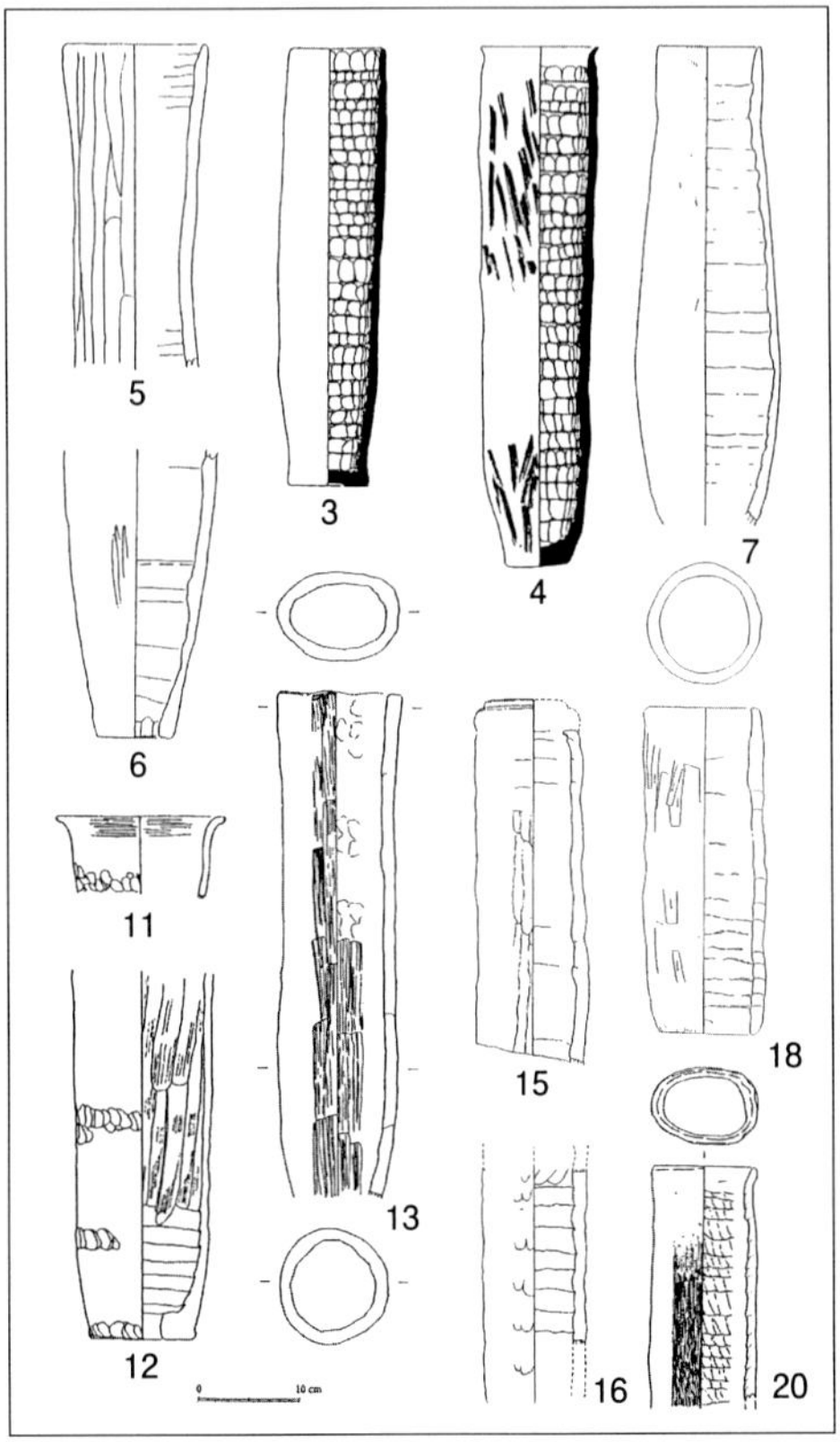

図49　長野県内出土の６世紀末葉から７世紀の円筒形土製品（番号は表10内番号と対応）（西山　2013一部改変）

土資料は七世紀末葉と考えられる。

宮上遺跡H一六号竪穴住居跡出土資料は六世紀末葉から七世紀初頭と考えられ、北浦遺跡第一号竪穴住居跡出土資料、法楽寺遺跡SB一八一号、SB三五二号竪穴住居跡出土資料、大川遺跡SB〇四号竪穴住居跡出土資料、出川南遺跡三五号竪穴住居跡住居跡出土資料もほぼ同時期と考えられる。

宮上遺跡H三号竪穴住居跡出土資料は若干年代が下がり七世紀中頃と考えられる。

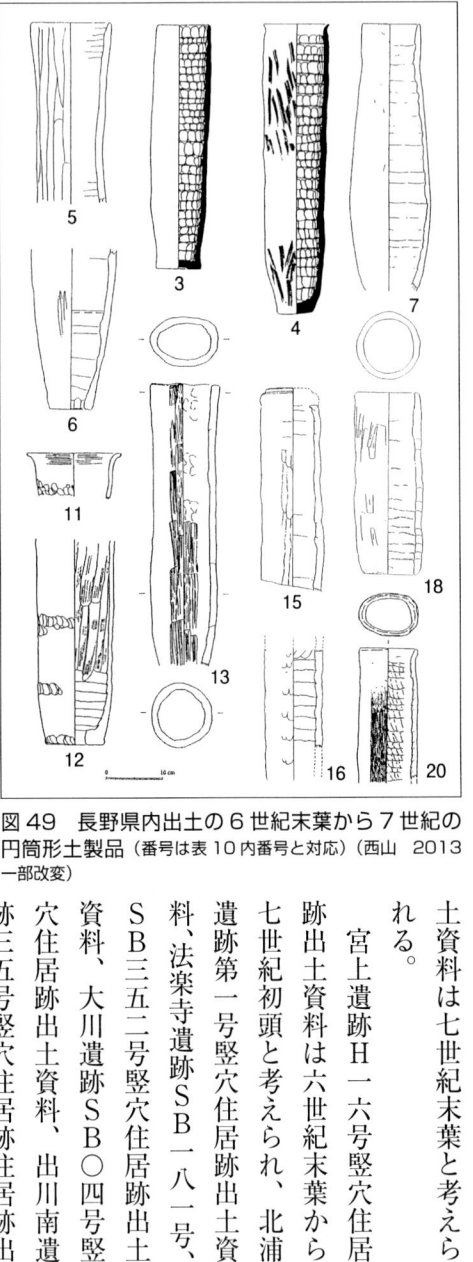

このことから科野国では六世紀末葉から七世紀初頭に埴科郡、小県郡域や筑摩郡域に円筒形土製品が持ち込まれ使用されたと考えられ、その後七世紀前半頃に周辺の集落に持ち込まれ使用された。

宮上遺跡H三号竪穴住居跡では円筒形土製品が集落に持ち込まれた後、円筒形土製品と土師器の長胴甕が一緒にカマド構築材として使用されている。おそらく当初カマド構築材として円筒形土製品を用いた人びとも当時代の土師器の鍋である長胴甕でも充分に円筒形土製品の機能をはたせることを知り、長胴甕の転用を始めたものと考えられる。

円筒形土製品を用いたカマド構築技術の導入以降、限られた集落の住居ではカマド構築材として長胴甕を転用することとなる。

その結果、円筒形土製品は消え去り、長胴甕をカマドの構築材とする方法へと転換していったものと考えられる。もはや八世紀にはカマドの構築材として作られた円筒形土製品はその必要性を失うこととなる。

長胴甕を円筒形土製品同様にカマドに用いる方法は七世紀以降八世紀にもみられるが、千曲市大境遺跡九号竪穴住居跡はその好例といえる。

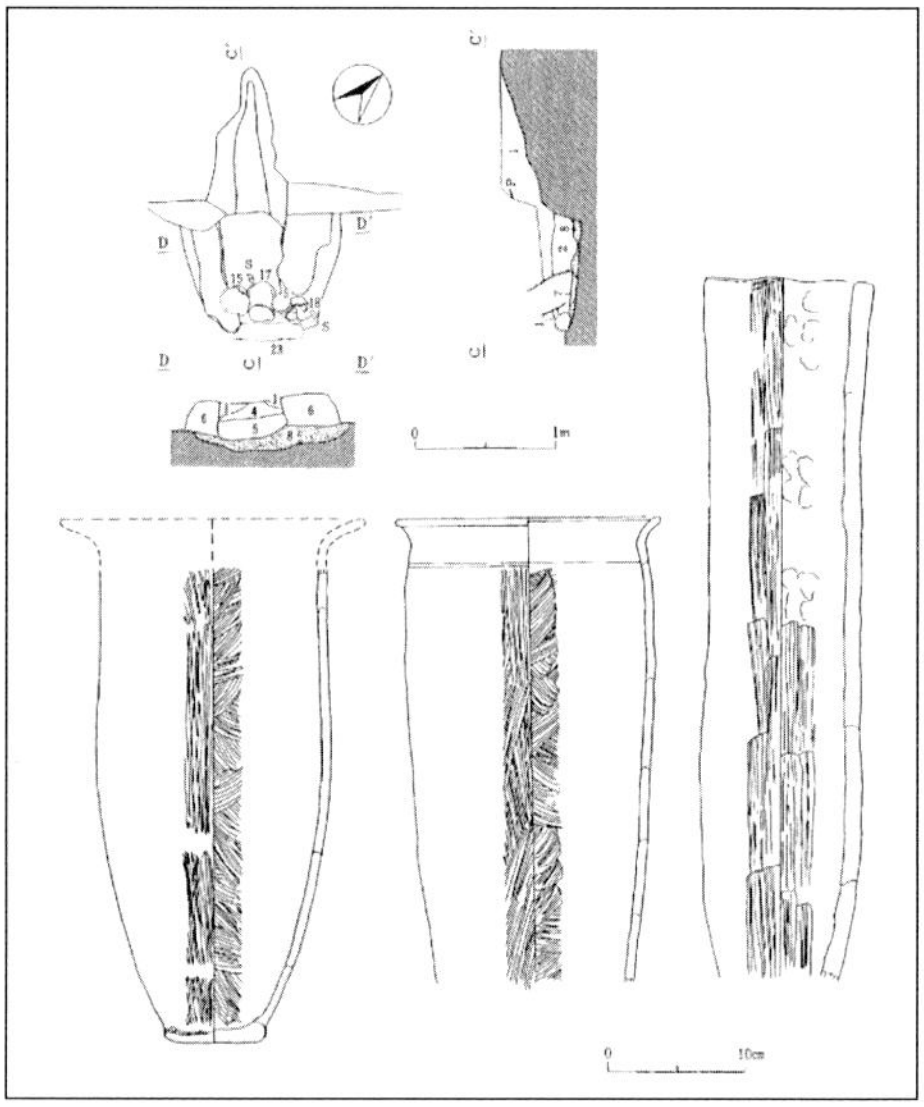
図 50　坂城町宮上遺跡Ｈ３号竪穴住居跡のカマドと部材（坂城町教育委員会　1993）

この大境遺跡九号住居跡のカマドでは、長胴甕が左右袖部に各一個体ずつ芯材として用い、また天井材として長胴甕が二個体ソケット状につなげて用いられていた。

長胴甕をカマド構築材に用いる方法は、この時期の一般的なカマド構築法ではなく、あくまでも少数派である。

この長胴甕を用いた方法は円筒形土製品を用いた方法と一連のものであり、技術面のみならず、長胴甕を円筒形土製品同様にカマド構築材に用いることにこだわった人びとの姿を想像させられる。もちろん、新たな技術が広がっていくことを思えば、長胴甕をカマド構築材に用いたすべての人びとが円筒形土製品を用いた人びとと関わりがあったとは思えない。しかし、埴科郡内の宮上遺跡や大境遺跡の事例を考えれば、宮上遺跡H三号竪穴住居跡のカマドを構築した人びとは、円筒形土製品によるカマド構築を伝えた人びとと何らかの関わりを持った在地住民だった可能性が考えられる。

また円筒形土製品を用いた法楽寺遺跡でも、SB三〇四号竪穴住居跡のカマドの部材として長胴甕が使用されていたことから、法楽寺遺跡で発見された集落でも、カマドの部材として円筒形土製品か

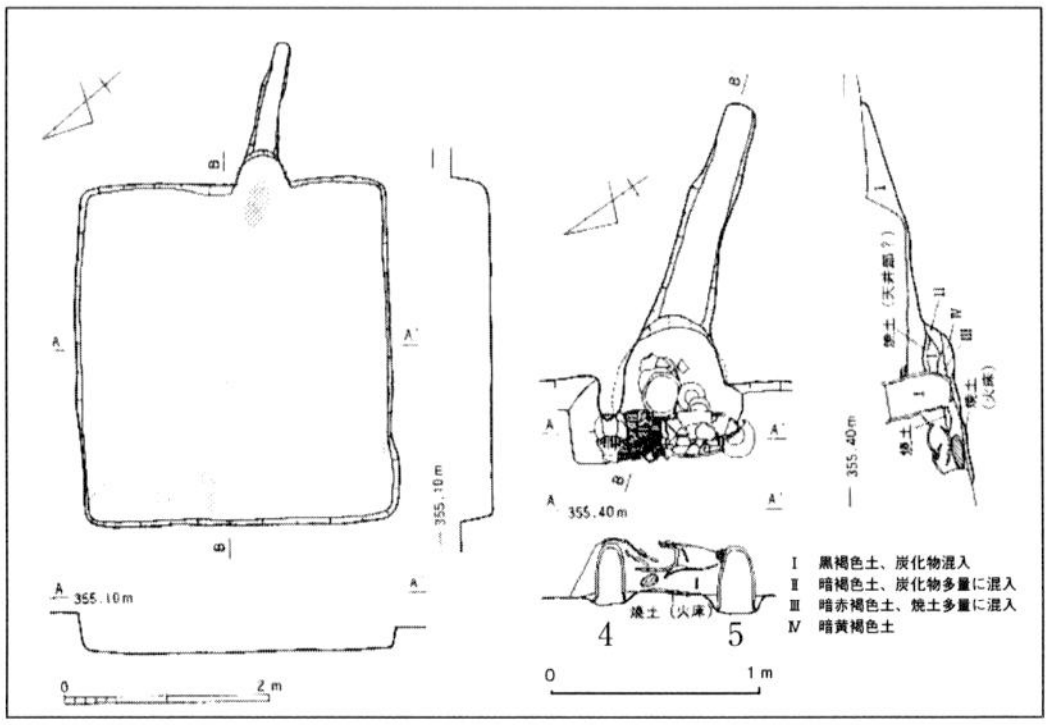

図51　千曲市大境遺跡9号住居跡とカマド（土器4、5は図52内の土器番号（更埴市教育委員会　1994）

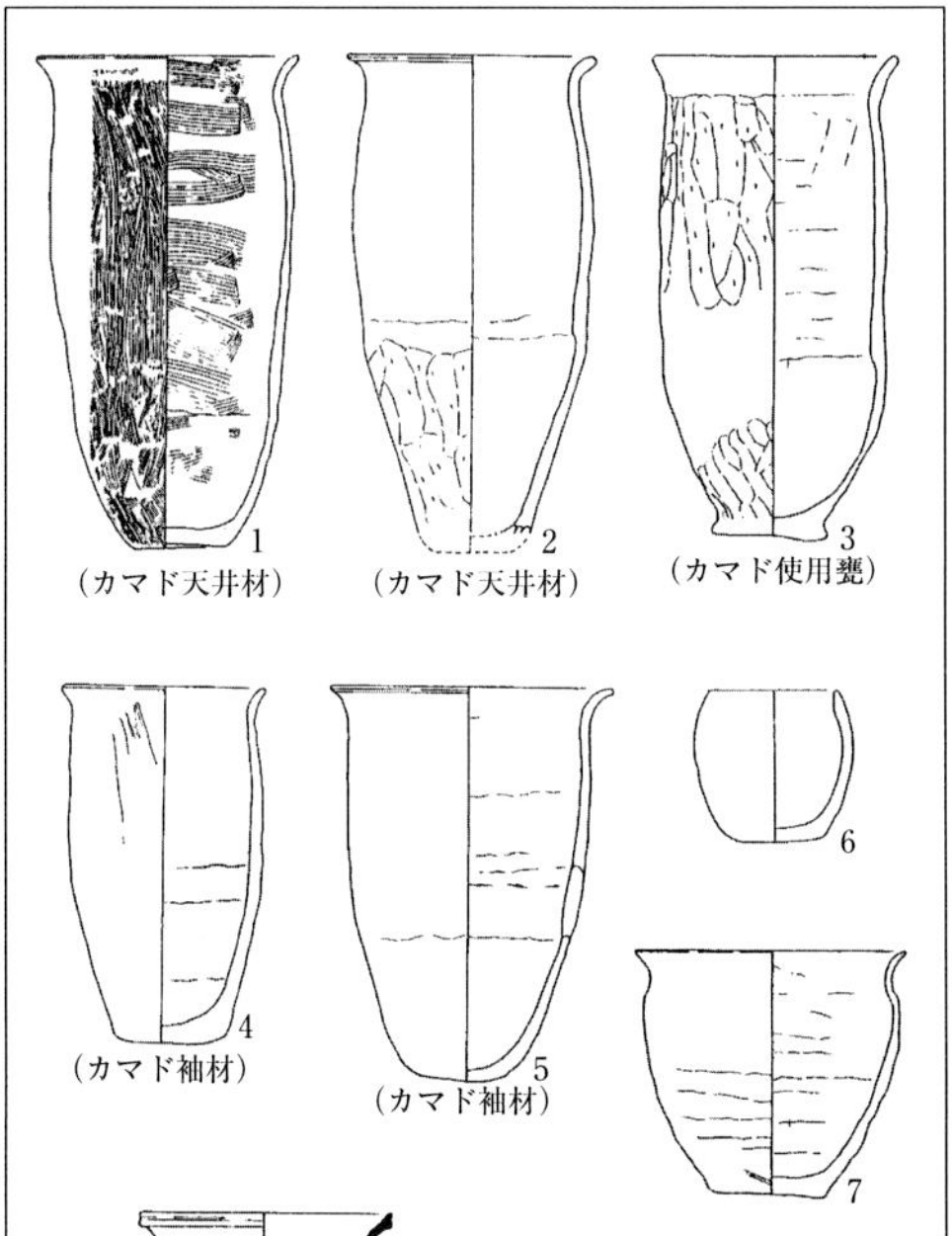

図52　千曲市大境遺跡9号竪穴住居跡出土土器
（更埴市教育委員会　1994）

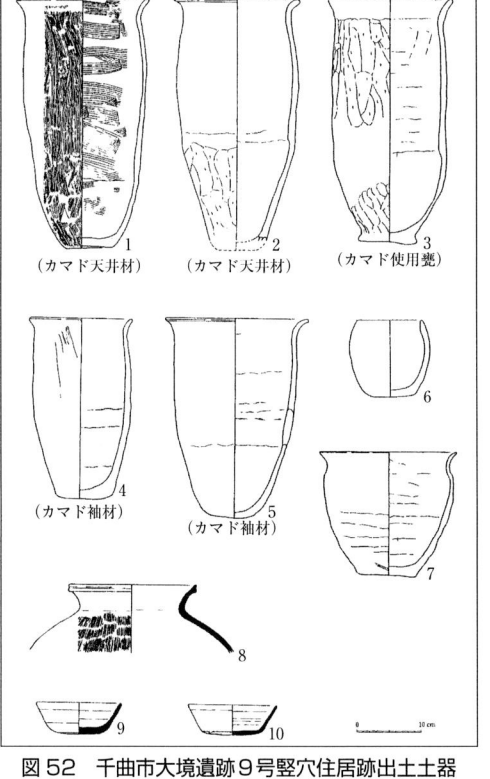

ら長胴甕への転用がおこなわれていた。

特に七世紀を中心に用いられた円筒形土製品だが、信濃国では九世紀に入り再び円筒形土製品が用いられるようになる。この九世紀の円筒形土製品について簡単にふれてみたい。

信濃国で九世紀に用いられた円筒形土製品は、箕輪町中道遺跡四〇号竪穴住居跡、松本市下神遺跡SB八号、SB一二六号竪穴住居跡、三の宮遺跡SB三一号、SB七四号竪穴住居跡、長野市松原遺跡SB四〇号、SB七〇号、SB一〇〇号、SB一〇五号、SB一四九号、SB一六八号、SB二二七号、SB三七四号、SB三七五号、SB一〇二九号竪穴住居跡、SK三六号土坑から出土している。

九世紀の円筒形土製品も、カマドあるいはカマド周辺で出土することが多く、カマド施設の一部と考えられるが、なぜ九世紀に円筒形土製品の製作が再開されたのか。七世紀に入ると円筒形土製品の代用品として鍋である長胴甕が転用されたが、その一番の理由は、七世紀の長胴甕の形状が円筒形土製品に代用できるほど長胴化していたことによる。しかし九世紀には鍋である甕の形状がカマド材に転用できる形状ではなくなったことによると考えられる。

近畿地方と朝鮮半島の出土例について

大阪府や滋賀県を中心に近畿地方やその周辺では五世紀中頃から八世紀前半の円筒形土製品が発見されている。

円筒形土製品が出土した大阪府堺市伏尾遺跡や滋賀県大津市穴太《あのう》遺跡などでは、渡来人に関わる遺構や遺物が多く認められることや、權五榮氏と李亭源氏によると「韓半島で現在までに集成された煙筒、煙筒形土製品、あるいは煙家の数は一〇〇点を上回る。分布相をみると北は抱川半月山城、南は全南海岸地域にいたる。この範囲外にある資料は江陵安仁里と慶山林堂のものが確認されているだけである。つまり、出土例の圧倒的多数は馬韓―百済圏内ということになる」と述べていることから、円筒形土製品は朝鮮半島の馬韓、百済地域から伝えられたものと考えられる。

東日本出土の円筒形土製品が語ること

朝鮮半島特に馬韓、百済地域で使用され、日本では五世紀の円筒形土製品が大阪府や滋賀県を中心に発見例が多くみられる。六世紀末葉以降の円筒形土製品は長野県をはじめとして東国では山梨県東八代郡地域に集中がみられる。長野県では千曲川中流域を中心に、松本平でも確認されている。新潟県、東京都、群馬県、栃木県でも出土状況や分布状況が紹介され、東国の円筒形土製品は六世紀末葉に導入され七世紀に多く用いられていたことが確認されている。

円筒形土製品はカマドの構築材として作られ、カマドの天井部材、袖芯材、煙道に用いられた。土器（鍋）として用いるのではなく、カマドの部材（芯材等）として用いるためにあえて細かな成形作業はおこなわず、輪積み痕を残した土製品として仕上げたものである。

円筒形土製品を用いたカマドを構築した人びとは百済から渡来し、推古朝期以降のヤマト王権の意図の中で新来文化を用い従事した人びとだったと考えられる。さらに彼らはヤマト王権の意図の中で新来文化を東国に広めるため派遣され、派遣先の集落で彼らによって構築され残されたものが、円筒形土製品を用いたカマドだったと考えられる。

当時の科野国で円筒形土製品を用いた人びとが、甲斐国東八代郡で円筒形土製品を用いた人びとと非常に近い関係だったと考えられ、それはその出自を同じくすることからであろうと考えられる。

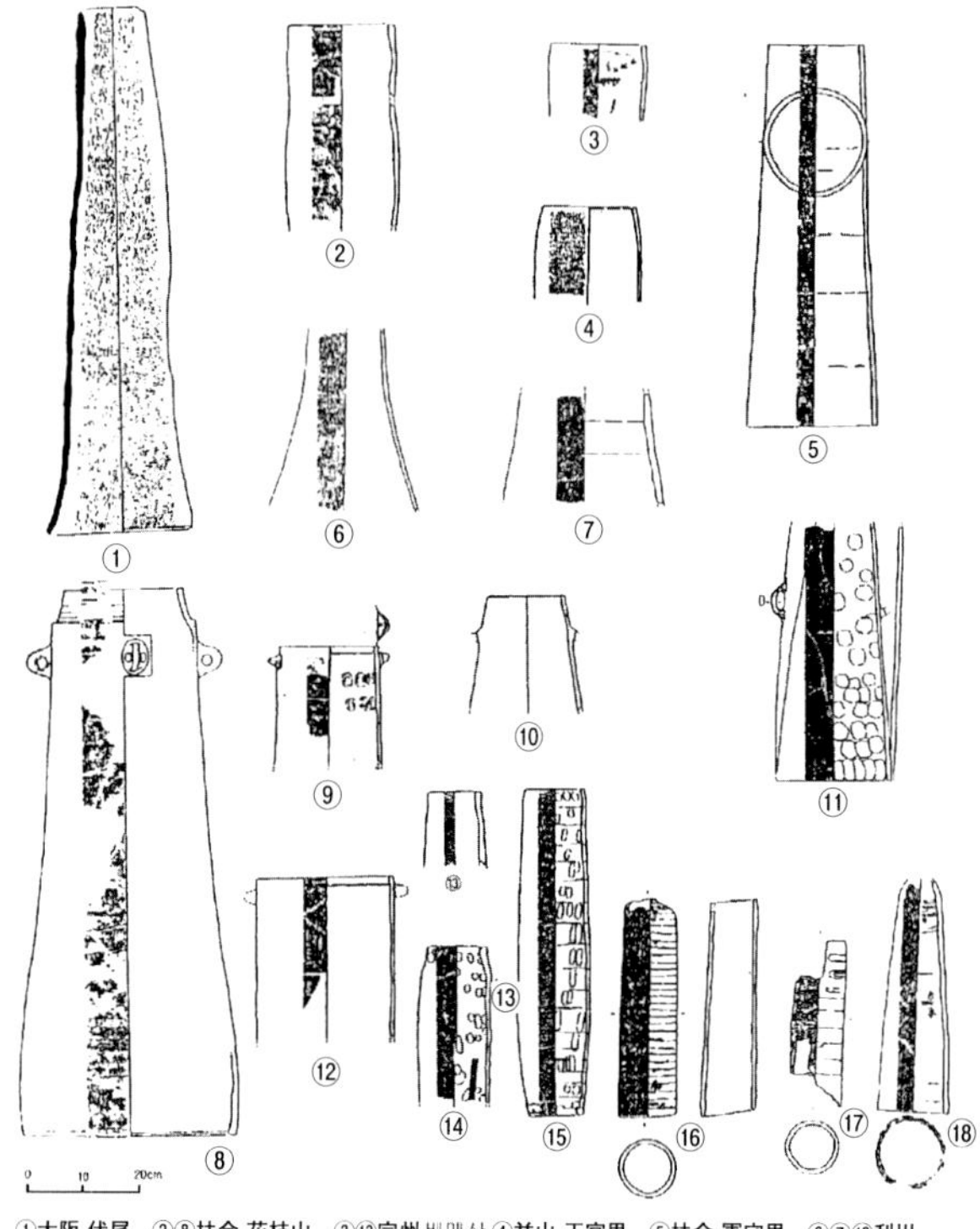

図53　朝鮮半島出土の円筒形土製品（左上①のみ大阪府出土）
（權　五榮・李　亨源（翻訳：平郡達哉・庄田慎矢・山本孝文）2006）

以上から、東京都、山梨県、長野県、栃木県、群馬県、新潟県他で発見された円筒形土製品は、百済から渡来しヤマト王権の意図の中で新来文化を東国へ伝え広める目的で派遣され、各地へ移動した人びとの痕跡だったと考えられる。

参考文献

上田市教育委員会 他 『法楽寺遺跡』 二〇〇四年
岡田敦子 他 『八王子市中田遺跡 古墳時代集落址の調査（資料編3）』 八王子市中田遺跡調査会 一九六八年
更埴市教育委員会 『大境遺跡』Ⅳ・Ⅴ 一九九四年
権 五榮・李 亨源（翻訳：平郡達哉・庄田慎矢・山本孝文）「壁柱（大壁）建物研究のために」『第二回日韓集落研究会共同研究会 日韓集落研究の現状と課題（Ⅱ）』 日韓集落研究会日本支部 二〇〇六年
坂城町教育委員会 『宮上遺跡』Ⅱ 一九九三年
東部町教育委員会 『大川遺跡 中原遺跡群 下曽利遺跡 他』 一九九二年
徳網克己 「カマドに伴う円筒形土製品について」『龍谷大學考古学論集』Ⅰ 龍谷大学考古学論集刊行会 二〇〇五年
西山克己 「七世紀代に用いられた円筒形土器」『長野県考古学会誌 特集 古墳時代の祭祀・土器』 長野県考古学会 一九九六年
西山克己 「七世紀前半を中心に科野で用いられた円筒形土製品」『シナノにおける古墳時代社会の発展から律令期への展望』 雄山閣 二〇一三年
西山克己 「考古資料をよむ 百済から伝えられたカマド構築材—円筒形土製品」『長野県立歴史館たより』二〇一八年春号 vol.94 長野県立歴史館 二〇一八年

二　シナノ・科野・信濃の牧と馬

古代信濃国の牧

古代の信濃国の牧については、古くは弘仁十四（八二三）年に編纂された『延喜式』「左馬寮」に一六か所の「御牧」が記載されている。この後、長保四（一〇〇二）年に編纂が完了したとされる『政事要略』には一二か所の「御牧」が記載され、さらに推定一三〇〇年頃に編纂されたと考えられている『吾妻鏡』「（左馬寮領）文治二年二月条」には二六か所の「御牧」が記載されている。これらの文献史料をもとに、馬と塩との関わりで牧の所在地について、栗岩英治氏が昭和十（一九三五）年に『信濃庄園の研究』の中で検証している。

左馬寮　右馬寮准レ此、
御牧
甲斐國　柏前牧、眞衣[1]野牧、穂坂牧、
武藏國　石川牧、小川牧、由比牧、立野牧[2]、
信濃國[3]　山鹿牧、鹽原牧、岡屋牧、平井手牧、笠原牧、高位牧、宮處牧、埴原牧、大野牧、大室牧、猪鹿牧、萩倉牧、新治牧、長倉牧、鹽野牧、望[4]月牧、
上野國[5]　利刈牧、有馬嶋牧、沼[6]尾牧、拜志牧、久野牧、市代牧、大藍[7]牧、鹽山牧、新屋牧、
右諸牧駒者、毎年九月十日國司與二牧監若別當人等一、甲斐、信濃[8]、上野三國任二牧監一、武藏國任二別當一、臨レ牧検印、共署二其帳一、簡二繋齒四歳已上可レ堪レ用者一、調良、明年八月附二牧監等一貢上、若不レ中レ貢者、便充二驛傳馬一、信濃國不レ在二此限一、若有二賣却一混二合正税一、其貢上馬、路次之國各充二秣、蒭并牽夫一、遞二送前所一、其國解者、主當寮付二外記一進二大臣一、經二奏聞一分二給兩寮一、[9]閲二定其品一、

史料２　延喜式　左馬寮記載
（（財）神道大系編纂会　1993）

左馬寮領			
笠原御牧	宮所	平井弖	岡屋
平野	小野牧	大塩牧	塩原
南内	北内	大野牧	大室牧
常盤牧	萩•金•井	高井野牧	吉田牧
笠原牧南條	同北條	望月牧	新張牧
塩河牧	菱野	長倉•	塩野
桂井•	緒鹿牧	多々利牧	金倉井

十五日牽信濃勅旨御馬事 □ 此中有二十五牧。左官字諸牧六十。元八十。山鹿。

轠原	岡屋	宮處	平井弖	•埴原	大•室
猪鹿	大野	萩乃倉	笠原	高位	

史料３（右）政事要略（黒板・國史大系編修會　1964-1）
史料４（左）吾妻鏡左馬寮領（黒板・國史大系編修會　1964-2）

ここでは牧の研究、馬具の研究、馬の飼育にはかかせない「塩」に関わる研究や馬の塩分摂取量、長野県内の塩分濃度の高い源泉や湧水の分布などから初期牧の成立について考えてみたい。

考古資料としての馬

現在、長野県内で馬に関わる最も古い考古資料は、長野市篠ノ井遺跡群土坑SK六〇四二から出土した四世紀後半の馬歯で、五世紀に入ると、飯田市内の天竜川西岸に五世紀前半から後半に埋葬された馬墓が二八基確認されていることはすでに述べた。

また、五世紀の馬は体高一二七センチほどの中型馬で、現在の「木曽馬」に類似していたこともすでに紹介した。

諫早直人氏の研究によると下伊那地域の飯田市物見塚古墳、高岡四号古墳、新井原二号古墳周溝内の馬墓から陶邑ＴＫ七三型式期〜ＴＫ二〇八型式期併行期と考えられる馬具が出土し、物見塚古墳出土の鑣轡が五世紀前半まで遡ることから、下伊那地域では五世紀前半にはすでに馬がいたことになる。

また、平成二十八（二〇一六）年には長野県埋蔵文化財センターにより調査された飯田市上久堅地区の鬼釜遺跡の調査で六世紀前半と考えられる鬼釜古墳の周溝内から発見された馬墓が報告された。天竜川東岸でははじめての馬墓の発見である。

善光寺平でも、飯綱社古墳から五世紀前半と考えられる鉄製輪鐙が出土し、榎田遺跡から五世紀第2四半期の木製後輪や五世紀第3四半期の木製黒漆塗壺鐙が出土していることから、五世紀前半から中頃には乗馬の風習が伝わっていたことがうかがえる。

また平成二十五（二〇一三）年と二十七（二〇一五）年には塩崎遺跡群で発見された五世紀後半の円墳SM一〇〇九の周溝内から馬の歯が出土し、下伊那地域以外の五世紀の馬墓の可能性が考えられる。

御牧の設置は『延喜式』により、平安時代の九世紀には律令政府による牧が確実に設置されていた

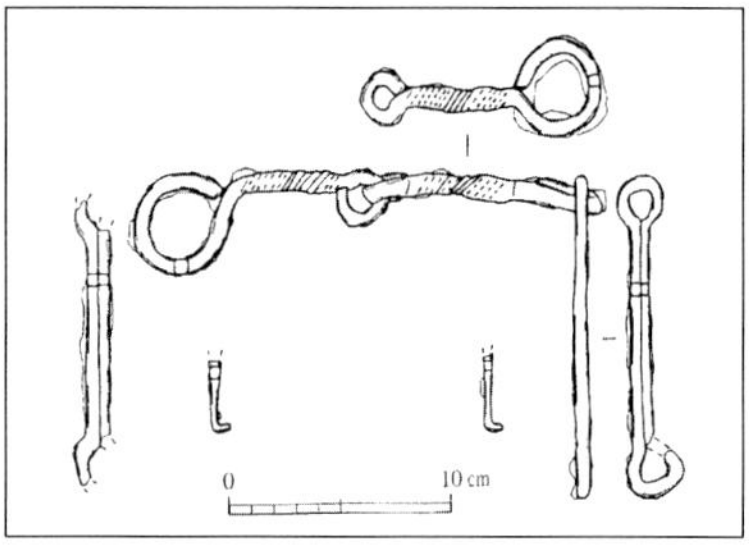

図54　飯田市物見塚古墳出土馬具
（宮代　2015）

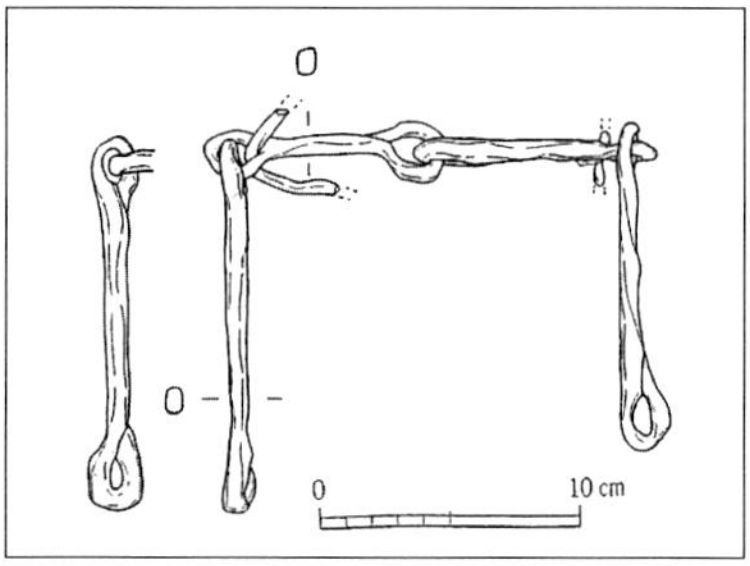

図55　飯田市高岡４号古墳出土馬具
（宮代　2015）

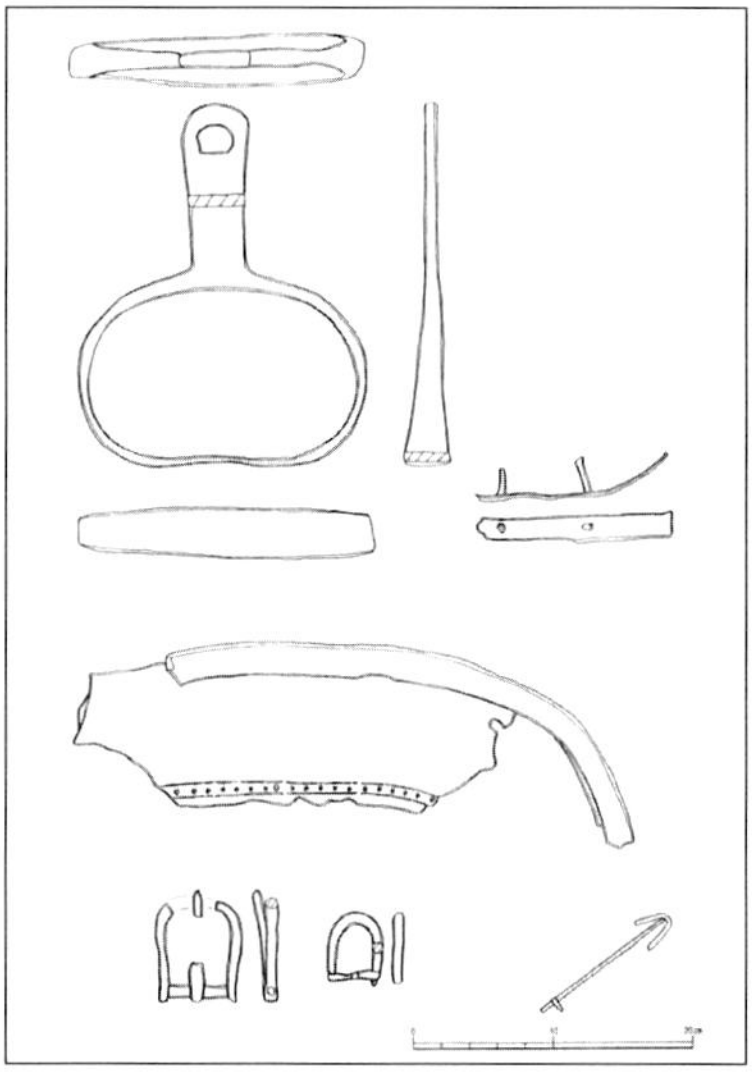
図56　長野市飯綱社古墳出土馬具
（宮代　2015）

ことがうかがえるが、それ以前の私牧を含めた牧の存在については、考古資料などの検証が必要となる。シナノの五世紀における馬墓のあり方や馬具の出土状況を考えれば、シナノでは五世紀には牧により馬匹生産がおこなわれ、馬は有力在地豪族たちの所有物として威信財となっていたと同時に、乗馬や荷物の運搬、さらには騎馬としての役割を担うほどの馬がいたと考えられる。

信濃の牧に関わる研究

昭和十（一九三五）年に栗岩英治氏は、『信濃庄園の研究』の中で、「塩」の字が付く地名の多くは鹹泉《かんせん》（塩分の多い源泉）の出る所に付けられた地名で、古代の牧場の所在地には塩の付く地名が多く、また塩の地名が鹹泉付近になくても、近接した地域に塩の地名があることから、『延喜式』十六牧内の塩原牧、塩野牧の二牧や、『吾妻鏡』二十八牧内の大塩牧、塩原牧、塩河牧、塩野牧の四牧を紹介している。

市村咸人氏は、馬を飼育する牧の発展には、塩は必然的に重要であるとし、昭和十年の栗岩氏の論を受け、塩との関わりで牧の所在を検証することの重要性を述べている。

そして信濃の牧の形成について、諏訪湖周辺や八ヶ岳山麓では七世紀になると馬具を副葬する古墳が多くなることから、「岡の屋の牧」や「塩原の牧」は七世紀には形成され、笠原、平井弖、宮処、岡屋塩原、山鹿の五牧については、諏訪神社祭政圏内で、六世紀の前方後円墳青塚古墳や松島王墓古墳に関わる牧とした。

また望月牧については、七世紀の大形円墳佐久市三河田大塚古墳や耳取大塚古墳が築造され、七世

表11　延喜式やその他による牧推定地表（牛山　1989）

	『延喜式』御牧記載順名称		『政事要略』記載順	『吾妻鏡』(左馬寮領)記載順名称		所在推定地 旧郡	所在推定地 現在	備考
信濃の『延喜式』御牧と関係牧	1	山鹿	1	7	大塩牧	諏訪	茅野市豊平南大塩、湖東	
	2	塩原	2	8	塩原	①諏訪 ②小県	茅野市米沢 小県郡青木村、上田市	
	3	岡屋	3	4	岡屋	諏訪	岡谷市岡谷	
	4	平井手	5	3	平井弖	伊那	上伊那郡辰野町平出	
	5	笠原	11	1	笠原御牧	①伊那	伊那市美篶笠原	
				17 18	笠原牧南条 同　北条	②高井	中野市笠原	
	6	高位	12	15	高井野牧	高井	上高井郡高山村駒場・牧・高井	
	7	宮処	4	2 5 6	宮所 平（立）野 小野牧	伊那	上伊那郡辰野町伊那富・宮処	
	8	埴原	6	9 10	南内 北内	筑摩	松本市中山埴原	
	9	大野	9	11	大野牧	筑摩	東筑摩郡郡波田町・山形村・南安曇郡安曇村	
	10	大室	7	12	大室牧	高井	長野市松代町大室	
	11	猪鹿	8	26	緒(猪)鹿牧	安曇	南安曇郡穂高村西穂高牧	
	12	萩倉	10				未詳	
	13	新治		20	新張牧	小県	小県郡東部町新張	
	14	長倉		23	長倉	佐久	北佐久郡軽井沢町長倉・発地	
	15	塩野		24	塩野	佐久	北佐久郡御代田町塩野・馬瀬口	
	16	望月		19	望月牧	佐久	北佐久郡望月町・北御牧村等	
その他の牧		蕗原			落(蕗)原荘	伊那	上伊那郡箕輪町・南箕輪村・伊那市西箕輪	後院牧 天暦8、西宮記
		桐原		16	桐原荘 吉田牧	①筑摩 ②水内	松本市入山辺桐原 長野市古野桐原・吉田	後院牧 応和1、北山抄
		洗馬			洗馬荘	筑摩	東筑摩郡朝日村西洗馬	小野宮 長和3、小右記
		柏前				甲斐国 巨麻	①山梨県北巨摩郡高根町清里念場原　②諏訪郡富士見町葛窪	甲斐御牧

所在推定地は、牧の中心付近またはおおよその範囲を示したものである。

紀の集落が発見されていることから、御牧ヶ原や八重原を中心に自然地形を利用した牧が七世紀には形成されていたとした。

中村壽人氏は、大鹿村で塩分濃度が高い源泉が湧き出ている地域は、塩河から女高沢にいたる東側の斜面で、この地域には八田塩、大塩、小塩と塩の付く地名がつづき、大塩の東方上部には「マキ」とよばれる地名がある。ここから流れて鹿塩川に合流するのが

「マキ沢」で、東方上方の標高一四〇〇《メートル》から一六〇〇《メートル》の黒沢川上流北部一帯がかつて黒川牧といわれ、現在も牧場があることから古代牧の可能性を示した。

長野県内で発見された牧に関わる遺構

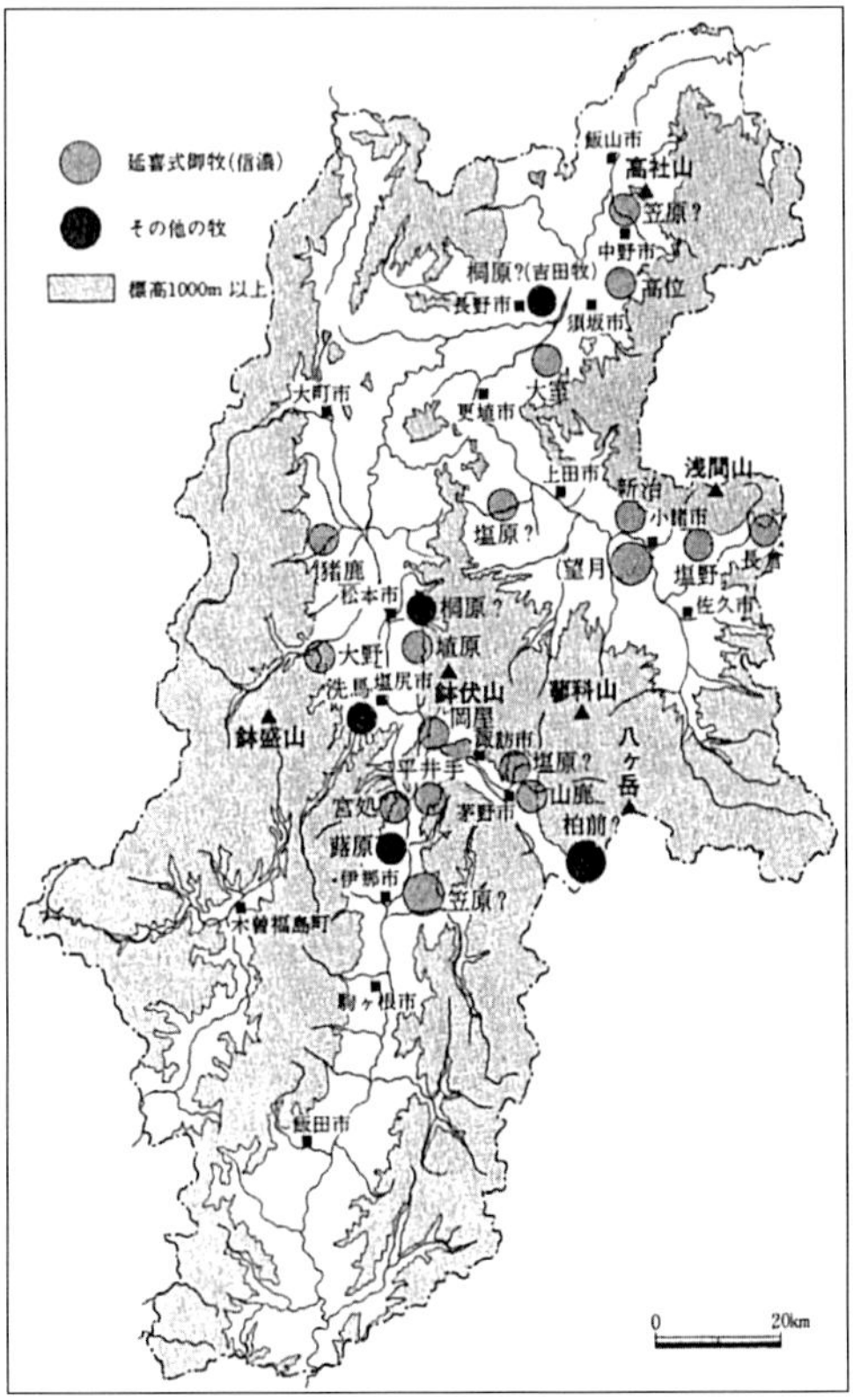

図57　延喜式やその他による牧推定地図
(牛山　1989)

長野県内の古代以降の牧に関わる遺構は、軽井沢町発地中屋敷遺跡（長倉牧）、松本市埴原牧古屋敷遺構、千石繋飼場址遺構（埴原牧）、松本市信濃牧監丁跡遺構（牧監丁）、中野市高井牧上福井遺構（高井牧）、中野市常石牧遺址（笠原牧北条・笠原牧南条）、伊那市蟻塚城址遺構（笠原御牧）、茅野市大塩牧址（大塩牧）、安曇野市猪鹿牧址（猪鹿牧）が知られている。

佐久市望月地区（旧北佐久郡望月町）から浅科地区（旧北佐久郡浅科村）にかけての地域では牧に関わる明確な遺構が発見されている。

森島稔氏や福島邦男氏によると、望月地区内の古墳時代の集落遺跡は四遺跡にすぎないが、古墳は五一基あり、佐久市（旧望月町）山ノ神一号、二号、三号、四号古墳、大塚一号古墳から馬具が出土し、特に山ノ神一号、二号、三号、四号古墳からは七組の轡が出土していることから、古墳時代にはすでに私牧が存在した可能性が高いとしている。

望月地域では牧に関わる施設の遺構が発見されているが、時期は不明としている。しかし『延喜式』に記載された望月牧の推定地について、鹿曲川、布施川、千曲川の三河川に囲まれた御牧原台地に存在し周囲約二七・三キロメートルと広く、内部には「牧格」にあたる囲い施設「野馬除」が残され、これらは古墳時代からの施設を利用した可能性を指摘されている。この野馬除の構造は、馬が飛び越えられない幅の溝を掘り、掘り上げた土を両側あるいは片側に土塁状に積み上げ、土塁の一方には「牧格」の杭列（柵）を立てめぐらせたものと想定している。

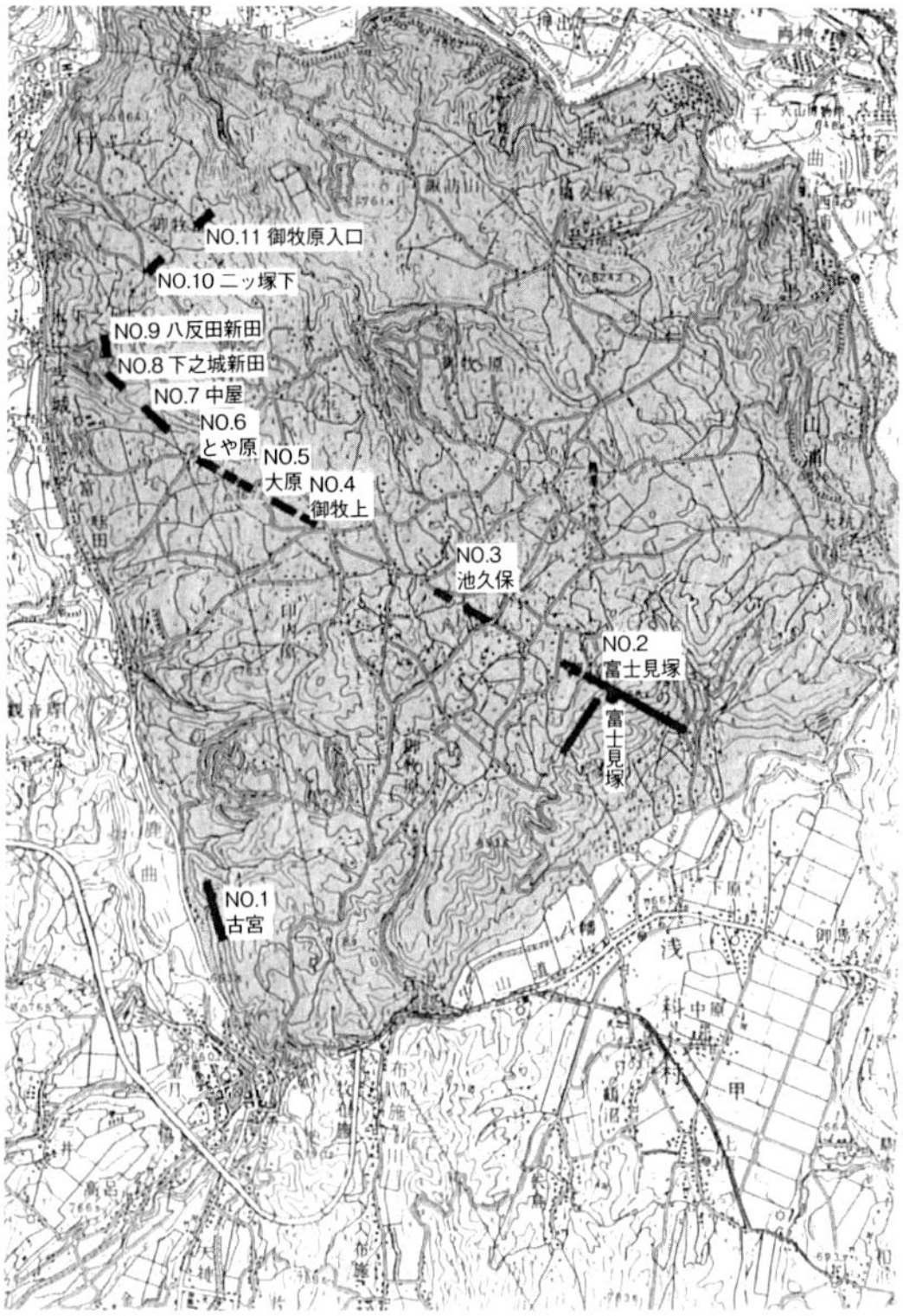

図58　望月牧推定地で確認された野馬除跡（森嶋　1994）

牧の構造は、馬を放牧する「牧場地区」や牧に関わる人びとの暮らしを支える「牧田地区」、そして牧で働く人びとや運営管理する人びとなどの集落となる「居住地区」で構成され、水場や塩場が付属した自然立地や環境を含めた広範囲におよぶものだったとした。

文献にみえる七世紀から九世紀の科野国（信濃国）の重要性と馬

七世紀後半の科野国の重要性については、壬申《じんしん》の乱に関連して、鎌倉時代末期に卜部《うらべ》兼方《かねかた》によって書かれた『釈日本紀』の中に天武天皇元（六七二）年六月「東山の軍を発す。私記に曰く、安斗智徳の日記を案ずるに云はく、信濃の兵を発さしむと」と記され、科野兵は大海軍と合流すべく国司とともに神坂峠を下り、東山軍として勝敗を決める大きな力となった。

また『日本書紀』天武天皇十三（六八四）年二月には「是日、三野王・小錦下采女臣筑羅等を信濃に遣はし、地の形を看しむ。将に此の地に都せむとするか」や、同年閏四月「三野王等、信濃國の図を進む」と記され、さらに天武天皇十四（六八五）年十月「信濃國に行宮を造らしめ、東國の温泉に幸せんと擬す」とあるように、科野国を副都候補としたことからも飛鳥のヤマト王権にとって科野国が重要な地域だったことがうかがえる。

『続日本紀』文武天皇四（七〇〇）年三月には「諸国をして牧地を定めて牛馬を放たしむ」と令制にもとづく牧の設置が命じられたことが記載され、これまでの朝廷の御牧や有力在地豪族たちの私牧の多くが律令政府の御牧として把握されるようになり、この令制で牧の管理や経営は各国司の責任でおこなわれることとなった。この記載から、この令制以前には、全国各地に官牧や多くの私牧が存在していたと考えられる。

『続日本紀』天平神護元（七六五）年二月には、馬（特に騎馬）の生産から飼育や管理までおこなう内厩寮《ないきゆうりよう》が新設され、令制の左右馬寮《そうまりよう》とは別に天皇に直結するものとされ、まず内厩寮に関わる御牧が信濃国に設置された。ここで重要なのは内厩寮みずからが牧を管理し、騎馬の生産から飼育までを一貫していたことで、その内厩寮も信濃国に設置されたことである。

『類聚三代格』神護景雲二（七六八）年「……略……正月廿八日の格に偁く、内厩寮の解に偁く、信濃國牧の主當伊那郡大領外従五位下勲六等金刺舎人八麿の解に偁く、課欠駒は数を計り決すべし。……略……」と記され、内厩寮の管理に信濃牧主当伊那郡大領金刺舎人八麻呂があたっていたことがわかる。この金刺舎人八麻呂は伊那郡の有力在地豪族と考えられ、この金刺舎人八麻呂の中央政府とのつながりが内厩寮や御牧の設置の一要因であることは想像できる。この牧主当という役職は後の牧監（監牧）に発展することとなる。牧監は国司に代わって国内の御牧を統括する官職となるが、これも延暦十六（七九七）年に信濃国にはじめて登場する。

『延喜式』弘仁十四（八二三）年の記載には、武蔵、甲斐、上野、信濃の四国より二四〇疋もの馬が貢馬されたとされ、その内訳をみると武蔵（牧四、馬五〇）、甲斐（牧三、馬六〇）、上野（牧九、馬五〇）、信濃（牧一六、馬八〇）とあり、信濃国が他地域よりも馬匹生産が盛んだったことがわかる。

以上のことから、馬の生産や管理は律令政府にとって重要なものであり、伊那郡の有力在地豪族金刺舎人八麻呂が信濃牧主当となり、内厩寮の管理にあたったことを考えれば、科野国以降信濃国は、中央政府が東国支配を視野に入れるにあたり非常に重要な拠点だったと考えられる。

馬と塩

ナトリウムや塩素は馬の浸透圧を調整し、塩基的な平衡を維持するために必要である。現在の西洋系大型馬は、食塩に対する耐性が強く、水が自由に飲める状態にさえあれば過剰給与の心配はなく、日常の飼養管理で塩塊（鉱塩）を自由になめられるようにしておくか、飼料に一日あたり三〇～五〇グラム添加することで要求量を満足させることができる。

海に面していないシナノでは、海からの塩を必用としていたと考えられている。近年山梨県内では古代の製塩土器（塩を運んだ土器）が多量に発見されている。長野県内では古墳時代から古代にかけての製塩に関わる土器の報告は飯田市権現堂前遺跡出土の土器片（土器製塩に用いる土器）一点となっている。

県内には、海水の塩分濃度の約三分の一から一〇分の一程度の塩分濃度をもった源泉や湧水が多数発見されているが、その周辺に土器製塩をおこなったと考えられる遺跡や遺構、そして土器製塩に使用された製塩土器などの遺物は発見されていない。

県内の製塩を検証する場合、自然湧出あるいは掘削自墳している塩分濃度の高い源泉や湧水付近での意図的な発掘調査が今後必要である。

大宝元（七〇一）年に制定された「大宝令」により馬産や育成に重点を置いた「厩牧令《くもくりよう》 第廿三」が施行された。この第一条には、「凡そ厩《うまや》には、細馬《さいめ》（＝上馬）一疋、中馬《ちゆうめ》二疋、駑馬《ぬめ》（＝下馬）三疋に、各丁（馬丁）一人給へ。穫丁《くわくちやう》（飼料の草・木葉を採る要員）は馬毎《うまごと》に一人。日ごとに、細馬に、粟《あは》一升、稲《いね》（＝半糠米）三升、豆《まめ》（＝大豆）二升、塩《しお》二勺給へ。中馬に、稲若しくは豆二升、塩一勺。駑馬に、稲一升。乾《ひ》たる草《くさ》は各五圍《おのおのい》。木《こ》の葉《は》は二圍。周《めぐり》三尺を圍と為《せ》よ。青草《あをくさ》は（乾草の）倍せよ。皆十一月上旬より起《おこ》りて乾《ひ》たるを飼《か》へ。四月上旬よりは青《あを》きを給へ。其れ乳牛《にうご》には、豆二升、稲二把給へ。乳取らん日に給へ」とある。

ここに記載された塩一勺は現在の水一《リットル》（一〇〇〇《ミリリットル》）中の塩分一八《ミリリットル》で、すなわち一八《グラム》に当たる。このことから細馬（＝上馬）には一日三六《グラム》の塩分を与え、中馬には一日一八《グラム》の塩分を与えるようにとしている。

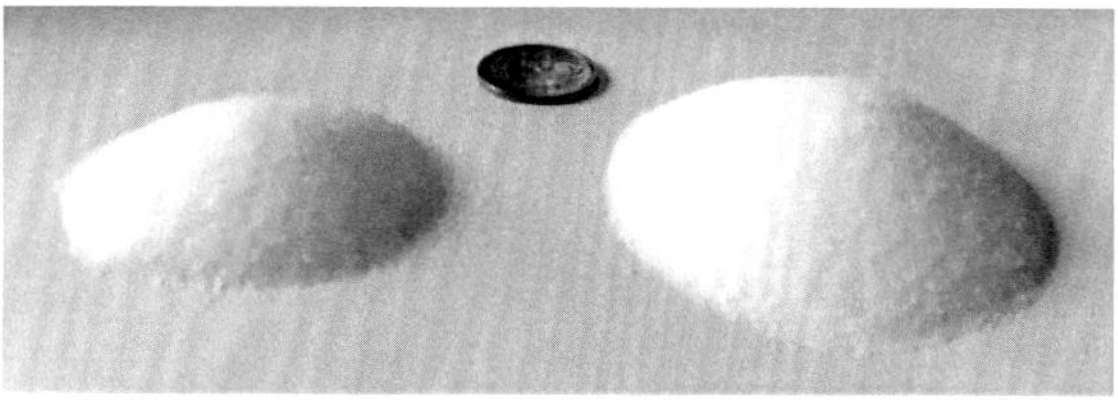

写真34　左：塩18g　右：塩36g（西山　2015）

源泉や湧水から考えた初期牧の位置

現在長野県内には八五五か所以上の源泉が確認され、温泉などに利用されている。これら源泉は「天武十四（六八五）年十月　信濃國に行宮を造らしめ、東国の温泉に幸せんと擬す」の記載でもわかるように古代から利用されていたことがわかるが、多くは近現代の温泉ブームの中で地中深くから掘削されたものである。今回長野県内八五五か所の源泉を中心に塩分濃度を確認した。海水一《リットル》に含まれる塩分は約三五《グラム》（三五‰：パーミル＝註1）、濃度でいえば約三・五《パーセント》である。長野県内の源泉の平均塩分濃度は源泉一《リットル》あたり約〇・五四四《パーセント》、北信＝二九七か所：〇・七五五《パーセント》（内〇・

一《パーセント》以上の源泉は二四か所）、東信＝一八九か所：〇・五九八《パーセント》（内〇・一《パーセント》以上の源泉は二二か所）、中信＝二二一か所：〇・三六二《パーセント》（内〇・一《パーセント》以上の源泉は九か所）、南信＝一四八か所：〇・四五八《パーセント》（内〇・一《パーセント》以上の源泉は九か所）だったが、特に濃度の高い地域にかたよりがあることがわかった。シナノの古墳時代の考古資料から考えられる牧の推定地に関わる地域の源泉について、濃度の高い順に示すと、下伊那郡大鹿村の五か所で源泉一《リットル》中の塩分濃度は一・〇九《パーセント》から〇・八七《パーセント》（内〇・一《パーセント》以上の源泉の状況は自然湧出一か所、掘削自噴〇か所）、長野市松代町東条の六か所で〇・六五《パーセント》から〇・三六《パーセント》（内〇・一《パーセント》以上の源泉の状況は自然湧出〇か所、掘削自噴六か所）、佐久市内の八か所で〇・六九《パーセント》から〇・一五《パーセント》（内〇・一《パーセント》以上の源泉の状況は自然湧出一か所、掘削自噴六か所）だった。

表12　源泉に関わる湧出区分（西山　2015）

湧出の状況は、次の区分に従い記載されています	
自然湧出	地中から自然に湧出している。
掘削自噴	温泉を湧出させるため、土地掘削を行い自噴している。
動力揚湯	動力装置により揚湯している。
休止	現在採取していないが、揚湯ポンプを設置することにより温泉を採取できる。または、自噴の状態を止めている。
枯渇	枯渇している（源泉井戸内に温泉が溜まっていないか、または溜まっていても揚湯不可能な場合）。

長野市松代町東条の加賀井地籍、長礼地籍では、古来水田中にぬるま湯が湧出し、近在の人びとが露天風呂をつくり利用していた。

長野市松代町東条の皆神山山麓の「松井の泉」と「古藻井」の二つの泉は、昭和三十九（一九六四）年の松代群発地震の影響で、当時塩分濃度が異常に高い湧水となった事実がある。

自然湧出はもちろんのこと、常時安定した水（湯）量を確保するためにあえて掘削し、掘削自噴となった源泉についても古墳時代や奈良、平安時代には塩分濃度の高い源泉や湧水が湧き出ていた可能性が十分に考えられる。

『軽種馬飼養標準（一九九八年版）』によると、「水の要求量は、馬の年齢、体

表13　埴科郡での源泉1ℓあたり塩分成分0.1%以上を含む源泉（西山　2015）

長野県内源泉分析データ（源泉1ℓ中の塩分成分0.1% 以上の源泉地）
旧郡名については、長野懸町村誌（1936年）による　陽イオン合計数値単位（ミリグラム mg）

郡名	源泉湧出地	塩分成分に含まれる陽イオンの合計数値	隣接河川・沢	湧出し状況	備　考
埴科郡1	松代町東条	3628.4	藤沢川	掘削自噴	近隣湧水にも塩分あり
埴科郡2	松代町大字東条	6492.5	藤沢川	掘削自噴	近隣湧水にも温分あり
埴科郡3	松代町東条長礼西	4000.1	藤沢川	掘削自噴	近隣湧水にも塩分あり
埴科郡4	松代町東条長礼西	4465.6	藤沢川	掘削自噴	近隣湧水にも塩分あり
埴科郡5	長野市松代町東条長礼西	5549.5	藤沢川	掘削自噴	近隣湧水にも塩分あり
埴科郡6	長野市松代町東条長礼	5008.2	藤沢川	掘削自噴	近隣湧水にも温分あり

表14　佐久郡での源泉1ℓあたり塩分成分0.1%以上を含む源泉（西山　2015）

長野県内源泉分析データ（源泉1ℓ中の塩分成分0.1% 以上の源泉地）
旧郡名については、長野懸町村誌（1936年）による　陽イオン合計数値単位（ミリグラム mg）

郡名	源泉湧出地	塩分成分に含まれる陽イオンの合計数値	隣接河川・沢	湧出し状況	備　考
佐久郡1	立科町大字芦田	3276.2	芦田川	掘削自噴	東山道治い
佐久郡2	佐久市内山	2758.7		自然ゆう出	
佐久郡3	佐久市大字根岸字西笹倉	6883.3		不明	伴野と隣接
佐久郡4	佐久市大字猿久保字番屋前	3294.24		掘削自噴	
佐久郡5	佐久市大字伴野字西窪井戸	1465.8		掘削自噴	根岸・布施と隣接近くに字御馬寄あり
佐久郡6	佐久市布施	1798.5	布施川	掘削自噴	根岸と隣接字牧布施あり
佐久郡7	望月町大字望月字長坂	2374.8	鹿川	掘削自噴	
佐久郡8	北佐久郡望月町大境	2801.1		掘削自噴	
佐久郡9	北佐久郡浅科村甲	5110.44	石突川	掘削自噴	隣接して大字御馬寄・字駒寄あり 根岸・伴野と隣接

表15　伊那郡での源泉1ℓあたり塩分成分0.1%以上を含む源泉（西山　2015）

長野県内源泉分析データ（源泉1ℓ中の塩分成分0.1% 以上の源泉地）
旧郡名については、長野懸町村誌（1936年）による　陽イオン合計数値単位（ミリグラム mg）

郡名	源泉湧出地	塩分成分に含まれる陽イオンの合計数値	隣接河川・沢	湧出し状況	備　考
伊那郡1	飯田市南信濃和田	2631.6	池口川 ~ 遠山川	動力揚湯	
伊那郡2	下伊那郡大鹿村大字鹿塩	8719.82		動力揚湯	大字鹿塩・字塩河あり
伊那郡3	下伊那郡大鹿村大字鹿塩	10629.27	塩川～鹿塩川～小渋川	動力揚湯	大字鹿塩・字塩河あり
伊那郡4	下伊那郡大鹿村大字鹿塩	9795.76	塩川～鹿塩川～小渋川	動力揚湯	大字鹿塩・字塩河あり
伊那郡5	下伊那郡大鹿村大字鹿塩	10910.61	塩川～鹿塩川～小渋川	自然ゆう出	大字鹿塩・字塩河あり
伊那郡6	下伊那郡大鹿村大字大河原	1929.78	青木川 ~ 小渋川	廃止	

重、運動量、飼料の種類、健康状態、気温、湿度などによって変動する」が、「軽い運動をしている五〇〇キログラムの健康な成馬を例にすると、気温と湿度が適度の場合、一日あたり二三〜三八リットルの水を飲む」とされている。

仮に三〇リットル前後の水分を摂取すると仮定すると、源泉あるいは湧水一リットルに塩分濃度〇・一％の濃度であれば、厩牧令《くもくりょう》に示された細馬・中馬が必要とする塩二勺（＝三六グラム）や一勺（＝一八グラム）を得ることができることとなる。

馬に塩分をどのように摂取させたかは、通常の湧水や川からの水分補給とは別に、塩分補給として塩分を含む源泉や湧水をなめさせていたと考えられると同時に、長野県内では塩を作るための製塩土器の発見が皆無であることから、塩分豊富な源泉から得られた塩水（湯）を天日干しし、水分を干上がらせて得た塩を馬に与えていたとも考えられる。

馬と塩との関わりを考えれば、シナノでは遠い海から塩を運んでくるよりも、地元の源泉あるいは湧水によって、自然環境の中で馬に十分な塩分を摂取できる条件があったものと考えられる。

積石塚古墳の立地と塩分含有温泉から考えられる古墳時代牧推定地

下伊那地域の馬匹生産地は、下伊那地域特有の比高差のある段丘地形と天竜川に注ぐ河川によって区切られた地形に牧が想定できる。

物見塚古墳出土鑣轡が五世紀前半とされることを踏まえれば、早ければ五世紀前半、遅くても五世紀中頃には初期牧が形成されたと考えられる。しかし五世紀前半からの円墳や帆立貝形古墳の築造地域や馬墓が集中する地域、さらに前方後円墳が立地する地域と、大鹿村鹿塩で塩分濃度が高い源泉が湧き出ている地域とは約三〇キロも離れていることを踏まえると、塩分の調達と牧の比定地については単純に論じることはできない。しかし鹿塩で天日干しにより得られた塩を、布袋に入れ馬によって下伊那地域の牧推定地へ運んだと考えた方が、険しい峠を越えわざわざ遠路海から塩を運んでくるよりも現実的ではなかろうか。いずれにしても発見されている馬墓や馬具の出土から、下伊那地域は五世紀前半以降に私牧による馬匹生産がはじめられ、馬による地域振興に成功し、ヤマト王権との関係を強固なものにしていったことは事実である。

写真 35　榎田遺跡東側扇状地　榎田遺跡から（筆者撮影）

善光寺平の古墳時代の初期牧推定地はどうであろうか。

竹原笹塚古墳、菅間王塚古墳、桑根井空塚古墳、西前山古墳などの積石塚古墳が築造された皆神山周辺の長野市松代町東条の加賀井地籍、長礼地籍を中心に塩分濃度の高い源泉があることを紹介したが、古墳時代にも塩分濃度が高い源泉が湧き出ていたことが想定できる。五世紀の初期牧は榎田遺跡からの出土品や周辺の地形等から、榎田遺跡東側の長野市若穂綿内の大柳地籍、清水地籍から山新田地籍にかけての扇状地に設営されていたと考えたい。また六世紀以降の牧の一つとして後背湿地でもあった松代町東条加賀井地籍、長礼地籍南側から藤沢川に沿い、牧内の地名が残る皆神山の北東麓一帯の竹原笹塚古墳や菅間王塚古墳、桑根井空塚古墳、西前山古墳が立地する僅かな傾斜地に、初期大室牧があったと考えたい。

大鹿村鹿塩からの伊那郡の牧推定地への塩の供給があったとすれば、長野市松代町東条加賀井地籍、長礼地籍でも塩生産がおこなわれ、周辺の初期牧へ供給された可能性も考えられるのではないか。

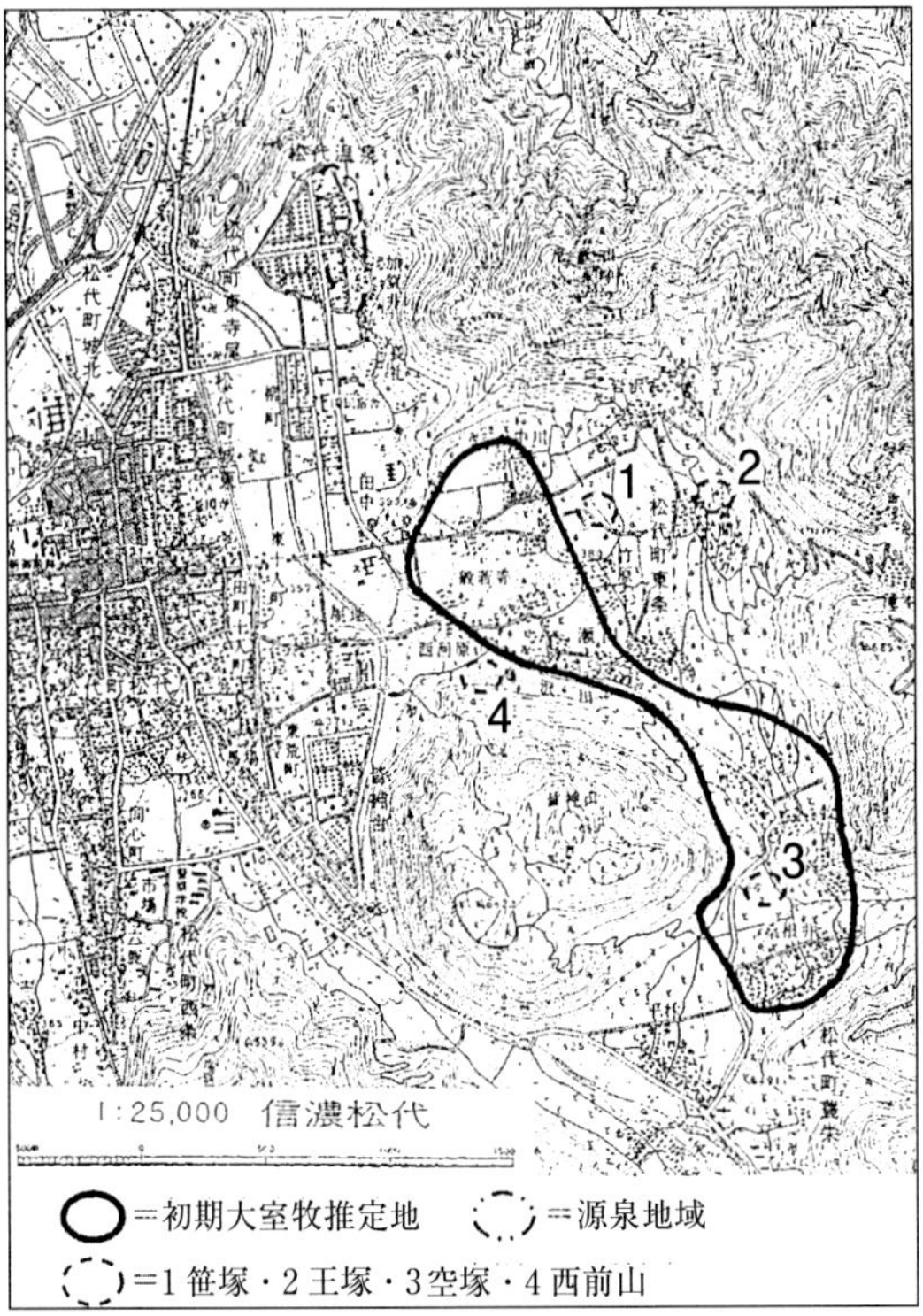

図59 初期大室牧推定地と源泉湧出推定地（西山 2015）
（国土地理院 1993年『信濃松代 1：25,000 地形図』）

河内の讃良の牧を中心とする四条畷市地域から、長野市内の千曲川東岸地域に来ることとなった百済系の渡来人や渡来系の人びとが、馬匹生産を目的として有力在地豪族と榎田遺跡で発見された集落を形成し、五世紀前半から初期牧を設営したものと考えられる。

馬匹生産に関わった渡来人たちは在地豪族たちと融合し、埴輪の樹立など日本列島的な要素を取り入れながら長野市若穂地域から松代地域にかけて積石塚古墳を築造し、合掌形石室を構築したと考えられ、その一大墓域として形成されたのが大室古墳群の初期竪穴系横口式の合掌形石室を埋葬施設とする積石塚古墳だったと考えられる。馬匹生産に関わった人びとの墓として構築された竪穴系横口式の合掌形石室を埋葬施設とする積石塚古墳は、剣菱形杏葉、環状雲珠、辻金具などの飾り馬具や反刃鏃などが出土し六世紀初頭の築造と考えられる大室二四一号古墳を最後に大

写真36　皆神上北東側斜面　菅間王塚古墳より左に皆神山（筆者撮影）

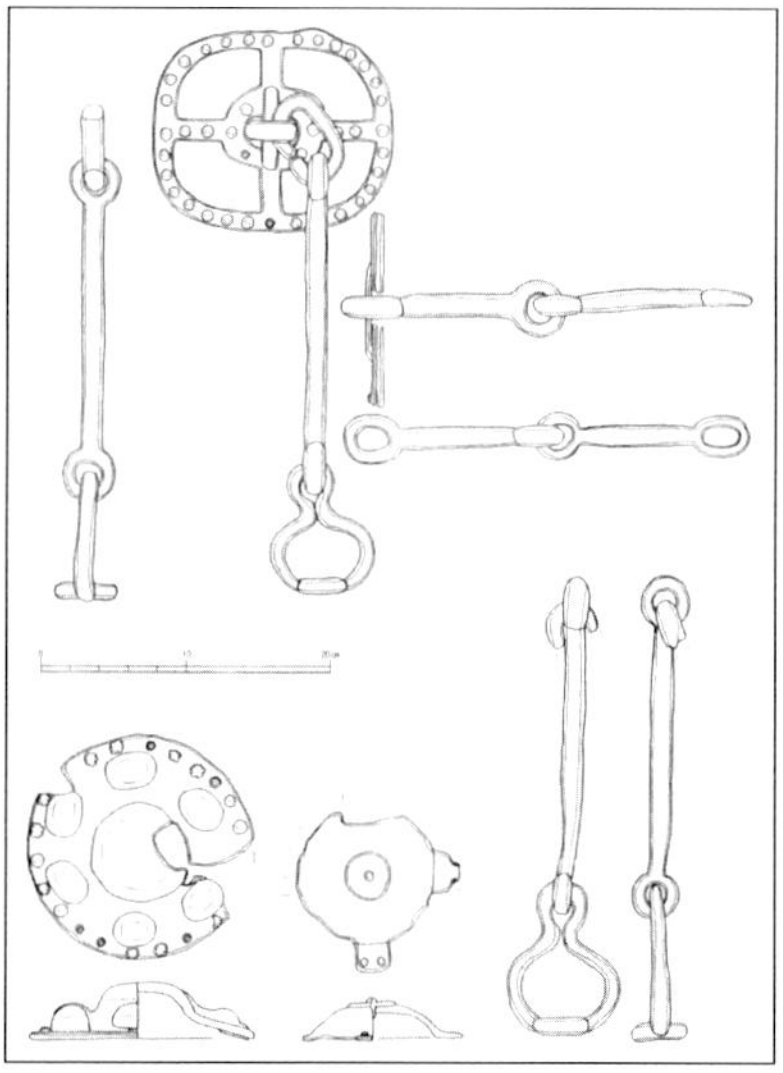

図61　竹原笹塚古墳出土馬具（宮代　2015）

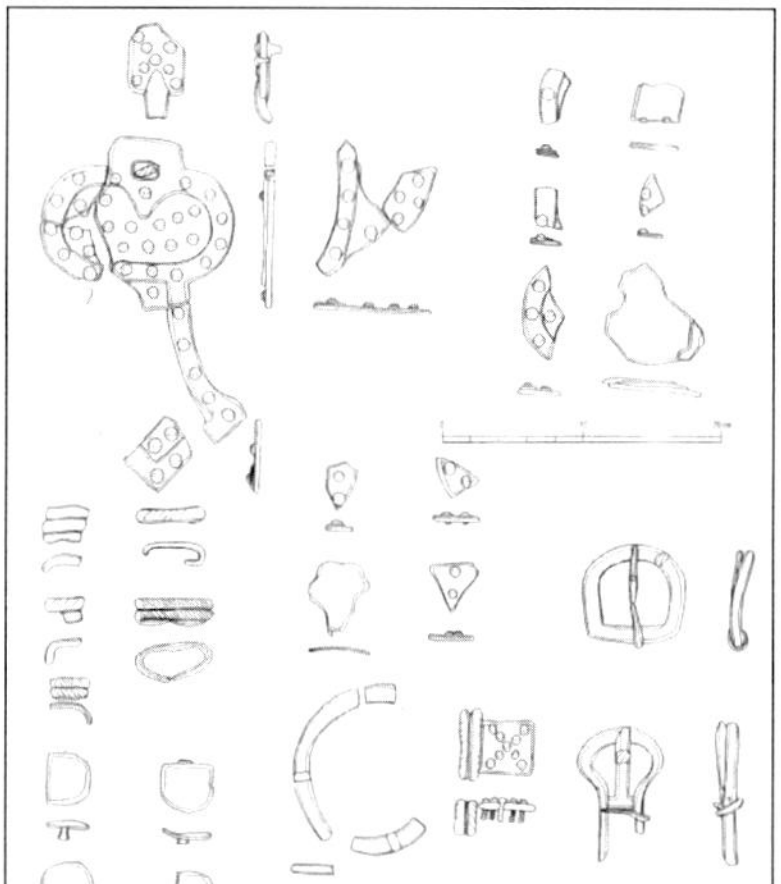

図60　大室古墳群第241号古墳出土馬具（宮代　2015）

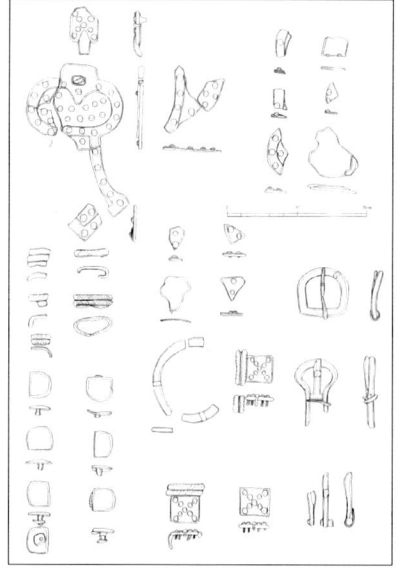

室古墳群での合掌形石室の構築をやめ皆神山周辺へと移す。陶邑ＭＴ一五型式期の馬具が出土し、六世紀初頭に構築された合掌形の初期横穴式石室を持つ竹原笹塚古墳ほか皆神山周辺の積石塚古墳は、渡来人たちや渡来人たちを受け入れた在地豪族たちの二世や三世が築造したと考えられる。

また千曲川西岸では長野市篠ノ井石川の飯綱社古墳から五世紀前半の鉄製輪鐙が出土し、長野市篠ノ井塩崎の塩崎遺跡群では五世紀後半の円墳ＳＭ一〇〇九周溝内から馬墓の可能性が考えられる馬の歯が善光寺平で初めて発見されたことはすでに述べた。これらから、長野市篠ノ井塩崎、石川一帯の地域にも小規模な初期牧が存在した可能性が考えられる。

望月牧推定地となる佐久平（旧望月町や旧浅科村がその中心地域）にはこれまで牧に関わる遺構が発見されているとともに、塩や馬に関わる字の付く地名が多く、それに加え塩分濃度が海水の六分の一から一五分の一ほどの塩分を豊富に含む源泉や湧水がある。

この塩分を含む源泉や湧水があることは、当地域に遅くても平安時代に望月牧が形成されていたことと偶然ではないと考える。善光寺平や下伊那地域と異なり前方後円墳の築造がみられない当地域で、七世紀前半の築造と考えられる円墳山の神一号古墳から素環鏡板付轡が四点出土している。また六世紀末葉の築造と考えられ、七世紀前半以降の追葬がおこなわれていた円墳山の神三号古墳から素環鏡板付轡、雲珠、辻金具、飾金具、留金具、鉸具が出土している。これらの馬具の出土事例から佐久平、特に佐久市域（旧佐久市~旧望月町~旧浅科村）には遅くても七世紀前半には初期牧が形成されていたと考えられる。

いずれにしても、シナノの古墳時代中期から後期の初期牧は、山、川、扇状地、段丘などの自然地形や環境を最大限に生かした大小さまざまな牧が形成されていた可能性が考えられ、遅くても『続日本紀』

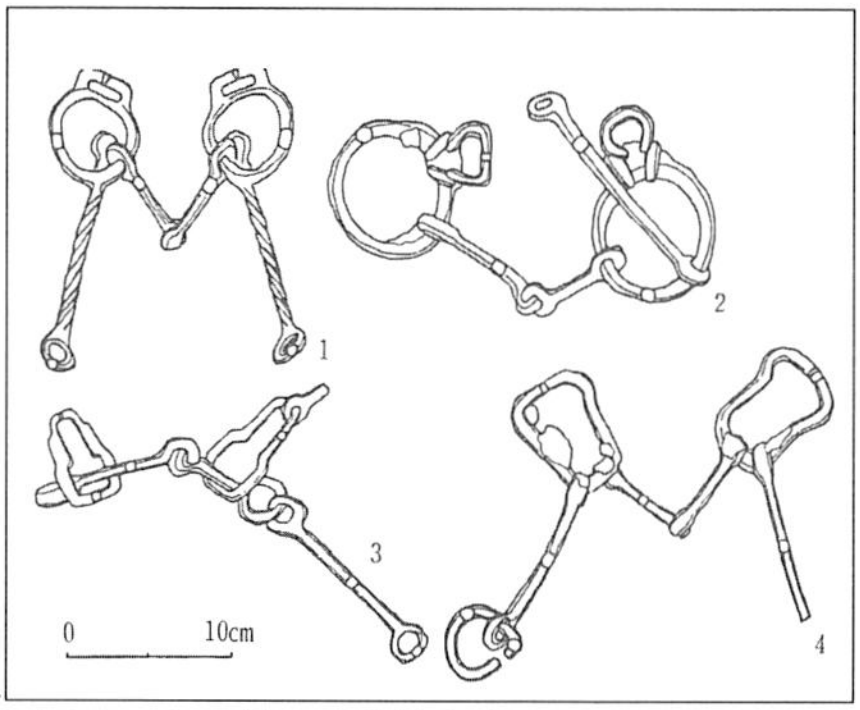

図62　山の神1号古墳出土馬具（1994　塩入）

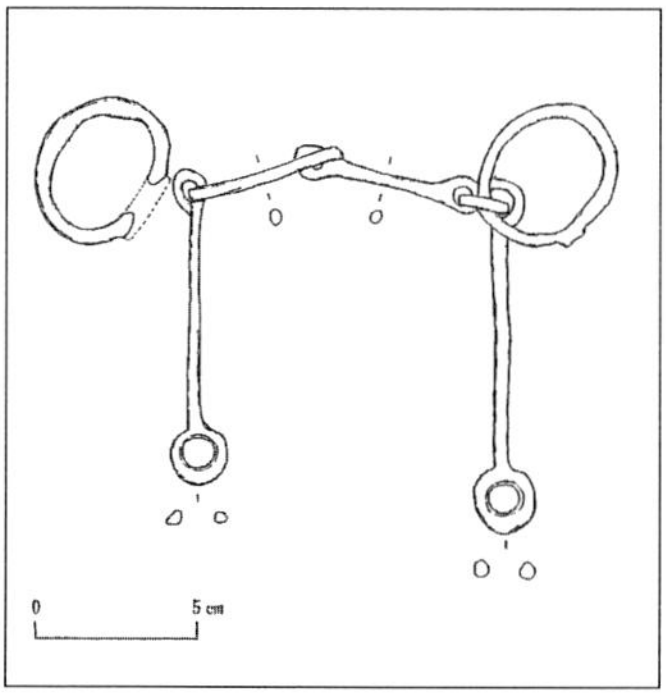

図63　山の神3号古墳出土馬具（1994　塩入）

文武四（七〇〇）年の令制による牧の設置が命じられた頃には御牧として集約されはじめたと考えられる。

古墳時代中期から後期の初期牧に関わった百済系の渡来人や渡来系の人びとは、確実に五世紀中頃には在地の人びとを取り入れながら中心的な役割を果たし、時代が経過するとともにその技術は渡来人二世や三世などを含めた在地の人びとに継承されたと考えられる。

シナノを代表する積石塚古墳である五世紀前半築造の八丁鎧塚一号古墳と、五世紀後半築造の八丁鎧塚二号古墳と初期牧との関連を考えてみたい。

八丁鎧塚一号古墳からは鏡片、碧玉製玉類、碧玉製石釧、貝製釧、鉄鉾ほかが出土していることや、八丁鎧塚二号古墳からは鍍銀青銅製獅噛文帯金具などが出土していることはすでに述べた。

八丁鎧塚一号古墳出土品が川柳将軍塚古墳の副葬品と類似することから、善光寺平南域の森将軍塚古墳から和田東山古墳群付近を通り、北は高遠山古墳や有尾一号古墳からさらにエチゴへ通じる道筋上に、前方後円墳や前方後方墳と同等のランドマークとして築造されたと考えられる。

五世紀前半にはじまる初期牧推定地は、八丁鎧塚一号古墳の立地と周辺地形から、小規模ながらも八丁鎧塚一号古墳が立地する鮎川と百々川《どどがわ》上流の米子川に挟まれた仁礼《にれ》地区を中心とする百々川扇状地最奥部に設営されたと考え、これを初期高位牧と考えたい。

八丁鎧塚一号古墳は先に述べたようにエチゴへ通じる道筋上のランドマークに加え、初期高位牧の西側区画を示していたものと考えられる。そして八丁鎧塚一号、二号古墳から北へ五《キロ》ほどに、六世紀末葉の築造と考えられる推定径一五～一六《メートル》、推定高さ五《メートル》の円墳須坂市本郷大塚古墳がある。横穴式石室から珠文鏡、銀象嵌が施された円頭大刀や馬具、玉類、金環、鉄鏃など多くの副葬品が出土したが、特筆すべきは鉄製環状鏡板付轡が九点も含まれ、この数はシナノ最多である。この馬具副葬古墳のありかたを考えれば、『延喜式』に記載された高位牧の推定地とされる上高井郡高山村大字牧を中心とする地域には八世紀以降の律令期に移設されたものと考えられる。

また移設された高山村大字牧に隣接する大字奥山田には源泉からの湧水一《リットル》あたりの塩分濃度〇・一%以上の源泉が二か所あることは偶然ではないと考える。

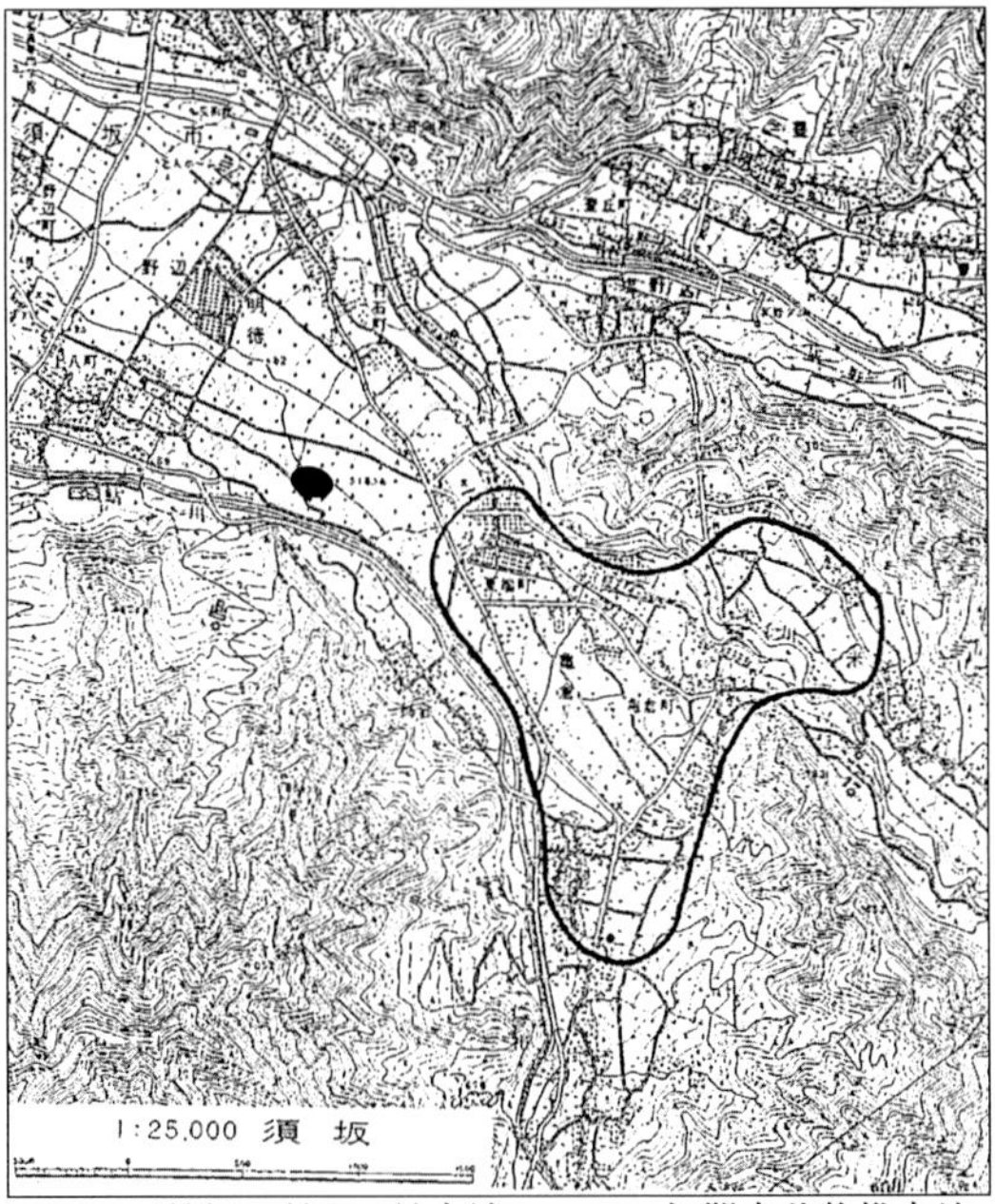

●= 八丁鎧塚１号・２号古墳　○ = 初期高井牧推定地

図 64　初期高位牧推定地と八丁鎧塚１号・２号古墳
(西山　2015)(国土地理院 1993 年『須坂1：25,000 地形図』)

しかし初期牧の実態がどのようものだったのか。蔀屋北遺跡と周辺遺跡から実態がわかってきた初期讃良の牧のことを考えれば、シナノよりも海に近く初期牧に適した場所はあったはずである。それでもシナノのそれぞれの地域を選択したことは、人間が管理しながらも、より自然環境に順応した牧で、シナノの山、川、扇状地、段丘などの地形や四季など自然環境を利用する中で、その重要な要素の一つが塩分を多量に含む源泉あるいは湧水を利用できたことだったと考える。

また今回想定した初期牧の設営場所だが、長野県では山梨県や群馬県のように耕作に適さない原野地形だけではなく、大室古墳群周辺の千曲川の氾濫原に牧島の地名が残り、過去に牧があった可能性を示唆している。これらの地名が付けられた土地は荒地で農耕に適した土地ではなく、牧として馬を飼育する環境にあったと考えられている。このことは、近畿地方の低湿地、そして川の横、湖のほとりなどの氾濫源に古代の牧が設営されていたことと類似する。

五世紀前半以来七世紀末葉までの間、大小の私牧が馬匹生産に適した環境の土地に設営されていたと考えられ、八世紀には『続日本紀』文武四（七〇〇）年三月「令諸國定牧地放牛馬（諸国をして牧地を定めて、牛馬を放たしむ）」と令制にもとづく牧の設置が命ぜられた記載によって、それまでの私牧や官牧か律令政府によって管理され始めたことが理解できる。しかし『延喜式』弘仁十四（八二三）年の記載にみられる、信濃牧一六か所の成立までには、馬匹生産に適した場所で大小の牧が設営されていたことは十分考えられ、五世紀前半から九世紀までの間、短期的に設営された牧や中長期的に運営された牧が多くあったと考えられる。

シナノの牧は、百済からの渡来人を中心に形成された讃良の牧とほぼ同時期に下伊那地域や善光寺平で形成されたと考えられる。そしてこれを可能にしたのは、ヤマト王権との関わりのなかで、馬匹生産を目的とした渡来人や渡来系の人びとが派遣され、その一部が当地に定住したことによると考えられる。

註1　塩辛さの度合いを塩分と呼ぶ。塩分は海水一キログラムあたりに溶けている物質のグラム数で表す。外洋の海水一キログラムには三五グラムの物質が溶けており、塩分三五‰（パーミル）と呼ぶ。ナトリウムイオン約一一グラムを含む主要な成分で塩分の九九%以上を占める。

参考文献
飯島公子「(二)塩崎遺跡群（一般国道一八号坂城更埴バイパス関連）」『長野県埋蔵文化財センター年報』三三（一財）長野県文化振興事業団　長野県埋蔵文化財センター　二〇一六年
諫早直人「第Ⅳ部14章４初期轡の製作年代」『東アジアにおける騎馬文化の考古学的研究』雄山閣　二〇一二年
諫早直人「日本列島出土初期高句麗系馬具について―長野県大星山２号墳出土馬具の検討―」『古代渡来文化研究Ⅰ古代高麗郡の建郡と東アジア』高志書院　二〇一八年
市村咸人「第２節六　大河原鹿塩」『下伊那史』第五巻　下伊那誌編纂會　一九六七年
牛山佳幸「第四章第三節　駒と信濃布」『長野県史 通史編』第一巻原始・古代　長野県史刊行会　一九八九年
風間栄一「中部高地」『古墳時代研究の現状と課題』上　同成社　二〇一二年
(財)神道大系編纂会「延喜式（下）」『神道大系　古典編』12　精興社　一九九三年
栗岩英治「13大河原鹿鹽」『信濃荘園の研究』（稿本）一九三五年
黒板勝美・國史大系編修會「政事要略」『新訂増補　國史大系』第二十八巻　吉川弘文館　一九六四年―一
黒板勝美・國史大系編修會「吾妻鏡　全篇」『新訂増補　國史大系』第三十二巻　吉川弘文館　一九六四年―二
塩入秀敏「第二編第一章四　八丁地水系の古墳」『望月町誌』第三巻原始 古代 中世編　望月町　一九九四年
澁谷恵美子「第Ⅳ章第三節第二項（３）馬の埋葬のあり方」『飯田における古墳の出現と展開』長野県飯田市教育委員会　二〇〇七年
須坂市教育委員会『長野県史跡　八丁鎧塚』二〇〇〇年

土屋　積他「大星山古墳群」『大星山古墳群・北平一号墳』（財）長野県埋蔵文化財センター他　一九九六年
長野県埋蔵文化財センター「（四）塩崎遺跡群（一般国道一八号坂城更埴バイパス関連）」『長野県埋蔵文化財センター　年報』三〇　（一財）長野県文化振興事業団　長野県埋蔵文化財センター　二〇一四年
長野県埋蔵文化財センター他「鬼釜遺跡」『鬼釜遺跡・風張遺跡・神之峯遺跡』二〇一六年
永峯光一「八丁鎧塚一・二号古墳」『長野県史　考古資料編』全一巻（二）主要遺跡（北・東信）（社）長野県史刊行会　一九八二年
中村壽人「第二章四　1塩の湧出と牧の開発」『大鹿村誌』上巻　大鹿村誌刊行委員会　一九八四年
西山克己「シナノの初期「牧」を考える」『長野県考古学会誌』151　長野県考古学会　二〇一五年
平林大樹「武富佐古墳出土遺物の再検討」『長野市立博物館紀要』第15号（人文系）長野市立博物館　二〇一四年
福島邦男「第二章第二節四信濃御牧と望月牧」『浅科村史』浅科村　二〇〇五年
宮代栄一「長野県出土の馬具の研究―北信出土の環状鏡板付轡を中心に―」『信濃大室積石塚古墳群の研究Ⅳ―大室谷支群ムジナゴーロ単位支群の調査』考察篇　明治大学考古学研究室　二〇一五年
森嶋　稔「第二編第三章第二節　勅旨牧・望月牧」『望月町誌』第三巻原始　古代　中世編　望月町　一九九四年

三　都から運ばれた土器

都城（畿内暗文）土器とは

七世紀に入ると、飛鳥地域の諸京や藤原京で、金属器を模倣した器（土器）が用いられるようになる。長野県内でも七世紀中頃より、僅かだがこれら宮都を中心に用いられた器（土器）、特に土師器製の器（土器）が用いられるようになる。当時日常あたりまえに用いられていた在地の器（土器）の量からすれば、数えるほどの数量である。

この器（土器）は都城土器あるいは畿内暗文《あんもん》土器といわれている。以下宮都からの搬入品を都城土器、在地で模倣された土器を在地暗文土器と標記する。

都城土器は、七世紀前半に畿内の飛鳥地域で出現する。土師器の杯、高杯、皿、鉢などの器種に暗文が施される。この土器が出現する経緯については、西弘海氏が「……六世紀の後半以来、朝鮮三国からわが国に将来された佐波理椀を主とする金属容器の影響を受けてその形態が一変する。土師器の食器では古墳時代以来の無文の杯に代わって、外面をヘラ磨きし、内面を暗文で飾った杯C類が出現し、……中略……器面を暗文、ヘラ磨きで飾った皿、鉢A、杯Bなど古墳時代以来の伝統的な食器にはみられなかった新しい器形の食器類が登場することとなる」と明確にしている。

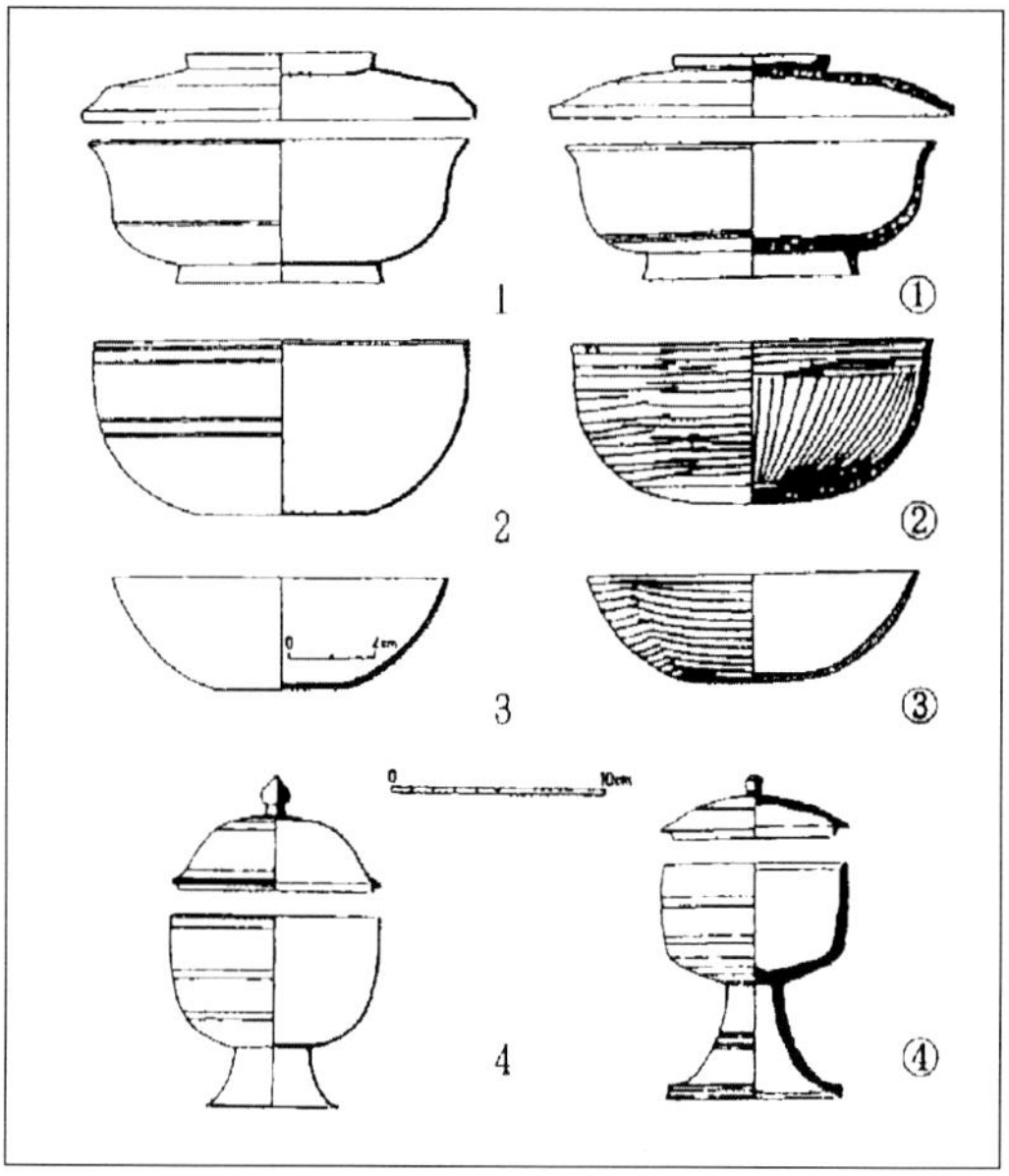

1 = 京都府長刀坂古墳　佐波理器（西　1976）
2 = 群馬県八幡観音塚古墳　佐波理器（西　1976）
3 = 奈良県正倉院　銀器（西　1976）
4 = 群馬県八幡観音塚古墳　佐波理台付椀（西　1983）
① = 大阪府陶邑 KM22 号窯 須恵器杯 F（西　1976）
② = 奈良県小墾田宮 SD050 土師器杯 C 1（西　1976）
③ = 奈良県平城宮 SK820 土師器杯 A Ⅱ（西　1976）
④ = 奈良県小墾田宮 SD050 中層　須恵器台付椀（西　1983）

図 65　金属製容器とそれを模倣した土器（西山　2013）

また、「暗文」については、「……外面のヘラ磨きや、文様化したヘラ磨きの一種である内面の暗文も、金属器特有の平滑な器面と光沢を模倣した結果とみることができる」とした。

まさに古代仏教文化の影響下に出現した器（土器）で、また新たな意識のもとに用いられた暗文技法といえる。

また、都城土器はこれまでの研究により、遺跡や出土資料の年代を決めるための基本資料ともなっている。

都城土器に施された暗文の表現については、連弧状、放射状、ラセン状の三種類の文様の組合せが完成し、これと直接的な関係にあるものに限ることとした。

このような都城土器は古代仏教文化の影響下で、畿内の飛鳥地域で生まれたが、地方では都から直

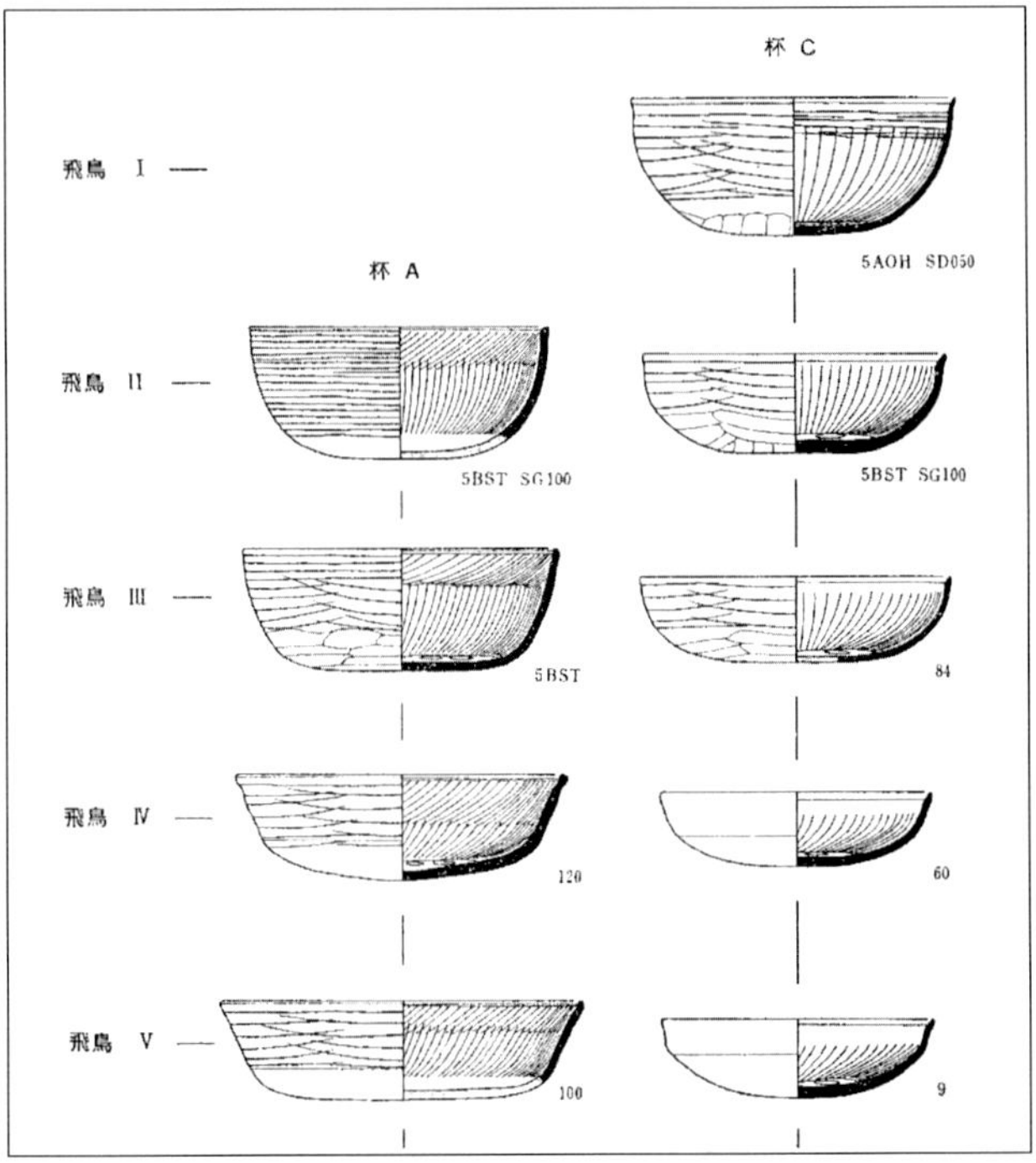

各土器の実年代については
飛鳥Ⅰ期：後半が７世紀第２四半期
飛鳥Ⅱ期：７世紀中頃
飛鳥Ⅲ期：660年から670年過ぎ頃
飛鳥Ⅳ期：飛鳥浄御原宮の時期にあたる670年頃から７世紀終わり頃
飛鳥Ⅴ期：藤原宮の時代７世紀末から８世紀初め頃と推定されている（狩野・木下　1985）（註１）

図66　都城土器杯Ａ・Ｃ土器の推移（西　1978）

接持ち込まれたものや、宮都の土器を忠実に模倣したもの、あるいは在地色の強い土器に「暗文」を施したものなどが使用されている場合が多い。

これらについて、ここでは以下のような分類表現を用いることとした。

・都城土器＝器形、調整、胎土、暗文から、確実に飛鳥諸京、藤原京、平城京地域で使用された土師器杯などと同一と考えられるもの。杯Ａや杯Ｃの標記は杯の形の違い、ⅠやⅡは法量（大きさ）の違いによる標記。

・在地暗文土器＝畿内産の都城土器の影響下のもとに、在地で製作され都城土器と類似したもの、あるいは在地色を強く残しているもの。

表 16　長野県内の都城土器と在地暗文土器出土一覧（北・東信）（西山　2013）

遺跡数	遺跡名	所在地	出土遺構	器種	時期	備考
1	若宮遺跡	佐久市字長土呂	竪穴住居跡 H7	杯 C	飛鳥 II	周防畑遺跡群
			竪穴住居跡 H9	杯 C	飛鳥 II	H 7 出土と接合
2	樋村遺跡	佐久市大字平賀	不明	杯 C III	飛鳥 IV	
3	前田遺跡	佐久市大字小田井	竪穴住居跡 H58	杯 C?	飛鳥 III	鋳師屋遺跡群
4	芝宮遺跡群	佐久市大字小田井	竪穴住居跡 S B 171	杯 C	飛鳥 II	
			溝跡 SD3	杯 C	飛鳥 II	
			溝跡 SD3	杯 C	飛鳥 II	
			溝跡 SD3	杯 C	飛鳥 II	
			溝跡 SD3	杯 C	飛鳥 II	
			溝跡 SD3	杯 C	飛鳥 II	
5	東一本柳古墳	佐久市岩村田	横穴式石室内	杯 C	飛鳥 IV ～ V	毛彫馬具等あり
6	前田遺跡	御代田町大字御代田	竪穴住居跡 H6	杯在地	8 世紀第 2 四半期	鋳師屋遺跡群
			竪穴住居跡 H21	杯在地	8 世紀第 2 四半期	当遺跡は官衙的性格が考えられている。
			竪穴住居跡 H23	杯在地	8 世紀第 2 四半期	
			竪穴住居跡 H41	杯在地	8 世紀第 2 四半期	
			竪穴住居跡 H44	杯在地	8 世紀第 2 四半期	
			竪穴住居跡 H46	杯在地	8 世紀第 2 四半期	
			竪穴住居跡 H48	杯在地	8 世紀第 2 四半期	
			竪穴住居跡 H54	杯在地	8 世紀第 2 四半期	
			竪穴住居跡 H70	杯在地	8 世紀第 2 四半期	
			竪穴住居跡 H87	杯在地	8 世紀第 2 四半期	
			竪穴住居跡 H101	杯在地	8 世紀第 2 四半期	
			竪穴住居跡 H102	杯在地	8 世紀第 2 四半期	
			竪穴住居跡 H103	杯在地	8 世紀第 2 四半期	
			竪穴住居跡 H104	杯在地	8 世紀第 2 四半期	
			竪穴住居跡 H105	杯在地	8 世紀第 2 四半期	
			竪穴住居跡 H113	杯在地	8 世紀第 2 四半期	
			掘立柱建物跡F53	杯在地	8 世紀第 2 四半期	
			掘立柱建物跡F72	杯在地	8 世紀第 2 四半期	
7	十二遺跡	御代田町大字御代田	竪穴住居跡 H10	杯在地	8 世紀第 2 四半期	鋳師屋遺跡群
			竪穴住居跡H20	杯在地	8 世紀第 2 四半期	内面黒色処理あり
			竪穴住居跡 H25	杯在地	8 世紀第 2 四半期	
			竪穴住居跡 H37	杯在地	8 世紀第 2 四半期	
			竪穴住居跡 H40	杯在地	8 世紀第 2 四半期	
			竪穴住居跡 H47	杯在地	8 世紀第 2 四半期	
			竪穴住居跡 H67	杯在地	8 世紀第 2 四半期	
8	野火付遺跡	御代田町大字御代田	竪穴住居跡 H2	杯在地	8 世紀第 2 四半期	鋳師屋遺跡群
9	中原遺跡群	小諸市大字御影新田	竪穴住居跡 SB31	杯在地	8 世紀前半？	
			竪穴住居跡 SB67	杯 C	飛鳥 II	
			竪穴住居跡 SB127	杯在地	8 世紀前半	
			竪穴住居跡 SB127	杯在地	8 世紀前半	
			竪穴住居跡 SB137	杯在地	8 世紀前半	
			竪穴住居跡 SB137	杯在地	8 世紀前半	
10	大塚原遺跡	小諸市大字御影新田	竪穴住居跡第 28 号	杯 C	飛鳥 II	大塚原遺跡群
11	舟窪遺跡	小諸市大字御影新田	竪穴住居跡第 17 号	杯 C	飛鳥 II ～ III	宮ノ反A 遺跡群
12	関口 B 遺跡	小諸市森山	竪穴住居跡第 34 号	杯 C	飛鳥 III ？	

遺跡数	遺跡名	所在地	出土遺構	器種	時期	備考
13	竹花遺跡	小路市大字御影新田	竪穴住居跡第 54 号	杯在地	8 世紀前半	宮ノ反A 遺跡群
14	屋代遺跡群 高速道地点	千曲市大字雨宮	溝跡 SD7065	杯 C	平城 II ？	初期国府跡？
			竪穴住居跡 SB6039	杯 C	8 世紀前半	
15	屋代遺跡群 町浦遺跡	千曲市大字雨宮	グリッド内	杯 C?	9 世紀前半？ （平城 VII ？）	
		北・東信	計 =49 点	畿内産 = 17 点	在地産 =32 点	

表 17　長野県内の都城土器と在地暗文土器出土一覧（中・南信）（西山　2013）

遺跡数	遺跡名	所在地	出土遺構	器種	時期	備考
16	矢原遺跡	安曇野市矢原	竪穴住居跡8号	杯 C	飛鳥 IV	
17	三の宮遺跡	松本市島立	竪穴住居跡SB49	杯 A	飛鳥 IV ～ V	
			竪穴住居跡SB128	杯 A?	飛鳥 IV ～ V	
18	南栗遺跡	松本市島立	竪穴住居跡6号	杯 C	飛鳥 III ？	
19	南方古墳	松本市里山辺	横穴式石室内	杯 C	飛鳥 II ？	石室入口付近
			横穴式石室内	杯 C?	飛鳥 II ？	石室入口付近
			横穴式石室内	杯 C?	飛鳥 II ？	石室入口付近
20	出川南遺跡	松本市芳野	竪穴住居跡36号	杯 C?	飛鳥 II ？	
			竪穴住居跡133号	杯？	飛鳥 IV ～ V	
21	和手遺跡	塩尻市広丘高出	竪穴住居跡第 18号	杯 C	8世紀前半？	
22	恒川遺跡群	飯田市座光寺	恒川A 地籍湿地	杯 C II	飛鳥 V	
			竪穴住居跡第 76号	杯 A II	飛鳥 V	
			?	杯 A II	飛鳥 V	
			?	杯 A II	飛鳥 V	
			?	杯皿 A I	飛鳥 V	
			?	杯皿 A I	飛鳥 V	
			?	蓋	飛鳥 V	
			?	蓋	飛鳥 V	
23	上構天神塚古墳	飯田市松尾上溝	横穴式石室内	杯 C I	飛鳥 IV ～ V	石室入口付近
		中・南信	計 =19 点	畿内産 = 19 点	在地産 = 0 点	
		長野県内	合計 =68 点	畿内産 = 36 点	在地産 =32 点	

科野での都城土器の出土状況

都城土器が出土した長野県内の代表的な遺跡を紹介したい。

松本市南方古墳《みなみがた》は松本市の東方里山辺地籍にあり、薄川《すすきがわ》扇状地の氾濫源の中央にあたる。

南方古墳は径二四《メートル》の円墳で、石室は横穴式石室だが破壊されていたため全容はつかめない。現状の規模は石室全長五・四《メートル》、幅〇・九《メートル》、高さ不明で、羨道全長三・四《メートル》、幅一・二八《メートル》、高さ不明である。

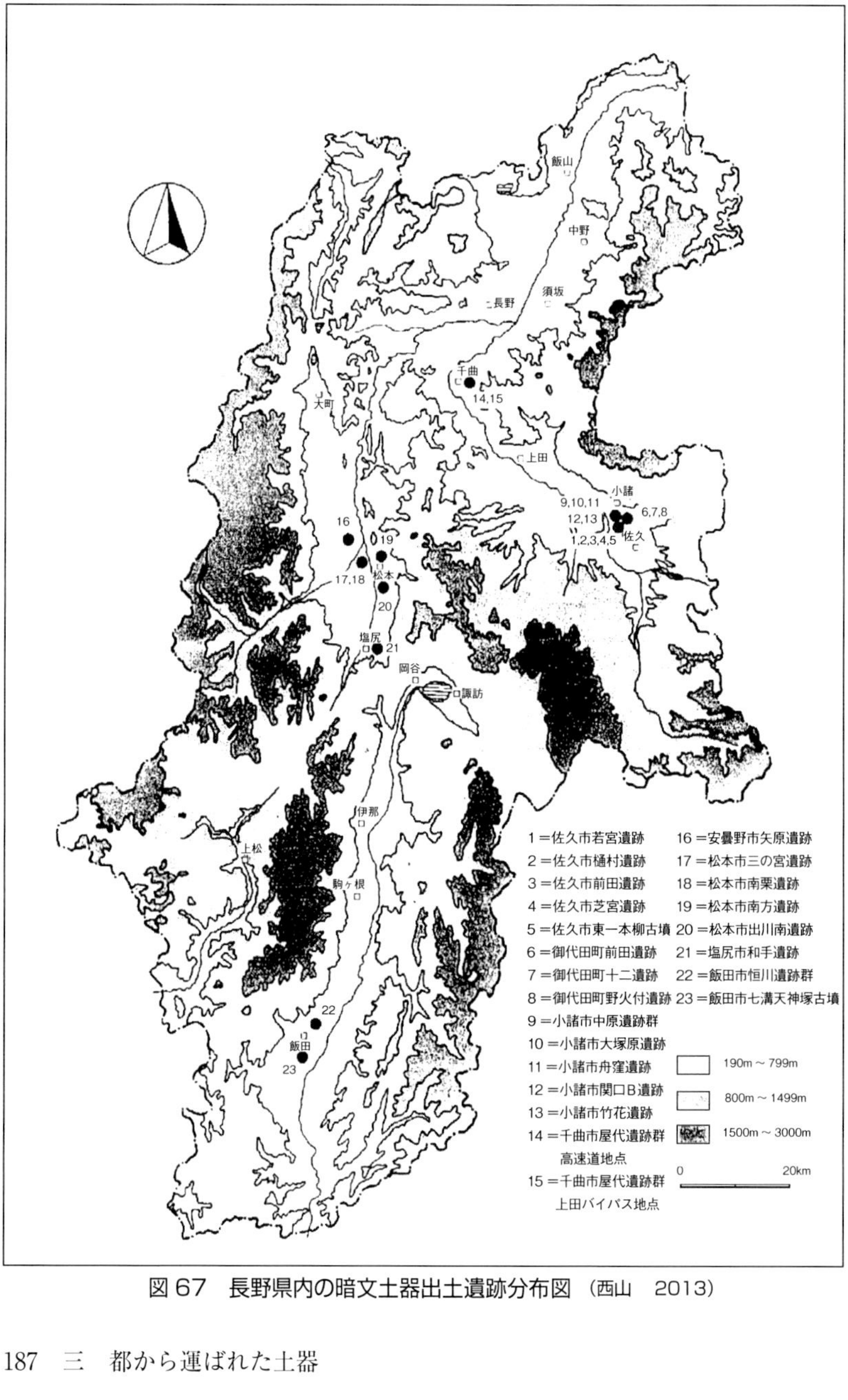
飯山
中野
須坂
長野
千曲
14,15
大町
上田
小諸
9,10,11
12,13
6,7,8
1,2,3,4,5
佐久
16
19
17,18
松本
20
塩尻
21
岡谷
諏訪
伊那
上松
駒ヶ根
22
飯田
23
1＝佐久市若宮遺跡
2＝佐久市樋村遺跡
3＝佐久市前田遺跡
4＝佐久市芝宮遺跡
5＝佐久市東一本柳古墳
6＝御代田町前田遺跡
7＝御代田町十二遺跡
8＝御代田町野火付遺跡
9＝小諸市中原遺跡群
10＝小諸市大塚原遺跡
11＝小諸市舟窪遺跡
12＝小諸市関口B遺跡
13＝小諸市竹花遺跡
14＝千曲市屋代遺跡群 高速道地点
15＝千曲市屋代遺跡群 上田バイパス地点
16＝安曇野市矢原遺跡
17＝松本市三の宮遺跡
18＝松本市南栗遺跡
19＝松本市南方遺跡
20＝松本市出川南遺跡
21＝塩尻市和手遺跡
22＝飯田市恒川遺跡群
23＝飯田市七溝天神塚古墳
190m～799m
800m～1499m
1500m～3000m
0
20km

図67　長野県内の暗文土器出土遺跡分布図（西山　2013）

都城土器は、石室入り口付近から七世紀末葉から八世紀前半と考えられる遺物とともに飛鳥Ⅱ期の杯Cが三点出土している。

その他の遺物は、多くの土器類、壺鐙を含む馬具類、直刀、鉄鏃、ガラス製小玉や勾玉、切子玉、臼玉、管玉、耳環（金環）など多くが出土し、またこの中には銅椀二点や承盤《しょうばん》も含まれている。

南方古墳周辺は、針塚古墳に代表される積石塚古墳が比較的多く築造され、平安時代には渡来系氏族が定住した地として『日本後紀』延暦十八（七九九）年十二月五日に記載されている。

飯田市恒川《ごんが》遺跡群は飯田市北域の座光寺恒川、高岡地籍にある。奈良時代に入ると伊那郡衙《ぐんが》が置かれる。

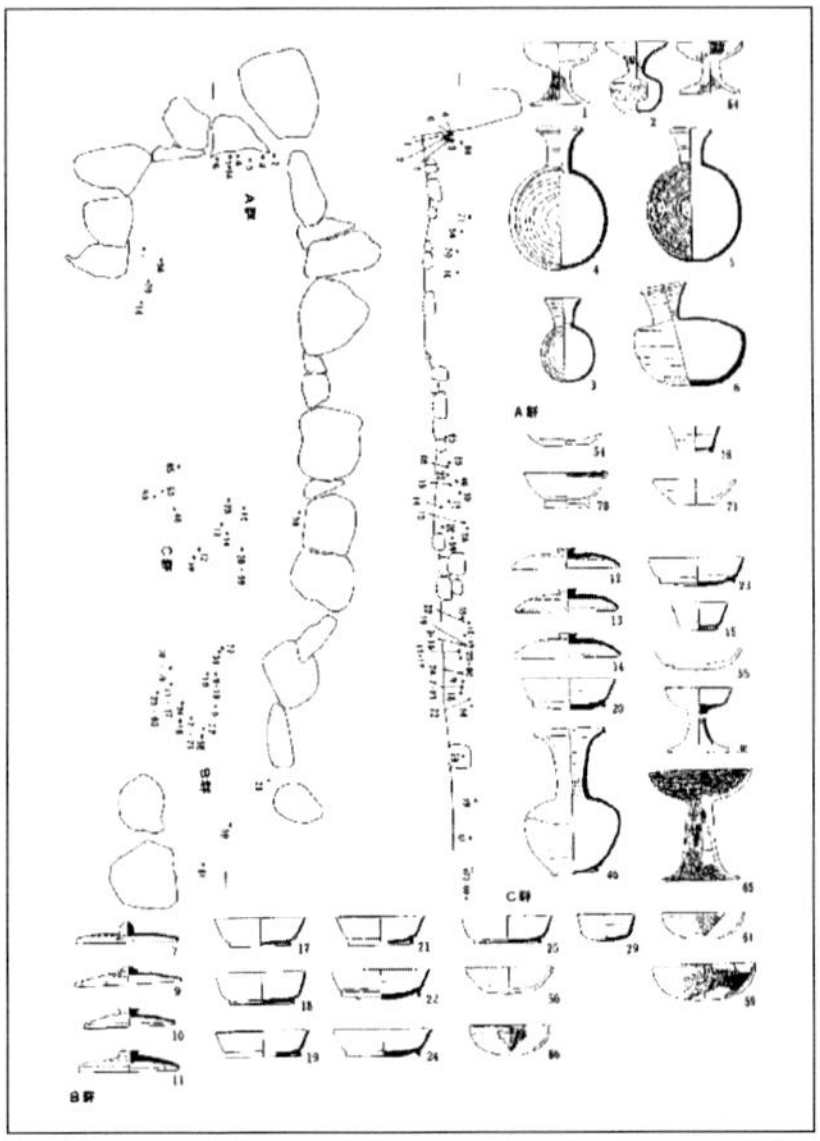
図68　南方古墳での暗文土器他の出土状況（直井 他　1999）

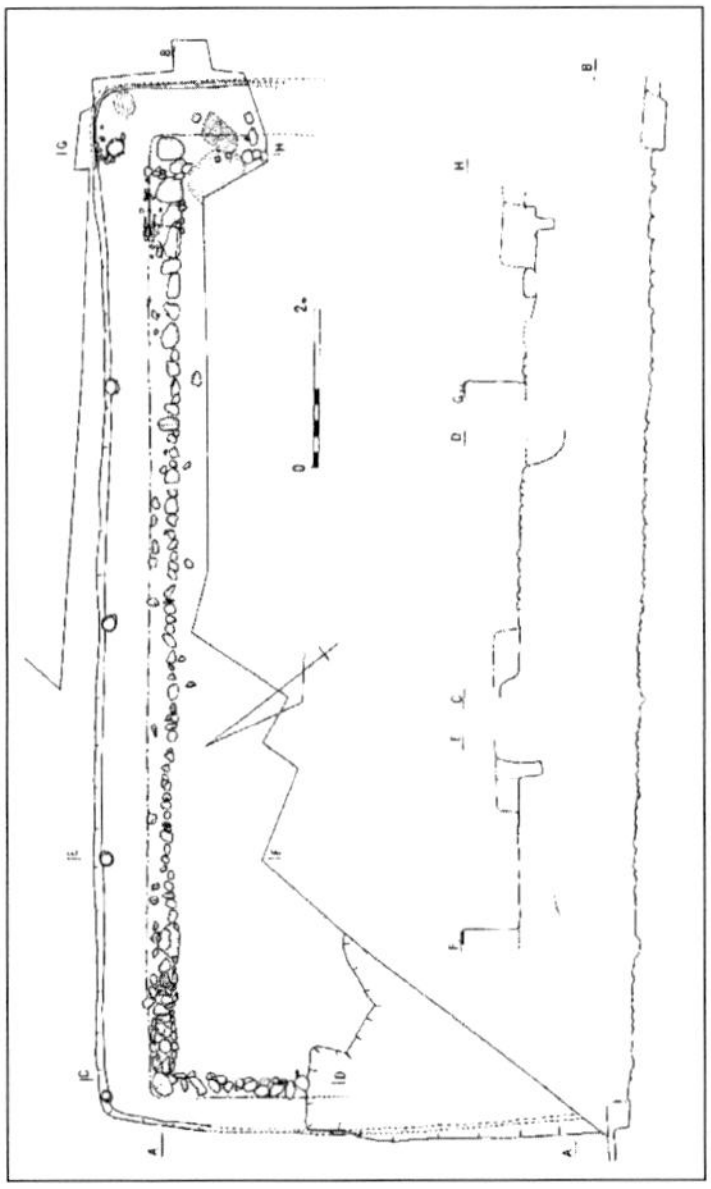
図69　恒川遺跡群第76号住居跡（小林　1982）

昭和五十一（一九七六）年からおこなわれたバイパス関連の大規模調査以降、数多くの竪穴住居跡や掘立柱建物跡が確認され、それらとともに硯類や都城土器が出土し、さらに竪穴住居内から和同開珎《わどうかいちん》銀銭が出土している。また平成十一（一九九九）年三月には南大島川を境に隣接する下伊那郡高森町の武陵地一号古墳から富本銭《ふほんせん》が出土していたことが確認され、さらに同年六月には遺跡群内から富本銭が発見されていたことも確認された。

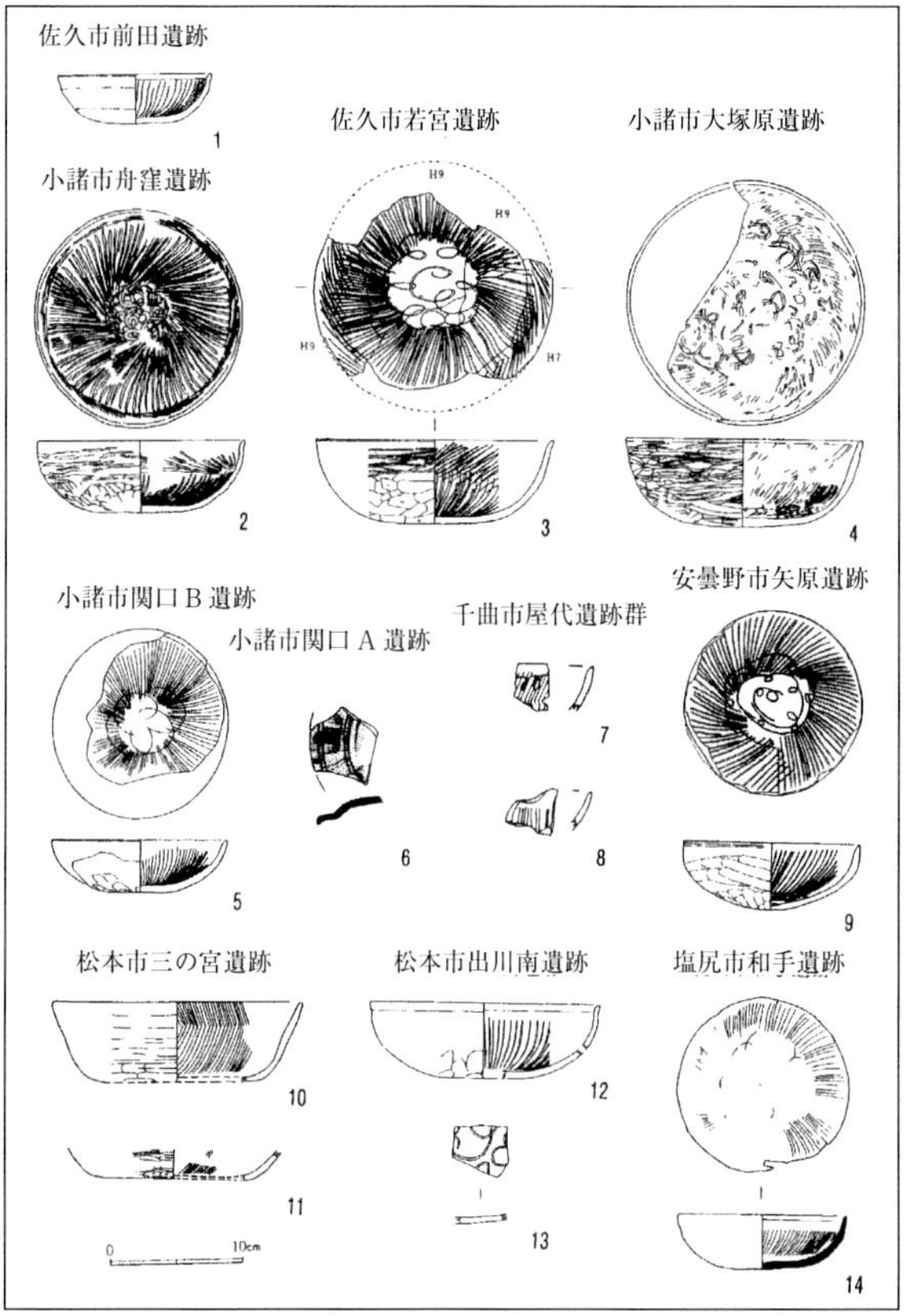

図70　長野県内出土の都城土器（1）（西山　2013）

都城土器は、当遺跡群内から杯、杯皿、蓋などが出土している。いずれも飛鳥V期段階と考えられ、富本銭や和同開珎銀銭はこれらの土器とともに都から派遣された人びと、あるいは都で衛士などの役目を終えた在地の人びとが持参したものと考えられる。

恒川A地籍湿地から都城土器杯CⅡが一点出土し、一辺一二《メートル》の周壁に沿った石列構造をもった大形竪穴住居跡第七六号

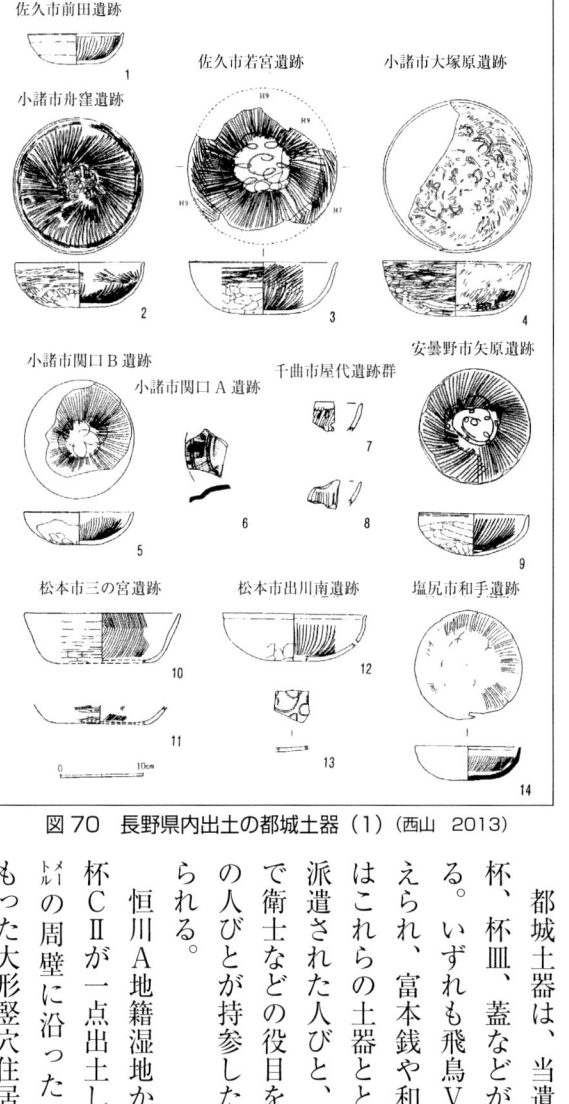

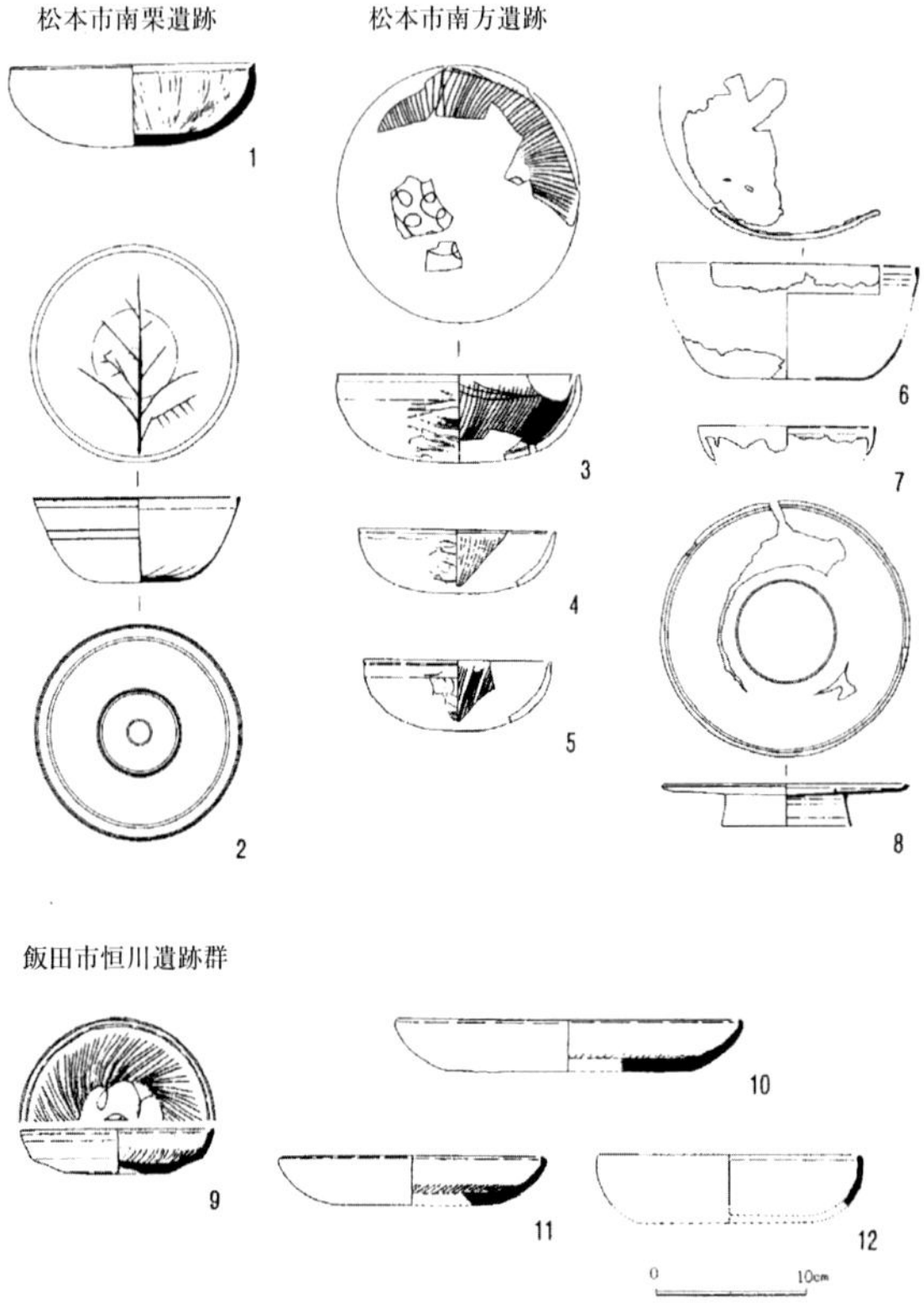

図 71　長野県内出土の都城土器（2）（西山　2013）

からは、都城土器杯AⅡが一点出土している。その他遺跡群内の恒川A地籍を中心に都城土器杯AⅡが二点、杯皿AⅠが二点、蓋が二点以上出土している。

東一本柳古墳は、佐久市岩村田地籍の標高七〇〇《メートル》を測る台地上に立地する。径一〇《メートル》ほどの円墳で、埋葬施設は両袖式の横穴式石室であるが、天井石はすでに消失していた。

この石室は玄門部に立柱石を立て袖とし、奥壁と側壁は石の最大面を壁面と利用しており、この形態の石室は、佐久平では七世紀後半に広く採用された石室である。

石室からは、玄室内の第2棺床と呼ばれる石室構築時の面から馬具、刀装具、鉄鏃、耳環、玉類が出土し、石室内から少量の須恵器甕片や土師器杯片が出土しているようである。馬具には希少な長楕円形鏡板付き轡や「道上型毛彫馬具」とされる金銅製毛彫馬具が含まれていた。この「道上型毛彫馬具」の制作年代は六〇七年から六八〇年前後と考えられており、仏教文化の影響を受けた装飾と考えられている。当古墳出土の金銅製毛彫馬具の制作年代は六一〇年から六三〇年頃のものと考えられている。

石室内出土遺物は第1棺床面、第2棺床面、その他の層位から出土しているが、その総点数は二七九点で、金銅製を中心とする馬具六〇点、刀装具を含む武器武具類六五点、耳環、玉類などの装身具類一三九点、その他土器片である。

都城土器は、第2棺床面よりも上層から杯二点が出土している。いずれも飛鳥Ⅳから V期段階と考えられ、その年代は七世紀後半から八世紀初頭頃と考えられている。

希少そして貴重な金銅製毛彫馬具と都城土器の制作年代には開きがあるが、石室の構築年代を考慮すると、金銅製毛彫馬具と都城土器は七世紀後半以降に石室に副葬されたと考えられる。

長野県内の分布状況をみると、大きく四地域にまとまりのあることがわかる。

長野県内でいち早く都城土器が搬入されるのは佐久郡で、小諸市、佐久市、北佐久郡御代田町の二市一町境地域である。時期は飛鳥Ⅱ期の七世紀中頃で、さらにここでは八世紀第2四半期になると、在地暗文土器が県内他地域に比べ多く用いられるようになる。

これに続くのが筑摩郡で、松本市を中心とする地域である。ここでは小諸市、佐久市、御代田町境地域同様に飛鳥Ⅱ期の土器が搬入されるが、当地域で七世紀第3四半期に集落形成が開始される状況や、飛鳥Ⅲ、Ⅳ期の土器の出土傾向などから、七世紀第3四半期、第4四半にヤマト王権との関わりの中で当地域に計画的な集落形成が進められた一つの画期がみられる。

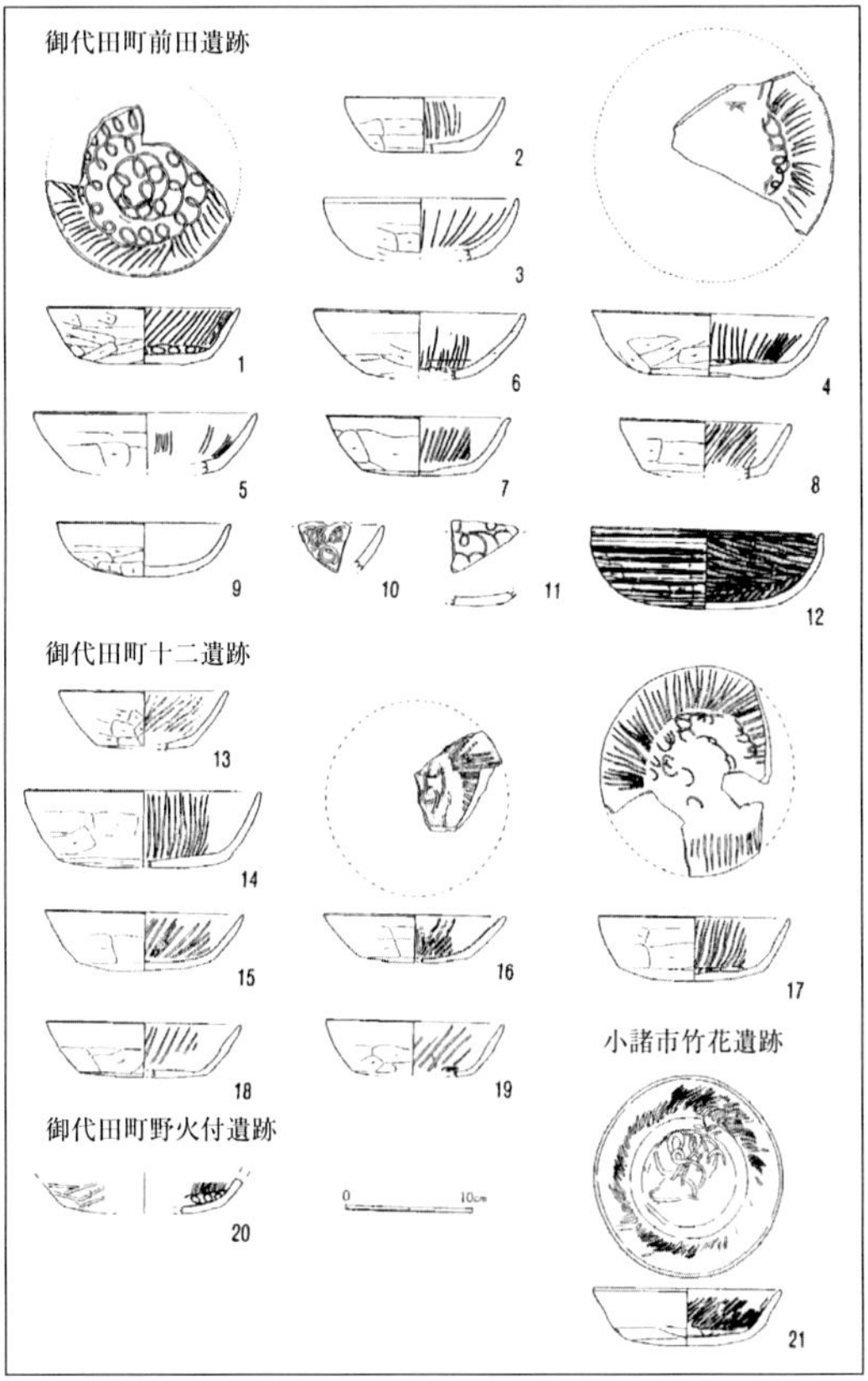

図72　長野県内出土の在地暗文土器（西山　2013）

七世紀末葉から八世紀初頭になると、伊那郡の飯田市域に飛鳥Ⅴ期の土器が搬入される。恒川遺跡群では集中的に都城土器がみられるようになり、他地域とは異なり、器種に杯A、杯C、杯皿A、蓋などさまざまな器種がみられる。単に都の土器を搬入したというよりも、都での食生活に対する嗜好が強く感じられる。

この後、八世紀の資料についてははっきりしない。しかし八世紀前半、さらには九世紀前半の都城土器が、千曲市屋代遺跡群や隣接する更埴条里遺跡から出土している。

このように、長野県内での都城土器の出土傾向から、七世紀以降のヤマト王権と科野国との関わりに地域差と時間差を読み取ることができる。

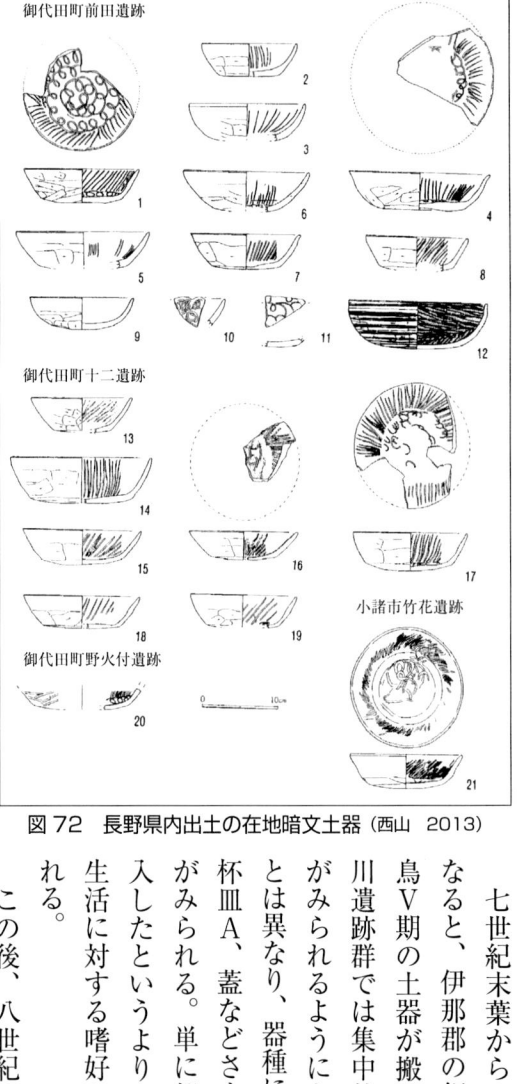

科野国出土の都城土器が意味すること

都城土器の出土状況と、次章で解説するが、長野県内で発見された皇朝十二銭に加え、武陵地一号古墳出土富本銭や恒川遺跡群内発見の富本銭を含めた古代銭貨の出土状況が同じ傾向を示すことから、これら二つの考古資料は、共通の歴史解釈を示しているものと考えられる。

伊那谷の座光寺地域は、東国への玄関口としても重要な位置にあり、八世紀前半に設置される伊那郡衙が機能する前段階に、郡衙整備に関わるための都人が活発に往来したことをうかがわせる。恒川遺跡群からは和同開珎銀銭が竪穴住居跡から出土し、恒川遺跡群内や武陵地一号古墳追葬資料の中から富本銭が確認されていることを考えれば、これら銭貨は飛鳥Ⅴ期、すなわち七世紀末葉から八世紀初頭にかけて伊那郡衙整備に関わった都人あるいは都で衛士などを終えた人たちなど、都の生活を経験した人たちが都城土器とともに持参したものと考えられる。

善光寺平南域の屋代遺跡群を中心とする千曲市屋代地域は、初期国府や埴科郡衙の機能を裏付けるような遺物が出土している。

松本市域では、奈良井川を挟んで七世紀後半以降、計画的に大集落が形成されていくが、当時の開拓にともなって都人が往来したことを物語っているようである。

小諸市、佐久市、御代田町境地域は、これまで伊那谷地域に対して、漠然ともう一方の東国への玄関口として重要だったと理解されていたが、都城土器、銭貨や他遺物、さらには遺構の検出状況から、小諸市、佐久市、御代田町にまたがる遺跡群は、佐久郡衙推定地の可能性が考えられる。そして佐久郡衙設置前段階から都との関わりが強く、九世紀にいたるまで重要視されていたと考えられる。

これらの状況を『日本書紀』の記載に照らし合わせると、大化元（六四五）年八月から九月に東国国司が任命され八グループにわかれて東海道、東山道、北陸道の各諸国に派遣されている。国司の構成は長官（従者九人）、次官（従者七人）、主典（従者五人）とし、各国の兵士、武器や人民の調査等をおこなうため派遣している。この時期は都城土器編年の飛鳥Ⅰ期後半からⅡ期に相当し、小諸市、佐久市、御代田町境地域の都城土器の出土傾向を考えたとき、この『日本書紀』の記載を示すものと考えられ、東国への玄関口である小諸市、佐久市、御代田町境地域に派遣された人びとが滞在していた可能性が十分に考えられる。同時に松本市南方古墳の石室入り口付近から七世紀末葉から八世紀前半と考えられる遺物とともに飛鳥Ⅱ期の都城土器杯Cが三点出土している。飛鳥Ⅱ期の都城土器が出土していることを考えれば、先の国司派遣の記載や『日本書紀』天武十三（六八四）年二月の信濃に使者[註2]が遣わされ地勢調査がおこなわれ、信濃国の地図が献上された記載、さらに天武十四（六八五）年冬には信濃に行宮《あんぐう》が造られ、信濃行幸のためかとされる記載は科野国で都城土器が出土する背景を考えさせられる重要な記載と考えられる。

これらから、南方古墳の都城土器の出土状況を考えれば、遅くても孝徳朝期以来薄川流域の人びとがヤマト王権とつながりを持つ中、天武朝期の地勢調査に関わったことが考えられ、南方古墳に埋葬された人物は、天武朝期の科野国で一連の動向に関わった有力在地豪族か、都から派遣され科野国で滞在中に命をおとした人物だったと考えられる。

註1　飛鳥I期からV期の都城土器について、文献 西一九七六年以来、近年も研究者により詳細な研究が進められているが、本論では文献 狩野・木下一九八五年の年代観を使用した。

註2　『日本書紀』には信濃と表記されている。

参考文献

狩野久・木下正史「1 二 試行錯誤をくりかえす」『古代日本を発掘する1　飛鳥藤原の都』岩波書店　一九八五年
小林正春「Ⅲ　恒川遺跡群発掘調査概要」『長野県考古学会誌』第44号　長野県考古学会　一九八二年
冨沢一明「4再整理報告　岩村田　東一本柳古墳出土品の再整理報告」『佐久市文化財年報　平成30年度(二〇一八)』28　佐久市教育委員会　二〇二〇年
冨沢一明「研究の窓　佐久市東一本柳古墳出土の金銅製馬具について」『信濃』第73巻第12号　信濃史学会　二〇二一年
冨沢一明「5資料報告　東一本柳古墳出土品について」『佐久市文化財年報　令和2年度(二〇二〇)』30　佐久市教育委員会　二〇二二年
直井雅尚　他「南方古墳」『松本市大塚古墳・南方古墳・南方遺跡』松本市教育委員会　他　一九九九年
西　弘海　他「第V章　考察　2　土器」『平城宮発掘調査報告』Ⅶ　奈良国立文化財研究所　一九七六年
西　弘海　他「第V章　考察　2　B　土器の時期区分と型式変化」『飛鳥・藤原宮発掘調査報告』Ⅱ　奈良国立文化財研究所　一九七八年
西　弘海「土器概説」『特別展観　法隆寺昭和資材帳調査秘宝展図録』1　法隆寺　一九八三年
西山克己「科野(信濃)で七世紀代から八世紀代に用いられた暗文土器」『シナノにおける古墳時代社会の発展から律令期への展望』　雄山閣　二〇一三年

四　象嵌装大刀を持った科野の舎人たち

象嵌装大刀とは

象嵌装大刀《ぞうがんそうたち》というと、四世紀後半のヤマト王権を形成する畿内中枢部の豪族たちに保有されたと考えられる奈良県東大寺山古墳出土の「漢中平紀年銘大刀」や奈良県石上神宮伝世の「七支刀」がある。また地方の有力在地豪族が保有したものとして、五世紀後半の雄略天皇の治世に関わる年号を示し、その内容が注目された、埼玉県埼玉《さきたま》古墳群稲荷山古墳出土の「一一五文字辛亥《しんがい》年銘金象嵌鉄剣」や熊本県江田船山古墳出土の「七五文字銀象嵌銘大刀」を思い浮かべるのではなかろうか。

長野県では、昭和五十六（一九八一）年に発掘調査された須坂市本郷大塚古墳出土の銀象嵌円頭三輪玉付玉纏大刀が注目され、近年では平成二十五（二〇一三）年に調査された茅野市永明寺山古墳出土大刀二本の鍔や切羽《せっぱ》に銀象嵌が施されていたこと、また平成二十七（二〇一五）年には大正八（一九一九）年にすでに掘り出されていた諏訪市小丸山古墳出土の大刀の再調査の結果、大刀に付属する鍔、鎺《はばき》、縁《ふち》金具（切羽）に銀象嵌が施されていたことが報道され話題となった。

これまでの象嵌装大刀の研究成果を要約すると、六世紀後半から七世紀前半を中心とする古墳に副葬された象嵌装大刀はヤマト王権が地方豪族たちとの紐帯《ちゅうたい》関係を示すために下賜する品と考えられ、特に鍔・鈿・縁金具などの刀装具へ象嵌された大刀は、郷単位に勢力基盤をもった中小在地豪族たちに下賜された傾向がみられる。

これらをふまえ、象嵌装大刀はヤマト王権が製作、管理し、ヤマト王権とその周辺勢力から地方豪族たち（舎人氏）に下賜されたことを前提に、六世紀中頃以降にヤマト王権の職制に組み込まれていく武人としての東国舎人の存在、特に科野国にみられる金刺舎人氏《かなさしのとねり》や他田舎人氏《おさだのとねり》について考えてみたい。

四世紀後半から七世紀の象嵌装大刀

埼玉古墳群稲荷山古墳出土の「一一五文字辛亥年銘金象嵌鉄剣」のように鉄刀の刀身へ文字が象嵌されるものは僅かだが、象嵌が施される多くが付属刀装具である。象嵌遺物は古墳石室内で発見された当初は錆に覆われ、保存処理を施した段階で発見されることが多く、保存処理をおこなわなければ発見されないという現実がある。

東大寺山古墳出土「漢中平紀年大刀」や石上神宮の「七支刀」は四世紀後半にヤマト王権を形成する畿内中枢部の豪族に保有された。また「稲荷山古墳辛亥銘鉄剣」、「江田船山古墳銀象嵌大刀」は五世紀後半に地方の有力在地豪族たちに保有されたもので、大王名、豪族名、刀工名、書士名、吉祥句などが記載され、これを保有する者はヤマト王権により地方での最高権力が永久に保証されるなど、銘文大刀そのものが権力の象徴、新進の思想、文化の象徴でもあった。

象嵌装大刀は、六世紀後半から七世紀前半には郷単位の地方豪族にまで保有が拡大されたと考えられる。こうした規則的な分布状況は、ヤマト王権の公的組織である品部の金工工房による独占的な生産と供給によるもので、ヤマト王権を担う畿内中枢部の豪族、地方の国、郡、郷単位を勢力範囲とする地方の有力在地豪族や中小在地豪族に下賜されたものである。これはヤマト王権と畿内中枢部の豪族が地方の有力在地豪族や中小在地豪族と政治的、軍事的、経済的なつながりを強くするものだった。

象嵌装大刀の出土は福岡県沖ノ島出土例以外はすべて古墳からの出土である。

推古朝期以降の象嵌の施文場所と文様について

六世紀後半から七世紀の時期に我が国で盛行する象嵌装大刀の多くは、鍔の表裏と耳（側面）に象嵌文様が施されるものが多い。

また象嵌文様が施される鍔には透かしがあるものと、ないものがある。透かしがある鍔には八個の透かしを持つ八窓鍔と六個の透かしを持つ六窓鍔がある。

田中新史氏の研究によると、八窓鍔の出現が陶邑ＴＫ四三型式期以降と古く、六窓鍔の出現が陶邑ＴＫ二〇九型式期以降と考えられ新しい傾向を示す。

このことから八窓鍔に施された直線Ｃ字状文がこの中では古いものと考えられ、八窓鍔と六窓鍔の両者に認められる波状Ｃ字状文が次の段階で、Ｃ字状文も両側の直線が省略され、さらに交互（重）半円文は、波状Ｃ字状文と交互に配されるＣ字状文が変化したものと考えられている。有窓鍔ではＩ

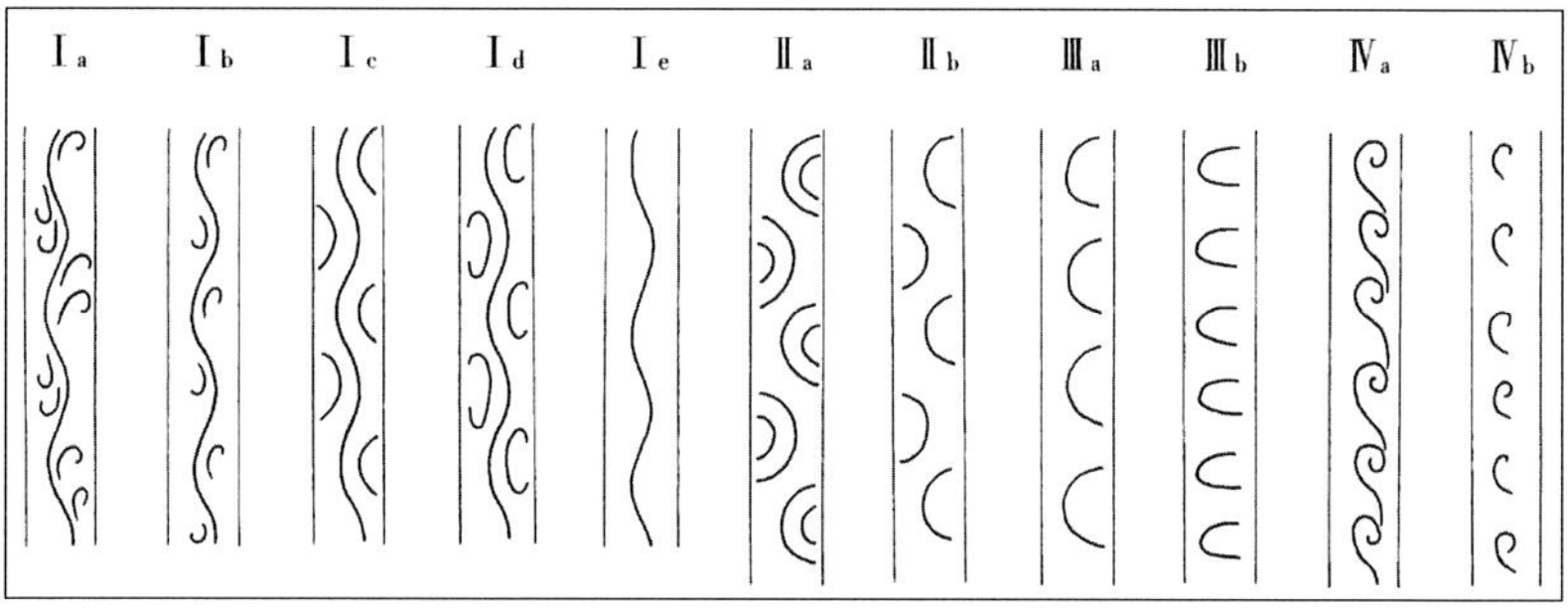

図73　鍔の耳への象嵌文様の変化（田中　1988）

→Ⅲ、無窓鍔ではⅡ→Ⅳという型式学的変化を設定することができるとしている（図73参照）。

また図73に示した各型式の年代は、共伴する須恵器の型式編年からⅠおよびⅡ型式が陶邑ＴＫ四三型式期（六世紀後半）、ⅢからⅣ形式が陶邑ＴＫ二〇九型式期前半（六世紀末葉から七世紀初頭）と考えられている。

科野国で確認された象嵌装大刀

長野県内で出土した象嵌装大刀について、『長野県史』や県内市町村誌等で確認できたものに加え未発表資料や伝世品を含めると、二五の古墳から出土している。

須坂市本郷大塚古墳は高井郡稲向郷《いなむきごう》に所在した古墳と考えられる。推定径一五《メートル》×一六《メートル》、高さ五《メートル》前後の円墳で、埋葬施設は全長八《メートル》、幅二《メートル》、高さは不明の片袖式の横穴式石室である。出土遺物から七世紀前半から七世紀中頃の築造と考えられる。金銅装圭頭大刀とともに銀象嵌円頭三輪玉付玉纏大刀は優品で、象嵌は鍔、柄縁金具、鎺、円頭柄頭に銀象嵌が施されている。石室からのほかの出土遺物は直刀一七本、刀子六本、鉄鏃八六本以上、轡九点ほか馬具類一九点、珠文鏡一面、三輪玉三点、管玉三点、勾玉三点、切子玉一二点、ガラス小玉三五三点、ほか玉類一〇点、耳環一四点、須恵器（蓋六、身六）一二点、土師器（高杯、杯ほか）と、人骨二体分、馬骨や歯などが出土している。轡九点の出土は長野県内最多数である。

象嵌文様は、鞘尻と考えられる金具開口部肥厚部の縁金具に一〇個の半円文（C字状文）と、側面へ一一個の羽状文が施されている。鍔には表裏両面に心葉形文あるいは火焔状文と呼ばれる文様を二段組に合わせ、耳（側面）にはC字状文あるいは円文が二列に六六個配されている。鎺の耳には一四個の円文あるいはC字状文を二列に巡らせ、表面には意匠不明文様がある。柄縁金具の耳にはC字状文が配されている。すべて銀象嵌である。

鞘尻に施された象嵌模様の類似例は、群馬県邑楽《おうら》郡邑楽《おうら》町《まち》松本二三号古墳出土鞘尻と京都府京丹後市湯舟坂二号古墳出土柄頭例がある。

小県郡青木村塚穴古墳は小県郡跡部郷に所在した古墳と考えられる。

墳丘規模は径南北約一七メートル、東西約一五メートル、高さ約三メートルで、復元すると径約一七〜一八メートルの円墳と考えられる。墳丘中腹には人頭大よりやや小さめの円礫により、幅一メートルほどの葺石が廻らされている。埋葬施設は全長八・三メートル、羨道三・一メートル、玄室五・二メートル、羨門幅一メートル、羨道幅一・一メートル、玄門幅一・七メートル、玄室最大幅二・八メートル、奥壁幅二・三メートル、玄室高さ二・四メートルの規模で両袖式の横穴式石室で、わずかに胴張り形状の玄室となっている。羨道部の天井石は残念ながら欠損している。

本古墳は小県郡内では比較的大形の円墳で、大形の両袖式の横穴式石室である。出土遺物から六世紀末葉の築造と考えられる。

象嵌は玄室内南西角から出土した柄縁金具に銀象嵌が施されていた。石室からのほかの出土遺物は玄室内の遺物のまとまりから三群に分けられると考えられる。奥壁寄り東側部分が撹乱されているが、この部分にも埋葬があったと考えれば四群の埋葬行為が想定できる。

玄室北東角：撹乱されているが、土師器杯一点、耳環（金環、銀環）三点。

玄室北西角：勾玉八点、切子玉九点、丸玉一点、小玉など。

玄室南東角：勾玉六点、切子玉一点、耳環四点（金環、銀環）、小玉、須恵器直口壺、須恵器杯、須恵器杯蓋など。

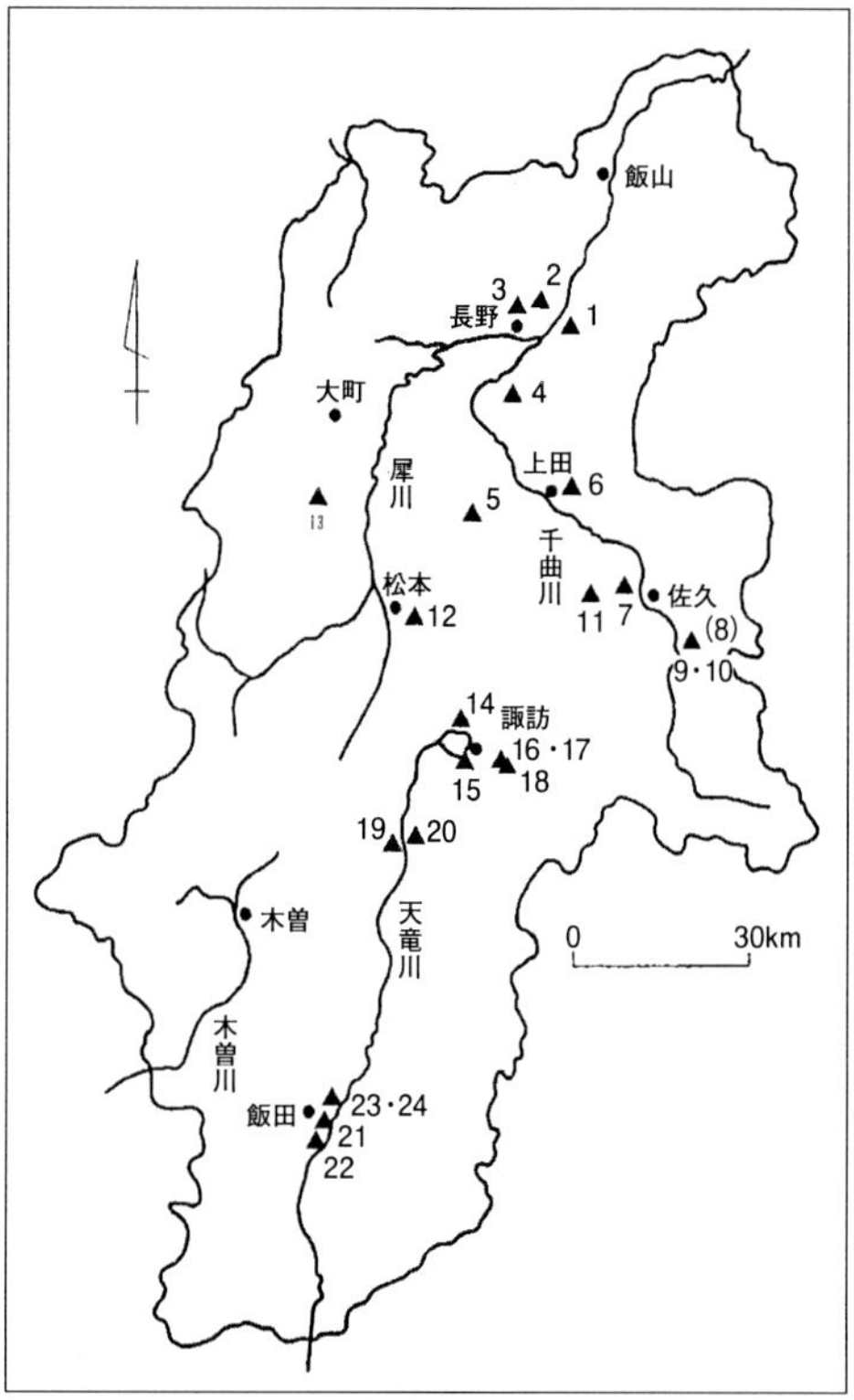

図74　長野県内の象嵌装大刀出土古墳＝▲印
番号は表18内の番号に対応（西山　2017加筆修正）

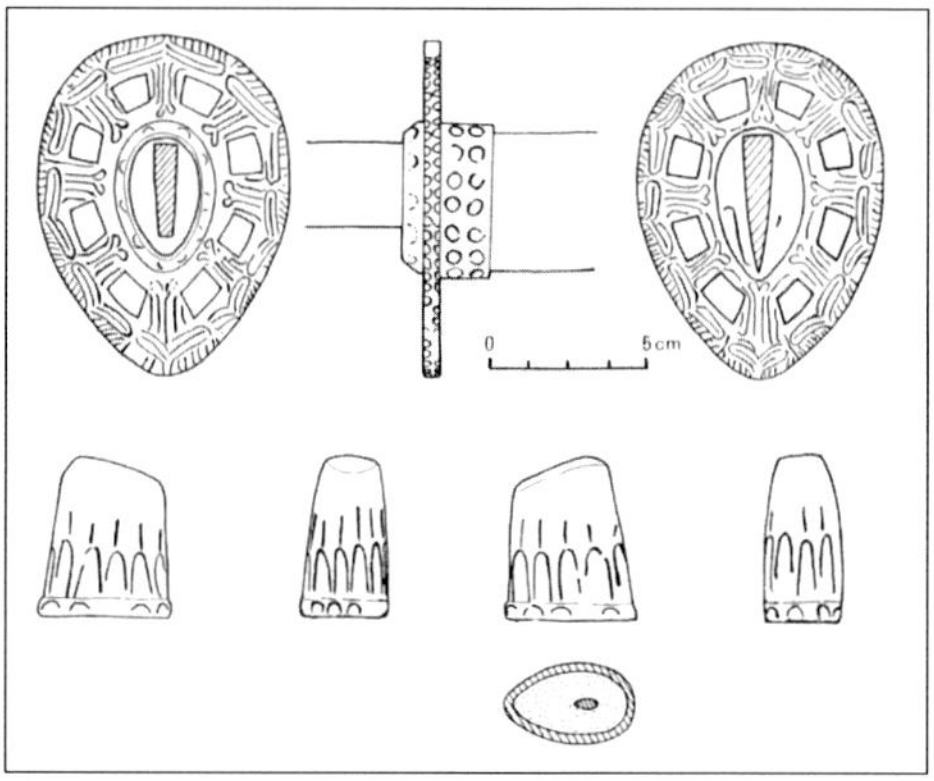
図75　本郷大塚古墳出土の象嵌鍔、柄縁金具、鎺、鞘尻（長野県須坂市教育委員会他　1992）

表18 長野県内出土の銀象嵌大刀一覧表 （西山 2017 加筆修正）

No.	所在地	古墳名	墳形	墳丘規模	時期	象嵌個所	馬具	備考	文献
1	須坂市	本郷大塚	円	15 m × 16 m	7世紀前～7世紀中	鍔・鐔・柄縁金具・円頭柄頭	有		2
2	長野市	南曾峯	円？	約10 m	7世紀前半？	鍔	？	旧豊野町	3・4
3	長野市	湯谷1号	円	11.5 m	6世紀末葉	円頭柄頭・鞘尻	有		1・5・6・7・32
4	千曲市	森12号	不明	不明	7世紀後半	鍔	無		8
5	青木村	塚穴	円	約17～18 m	6世紀末葉	縁金具	有		9・10・11
6	上田市	陣馬塚	円	8.2 m	6世紀末葉	鍔・鐔・柄縁金具	無		12
7	佐久市	土合1号	方？（円）	推定20 m	7世紀中～7世紀後	鍔・鞘尻	有	旧浅科村	1・13・14・33・34
8	佐久市	？	？	？	？	鍔	？	？	1・33
9	佐久市	田口	円	？	？	頭椎柄頭	？	旧臼田町田口地区の1古墳	1・33・34
10	佐久市	五庵	円	推定15 m	6世紀後半以降	縁金具2点	不明	旧臼田町	15・33・34
11	佐久市	山の神1号	円	現況3 m	6世紀後半～7世紀前半	鍔2点	有	旧望月町	16・17・33・34
12	松本市	柏木	円	15 m	6世紀前半～中頃	鍔	有		18
13	安曇野市	穂高-群E6号	円	20 m	6世紀後半～7世紀前半	鍔	有	旧穂高町（資料は不明）	19・35・39
14	安曇野市	金掘塚	円	12～15 m	6世紀後半	柄頭	有	旧穂高町	39
15	下諏訪町	天白	不明	不明	？	鍔	有		1・20
16	諏訪市	小丸山	円？	推定20 m	6世紀末葉～7世紀初頭	鍔・鐔・縁金具2点	有		21・22
17	茅野市	釜石	円？	高さ3 mほど	6世紀末葉～7世紀初頭	切羽・鞘尻	有		1・23・36
18	茅野市	永明寺山	円	約11 m	6世紀末葉～7世紀初頭	鍔2点・柄縁金具・輪状金具	有		24・25
19	茅野市	大塚	円？	周囲33 m	7世紀中頃か～後半？	円頭柄頭	有	積石塚古墳	26
20	箕輪町	伝松島王墓	（前方後円墳）	50 m	6世紀後半？	鍔	有	松島王墓古墳？	27
21	箕輪町	源波	円	推定20 m	7世紀初頭～8世紀初頭	鍔	有		28・36・37
22	飯田市	上溝11号	円	推定14 m	6世紀末葉	（円頭）柄頭	有		29
23	飯田市	（竜丘出土）	（前方後円墳）	65.4 m	6世紀前半～6世紀中頃	方頭柄頭・鞘尻	？	御猿堂古墳？	1・30
24	飯田市	（座光寺出土）	不明	？	6世紀末葉～7世紀前半	縁金具？	？		1・30
25	飯田市	（麻績学校蔵）	不明	？	？	鍔	？		31・38

玄室南西角：勾玉七点、切子玉二点、耳環（金環、銀環）四点、小玉、直刀（象嵌装大刀）、鉄鏃、鉄鎌、馬具（金具）、土師器高台杯、須恵器など。

羨道：馬具（轡一組）

象嵌文様は、大刀の柄縁金具の表裏に三重心葉形文銀象嵌が一つずつ施されていた。

上田市陣馬塚古墳は小県郡須波郷に所在した古墳と考えられる。残存径八・二《メートル》の円墳で、埋葬施設は全長五・二《メートル》、幅一・八《メートル》、残存高さ一・八五《メートル》の両袖式の横穴式石室である。出土遺物から六世紀末葉の築造と考えられる。象嵌文様は出土した倒卵形角八窓鍔、鎺、柄縁金具に銀象嵌が施されている。石室からのほかの出土遺物は、鍔などの刀装具が装着された直刀九本、刀子九本、鉄鏃三八本、半球形金具七点、小形銅製金具二点、勾玉一点、管玉五点、棗玉一点、切子玉一点、臼玉一点、土製丸小玉七五点、ガラス小玉一一一点、耳環八点、磨製石製品一点、須恵器（長頸壺、提瓶、平瓶、壺、大甕）六点、土師器（杯、内黒杯）二点などである。また人骨が三体（壮年から熟年の男性、性別不明成人、一歳から一歳半程度の小児）が床面から出土している。

写真37　塚穴古墳出土象嵌装大刀（青木村教育委員会蔵）

象嵌文様は、鍔の表面の窓外側周縁に添って二本の周縁線の内側にC字状文が配され、また窓の間にも二本の直線文の間にC字状文が配されている。鍔の耳には波状線が施され、その左右の凹部分に波状C字状文が配されている。鎺の耳には側面に三本の直線が施され、その間二列に各一列ずつC字状文が配されている。柄縁金具の耳には波状線が施され、その左右の凹部分にC字状文が配されている。すべて銀象嵌である。

松本市柏木古墳は筑摩郡山家郷に所在した古墳と考えられる。

柏木古墳は大正十四（一九二五）年に発掘されているが、資料はほぼ発掘当時のまま保管されている。径一七メートル、高さ一メートルの円墳で、埋葬施設は全長一〇・九メートル、幅二・一メートルの片袖式の横穴式石室である。

出土遺物から六世紀初頭に築造され、七世紀前半まで数度に及ぶ追葬がされている。象嵌文様は倒卵形角八窓鍔と鎺に銀象嵌が施されている。この鍔と鎺は石室入口部から出土し、追葬されたものである。

石室からのほかの出土遺物は直刀五本、鉄鏃一四本以上、素環鏡板と二連式銜からなる轡五点、辻金具（伏鉢）一〇点、留金具四点、勾玉一六点、管玉三点、切子玉七点、耳環一八点ほかや、土器は須恵器（高杯、蓋、提瓶など）一二点が主体となり、土師器（高杯、𤭯など）六点が出土している。

写真38　陣馬塚古墳出土の銀象嵌が施された鍔、鎺、柄縁金具（長野県立歴史館蔵）

象嵌文様は、倒卵形角八窓鍔表面の窓外側周縁に添って二本の線が描かれ、その内側にC字状文や渦巻き文が内側に向け配されている。上部や左下部分ではC字状文や渦巻き文が重なり合っている。また窓内側周縁に添って二本の線が描かれている。さらに右上窓の両側には三本線が描かれ、その間二列にC字状文や渦巻き文が配され、他の窓の間には二本線が描かれ、その間にもC字状文や渦巻き文が配されている。鎺には前面に蕨手文あるいは渦巻き文のような文様が描かれている。側面には心葉形に蕨手文が配され、その間に逆心葉形に蕨手文が配されている。すべて銀象嵌である。

写真40　小丸山古墳出土挂甲の小札、竪上（たてあげ）部分（諏訪市教育委員会蔵）

写真39　小丸山山古墳出土象嵌装大刀（諏訪市教育委員会蔵）

写真41　小丸山古墳出土馬鈴　虎頭鈴（中と右）（諏訪市教育委員会蔵）

諏訪市小丸山古墳は諏訪郡桑原郷に所在したと考えられる。

　小丸山古墳から出土した副葬品は、大正九（一九一九）年に地元住民により武具や馬具などが採取され、その後昭和四十八（一九七三）年に中央自動車道建設に伴う発掘調査がおこなわれ新たな副葬品が発見された。その結果、推定径二〇メートルの円墳と考えられ、埋葬施設は全長推定四メートルから一〇メートルの横穴式石室と考えられるが詳細は不明である。出土遺物から六世紀末葉から七世紀初頭の築造と考えられる。

　平成二十七（二〇一五）年以降の諏訪市教育委員会による小丸山古墳出土資料の再整理によって、古墳被葬者像が明らかになってきた。再整理の結果、出土した倒卵形角六窓鍔、鎺、縁金具二点に象嵌が施されていることが判明した。石室からのほかの出土遺物は直刀二一本以上、鉄鏃九本以上、鍔二点、挂甲小札片、轡一点、輪鐙一点、馬鈴四点ほか馬具類（辻金具、雲珠、杏葉、鉸具）、銀製くちなし玉一点、耳環一点以上、須恵器（脚付短頸壺）一点、土師器破片などが出土している。

　象嵌文様は、鍔の表面の窓外側周縁に添って二本の周縁線内側にC字状文が配され、また窓の間にも三本の直線文の間二列にＣ字状文と渦巻き文が配されている。すべて銀象嵌である。

さらに新たな発見として驚くことは、小丸山古墳から出土した挂甲《けいこう》に、崇峻元（五八八）年に蘇我氏の氏寺として造営が開始された日本最古の本格寺院、奈良県明日香村の飛鳥寺（法興寺）の塔心礎《とうしんそ》から出土した挂甲に用いられた技術が採用されていたこと、さらに飛鳥寺埋納の馬鈴（虎頭鈴《ことうれい》）と同じ型式の馬鈴（虎頭鈴）を所持していたことである。

飛鳥寺の塔心礎には舎利《しゃり》とともに挂甲をはじめ、多種類の玉類や金銀の延板、馬鈴、耳環（金環）、蛇行状鉄器、白色大理石製砥石ほか荘厳具が一七五〇点あまりが残されていた。これらは推古元（五九三）年に納められたものである。

飛鳥寺出土の挂甲は、当時の最新技術で作られたもので、また馬鈴（虎頭鈴）も最新デザインの馬鈴だった。これら荘厳具は当時の古墳の副葬品とされる品で、最高級の金銀財宝である。

小丸山古墳に埋葬された人物は、蘇我氏あるいは蘇我氏に近いヤマト王権内中枢部の有力豪族とつながりをもっていた人物と考えられる。

茅野市永明寺山古墳は諏訪郡山鹿郷に所在していたと考えられる。

推定径約一〇メートル、高さは石室開口部底面から四・四メートルの円墳と考えられ、埋葬施設は推定全長約七・二メートル、玄室長約五・二メートル、幅一・八メートル、高さ一・四メートル、羨道長約二メートル、幅約一・二メートルの片袖式的な横穴式石室である。出土遺物から七世紀初頭の築造と考えられ、七世紀末葉まで追葬がおこなわれていた。象嵌は出土した刀身九八センチの一号刀（直刀）の倒卵形角八窓鍔一点、倒卵形柄縁金具一点、柄縁金具の一部と考えられる倒卵形輪状金具一点と、刀身九六・五センチの二号刀（直刀）の倒卵形角八窓鍔一点に銀象嵌が施されていた。石室からのほかの出土遺物は直刀四本、方頭柄頭一点、刀子一〇点、鉄鏃九一点、馬具一六点、勾玉一一点、切子玉三点、臼玉三五点、ガラス玉二二点、耳環一七点、須恵器三点、土師器三点などが出土している。

象嵌文様は、一号刀の倒卵形角八窓鍔の耳に半円三重弧文を千鳥に、倒卵形柄縁金具に半円三重弧文、倒卵形輪状金具の耳にC字状文が配されていた。また二号刀の倒卵形八窓鍔表裏面には、周縁に二重の圏線を配しその内側にC字状文を横向き一列に配している。さらに透かし窓の間にも二本の直線間にC字状文が配されている。耳には二本の圏線の間に同一方向にC字状文が配されている。すべて銀象嵌である。

上伊那郡箕輪町源波《げんなみ》古墳は諏訪郡返良《てら》郷に所在していたと考えられる。

推定径約二〇メートル、推定高さ三・五メートルから四メートルの円墳と考えられ、埋葬施設は全長一一・五メートル、幅一・六五メートル、高さ不明の両袖式の横穴式石室で、出土遺物から七世紀初頭に築造され、八世紀初頭まで追葬がおこなわれていた。象嵌文様は倒卵形角八窓鍔一点に施されている。石室からのほかの出土遺物は直刀九本、鍔七点、刀子八本、鉄鏃四一本、轡四点、雲珠一点、辻金具八点、鉸具一六点、留金具三七点、鞍金具一〇点、勾玉一点、玉類四九点、釧一点、耳環一六点、刀装具多数やわずかな須恵器片などである。数体の人骨も出土している。周溝内からは須恵器が四四点以上（蓋、杯、高杯、提瓶、平瓶、フラスコ瓶、𤭯、壺、甕など）と主体的に出土し、土師器は高杯四点のみの出土だった。

象嵌文様は銀象嵌で、鍔の耳に波状線が施され、その左右の凹部分にC字状文あるいは円文が配されている。

飯田市上溝一一号古墳は伊那郡麻続郷に所在したと考えられる。

推定径一四《メートル》の円墳と考えられ、埋葬施設は全長七・一《メートル》、幅一・八五《メートル》、残存高さ一・一《メートル》の両袖式の横穴式石室で、出土遺物から六世紀末葉の築造と考えられている。象嵌は出土した円頭柄頭（典型的な円頭ではない）に銀象嵌が施されている。石室からのほかの出土遺物は円頭柄頭装飾直刀一本、刀子一本、鉄鏃五本、轡一点、鉸具二点、留金具一〇片、ガラス小玉一〇点、耳環一一点、須恵器（蓋、高杯、杯、フラスコ形瓶、𤭯）三三点、土師器（高杯）四点などが出土している。

象嵌文様は、円頭柄頭上面縦方向に直線二本線が描かれ、その間に円文が配され、直行して縁金具に添って横方向に直線二本線が描かれ、その間にC字状文が配されている。周辺に企画性がみられない二本の波状線や山形文、唐草文のようなものが多数施されている。

文様の類例として、奈良県生駒郡平群《へぐり》町の七世紀初頭築造の梨本二号古墳、特に柄頭中央付近の大きく波打ったような文様は岡山県津山市の六世紀後半から七世紀初頭築造の緑山一七号古墳出土例が最も近い例と考えられる。

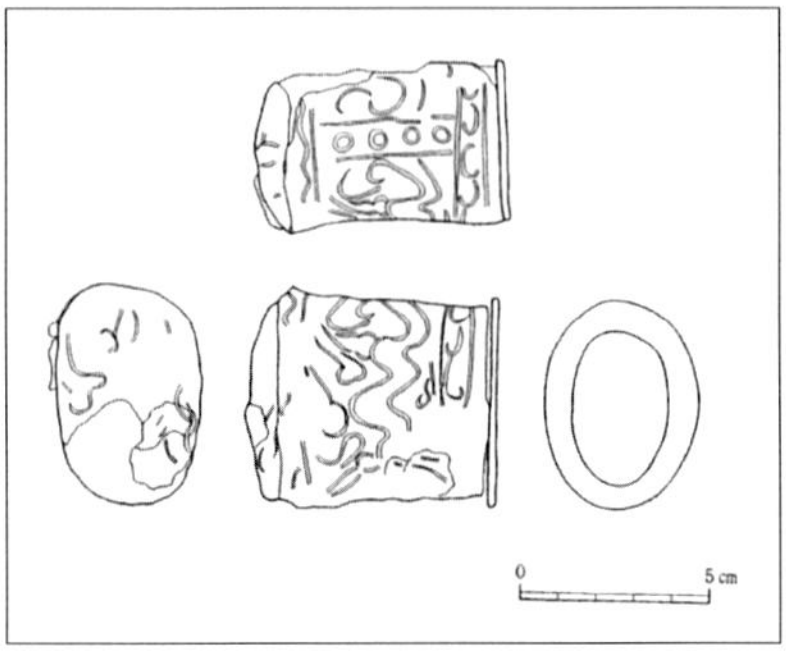
図76　上溝11号古墳出土象嵌装大刀
（澁谷　2004）

東国舎人について

大化前代の舎人部《とねりべ》は国造またはその一族から集められ、主として東国の国造の子弟からなる親衛軍である。また、大化直前の天皇の軍事的、経済的基礎は東国にあり、東国国造の子弟による舎人が天皇の宮城を護った。

六世紀以降の東国舎人の成立については、トウトウミ、シナノ以東では上毛野氏《かみつけのうじ》以外には強大な有力在地豪族が存在せず、弱小であった東国の在地豪族たちは天皇家との隷属的な結び付きを強めることにより、それぞれの地位を固めた。東国の在地豪族たちはその代償として一族により編成した少数精鋭の兵力を天皇の側近として派遣し忠誠を誓ったと考えられている。

七世紀以降の舎人の分布は駿河国や科野国（信濃国）を中心とする東国に多く、国造の後裔とされる郡司の一族に多くみられる。六世紀に設定された宮号舎人がスルガ、イズ、シナノを中心に多く分布することは、中部地域が統一的に中央の貢納、奉仕システムに編成されたと考えられている。

科野の金刺舎人と他田舎人

舎人名は、六世紀後半から七世紀にかけて、東国の国造を中心とする地方の有力在地豪族の子弟たちが天皇の護衛や雑務のために宮に仕えたことにより、その宮名にちなんだ舎人名を賜り名乗ったとされている。「金刺舎人《かなさしのとねり》」名は、欽明天皇（在位五三九年～五七一年）の宮「磯城嶋金刺宮《しきしまのかなさしのみや》」に由来し、「他田舎人《おさだのとねり》」名は敏達《びだつ》天皇（在位五七二年～五八五年）の宮「訳語田幸玉宮《おさだのさきたまのみや》」に由来したと考えられている。

『日本書紀』や『釋日本紀』の記載から、天武元（六七二）年の壬申《じんしん》の乱では、科野国や駿河国の東国舎人が大海人皇子《おおあまのみこ》（天武天皇）側につき活躍したのではないかとも言われている。

シナノの地域性の中で六世紀中頃以降には国造家となった有力在地豪族やその一族の中小在地豪族たちは、家父長的世帯共同体の成立という社会構造の変化により、舎人という特定の職掌として金刺

表19　科野・信濃に関わる金刺舎人氏と他田舎人氏（傳田　二〇〇一）

国	郡	人名・地名等	官職等	年代	出典
信濃	伊那	金刺舎人八麻呂（八麿）	大領・信濃国牧主当 外従五位下勲六等	天平神護元（七六五）年正月七日 神護景雲二（七六八）年正月二十八日	『続日本紀』同日己亥条 『類聚三代格』
	諏方	金刺舎人貞長	右近衛将監 正六位上	貞観五（八六三）年九月五日	『日本三代実録』同日甲午条
	水内	金刺舎人若嶋 ↓金刺舎人連若嶋	女孺 正七位下↓外従五位下↓ 従五位下	宝亀元（七七〇）年十月二十五日 同三（七七二）年正月二十四日 同八（七七七）年正月十日	『続日本紀』各同日条
	埴科	金刺舎人正長	大領 外従七位上↓借外従五位下	貞観四（八六二）年三月二十日	『日本三代実録』同日戊子条
	（埴科）	金刺舎人真清		八世紀初頭前後	屋代木簡一〇
	（埴科）	金刺舎人小尼		八世紀前半	屋代木簡一一六
	（埴科）	金刺舎人		八世紀前半	屋代木簡八七
	（埴科）	金刺部富□		八世紀前半	屋代木簡五九
	（埴科）	金刺部若侶		八世紀前半	屋代木簡八七
	（埴科）	金刺部		八世紀前半	屋代木簡五九・八八
信濃	伊那	他田舎人千世売	爵二級	神護景雲二（七六八）年六月二十三日	『続日本紀』同日乙未条
	筑摩	他田舎人国麻呂	大領　外正七位上	天平勝宝四（七五二）年十月	正倉院宝物白布『正倉院宝物銘文集成』
	小県	他田舎人大島	国造	天平勝宝七（七五五）年二月二十二日	『万葉集』巻二〇―四四〇一
	小県	他田舎人藤雄	権少領　外正八位下↓借下従五位下	貞観四（八六二）年三月二十日	『日本三代実録』同日戊子条
	小県 跡目里	他田舎人蝦夷			『日本霊異記』下第二二
	（小県）	他田真樹		天慶元（九三八）年二月二十九日	『将門記』同日条
	埴科 船山（郷）	他田舎人八□		八世紀前半	屋代木簡一〇〇
	柏村里 （埴科）	他田舎人古麻呂		乙丑（六六五）年	屋代木簡四六
	（埴科）	他田部		八世紀初頭前後	屋代木簡一一

舎人や他田舎人となり、ヤマト王権の職制に組み込まれながらそれぞれの地域を支配する正当性と強化をはかったと考えられる。

周辺地域の象嵌装大刀の出土状況とその成果

埼玉県から東京都にかけての武蔵国と考えられる地域では二四基の古墳から象嵌装大刀が出土している。

児玉郡美里町広木大町古墳群では古墳群の中心となる前方後円墳（九号墳）と、その周辺の数基の円墳から五点の象嵌装大刀が出土している。武蔵国では広木大町古墳群の出土例を含め六世紀第３四半期に出現し、西暦六〇〇年前後に最もその副葬が盛んになる。出現当初は、古墳群の盟主的存在である前方後円墳が中心で、しだいに古墳群のなかでも比較的有力な規模を有する円墳に副葬されるようになる。広木大町古墳群を形成した集団はヤマト王権との関係をある期間保持し、象嵌装大刀を拝領する資格を持っていたことを意味する。

群馬県を中心とする上野国では、平成十（一九九八）年の段階で刀装具に象嵌が施された事例は五一例確認されている。その内訳は素環頭大刀刀装具一例、円頭大刀柄頭一一例、頭椎大刀柄頭一例、捩り環頭大刀刀装具一例、鞘尻金具三例、鍔二八例、縁金具三例、鎺一四例、刀身五例である。

邑楽郡邑楽町松本二三号古墳出土の鞘尻と考えられる円頭状金具に施された象嵌文様（金具開口部肥厚部への半円文と側面への羽状文）の類似例として、須坂市本郷大塚古墳出土鞘尻例と京都府京丹後市湯舟坂二号古墳出土柄頭例をあげることができる。

上野国出土の象嵌装大刀の年代は、六世紀初頭以前と考えられる伊勢崎市台所山古墳出土環頭大刀を除くと、その大半は六世紀後半でも新しい時期から七世紀前半の製作年代が想定され、環頭大刀、頭椎大刀、圭頭大刀などの装飾付大刀の盛行時期とほぼ重複する。

象嵌装大刀が出土した古墳で明らかな事例は、前方後円墳二例、円墳二〇例である。

装飾大刀や象嵌装大刀はヤマト王権が製作、管理し、六世紀から七世紀にヤマト王権とその周辺勢力から地方の有力在地豪族や地域の中小在地豪族たちに下賜されたと考えられる。

上野国の象嵌装大刀出土古墳数が東国の中でも突出して多いことを考えれば、六世紀末葉から七世紀初頭には、上毛野氏以外の弱小在地豪族たちも生き残りをかけてヤマト王権の親衛騎兵隊として「東国舎人」化したと考えられる。

象嵌装大刀が副葬された科野国の古墳の性格について

善光寺平では積石塚古墳の八丁鎧塚一号古墳の築造や大星山二号古墳出土馬具などから五世紀第2四半期までは、高句麗や百済との関係が想定されるものの、五世紀第2四半期を境に榎田遺跡出土木製馬具や下伊那地域の割見塚古墳周溝内の馬墓などから、ともに百済との関係が多くみられるようになる。

先にも述べたが『日本書紀』からも科野（斯那奴）氏が継体天皇から欽明天皇の時期に「斯那奴阿比多」、「科野次酒」、「科野新羅」ら日系百済官人として登場してくることなどから、遺構や遺物のみならず、文献史料からもシナノと百済との関係が密接だったことがうかがえる。

五世紀以降の馬匹生産や須恵器生産などとともに象嵌製作も渡来した多くの百済工人が関与したと考えられ、おそらく五世紀第2四半期を境に、日本列島内では百済出身者から馬匹生産をはじめとする新来文化が多く伝えられる社会となっていたと考えられる。

シナノでは蔀屋北遺跡や周辺遺跡で確認された百済人による馬匹生産に関わる集団との関係が考えられる榎田遺跡などの事例があるが、東国ではヤマト王権を介して百済出身者からさまざまな新来文化が伝えられたものと考えられる。

考古資料や文献史料から考えられる五世紀中頃以降のシナノと百済との関わりを考えれば、ヤマト王権がシナノをヤマト王権の職制に組み込み、有力在地豪族たちとのつながりを強め、重要な地として認識していたと考えられる。それはシナノの地で馬匹生産やその管理を進めたことや、有力在地豪族たちのみならず中小在地豪族たちが騎馬武人として成長したことが古墳から出土する馬具の総数からもうかがえる。

今回あつかった象嵌装大刀に関連して、シナノに環頭大刀が下賜されるようになるのは飯田市平地一号古墳、弓矢古墳、金掘塚古墳ほかの資料にみられるように、六世紀第3四半期から六世紀第4四半期にかけて築造された円墳に副葬される傾向がある。また同様に、今回あつかった象嵌装大刀も伝世資料を除くと六世紀第4四半期から七世紀第1四半期の円墳を中心に副葬されている傾向がみられ、環頭大刀が郡単位を勢力基盤とする有力在地豪族（舎人氏）たちへ下賜され、象嵌装大刀が郷単位を勢力基盤とした中小在地豪族（舎人氏）たちへ下賜されたと考えられる。ただし長野県内の六世紀以降の横穴式石室を埋葬施設とする前方後円墳は、過去の盗掘が多いこと、保存を前提に調査がおこなわれていないことなどから、六世紀以降の前方後円墳への副葬品の実態は不明で、環頭大刀や象嵌装大刀の前方後円墳への副葬実態についても不明であることを考慮しなくてはいけない。

シナノでは五世紀前半以降、百済工人の協力による馬匹生産により有力在地豪族たちがヤマト王権との関係を強化し、六世紀に入り科野国造氏の子弟を中心に有力在地豪族たちの子弟が欽明天皇や敏達天皇の警護に仕えたことから、ヤマト王権の武人的役割を担う一員である「舎人」としての性格を強めていくこととなる。

科野（信濃）の金刺舎人氏や他田舎人氏はシナノ国造氏の一族と考えられ、七世紀から九世紀の文献史料では伊那郡、諏方郡、埴科郡、水内郡に存在し、郡領クラスとなった金刺舎人氏もいた。また他田舎人氏は伊那郡、筑摩郡、埴科郡、小県郡に存在し、それぞれ譜代の郡司層だった可能性がある。これら金刺舎人氏や他田舎人氏のことをふまえれば、ヤマト王権の職制の中で東国舎人としての職務を担ったことはまちがいない。

象嵌装大刀は環頭、円頭、方頭、頭椎、圭頭大刀や馬具などとともに副葬されているケースが多く、武器としての価値を考えれば、誰でもが保有できたものではない。あくまでもヤマト王権が地方の有力在地豪族たちとの紐帯関係を示すため、特に武人としてヤマト王権と関わった氏族に下賜した品だったと考えられる。

シナノでも六世紀第4四半期から七世紀第1四半期の円墳を中心に象嵌装大刀が出土する傾向があり、六世紀後半以降に武人的職制を担った「舎人」という職制が科野国でも成立していたとすれば、東国舎人として職制に組込まれ、その勢力基盤の領域を郡や郷を単位とした金刺舎人氏や他田舎人氏それぞれの一族の古墳に、ヤマト王権から下賜された象嵌装大刀が副葬されたものと考えられる。

それでは象嵌装大刀が副葬された古墳の被葬者はどのような人物だったのか。以下、象嵌装大刀が副葬された古墳個々について検討してみたい。

本郷大塚古墳は高井郡稲向郷に所在したと考えられる。

高井郡関連の文字資料には金刺舎人氏や他田舎人氏の名前はみられない。本郷大塚古墳には九点の轡が副葬されていた。本郷大塚古墳の被葬者は馬に関わる被葬者であることは疑う余地はないと考えられ、高井郡稲向郷で後の高井牧につながる初期牧で馬匹生産を管理し騎馬武人として当地に勢力基盤をもっていた舎人氏だったと考えられる。

長野市湯谷一号古墳は水内郡大田郷に所在したと考えられる。

水内郡関連の文字資料には「金刺舎人若嶋」（女孺《にょじゅ》 従五位下）（七七〇年）などがみられる。明日香村石神遺跡出土木簡から、七世紀後半に水内郡（評《こおり》）赤生郷に「他田舎人氏」が居住していた可能性が考えられている。湯谷一号古墳からは轡三点と馬具関連資料が多数出土していることを考えれば、湯谷一号古墳の被葬者は騎馬武人と考えられ、石神遺跡出土木簡が七世紀後半という古墳の年代に近いことから他田舎人氏に関わる一族だった可能性が考えられる。

長野市南曾峯古墳は水内郡古野郷に所在したと考えられる。

水内郡関連の文字資料については、湯谷一号古墳同様に「金刺舎人若嶋」（女孺 従五位下）（七七〇年）などがみられる。他田舎人に関わる一族だった可能性が考えられる。

千曲市森一二号古墳は埴科郡大穴郷に所在したと考えられる。

埴科郡関連の文字資料には「金刺舎人真清」（八世紀初頭前後）他や「他田舎人古麻呂」（六六五年）などがみられる。埴科郡では金刺舎人氏や他田舎人氏それぞれの一族の勢力基盤が想定される。森一二号古墳の被葬者は、「他田舎人古麻呂」が古墳に近接した屋代遺跡群で出土した木簡に記載され、記載年代も六六五年と古墳築造年代に近いことから、他田舎人氏一族と考えられる。

塚穴古墳は小県郡跡部郷に所在したと考えられる。

小県郡では『万葉集』天平勝宝七（七五五）年二月二十二日の「他田舎人大島」（国造）、『日本三代実録』貞観四（八六二）年三月二十日の「他田舎人藤雄」（権少領 外正八位下→借下従五位下）、『日本霊異記』の「他田舎人蝦夷」、『将門記』天慶元（九三八）年二月二十九日の「他田真樹」などの名前がみられる。

また古墳の立地が筑摩郡から保福寺峠を越え、小県郡へ通じる古東山道の一路を意識した選地だったことや、出土した副葬品から九世紀頃まで追葬行為がおこなわれていたことから、上記文献に記載された他田舎人氏一族の古墳と考えられる。

陣馬塚古墳は小県郡須波郷に所在したと考えられる。

小県郡関連の文字資料には塚穴古墳の解説で示したように「他田舎人大島」（国造）（七五五年）ほかがみられ、また北西に接する埴科郡でも「他田舎人古麻呂」（六六五年）などがみられることから、小県郡では他田舎人氏が郡司層として存在していたと考えられ、陣馬塚古墳の被葬者は他田舎人氏一族と考えられる。

佐久市土合一号古墳と山の神一号古墳は佐久郡茂理郷に、佐久市田口古墳と五庵古墳は佐久郡青沼郷に所在したと考えられようか。

金刺舎人氏や他田舎人氏に関わる文字資料は佐久郡では確認されていない。しかし六世紀後半以降、佐久郡内の古墳からは象嵌装大刀や多くの馬具が出土していること、さらに平安時代の望月牧につながると考えられる牧が七世紀前半には設営されていたと考えられることから、馬匹生産の管理をおこないながら騎馬武人として当地に勢力基盤を持った舎人氏だったと考えられる。

柏木古墳は筑摩郡山家郷に所在したと考えられる。

筑摩郡関連の文字資料には「他田舎人国麻呂」（大領《だいりょう》 外正七位上）（七五二年）がみられる。柏木古墳が所在する松本市中山古墳群の形成が平安時代の埴原牧につながる牧に関わった集団の墓と考えられることから、柏木古墳の被葬者は六世紀前半に埋葬された人物以来約一〇〇年間追葬された人びとで、六世紀後半から他田舎人氏を名乗り「大領 他田舎人氏」につながる人物だったと考えられる。

安曇野市西穂高古墳群A群八号古墳（＝狐塚一号古墳）は安曇郡八原郷に所在したと考えられる。安曇郡関連の文字資料には金刺舎人氏や他田舎人氏の名前はみられないことから、詳細については不明である。

諏訪郡下諏訪町天白古墳は諏訪郡土武郷に所在したと考えられる。

諏訪郡関連の文字資料には「金刺舎人貞長」（右近衛将監《うこんえしょうげん》 正六位上）（八六三年）がみられる。土武郷は諏訪大社下社の中心的存在だった金刺舎人氏の勢力基盤だったと考えられていることから、天白古墳の被葬者は金刺舎人氏一族だったと考えられる。

小丸山古墳は諏訪郡桑原郷に所在したと考えられる。

小丸山古墳の被葬者は、天白古墳の被葬者同様に金刺舎人氏一族だった可能性が考えられ、象嵌装大刀を推古朝期のヤマト王権から下賜されたことにとどまらず、飛鳥寺埋納の挂甲に用いられた最新技術をもつ挂甲や飛鳥寺埋納の馬鈴（虎頭鈴）と同じ型式の馬鈴を所持していた。さらに驚くことにこの馬鈴（虎頭鈴）と同じ型式の馬鈴（虎頭鈴）が、「額田部臣」の銀象嵌銘文大刀が出土した島根県松江市の全長二一・五メートルの前方後方墳岡田山1号古墳からも出土している。

先にも述べたが、蘇我氏を中心とするヤマト王権中枢部の有力豪族と密接なつながりがあったと考えられる。

茅野市釜石古墳と永明寺山古墳は諏訪郡山鹿郷に所在したと考えられる。平成二十五（二〇一三）年に発見され調査された永明寺山古墳は釜石古墳と近接した永明寺山斜面の上段に築造されている。小古墳群内の同様の小規模円墳に象嵌装大刀が副葬されていたことを考えれば、六世紀末葉から七世紀初頭に設営された牧で馬匹生産を管理し騎馬武人として舎人となった一族の墓だった可能性が十分に考えられる。永明寺山古墳群の被葬者は天白古墳や小丸山古墳の被葬者同様に金刺舎人氏一族だった可能性が考えられる。

源波《げんなみ》古墳は前方後円墳の松島王墓古墳とともに諏訪郡返良《てら》郷に所在したと考えられる。

諏訪郡関連の文字資料には「金刺舎人貞長」（右近衛将監　正六位上）（八六三年）がみられ、また南に接する伊那郡には文字資料として「金刺舎人八麻呂」（大領　信濃国牧主当　外従五位下勲六等）（七六五年）や「他田舎人千世売《ちよめ》」（爵二級）（六七八年）がみられることなどから、金刺舎人氏に関わる一族だった可能性が考えられる。

上溝一一号古墳は伊那郡麻続郷に所在したと考えられる。科野国造の初見が『日本書紀』雄略紀十一年条にあり、また飯田市を中心とする下伊那地域に五世紀後半から前方後円墳が密集することから、下伊那地域に科野国造の本貫地があったと考えられることはすでに述べた。上溝一一号古墳の築造の年代が「他田舎人千世売」の記載年代と近いことから、被葬者は他田舎人氏に関わる一族だった可能性が考えられる。

このように六世紀末葉から七世紀の舎人氏は親衛騎兵隊としての性格を帯びていた。しかし令制以後の舎人氏は地方の郡司層が地方役人として「○○舎人」の名を名乗ることとなった。令制以後は古墳時代の舎人氏とは全く異なった職制の呼称として引き継がれた。

推古朝期の科野国

出土木簡や文献史料にみられる文字資料から、金刺舎人氏と他田舎人氏がこの科野国から信濃国の地でヤマト王権や律令国家の職制に組み込まれ機能していたことは事実である。また科野国に限ったことではないが、東国で六世紀後半以降、特に六世紀末葉から七世紀前半という推古朝期を中心とする時代の古墳に象嵌装大刀が副葬されることも事実である。

屋代木簡や文献史料などの文字資料の研究から、科野国では科野国造氏あるいは一族から分かれた金刺舎人氏と他田舎人氏は七世紀後半以降科野国（信濃国）の郡司の二大勢力となっている。文字資料からの「舎人」研究や考古資料からの「象嵌装大刀」の研究から、遅くても六世紀後半以降には金刺舎人氏と他田舎人氏はそれぞれ譜代的な郡司となり、さらに分かれて郷単位に勢力基盤を置いたそれぞれの一族がいたと考えられる。

シナノでは六世紀第3四半期から第4四半期にかけての平地一号古墳、弓矢古墳、金堀塚古墳などから出土した環頭大刀は、ヤマト王権あるいは王権を構成する譜代的畿内有力豪族たちから郡単位の馬匹生産を管理した有力在地豪族たちへ下賜されたものだったと考えられる。その後、郷単位に勢力基盤を置き、引き続き馬匹生産の管理および親衛騎兵隊としてヤマト王権の職制に組み込まれた東国舎人としての金刺舎人氏と他田舎人氏の一族に象嵌装大刀が下賜されたと考えられる。

象嵌装大刀出土古墳は馬具を副葬品とした古墳ばかりではなく、馬具が副葬されていなかった古墳にもみられる。象嵌装大刀出土古墳被葬者は馬匹生産を管理し、多くがヤマト王権の親衛騎兵隊としていわゆる東国舎人の地位を認められた被葬者に下賜されたものと考えられるが、馬具が副葬されていなかった被葬者は、東国舎人の一員でありながら、武人的役割を果たした後、文人的役割を担い活躍した「舎人氏」だったとも考えられる。

六世紀末葉から七世紀前半に、象嵌装大刀をヤマト王権から下賜された有力在地豪族たちに加え中小在地豪族たちがこの科野国の地にも現れる。そして七世紀中頃になると、飛鳥諸京で使用されている都城土器が科野国に持ち込まれるようになる。これは律令国家を目指す飛鳥の宮都と科野国との間に人びとの往来があったことを物語っている。

このような時代背景の中、前方後円墳築造がヤマト王権との密接な紐帯関係を物語ることを前提にすると、諏訪地域は四世紀から六世紀中頃まではヤマト王権との密接な関係は薄かった。また馬匹生産や渡来人などの往来などを示す資料はみあたらない。しかし小丸山古墳出土資料から六世紀後半から七世紀前半頃になると、科野国の他地域同様に推古朝期のヤマト王権の組織に組み込まれるが、他地域よりも急激に親密な関わりをもつ有力在地豪族が登場したと考えられる。

小丸山古墳と同様に評価できる古墳が大室古墳群にある。二四四号古墳である。

大室二四四号古墳は、大室谷支群の扇央部最前面に位置し、ほかの古墳とは立地を異にしている。墳丘は径約一八・一×一五・二メートル、残存高さ八・五メートルの円墳である。埋葬施設は両袖式の横穴式石室で、玄室長六・五メートル、幅二・三メートル、高さ二・五メートル、羨道長四・二五メートル、幅一・五メートル、高さ一・五メートルを測る。墳丘規模そして埋葬施設の規模は大室古墳群内最大規模である。

保存目的の調査で出土遺物は多くないが、玄室入口部から金銅製馬鈴、羨道内から土師器一点、墳丘から須恵器一三点、土師器五点が出土している。金銅製馬鈴は全高六・〇センチ、最大外径五・一センチを測り、当時期の金銅製馬鈴としては大形で、使用された時期は陶邑ＴＫ二〇九型式期の六世紀末葉から七世紀前半と考えられている。

当古墳の墳丘立地や規模、また埋葬施設の規模やわずか1点の出土金銅製馬鈴だが、推古朝期の当地域の有力在地豪族の墓（首長墓）と考えられる。

盗掘を受け詳細は不明だが、玄室の清掃時に金銅製馬鈴が石室内から発見されたことを考えれば、当埋葬施設には六世紀末葉から七世紀前半にかけてのヤマト王権との関わりを示す馬具や象嵌装大刀などの資料が副葬されていた可能性が考えられる。

金刺舎人氏あるいは他田舎人氏として当地域を統治しながら馬匹生産に関わっていた人物の墓と考

えられる。

参考文献

大塚初重・小林三郎・石川日出志編『信濃大室積石塚古墳の研究』Ｉ　東京堂出版　一九九三年

澁谷恵美子「第Ｖ章 第２節 １武器・馬具（１）装飾付大刀」『上溝11号古墳』　長野県飯田市教育委員会　二〇〇四年

田中新史「八窓鍔」『井上コレクション弥生・古墳時代資料図録』　小川貴司　一九八八年

傳田伊史「五・六世紀のシナノをめぐる諸問題について」『生活環境の歴史的変遷』　地方史研究協議会編　雄山閣　二〇〇一年

長野県須坂市教育委員会 他『長野県須坂市 本郷大塚古墳』　一九九二年

西山克己「象嵌装大刀を持ったシナノの舎人たち」『長野県立歴史館』第22号　長野県立歴史館　二〇一六年

西山克己「象嵌装大刀を持ったシナノの舎人たち２」『長野県立歴史館』第23号　長野県立歴史館　二〇一七年

五　明科廃寺造営の背景とその意義

明科廃寺の発見とその研究

昭和二十八（一九五三）年一月十五日以降、安曇野市（旧明科町）明科中川手の個人宅の整地工事中に布目瓦がみつかったことから古代寺院跡の可能性が示唆されることとなった。

同年十月、一月に布目瓦が確認された個人宅近隣の水田で土地改良をおこなったところ、再び多量の布目瓦片と礫敷遺構が発見されたため、周辺部を含め第一次調査がおこなわれた。

昭和二十九年五月には第二次調査がおこなわれた。

平成十一（一九九九）年四月から五月には、昭和二十八年に発見のきっかけとなった個人宅の住宅建て替えに伴う調査がおこなわれた。軒丸瓦、軒平瓦、丸瓦、平瓦、瓦塔、土師器、須恵器、灰釉陶器などが出土し、寺院に関わる遺構も発見された。

平成二十五年一月には明科廃寺から出土した軒丸瓦が、同時期に岐阜県飛騨市にあった寿楽寺廃寺から出土した軒丸瓦と同じ木製版型を使って作られたことがわかった。

明科廃寺周辺には明科廃寺から犀川を挟んで北西約一・五キ《キ》ロ《ロ》の安曇野市七貴塩川原に明科廃寺の瓦や須恵器を生産した桜坂古窯址が操業され、北へ約七五〇メートル《メートル》には安曇野市明科東川手所在の潮古墳群

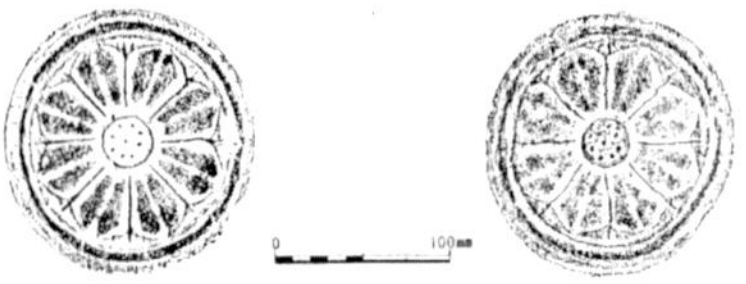

図77　明科廃寺出土瓦（左）（大澤　2000）
寿楽寺廃寺出土瓦（右）（小渕　2005）

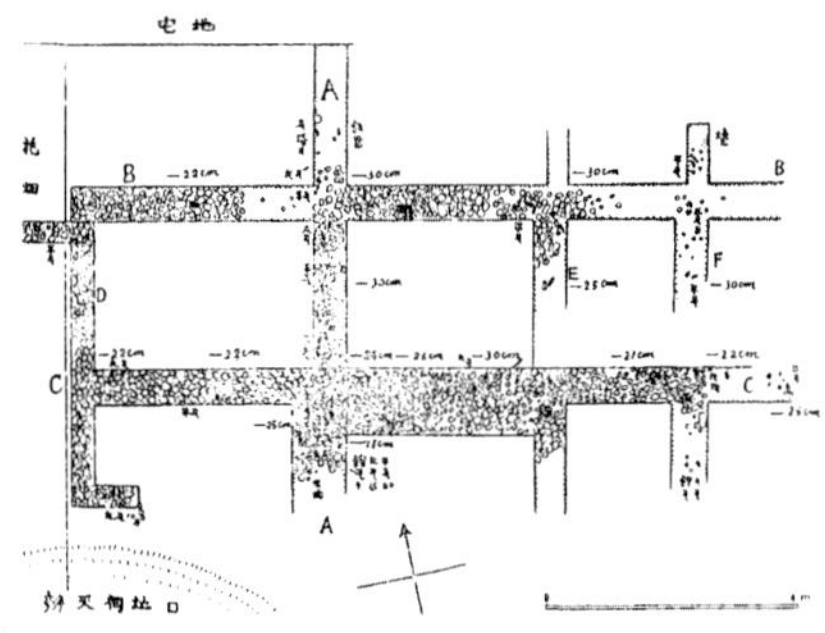

図78　明科廃寺第２次調査で発見された石敷遺構（原　1955）

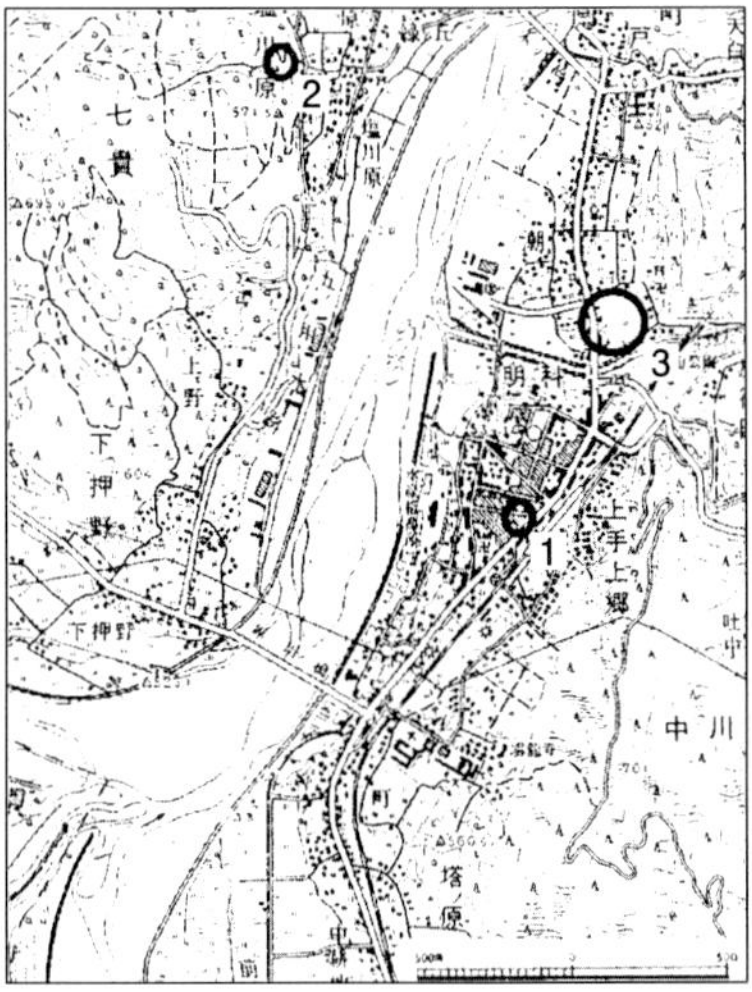

図79　　1：明科廃寺　2：潮古墳群
3：桜坂古窯址（西山　2014）（国土地理院　1993　2万5千分の1　明科）

が七世紀に築造されることとなる。

潮古墳群六号古墳（以後：潮六号古墳）は一辺が南北一五メートル×東西一二メートルの周溝を伴う隅丸方墳である。このように白鳳時代（七世紀後半から八世紀初頭頃の時期）(註1)の古代寺院と寺院創建時の瓦窯、創建氏族に関わると考えられる古墳群が発見されたことは、この地域の古代史を明らかにする上で極めて重要である。

さらに明科廃寺造営年代は、明科廃寺第一型式とする素弁八葉蓮華文瓦が、滋賀県衣川廃寺や山梨県天狗沢瓦窯址出土瓦と類似し、衣川廃寺の造営年代は七世紀第２四半期中頃、天狗沢瓦窯址の操業年代が七世紀第３四半期と考えられることから、明科廃寺の造営年代は七世紀第３四半期と考えられ、県内最古級の寺であることがわかった。

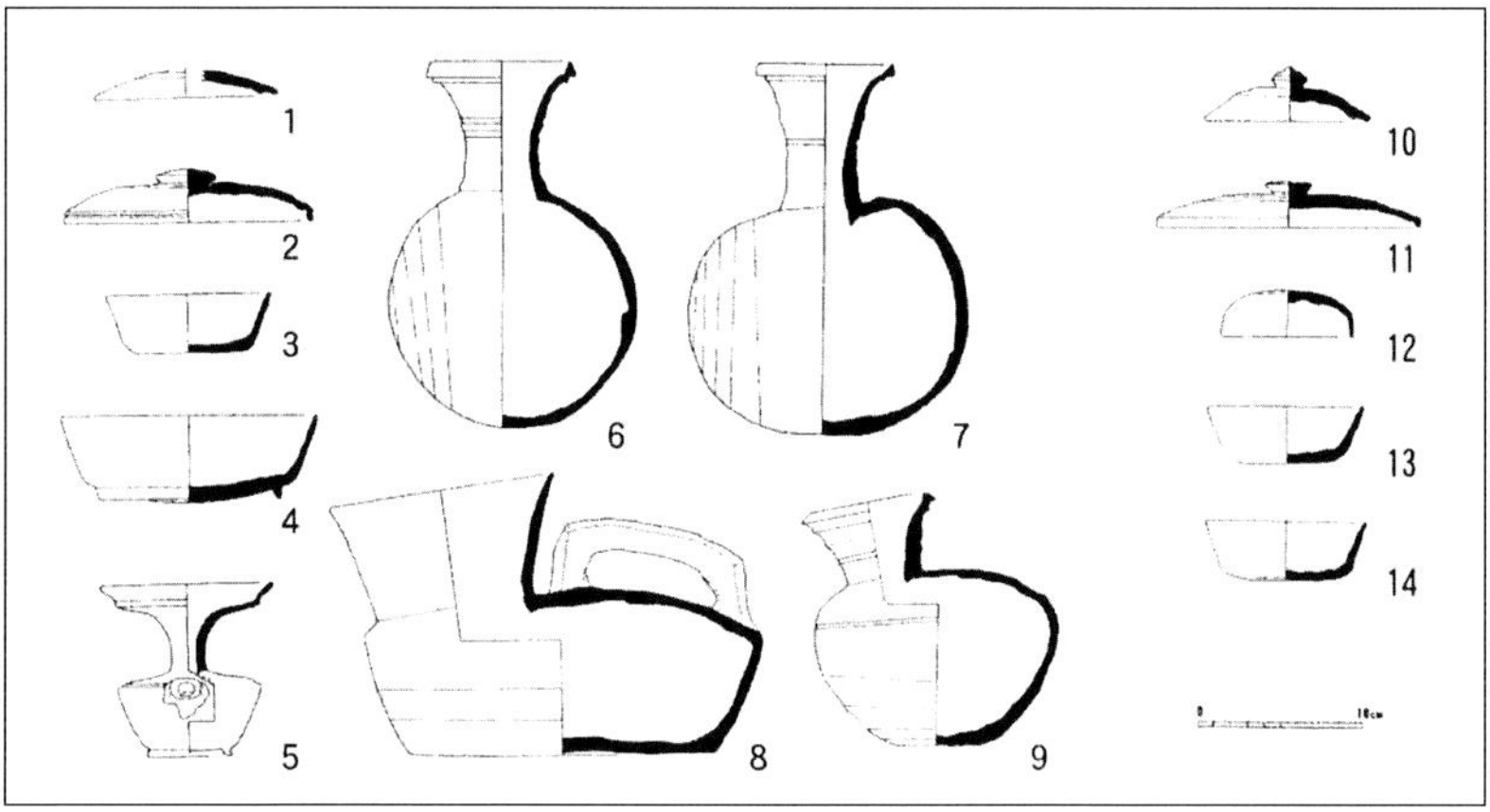

図80　潮古墳群の年代を示す参考資料（潮8号古墳出土土器）　1～9＝西側周溝内
10～14＝東側周溝内（山越　2005）

寺の造営については、飛鳥時代（六世紀末葉から七世紀前半の時期）[註1]はヤマト王権中枢部の有力豪族たちを中心に、蘇我氏が建立した飛鳥寺（法興寺）のように氏寺として五〇寺ほどが造営された。白鳳時代にはヤマト王権中枢部を中心に仏教による鎮護国家を目指し大官大寺のように官寺が造営されるようになる。白鳳時代には地方でも寺の造営が進み、有力在地豪族たちにより各国や郡、郷に鎮護国家政策による官寺や氏寺としてそれぞれの本貫地に造営され、持統六（六九二）年の調査では全国に五四五寺があったとされている。

七世紀に入ると関東地方にみられるように、有力在地豪族たちが寺を造営し、また寺造営に関わった人物の墓として方墳が近接して造られている。

潮六号古墳は七世紀末葉から八世紀初頭のもっとも終末期の古墳で、古墳の被葬者は明科廃寺の造営に関わった人物の可能性が考えられる。

科野国（信濃国）の七世紀から八世紀の寺

倉澤正幸氏によると、七世紀後半から八世紀の科野国（信濃国）の古代の寺は、現在のところ一三か所推定されている。この中で最も早い造営と考えられる寺が明科廃寺（筑摩郡）で七世紀第3四半期、続いて長野市善光寺境内周辺（水内郡）、須坂市左願寺廃寺（高井郡）、長野市上石川廃寺（更級郡）、千曲市雨宮廃寺（埴科郡）、上田市吉田廃寺（小県郡）、佐久市長土呂廃寺（佐久郡）、松本市大村廃寺（筑摩郡）、飯田市上川路廃寺（伊那郡）の八寺が七世紀第4四半期、飯田市前林廃寺（伊那郡）が八世紀第1四半期、埴科郡坂城町込山廃寺（埴科郡）、上田市信濃国分寺跡、信濃国分尼寺跡（小県郡）、飯田市毛賀御射山廃寺（伊那郡）の三寺が八世紀第3四半期と考えられている。

明科廃寺出土瓦の性格

明科廃寺創建瓦として出土した瓦は素弁八葉蓮華文軒丸瓦である。七世紀の寺には素文蓮華文や単弁蓮華文あるいは複弁蓮華文などさまざまな瓦が用いられているが、それぞれの瓦の文様、製作技法やその分布などからヤマト王権と地方の有力在地豪族たちとの関係など、その社会的背景をみいだすことができる。明科廃寺創建時の素弁八葉蓮華文軒丸瓦は、東山道沿いの近江国衣川廃寺（滋賀県大津市）、飛騨国寿楽寺廃寺（岐阜県古川町＝現 飛騨市）、甲斐国天狗沢瓦窯址（山梨県甲斐市：旧中巨摩郡敷島町）に点在する素弁八葉蓮華文軒丸瓦や、北陸道沿いの近江国穴太廃寺（滋賀県大津市）、越前国深草廃寺（福井県武生市）、越中国御亭角廃寺（富山県高岡市）、越後国横滝山廃寺（新潟県長岡市：旧三島郡寺泊町）に点在する鎬をもつ素弁八葉蓮華文軒丸瓦とともに近江国を起点とし伝播したものと考えられ、これらの瓦を持つ寺院の造営は近江国二廃寺を除いて、天智朝期から天武朝期にかけてのおよそ7世紀第2四半期後半から7世紀第4四半期中頃の年代が考えられている。

明科廃寺の軒丸瓦の製作技法にみられる縦置き型一本作り軒丸瓦は、南滋賀廃寺（滋賀県大津市）出土の川原寺式軒丸瓦を初現とするなど近江国にみられる特徴的な瓦で、明科廃寺の素弁八葉蓮華文軒丸瓦と同笵同系統の瓦を使用した寿楽寺廃寺や天狗沢瓦窯址にもみられることから、明科廃寺の造営時にも近江国での瓦作りや寿楽寺廃寺、天狗沢瓦窯址での瓦作りと同様の組織や工人が関与したと考えられる。

瓦の生産と供給

明科廃寺創建時の瓦として出土した素弁八葉蓮華文軒丸瓦は、平成九（一九九七）年の桜坂古窯址の調査により、犀川を挟んだ桜坂古窯址で焼かれたことが確認されている。明科廃寺は筑摩郡であり、桜坂古窯址は安曇郡となるが、郡を越えての瓦の供給が何を示しているのか、また瓦生産や瓦工人とはどのようなものだったのか。

まず国や郡を越えた瓦窯とはどのようなものだったのか。

奈良県明日香村にある飛鳥寺（法興寺）は五八八年に造営がはじまったとされている。我国ではじめての瓦葺きの本格的な寺である。

我国最初の本格的な伽藍をもった飛鳥寺の瓦は、南東に約一〇〇メートル離れた飛鳥寺瓦窯跡で生産されたことが確認されている。他にも寺と瓦窯が同国同郡内の近接地に造られる例は多く確認されているが、国や郡を越えた瓦窯から寺への瓦の供給例はどのような状況であろうか。

瓦窯から遠隔地の寺への瓦の供給は、京都市幡枝瓦窯跡（山城国）から約五キロ離れた京都市北野廃寺（山城国）へ、京都府宇治市隼上り瓦窯跡（山城国）から約五〇キロ離れた奈良県明日香村豊浦寺（大和国）へ、京都府八幡市平野山瓦窯跡（山城国）から約三〇キロ離れた大阪市四天王寺（摂津国）へ瓦が供給されている。また隼上り瓦窯跡から幡枝瓦窯跡と平野山瓦窯跡に瓦笵が移動している。

なぜ遠隔地生産がおこなわれたのか。

窯業生産に大切なことは、良質の土（粘土）を確保すること、そして窯を維持できることである。また窯業生産は季節労働的な面があることから、遠隔地型の窯は瓦陶兼業窯とすることで、瓦の需要が中断しても継続した窯業生産体制を維持することができ、また複数の寺との需要関係があれば、さらに生産組織を解消せずに組織を維持することができると考えられている。

群馬県太田市天良町、寺井町にある寺井廃寺（上野国新田郡）は未調査だが、礎石や瓦溜まりが確認されている。寺井廃寺からは複弁八葉蓮華文軒丸瓦と三重弧文軒平瓦の組み合わせ、いわゆる川原寺式の瓦が出土し、その時期は七世紀第４四半期の造営と考えられ、周辺には新田郡衙も確認されている。寺井廃寺がある新田郡は上野国の東山道駅家の一つ新田駅が置かれ、武蔵国や下野国に通じる要衝の地だったことから川原寺式の複弁八葉蓮華文瓦が採用されたと考えられている。この瓦は上野国山田郡にある萩原窯跡で焼かれたことが確認されている。

千葉県では、印旛郡栄町に龍角寺《りゅうかく》（下総国埴生郡）[注2]が造営されている。その造営年代は六五〇年から六六〇年頃と考えられている。

龍角寺に供給された瓦窯は三か所確認されている。創建期と補修期の五斗蒔瓦窯《ごとまきがよう》跡は寺から北に三五〇《メートル》、龍角寺瓦窯跡は寺から北に一〇〇《メートル》、補修期の北羽鳥瓦作瓦窯《きたはとりかわらさくがよう》跡は寺から東北一五・五《キロ》に位置し、それぞれ下総国埴生郡内の瓦窯である。

龍角寺で山田寺式の単弁蓮華文軒丸瓦が出土していることは、七世紀中頃の龍角寺を造営した下総国埴生郡の有力在地豪族がヤマト王権と密接なつながりを保持していたと思われる。

栃木県では、『類聚三代格』に天武朝期に建立されたとある下野市下野薬師寺《しもつけやくしじ》（下野国河内郡）がある。『日本書紀』持統天皇元（六八七）年三月十五日の条に、「投化の新羅人十四人を下毛野に居らしめ田を賦い、稟を受け生業に安ぜしむ」、同三（六八九）年四月八日の条には、「投化の新羅人を下毛野に居らしむ」、同四（六九〇）年八月十一日の条には、「帰化の新羅人を下毛野国に居らしむ」と記載されている。これらの記載から、下野薬師寺で採用された川原寺式軒丸瓦の複弁八葉蓮華文軒丸瓦の生産に、瓦工人として渡来人が関わったと考えられている。

このように畿内や関東地方の七世紀に造営された寺の瓦生産には、国や郡を越えた生産体制や郡内での広域の生産体制があったことがわかる。また渡来系工人が瓦の生産組織に関わっていたこともわかる。

桜坂古窯址で明科廃寺瓦の生産に関わった工人たちは、須恵器生産もおこなっていたことから、寿楽寺廃寺瓦や天狗沢瓦窯の瓦の生産を含め、窯業生産体制を維持することを意識した生産体制の中で瓦や須恵器を生産していたと考えられる。また科野国の初源的な寺の造営には新たなさまざまな技術が必要だったことから、明科廃寺の瓦生産にも、渡来系工人を含めた生産組織の移動による瓦生産がおこなわれた可能性が考えられるとともに、寺の造営にも渡来系工人が関わっていたと考えられる。

関東地方にみられる七世紀の寺の造営と方墳の築造

群馬県前橋市総社町にある山王廃寺（上野国群馬郡）は、七世紀中頃から第3四半期頃に造営された寺と考えられている。山王廃寺の発掘調査で出土した瓦に「放光寺」という文字瓦があることから、「山ノ上碑」の碑文に記載された「放光寺」とされている。この寺から北東約一キロに七世紀の方墳三基を含む総社《そうじゃ》古墳群がある。総社古墳群は同様に群馬郡内にあり、五世紀後半以降三基の前方後円墳が築造されているが、最大の総社二子塚古墳でも全長八九・八メートルの規模で、群馬県内の他地域の古墳群に比べ小規模な古墳群である。しかし七世紀前半に一辺五六メートルの方墳愛宕山古墳、後半に一辺六〇メートルの方墳宝塔山古墳、一辺三九メートルの方墳蛇穴山古墳が順次築造される。六世紀まで大型前方後円墳が主体となならず、小型の円墳が主体的に築造されていた当地域のことを考えれば、非常に特異な状況である。南約一キロに上野国府推定地、南西約一・五キロには上野国分寺跡が確認され、七世紀前半の愛宕山古墳の築造以降、上野国の要所となる。

上野国新田郡の寺井廃寺周辺では、七世紀後半には総社古墳群以外で唯一の一辺約三六・五メートルの方墳巖穴山《いわあなやま》古墳が築造され、寺井《てらい》廃寺よりも若干遡る古墳と考えられている。

下野薬師寺がある地域は、古代では下野国河内郡とされ六世紀後半になり全長五二《メートル》の前方後円墳石橋横塚古墳、全長六七・三《メートル》の前方後円墳御鷲山《おわしやま》古墳が築造されるが、この後全長八四《メートル》の帆立貝形古墳下石橋愛宕塚古墳が築造され、七世紀中頃以降には下野国内最大規模の一辺五三・八《メートル》の方墳多功大塚山《たこうおおつかやま》古墳が築造される。上野国の総社古墳群愛宕山古墳と山王廃寺との関係のように、この多功大塚山古墳築造後の天武朝期に下野薬師寺が建立された可能性が高いと考えられている。

龍角寺が造営された下総国埴生郡には龍角寺古墳群が形成され、七世紀第1四半期に全長六六《メートル》の前方後円墳浅間山《せんげんやま》古墳が築造され、この後七世紀第1四半期から第2四半期にかけて一辺七九《メートル》×八〇《メートル》の方墳岩屋古墳が築造される。また詳細な年代は不明だが、一辺三〇《メートル》×三五《メートル》の方墳ミソ岩屋古墳も築造されている。当地域ではこの後龍角寺が造営されたと考えられる。

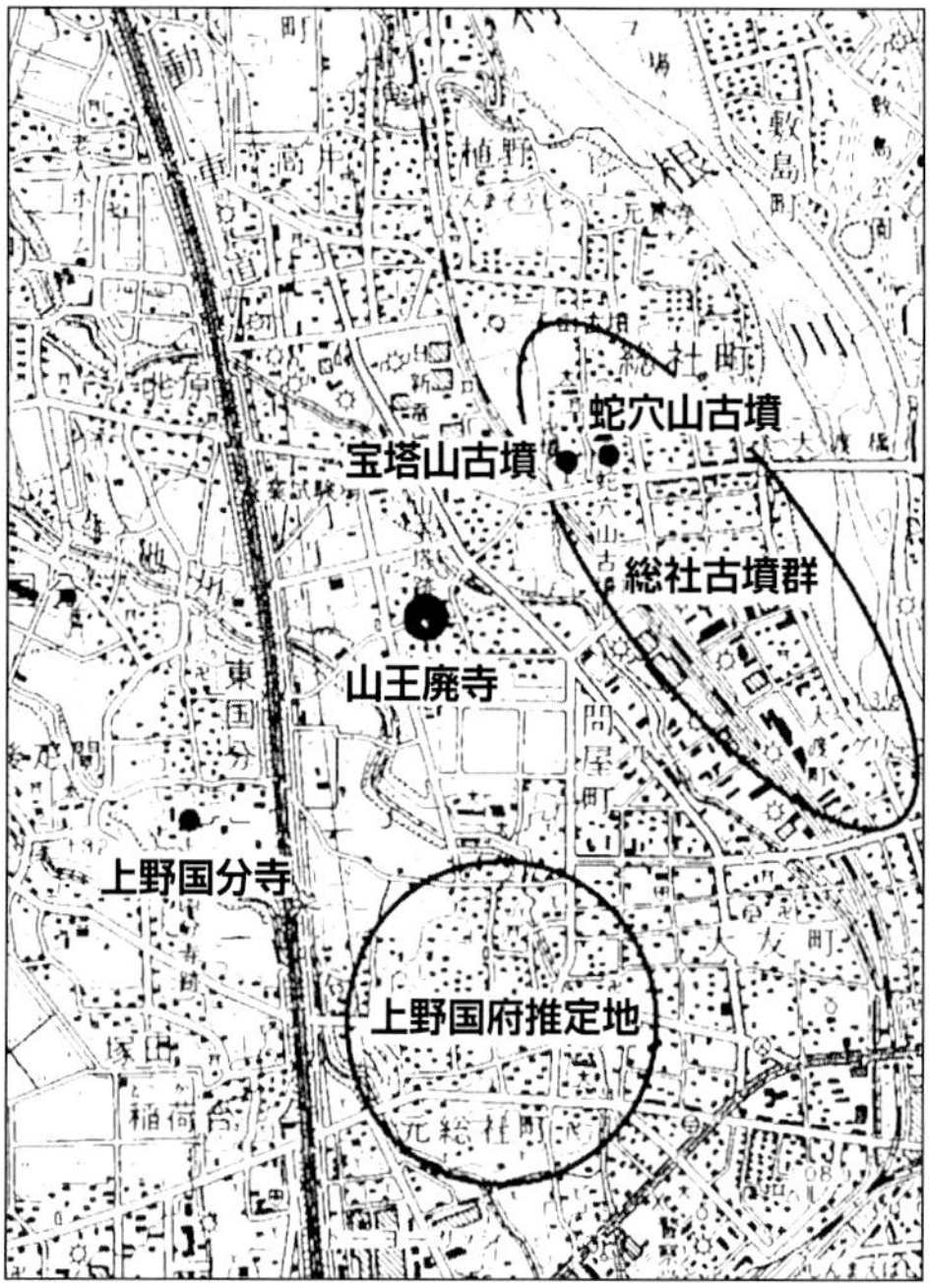

図81　総社古墳群と山王廃寺（髙井　2013）

千葉県域の下総国や上総国では、七世紀に大型方墳が築造される。七世紀第1四半期の築造と考えられる一辺六〇《メートル》×六〇《メートル》の山武市駄ノ塚《だのつか》古墳、七世紀第1四半期から第2四半期の築造と考えられる一辺七九《メートル》×八〇《メートル》の龍角寺岩屋古墳、七世紀前半から中頃の築造と考えられる一辺四〇《メートル》×四〇《メートル》の富津市割見塚古墳など有力在地豪族たちによる地域首長墓として築造されている。

終末期の大型方墳、大型円墳は、国造の支配領域に一か所ずつ営まれたもので、関東地方では、前方後円墳の造営停止以降の大型方墳、大型円墳の造営は、国造制というヤマト王権による新しい地方支配システムの創設に対応するものと考えられている。

関東地方の寺と方墳との関係は、明

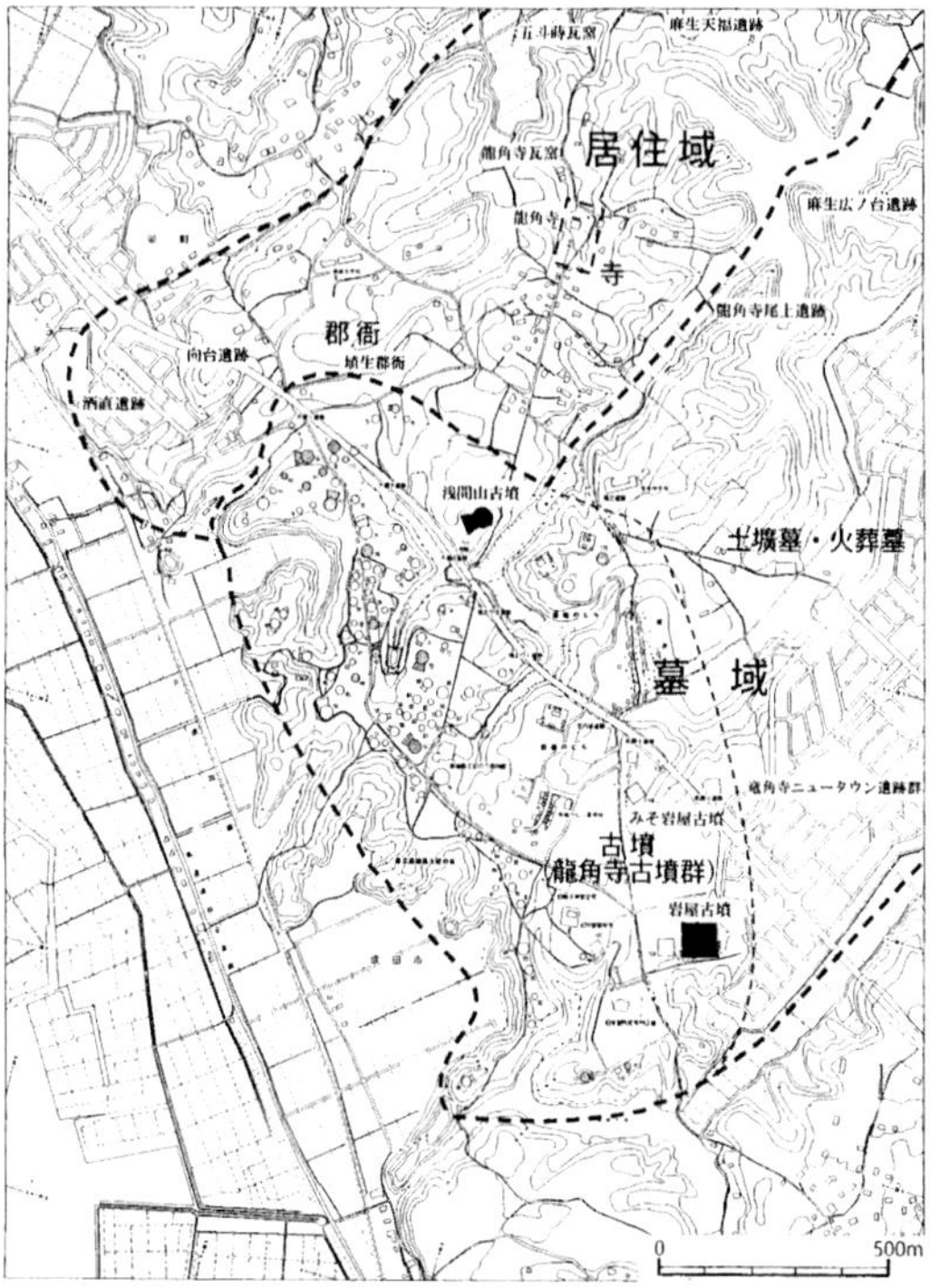

アミの古墳は埴輪を持つ古墳

図82　龍角寺古墳群と龍角寺（山路　2013）

科廃寺と七世紀に入り築造が開始される潮古墳群、そして隅丸方墳の潮六号古墳との関係を考える一つの手がかりになる。

隣接する美濃国と飛騨国の寺の造営

岐阜県域の美濃国の川原寺式瓦の分布は、壬申の乱で大海皇子側につき活躍した美濃国の功績者が

川原寺式複弁八葉蓮華文軒丸瓦を用いた寺を造営したと考えられている。美濃国の寺院の成立背景は、美濃国の古い体制が残る地域とは異なった、新しく舎人となり中央組織に組み込まれた振興有力在地豪族たちの支配的な地域だった。

飛騨国では、寿楽寺廃寺出土の素弁八葉蓮華文軒丸瓦が衣川廃寺、明科廃寺、天狗沢瓦窯址の出土瓦と同型式で、さらに寿楽寺廃寺の創建瓦と考えられる瓦の製作技法が先にも述べたが、縦置き型一本作りであることから、近江国の造瓦技法の影響下に作られたと考えられる。

また寿楽寺廃寺の創建年代は、縦置き型一本作り軒丸瓦の初現が南滋賀廃寺の川原寺式軒丸瓦であり、南滋賀廃寺の創建年代が近江大津宮時代（西暦六六七〜六七二年）であることから、古くみても七世紀第3四半期の終わり頃と考えられている。

古東山道飛騨支路の整備

古墳時代の古東山道は、美濃国を通り神坂峠を越えシナノ（科野国）伊那郡に入った。ところが五世紀まで古墳の築造がなかったヒダ（飛騨国荒城郡）の古川盆地に、五世紀前半の築造と考えられる径七〇メートル《メー トル》の円墳高山市広瀬亀塚古墳が築造され、六世紀初頭には全長六四メートル《メー トル》の前方後円墳飛騨市信包《のぶか》八幡神社古墳が築造される。これに続く前方後円墳として六世紀後半に全長約七二メートル《メー トル》の高山市広瀬こう峠口古墳が築造されることから、この前方後円墳の築造を期に後の東山道飛騨支路となる道筋が整備され、その支路の延長として科野国安曇郡あるいは筑摩郡に通じる支路が整備されたと考えられる。

これを期に美濃国から科野国伊那郡、飛騨国から科野国安曇郡、筑摩郡という科野国へ入る二つのルートができたものと考えられる。寿楽寺廃寺使用瓦と明科廃寺使用瓦、さらには天狗沢瓦窯址生産瓦の関係を考えれば、飛騨国から科野国への伝播は北アルプス経路を想定するのが妥当ではないかと考える。飛騨国から科野国への経路について、古代の状況は不明だが、近世の資料では野麦峠を越え信濃国にいたるとされ、安房峠越えについての記載はみられない。このことから七世紀もより安全な野麦峠越えが有力な経路だったと考えられる。

写真42　野麦峠から科野国を望む（筆者撮影）

筑摩郡と安曇郡の七世紀後半の新たな集落形成

科野国出土の都城土器から七世紀の科野国とヤマト王権との関わりを考えてみたい。科野国でいち早く都城土器が搬入されるのは、小諸市、佐久市、御代田町の佐久平の二市一町にまたがる佐久郡と松本市域を中心とする筑摩郡で、その時期は七世紀中頃（飛鳥Ⅱ期）であることはすでに述べた。

明科廃寺が造営された筑摩郡あるいは安曇郡では、七世紀の集落形成に大きな画期がみられる。筑摩郡のほぼ中央部では七世紀前半まで集落形成がなかった地域に、七世紀後半になると、低地部の開発を含めた新たな集落が形成される。

さらに安曇野市明科（旧明科町）の北村遺跡や上手屋敷遺跡で発見された集落跡のように、七世紀末葉から八世紀前半の集落が形成される中心地域が犀川右岸の旧明科町地域でもみられる。

また安曇郡の七世紀以降の集落形成は、六世紀から集落形成がはじまる安曇野市矢原遺跡周辺（＝安曇郡八原郷比定地）では、八世紀から九世紀にも集落が継続しているが、他の地域では短期間で規模が小さい集落が多く、九世紀後半から十世紀初頭に新たな集落が一斉に形成される。

これらから七世紀後半以降の集落形成開始の状況に加え、筑摩郡の松本市出川南遺跡、南方古墳や、安曇郡の矢原遺跡出土の飛鳥Ⅱ期の都城土器の出土傾向を考えれば、明科廃寺が造営された筑摩郡に加え、安曇郡あるいは更級郡が接した地域は七世紀第３四半期から第４四半期に地域振興として大きな画期があったことがわかる。

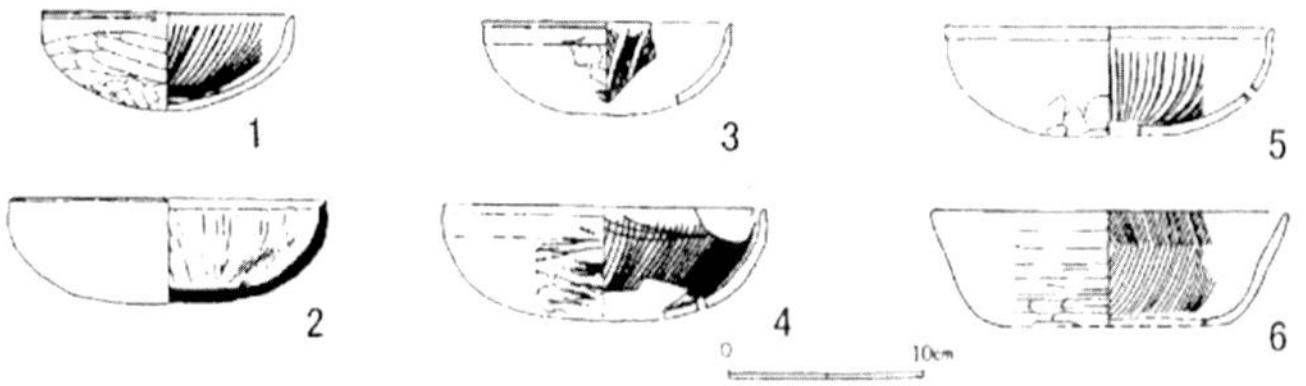

図 83　松本平出土都城土器（西山　2014）
1：安曇野市矢原遺跡（杯C 飛鳥Ⅱ）2：松本市南栗遺跡（杯C 飛鳥Ⅲ）
3：松本市南方古墳（杯C 飛鳥Ⅱ）　4：松本市南方古墳（杯C 飛鳥Ⅱ）
5：松本市出川南遺跡（杯C 飛鳥Ⅱ）　6：松本市三の宮遺跡（杯A 飛鳥Ⅳ）

筑摩郡他田舎人の登場

筑摩郡や安曇郡となる地域では、前方後円墳が築造されることがなかった地域であることから、前方後円墳の築造をヤマト王権とのつながりの中でみいだす従来の考え方からすれば、筑摩郡から安曇郡となる地域は、ヤマト王権との密接なつながりとは一線を画した地域だった。

しかし六世紀中頃以降になると、シナノの有力在地豪族たちの子弟が、欽明天皇や敏達天皇などの大王の宮に仕えた結果、舎人に編成され金刺舎人や他田舎人の姓を賜ることにより、シナノの有力在地豪族たちもその職制に組み込まれていった。

文献史料には筑摩郡に他田舎人国麻呂（七五二年）の名がみられ（209頁表19参照）、彼と血縁でつながる七世紀に他田舎人姓を名乗った人物が東国舎人として活躍し、ヤマト王権と軍事や外交面でつながりをもっていたと考えられる。

他田舎人と明科廃寺

科野国で新しく舎人となって中央組織に組み込まれた有力在地豪族の支配地域に明科廃寺が造営されたと考えられる。

特に七世紀後半から八世紀前半にかけて三四か国で造寺活動がみられ、この時期各地に成立した寺の中には、国造あるいは有力郡司たちによって建設された本格的な寺と、郡司あるいは郷長によって造営された金堂または塔のみからなる寺、郷長や知識らを中心に造られた小規模な堂一棟からなる寺など、造営者の階層に対応した三段階程度の寺が造営されたと考えられている。

科野国や飛騨国も三四か国に含まれるが、六八五年頃以前には鎮護国家を目指す造寺として、国造あるいはヤマト王権とつながりが強い有力郡司たちが主体となり寺を造営し、六八五年頃以降には、より多くの造寺活動が郡単位にまで及んだものと考えられている。

南方古墳の石室入り口付近他から飛鳥Ⅱ期の都城土器が出土していることを考えれば、先に述べた『日本書紀』大化元（六四五）年の国司派遣の記載、『日本書紀』天武十三（六八四）年二月の地勢調査の記載、日本書紀天武十四（六八五）年冬の行宮が造られた記載は、科野国の都城土器出土の背景を考える上で重要な記載と考えられる。

七五二年にみられる筑摩郡の大領他田舎人国麻呂につながる他田舎人氏を名乗った人物が、天智朝から天武朝にかけてヤマト王権と非常に密接なつながりを維持していたことにより、明科廃寺が造営されたと考えられる。

国造・大領郡司クラスにより造営された明科廃寺

明科廃寺の造営年代は、明科廃寺出土創建瓦と寿楽寺廃寺出土創建瓦が同笵瓦《どうはんがわら》（同じ木製版型から造られた瓦）で、明科廃寺の瓦が先行して造られたことが確認されたことから、明科廃寺は六八四年の地勢調査時にはすでに造営されていたことが十分に考えられる。

六四五年の乙巳《いっし》の変（大化改新）以降の天智朝期の急速な新たな国づくりへの動きに加え、東国の国造による方墳の築造、そして六七二年の壬申《じんしん》の乱以降の天武朝期の仏法による鎮護国家を進める動きの中で寺の造営を考え合わせると、『日本書紀』朱雀《すざく》元（六八六）年十月丙申《ひのえさる》条にみえる「新羅沙門行心」が配流された「飛騨国伽藍」の記載から、ヤマト王権が寺の造営により鎮護国家を進める中、七世紀第3四半期後半に飛騨国では国造クラスあるいは大領郡司クラスにより、飛騨国最初の寺として寿楽寺廃寺が造営されたと考えられる。

明科廃寺の造営は、正倉院に納められていた麻の布袴に墨書されていた「信濃国安曇郡前科郷戸主安曇部真羊調布壹端……郡司主帳従七位上安曇部百鳥　天平寶字八年十月」から、七六四年頃に前科郷に比定される現在の安曇野市南部（旧東筑摩郡明科町）から北安曇郡池田町南部の地域は安曇氏が定着していた土地だった可能性があり、また当地は松本平のすべての河川が集まり善光寺平へ流れる犀川の重要拠点であることなどから、前科郷戸主安曇部真羊につながる安曇氏が関わった寺と考える説もある。

しかし明科廃寺の造営の意図は、寿楽寺廃寺同様に鎮護国家を進める中で科野国の最初の寺として、寿楽寺廃寺造営以前に後の筑摩郡大領他田舎人国麻呂につながる国造クラスあるいは大領郡司クラスにより造営されたものと考えられる。そして七世紀第4四半期に飛騨国では杉本廃寺他が、科野国では松本市大村廃寺などの八寺が郡寺あるいは氏寺として造営されたと考えられる。

七世紀第3四半期から八世紀第2四半期にかけての筑摩郡、安曇郡、更級郡の考古資料の出土状況を考えると、七世紀第3四半期にヤマト王権と強いつながりを持った筑摩郡の他田舎人氏により水陸交通の要所である当地に科野国の寺として明科廃寺を招致し造営したと考えられる。それにともない瓦生産も含めた寺造営に関わる人びとの集落が形成され、明科廃寺造営に尽力した人びとの墳墓として潮古墳群が形成されたと考えられる。明科廃寺の招致そして造営にともない、七世紀第3四半期から八世紀第1四半期に安曇野市明科地域が大きく発展したものと考える。

註1　ここで示した飛鳥時代と白鳳時代の呼称は、美術史の時代区分の一つで表した。
註2　近世以前は下総国埴生郡。

参考文献

大澤　哲　「第4章　まとめ」『明科町の埋蔵文化財第7集　明科廃寺址』　明科町教育委員会　二〇〇〇年
大澤　哲　『シンポジウム「発掘成果から見る安曇野の古代　発掘成果から見る安曇野の古代～明科地域の状況～」』穂高町公民館　二〇〇五年
大脇　潔　「七堂伽藍の建設」『古代の宮殿と寺院　古代史復元』3　講談社　一九八九年
小淵忠司　『岐阜県教育文化財団文化財保護センター調査報告書第94集　太江遺跡Ⅱ』　財団法人岐阜県教育文化財団　二〇〇五年
倉澤正幸　「出土軒瓦から考察した信濃の古代寺院―七世紀後半から八世紀代創建の寺々―」『信濃』第64巻第10号　信濃史学会　二〇一二年
倉澤正幸　「信濃における7・8世紀の古代寺院跡」『一般社団法人日本考古学協会二〇一三年度長野大会　研究発表資料集　文化の十字路　信州　古代分科会　信州の律令社会』　日本考古学協会二〇一三年度長野大会実行委員会　二〇一三年
髙井佳弘　「上野国における寺院建立の開始」『古墳から寺院へ』小林三郎・佐々木憲一編　六一書房　二〇一三年
土屋和章他　「第二章３　潮神明宮前遺跡の概要」『安曇野市の埋蔵文化財第18集　潮遺跡群潮神明宮遺跡』3　安曇野市教育委員会　二〇一九年
西山克己　「信濃国出土の富本銭と皇朝十二銭」『シナノにおける古墳時代社会の発展から律令期への展望』　雄山閣　二〇一三年
西山克己　「明科廃寺造営の背景」『長野県立歴史館 紀要』第20号　長野県立歴史館　二〇一四年
原　嘉藤　「長野県東筑摩郡明科町明科廃寺址について」『信濃』第7巻第7号　信濃史学会　一九五五年
山越正義他　『明科町の埋蔵文化財第13集 潮神明宮前遺跡』Ⅱ　明科町教育委員会　二〇〇五年
山路直充　「龍角寺の創建」『古墳から寺院へ』　小林三郎・佐々木憲一編　六一書房　二〇一三年

三　科野から信濃へ

一　まつりに使われた海獣葡萄鏡

現在長野県内で海獣葡萄鏡といわれる鏡が二面出土している。この海獣葡萄鏡は、飛鳥美人の壁画で有名な奈良県明日香村高松塚古墳からも出土している鏡である。海獣葡萄鏡は、鏡の背面に海獣（獅子などの禽獣《きんじゅう》）文と葡萄唐草文を基本的な図柄とした、中国唐時代を代表する鏡で七世紀から八世紀にかけて盛んに製作された。日本にも数多く輸入され、それらをもとに日本でも多く作られた。

ひもを通す紐《ちゅう》（つまみ）は獣を模り、内区には葡萄唐草文やその間に獅子などの禽獣を配し、外区にも葡萄唐草文の間に小動物を配している。

写真43　芝宮遺跡出土海獣葡萄鏡
（長野県立歴史館蔵）

海獣葡萄鏡は弥生時代から古墳時代の青銅鏡と同様に円鏡がほとんどだが、まれに方鏡や稜鏡が見られる。円鏡は面径の大きさによりその用途に大きな違いがみられ、大型鏡（面径二〇チセン《せん》以上）、中型鏡（面径二〇〜一〇チセン《せん》）、小型鏡（一〇チセン《せん》以下）と分類することができる。

現在長野県内の発掘調査で発見された海獣葡萄鏡はわずか二面だが、一面は松本市三間沢川左岸遺跡の人工的な用水路をもった九世紀から十世紀の平安時代集落内の一八〇号竪穴建物跡床面から破片が出土している。

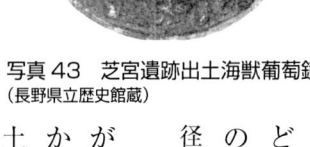

もう一面（径六・二㌢）は小諸市芝宮遺跡の七世紀後半以降の溝跡の埋土中から出土している。完形品だが図柄の仕上がりは鋳放し状態で非常に悪い。

海獣葡萄鏡の大型円鏡の代表例は、正倉院南蔵九号鏡（径二九・七㌢）、茨城県香取神宮鏡（径二九・七㌢）である。この両鏡は大型鏡としては同じ原鏡を踏み返して作られた唯一の同型鏡である。このほか面径が三〇㌢近いものには奈良県春日大社鏡などがあり、二五㌢前後の鏡には法隆寺献納宝物鏡などがある。このように多くが神社への奉納鏡として、また神鏡やご神体としてあつかわれている。

中型円鏡の代表例は、高松塚古墳の副葬鏡（径一五・〇㌢）である。高松塚古墳の副葬鏡と同型鏡が神功二（六九八）年墓誌が出土した中国西安市東郊独孤思貞墓出土鏡ほか八面が知られ、また天理市杣之内火葬墓出土鏡と同型鏡は一七面知られている。このように同型鏡が多く七世紀末葉から八世紀にかけての終末期古墳や墳墓への副葬品がみられる。

小型円鏡は、奈良県藤原京九条大路北側溝出土鏡など六㌢前後の同型鏡が二六面以上知られ、同型鏡が大量に発見されていることが大きな特徴である。また多くが鋳造後鋳放し状態で仕上がりの悪いものが多く、大型鏡、中型鏡と異なり内区の禽獣が動きのある走獣形となる。藤原京九条大路北側溝出土鏡ほかの事例では、七世紀後半から十世紀に海浜や溝など水に関わる祭祀遺跡で用いられていることが多い。

以上の使用事例から、小型円鏡となる芝宮遺跡出土鏡は水に関わる祭祀に使用された可能性が考えられ、三間沢川左岸遺跡出土鏡は水あるいは地鎮に関わる祭祀に使用されたと推定される。

このように信濃（科野）で発見された二面の海獣葡萄鏡も都での使用方法と同様で、この二面の鏡の出土状況からも律令国家の枠組みに組み込まれ、科野から信濃へと推移していく状況が想定できる。

参考文献

杉山　洋『古代の鏡　日本の美術』第三九三号　至文堂　一九九九年
長野県埋蔵文化財センター他「芝宮遺跡」『芝宮遺跡　中原遺跡』一九九九年
松本市教育委員会『三間沢川左岸遺跡』二〇一七年

二　信濃国（科野国）出土の古代銭貨　富本銭、和同開珎と皇朝十二銭

信濃国（科野国）の古代銭貨の出土状況

日本で最初の鋳造貨幣は藤原京が都だった和銅元（七〇八）年に鋳造された「和同開珎」とされていたが、平成十一（一九九九）年一月二十日の奈良県明日香村の飛鳥池遺跡の発掘調査、研究成果の発表から、「富本銭」であることが明らかとなった。天武十二（六八三）年以降に鋳造されたと考えられる富本銭、そして和銅元年に鋳造された和同開珎以来、天徳二（九五八）年に鋳造された乾元大寶までの二五〇年間に皇朝十二銭と言われる銅銭一二種類、銀銭二種類、金銭一種類が鋳造された。

長野県内では、下伊那郡高森町の武陵地一号古墳出土の「富本銭」、そして飯田市恒川遺跡群出土の「和同開珎（銀銭）」

表20　富本銭と皇朝十二銭（西山　2013）

銭文(銭種)	初鋳年	天皇	典拠
富 本 銭(銅銭)	天武12(683)年以降	天武天皇	日本書紀
和同開祢(銀銭)	和銅元(708)年	元明天皇	続日本紀
和同開祢(銅銭)	和銅元(708)年	元明天皇	続日本紀
萬年通寳(銅銭)	天平宝字4(760)年	淳仁天皇	続日本紀
大平元寳(銀銭)	天平宝字4(760)年	淳仁天皇	続日本紀
開基勝寳(金銭)	天平宝字4(760)年	淳仁天皇	続日本紀
神功開寳(銅銭)	天平神護元(765)年	称徳天皇	続日本紀
隆平永寳(銅銭)	延暦15(796)年	桓武天皇	日本後紀
富壽神寳(銅銭)	弘仁9(818)年	嵯峨天皇	日本紀略
承和昌寳(銅銭)	承和2(835)年	仁明天皇	続日本後紀
長年大寳(銅銭)	嘉祥元(848)年	仁明天皇	続日本後紀
饒益神寳(銅銭)	貞観元(859)年	清和天皇	三代実録
貞観永寳(銅銭)	貞観12(870)年	清和天皇	三代実録
寛平大寳(銅銭)	寛平2(890)年	宇多天皇	日本紀略
延喜通寳(銅銭)	延喜7(907)年	醍醐天皇	日本紀略
乾元大寳(銅銭)	天徳2(958)年	村上天皇	日本紀略

をはじめ、令和三（二〇二一）年七月現在、六八遺跡（地点）一一五枚ほどの古代銭貨が確認されている。

以下古代銭貨が出土した重要な遺跡について簡単に紹介したい。

上田市信濃国分寺跡は、千曲川によって形成された第三段丘上にある。聖武天皇の詔勅によって創建されたが、その年代は明らかにされていない。

古代銭貨は和同開珎一枚が西回廊跡より出土している。

茅野市乞食塚古墳は、扇状地の中央を流れる下馬沢川の東に位置する。昭和七（一九三二）年五月に道路改修で取り壊され、出土品が地方新聞に報じられた後に調査がおこなわれた。その結果、横穴式石室の長さ九《メートル》、石室幅約四《メートル》で、羨道のない長方形石室であることがわかった。

古代銭貨は和同開珎四枚、神功開寶一枚の計五枚が、直刀二本、鉄製鍔六点、鉄鏃三〇本、馬具轡一点、馬具鋲付金具一点、勾玉二個、ガラス丸玉、小玉六五個、耳環（金環）六点、耳環（銀環）一点とともに石室内より出土している。

この古代銭貨五枚は、後世の追葬品で、古墳の主に対して手厚い尊崇の思いが続いた証拠と考えられている。

飯田市恒川遺跡群は、伊那盆地第九段丘上に位置する。古代銭貨が出土した遺跡群の田中地籍や倉垣外地籍では、古代の竪穴住居跡三軒、掘立柱建物跡十数棟が調査された。

古代銭貨は和同開珎（銀銭）一枚が奈良時代の四四号竪穴住居跡（倉垣外地籍）の床面より裏返った状況で出土した。また富壽神寶一枚が平安時代の二号竪穴住居跡（田中地籍）のカマド右にある穴底部焼土灰下から出土している。さらに平成十一（一九九九）年一月の奈良国立文化財研究所による飛鳥池遺跡出土の富本銭、同年三月の武陵地一号古墳の富本銭一枚の発表を受けて、飯田市座光寺の個

写真44　武陵地1号古墳出土の富本銭（高森町教育委員会蔵）

人宅に座光寺地籍内（恒川遺跡群内）で発見されたとされる富本銭一枚が保管されていることが判明した。飛鳥池遺跡出土の富本銭と武陵地一号古墳の富本銭と同型のものである。

下伊那郡高森町武陵地一号古墳は、南大島川を挟んで恒川遺跡群の東側約二〇〇メートルに位置する。

平成十一（一九九九）年一月の奈良国立文化財研究所による飛鳥池遺跡出土富本銭の発表を受けて、同年三月に武陵地一号古墳にも同様の富本銭が出土していたことが判明した。

当古墳は明治三十年から四十年の間に発掘がおこなわれたと推定される。径一八・九メートルの円墳で、全長八・六メートルの横穴式石室の前庭部から発見されたとされている。出土遺物から古墳は七世紀前半に築造され、七世紀後半と八世紀中頃以降に追葬がおこなわれたと考えられ、富本銭は八世紀中頃以降の追葬時のものと考えられている。

上記以外の出土状況はどうであろうか。長野市篠ノ井遺跡群（高速道地点）SB七四〇四竪穴住居跡、佐久市前田遺跡H一五二竪穴住居跡、中道遺跡H一号竪穴住居跡、聖原遺跡H一一八号竪穴住居跡、同H六八八号竪穴住居跡、同F四九八号掘立柱建物跡、深堀遺跡H三八竪穴住居跡、小諸市中原遺跡群七号竪穴住居跡、同二九号竪穴住居跡、御代田町野火付遺跡H一三竪穴住居跡、安曇野市三角原遺跡三四号竪穴住居跡、松本市下神遺跡SK四九〇土坑、三間沢川左岸遺跡第一六号竪穴住居跡、塩尻市吉田川西遺跡一五九号竪穴住居跡、岡谷市榎垣外遺跡一四号竪穴住居跡、同蔵骨器内からは、古代銭貨が竪穴住居跡床面や墳墓などから良好な状況で出土している。

表21 長野県内で確認された富本銭・皇朝十二銭一覧(西山 2013加筆修正)

遺跡名	所在地	出土銭貨	出土遺構
田麦・江本庄一郎宅	中野市田麦	萬年通寶	中世備蓄銭
田麦・江本庄一郎宅	中野市田麦	隆平永寶	中世備蓄銭
西条・岩船遺跡群	中野市岩船西条	神功開寶	中世備蓄銭
松原遺跡	長野市松代町東寺尾	貞観永寶	溝跡埋土内
松原遺跡	長野市松代町東寺尾	延喜通寶	竪穴住居跡埋土中
屋地遺跡	長野市松代町東条	富壽神寶	竪穴住居跡埋土中
菅間竹原古墳群	長野市松代町東条	和同開珎	採集品
榎田遺跡	長野市若穂綿内	長年大寶	溝跡
榎田遺跡	長野市若穂綿内	饒益神寶	遺構外
吉田田町遺跡	長野市桐原	和同開珎	竪穴住居跡埋土中
御所遺跡	長野市栗田	富壽神寶	集落内
篠ノ井遺跡群	長野市篠ノ井塩崎	承和昌寶	竪穴住居跡床
塩崎遺跡群	長野市篠ノ井塩崎	隆平永寶	竪穴住居跡
生仁遺跡	千曲市雨宮	和同開珎	詳細不明
生仁遺跡	千曲市雨宮	和同開珎	詳細不明
更埴条里遺跡	千曲市雨宮	隆平永寶	9世紀代の面
諏訪南沖遺跡	千曲市粟佐	和同開珎	詳細不明
国分寺周辺遺跡群	上田市国分	和同開珎	包含層
信濃国分寺跡	上田市国分	和同開珎	西回廊跡
殿田遺跡	上田市常磐城	和同開珎	調査グリッド内
宮平遺跡	上田市住吉	隆平永寶	遺構外
常田堀ノ内遺跡	上田市常田	富壽神寶	中世備蓄銭
西近津遺跡群	佐久市長土呂	神功開寶	溝跡内
西近津遺跡群	佐久市長土呂	隆平永寶	土坑内
聖原遺跡	佐久市長土呂	和同開珎	竪穴住居跡トレンチ内
聖原遺跡	佐久市長土呂	神功開寶	竪穴住居跡埋土中
聖原遺跡	佐久市長土呂	隆平永寶	竪穴住居跡カマド
聖原遺跡	佐久市長土呂	隆平永寶	竪穴住居跡検出時
聖原遺跡	佐久市長土呂	隆平永寶	掘立柱建物跡内
聖原遺跡	佐久市長土呂	隆平永寶	掘立柱建物跡内

遺跡名	所在地	出土銭貨	出土遺構
三角原遺跡	安曇野市温	延喜通寶	竪穴住居跡床
宮本の神社東側	安曇野市宮本	和同開珎	埋納銭か
下神遺跡	松本市神林	萬年通寶	土坑内
下神遺跡	松本市神林	萬年通寶	土坑内
下神遺跡	松本市神林	萬年通寶	土坑内
下神遺跡	松本市神林	萬年通寶	土坑内
下神遺跡	松本市神林	神功開寶	土坑内
下神遺跡	松本市神林	神功開寶	土坑内
下神遺跡	松本市神林	神功開寶	土坑内
下神遺跡	松本市神林	神功開寶	土坑内
下神遺跡	松本市神林	神功開寶	溝跡内
下神遺跡	松本市神林	不明	土坑内
下神遺跡	松本市神林	不明	土坑内
川西開田遺跡	松本市神林	延喜通寶	溝跡内詳細不明
三間沢川 左岸遺跡	松本市和田	富壽神寶	竪穴建物跡床凹
三間沢川 左岸遺跡	松本市和田	延喜通寶	竪穴建物跡埋土中
三間沢川 左岸遺跡	松本市和田	延喜通寶	竪穴建物跡埋土中
三間沢川 左岸遺跡	松本市和田	延喜通寶	竪穴建物跡埋土中
三間沢川 左岸遺跡	松本市和田	延喜通寶	竪穴建物跡埋土中
三間沢川 左岸遺跡	松本市和田	延喜通寶	竪穴建物跡埋土中
小池遺跡	松本市寿小池	富壽神寶	竪穴住居跡内詳細不明
一ツ家遺跡	松本市内田	寛平大寶	竪穴住居跡内詳細不明
県町遺跡	松本市県	隆平永寶	検出面
県町遺跡	松本市県	隆平永寶	竪穴住居跡
県町遺跡	松本市県	富壽神寶	竪穴住居跡
県町遺跡	松本市県	延喜通寶	包含層中
高畑遺跡	松本市村井町南	富壽神寶	竪穴住居ピット内
吉田川西遺跡	塩尻市広丘吉田	富壽神寶	竪穴住居跡床
吉田若宮遺跡	塩尻市広丘吉田	和同開珎	中世備蓄銭
吉田若宮遺跡	塩尻市広丘吉田	富壽神寶	中世備蓄銭

遺跡名	所在地	出土銭貨	出土遺構
聖原遺跡	佐久市長土呂	富壽神寶	竪穴住居跡埋土中
聖原遺跡	佐久市長土呂	富壽神寶	溝跡内
聖原遺跡	佐久市長土呂	富壽神寶	遺構外
聖原遺跡	佐久市長土呂	承和昌寶	竪穴住居跡埋土中
聖原遺跡	佐久市長土呂	承和昌寶	竪穴住居跡掘方中
聖原遺跡	佐久市長土呂	長年大寶	遺構外
下聖端遺跡	佐久市長土呂	隆平永寶	竪穴住居跡内詳細不明
若宮遺跡	佐久市長土呂	和同開珎	竪穴住居跡
栗毛坂Ｂ遺跡	佐久市岩村田	神功開寶	遺構外
上ノ城遺跡	佐久市岩村田	神功開寶	詳細不明
円正防遺跡	佐久市岩村田	貞観永寶	竪穴住居跡埋土中
西八日町遺跡	佐久市岩村田	和同開珎	竪穴住居跡
芝宮遺跡	佐久市芝宮	和同開珎	溝跡内
芝宮遺跡	佐久市芝宮	神功開寶	溝跡内
上久保田向遺跡	佐久市琵琶坂	富壽神寶	竪穴住居跡内か
上久保田向遺跡	佐久市琵琶坂	承和昌寶	不明
前田遺跡	佐久市小田井	和同開珎	竪穴住居跡床
中道遺跡	佐久市前山	和同開珎	竪穴住居跡カマド
高師町遺跡	佐久市新子田	富壽神寶	竪穴住居跡内詳細不明
深堀遺跡	佐久市瀬戸	長年大寶	竪穴住居跡カマド
反田遺跡	佐久市小田切	富壽神寶	竪穴住居跡内詳細不明
根々井居屋敷遺跡	佐久市根々井	和同開珎	竪穴住居跡
中原遺跡群	小諸市御影新田	和同開珎	竪穴住居跡床
中原遺跡群	小諸市御影新田	萬年通寶	竪穴住居跡床
大塚原遺跡	小諸市御影新田	隆平永寶	竪穴住居跡内詳細不明
竹花遺跡	小諸市御影新田	富壽神寶	遺構外
郷土遺跡	小諸市甲	和同開珎	遺構外
十二遺跡	御代田町御代田	萬年通寶	竪穴住居跡カマド付近埋土
野火付遺跡	御代田町御代田	神功開寶	竪穴住居跡床
根岸遺跡	御代田町御代田	隆平永寶	竪穴住居跡内詳細不明
根岸遺跡	御代田町御代田	饒益神寶	竪穴住居跡内詳細不明
桜畑遺跡	東御市祢津	和同開珎	土抗埋土内
中田遺跡	東御市祢津	貞観永寶	不明

小沼田遺跡	塩尻市宗賀洗馬	萬年通寶	中世備蓄銭
洗馬駅跡	塩尻市宗賀洗馬	和同開珎	不明
下境沢遺跡	塩尻市広丘南内田	隆平永寶	竪穴住居跡埋土中
遺跡名	所在地	出土銭貨	出土遺構
丘中学校遺跡	塩尻市広丘野村	隆平永寶	廃土中
榎垣外（金山東）遺跡	岡谷市長池	隆平永寶	竪穴住居跡床
榎垣外（金山東）遺跡	岡谷市長池	隆平永寶	火葬蔵骨器内
一の釜遺跡	下諏訪町東山田	和同開珎	不明
武居遺跡	下諏訪町武居	神功開寶	竪穴住居跡内詳細不明
乞食塚古墳	茅野市宮川	和同開珎	古墳横穴式石室
乞食塚古墳	茅野市宮川	和同開珎	古墳横穴式石室
乞食塚古墳	茅野市宮川	和同開珎	古墳横穴式石室
乞食塚古墳	茅野市宮川	和同開珎	古墳横穴式石室
乞食塚古墳	茅野市宮川	神功開寶	古墳横穴式石室
下手良中原遺跡	伊那市手良	和同開珎	竪穴住居跡埋土中
ミサモリ古墳	辰野町平出	和同開珎	古墳横穴式石室
猿小場遺跡	飯田市松尾	貞観永寶	竪穴住居跡内詳細不明
猿小場遺跡	飯田市松尾	貞観永寶	不明
恒川遺跡群	飯田市座光寺恒川	和同開珎（銀銭）	竪穴住居跡床
恒川遺跡群	飯田市座光寺恒川	富壽神寶	竪穴住居跡かまど右穴底
恒川遺跡群	飯田市座光寺恒川	富本	不明
武陵地１号古墳	高森町下市田	富本	古墳横穴式石室
新井原遺跡	高森町下市田	富壽神寶	溝埋土

左：北・東信地域
右：中・南信地域

○　2021（令和３）年７月13日現在

68遺跡（地点）115枚が確認されている。

和同開珎：25遺跡（地点）29枚

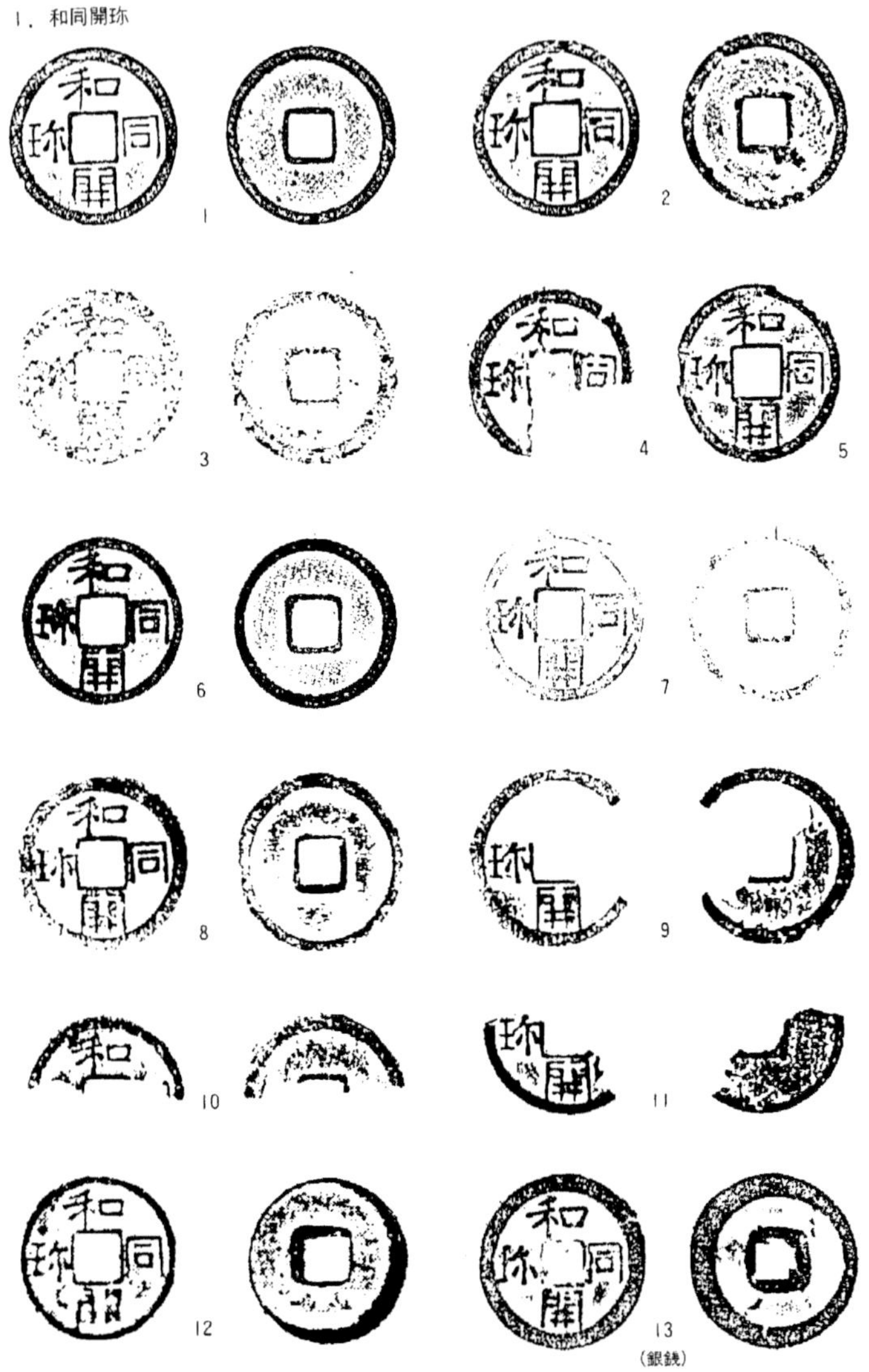

図84　長野県内出土の富本銭と皇朝十二銭（西山　2013）
1＝生仁遺跡　2＝生仁遺跡　3＝殿田遺跡　4＝国分寺周辺遺跡群　5＝中原遺跡群　6＝宮本の神社東側　7＝前田遺跡　8＝乞食塚古墳　9＝乞食塚古墳　10＝乞食塚古墳　11＝乞食塚古墳　12＝一の釜遺跡　13＝恒川遺跡群

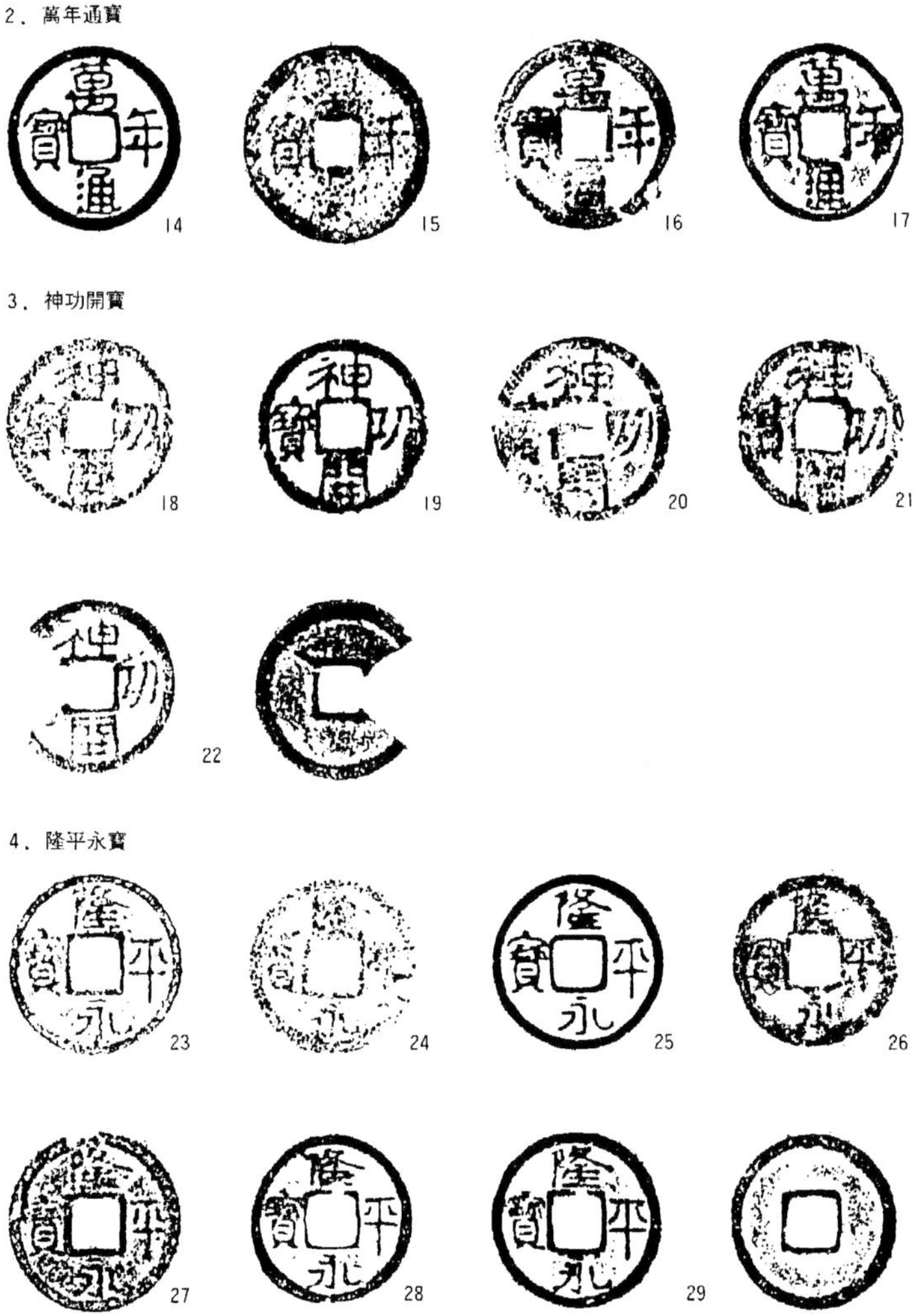

図 85　長野県内出土の富本銭と皇朝十二銭（西山　2013）
14 ＝十二遺跡　15 ＝中原遺跡群　16 ＝下神遺跡　17 ＝田麦・江本庄一郎宅　18 ＝野火付遺跡　19 ＝栗毛坂遺跡群Ｂ地区　20 ＝下神遺跡　21 ＝下神遺跡　22 ＝乞食塚古墳　23 ＝下聖端遺跡　24 ＝大塚原遺跡　25 ＝根岸遺跡　26 ＝県町遺跡　27 ＝下境沢遺跡　28 ＝田麦・江本庄一郎宅　29 ＝金山東遺跡

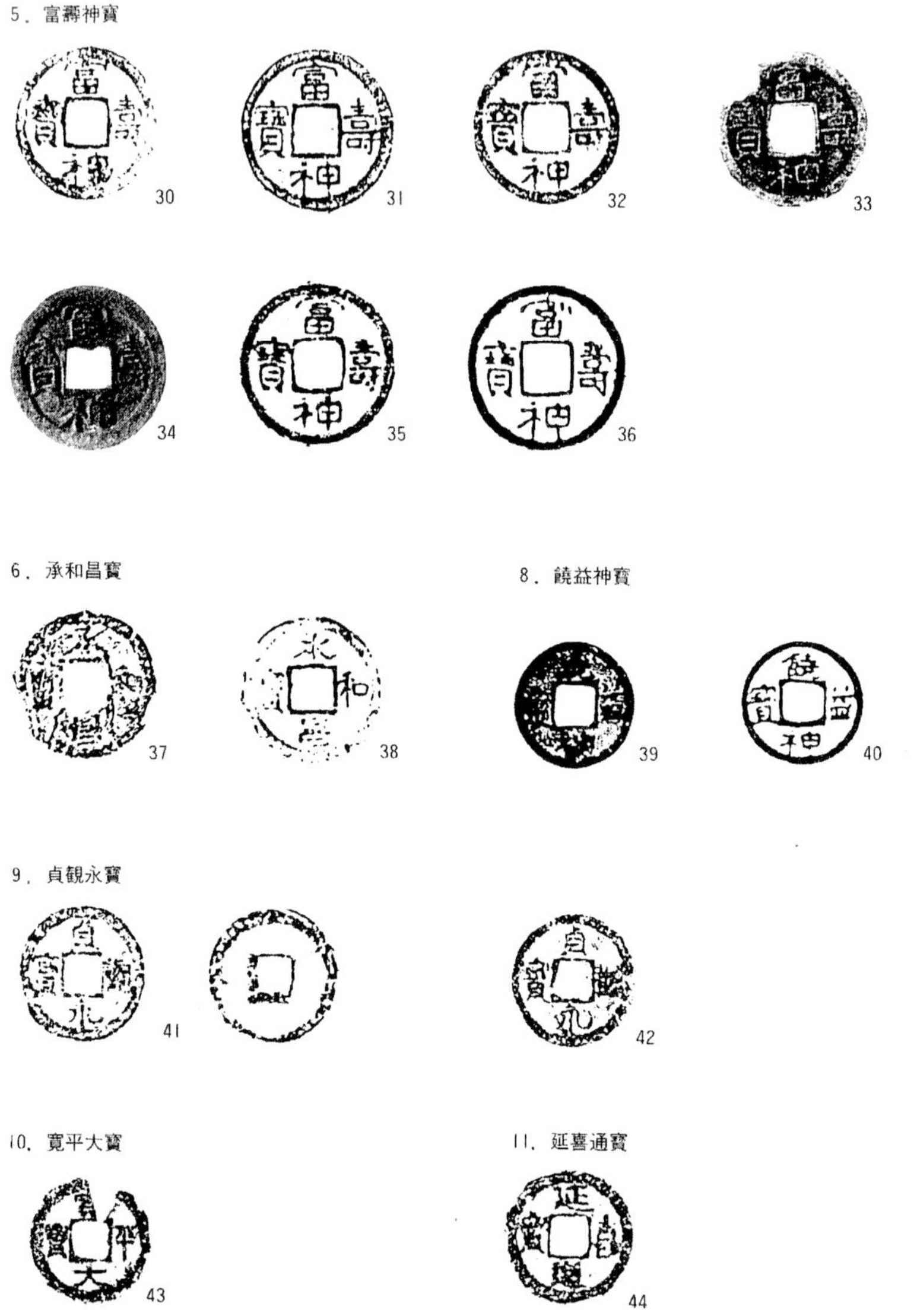

図 86　長野県内出土の富本銭と皇朝十二銭（西山　2013）
30 ＝屋地遺跡　31 ＝高師町遺跡　32 ＝竹花遺跡　33 ＝三間沢川左岸遺跡　34 ＝小池遺跡　35 ＝吉田川西遺跡　36 ＝恒川遺跡群　37 ＝篠ノ井遺跡群（高速道地点）38 ＝上久保田向遺跡　39 ＝榎田遺跡　40 ＝根岸遺跡　41 ＝猿小場遺跡　42 ＝松原遺跡　43 ＝一ツ家遺跡　44 ＝松原遺跡

これら良好な出土状況とは異なった遺跡の遺構埋土中などから出土した銭貨はどのようなものなのか。流通貨幣として、あるいは蓄財銭や厭勝銭など何らかの意図のもとに用いられたが、時の経過の中で本来の使用方法とは異なった発見となった可能性が高い。

このことを前提に信濃国で使用された古代銭貨の性格について、都や他地方の諸事例を参考に探ってみたい。

流通貨幣・蓄財銭としての古代銭貨—北陸道諸国の事例から—

松村恵司氏は、北陸道諸国の和同開珎出土遺跡が北陸道沿いに分布することから、その遺跡の性格が「駅家推定地をはじめ官衙関連遺跡や荘園遺跡、祭祀遺跡、寺院跡、港津遺跡などであり、一般集落遺跡からの出土はほとんど見られない」とし、その背景として、「律令国家の銭貨政策と密接に関連した現象」とした。この律令国家の銭貨政策の背景として、『続日本紀』和銅五（七一二）年十月の詔に「諸国の役夫と運脚の者と、郷に還る日、粮食乏少にして、達ること得るに由无し」の記載があり、国司や網領郡司らに率いられて平城京へ過酷な旅をした一般農民である役夫や運脚らに銭貨を携行させ、旅の途次に随時食料を入手できるシステムを構築し整備したとした。また、このシステムを実施できるよう、『続日本紀』和銅五（七一二）年十月の詔に「郡稲を割きて別に便の地に貯へ、役夫のいたるに随ひて任に交易せしむべし。また、行旅の人をして必ず銭を齎ちて資とし、因て重担の労を息め、亦銭を用ゐる便を知らしめよ」とあるように、役夫や運脚夫に重い路粮に替え銭貨を所持させ、交通の要所に郡稲を置いて銭で交易するように命じているとした。

さらに、積極的に役夫や運脚夫に重い路粮に替え銭貨を所持させ、その受け皿となる地方の郡司層や富豪層の銭貨入手意欲を高め、役夫や運脚夫への食糧売却の動きを加速させた背景として、『続日本紀』和銅四（七一一）年十月の「蓄銭叙位の詔」や和銅六（七一三）年三月の詔「郡司の任用条件に蓄銭」があったとした。

信濃国での蓄銭の実態を示す史料がある。『日本霊異記』宝亀四（七七三）年頃の記載、「他田舎人蝦夷は、信濃の國小縣の郡跡目の里の人なり。多に財寶に富み、銭・稲を出擧す。」である。

他田氏は小県郡や筑摩郡の郡領氏族である。他田舎人蝦夷が銭貨を用いて出挙《すいこ》をしていたことから、信濃国でも郡領氏族たちが多くの銭貨（和同開珎、萬年通寶、神功開寶）を蓄銭し、一般農民を含めた人びとと銭貨のやり取りをしていたことがうかがえる。

東国の中で信濃国は和同開珎をはじめとする銭貨の出土数が非常に多い。その背景として信濃国が東山道諸国と平城京を行き来するにあたり長い通過点であり、信濃国内で多くの銭貨を用いて食料を入手した結果と考えられる。

厭勝銭としての古代銭貨

栄原永遠男氏は、平城京左京三条二坊十五坪の調査によるSB九七〇掘立柱建物跡の身舎西北隅の柱穴から、和同開珎二枚が礎板下面に付着して出土していることや、平城京左京四条四坊九坪の調査によるＳＢ二三九〇掘立柱建物跡東北隅の柱穴の根巻石下から和同開珎一枚が出土していること、さらに大阪府や石川県の調査例を引用しながら、京畿内やその周辺では、建物の柱を立てる前後に祭祀をおこない、その際に銭種や枚数は関係なく埋納する行為がおこなわれたとした。これは地鎮のための行為で、他の物品とともに土地神にささげ、その怒りを鎮める力を持ち、立柱行為や立柱祭と強く関わるものとした。

それでは竪穴住居跡から出土する皇朝十二銭はどのようなものだったのか。

栄原氏は、関東地方や東北地方の竪穴住居跡床面から皇朝十二銭が出土している遺跡をあげ、掘立柱建物の場合のような土中への埋納ではなく、上棟祭や屋固祭に関わるものとした。

この指摘は、今回示した長野県内の竪穴住居跡床面出土銭貨にも同じ状況が考えられる。

しかし、下神遺跡のＳＫ四九〇土坑のあり方や、恒川遺跡群二号竪穴住居跡のあり方はどのように考えたらよいのか。

下神遺跡土坑ＳＫ四九〇から萬年通寶や神功開寶が出土している。その出土状況から、下神遺跡で発見された古代の集落を初めて占地したときにおこなわれた地鎮の可能性や、あるいは土坑ＳＫ四九〇は竪穴住居跡ＳＢ一二六の一部とも考えられ、住居北壁のすぐ脇に埋納されたと考えられることから、竪穴住居跡ＳＢ一二六建築時の地鎮のための埋納遺物とも考えられている。

さらに恒川遺跡群二号竪穴住居跡では、カマド右の穴底部焼土灰下から富壽神寶が出土している。カマドに関わる祭祀に用いたのであろうか。

下神遺跡や恒川遺跡群の調査例は、地方の皇朝十二銭と集落、皇朝十二銭と竪穴住居の関係を考える上で、今後に課題を与えた良好な資料といえる。

次に榎垣外遺跡や乞食塚古墳のような墳墓からの出土資料についてみてみたい。

信濃国では榎垣外遺跡のように蔵骨器内に皇朝十二銭を埋納する事例はあまり多くない。

しかし神坂峠西側の美濃国では、岐阜県不破郡垂井町宮代の四ツ辻古墳（不破駅家推定地関連追葬か）から蓋を伴う陶製蔵骨器二個体から和同開珎がそれぞれ五枚ずつ一〇枚、垂井町宮代字市の傾斜地で発見された灰色素焼の二個体の蔵骨器からも和同開珎がそれぞれ五枚ずつ一〇枚、大垣市青墓町（不破郡）の美濃国分寺跡南隣の古墳が破壊された折にも二個体の蔵骨器から和同開珎がそれぞれ五枚ずつ一〇枚（美濃国分寺跡関連追葬か）、垂井町府中字大石（美濃国府推定地）発見の蔵骨器からは和同開珎銀銭が二枚出土している。

さらに不破郡関ケ原町の不破関跡から和同開珎が三枚、大垣市青野町字八反目・丸山（不破郡）の美濃国分寺跡から和同開珎が一枚が出土している。

このように美濃国での和同開珎は、いずれも不破郡内で発見され、不破駅家推定地、美濃国分寺跡、美濃国府推定地、不破関跡などの奈良時代の主要施設からの出土傾向を示している。

また福岡県鞍手郡若宮町の汐井掛墳墓群五号古墳のように、皇朝十二銭を並べ置き、その上に蔵骨器が置かれるような事例もみられるが、長野県内では確認されていない。

また乞食塚古墳のように横穴式石室への副葬例は、群馬県前橋市（旧勢多郡宮城村）の白山古墳や、山口県萩市見島の積石塚古墳（墳墓）群として著名な見島ジーコンボ古墳群五六号古墳などにみられる。

墳墓への埋納は、銭貨が死者のあの世での安全や平穏を保証する呪力や、死者の眠る土地を鎮める呪力をもつと考えられ、副葬および追葬されたと考えられる。また墳墓出土の皇朝十二銭の性格は、古墳時代の珠文鏡や重圏文鏡など小型倣製鏡の性格に類似していたと考えられる。

以上、竪穴住居や墳墓出土の古代銭貨の厭勝銭としての性格をみてきたが、このような古代銭貨の流通貨幣以外の性格をさらに裏付けるものとして注目したいのが、平成十九（二〇〇七）年に藤原宮大極殿院南面西回廊で発見された「富本銭」である。この富本銭は平瓶の口縁部に九枚が納められ、内部には水晶の原石九点が納められていた。松村氏によると、この富本銭は飛鳥池遺跡で鋳造された富本銭とは文字や七曜文の表現が異なることから、藤原京内の鋳銭司《じゅせんし》により鋳造された富本銭の可能性が指摘され、地鎮行為に用いられたと考えられている。藤原京期からすでに銭貨が厭勝銭《えんしょうせん》として用いられていたことを考えれば、我国で鋳造貨幣を使用するにあたり、当初から流通貨幣に加え、厭勝銭としての性格をそなえ持っていたことが理解できる。

また奈良時代の代表的な事例として、寛政六（一七九四）年に、大和国西大寺西塔跡の土中約一・一《メートル》の所より開基勝寶、萬年通寶、神功開寶が発見されたり、明治九（一八七六）年三月には、大和国旧法華寺跡の金堂跡から鈑金、鈑銀、水晶の念珠四三個とともに和同開珎、萬年通寶、神功開寶、そして唐銭の開元通寶が掘り出されている。

これらの例は宮都や伽藍造営時の地鎮を意図したものであり、鋳造貨幣が当初より流通貨幣以外に重要な性格をおびていたことが理解できる。

信濃国の古代銭貨の分布が意味すること

長野県内の出土状況は表21（246、247頁）に示したが、東山道推定地やその支路推定地に沿って出土している。また和同開珎が千曲川流域に多く、それ以降の皇朝十二銭は松本市から塩尻市域に多い。さらに佐久市、小諸市、御代田町境地域では和同開珎から承和昌寳までの前半六銭までの銭貨が多く出土し、長野市域では富壽神寳以降の銭貨がみられる。

千曲市から上田市域にまず注目してみたい。

平川南氏他が屋代遺跡群出土木簡の研究の中で、千曲市屋代を中心とする埴科郡屋代郷地域の初期国府の存在を指摘したことから、その後にこれまで考えられていた上田市域を中心とする小県郡に国府が置かれ、さらにその後松本市域を中心とする筑摩郡に国府が置かれたと考えられている。屋代木簡の研究や、これまでの国府所在地の研究を整理すると、八世紀前半に埴科郡屋代郷地域→八世紀中頃から九世紀に小県郡（上田市内）→九世紀以降に筑摩郡（松本市内）と国府所在地の推移が考えられる。これに皇朝十二銭の出土分布を考えあわせると、千曲市屋代地域や上田市内には和同開珎が集中し、少なくとも萬年通寳以降の銭貨がほとんどみられないことから、八世紀前半から八世紀中頃までの限られた時期に藤原京や平城京との往来関係が活発だったことがうかがえる。

松本市から塩尻市域には萬年通寳以降、特に富壽神寳までの銭貨が集中することがわかる。八世紀中頃から九世紀中頃までの時期に平城京や平安京との往来関係が活発だったことがうかがえる。

松本市県町遺跡からは、隆平永寶、富壽神寶、延喜通寶が出土し、当遺跡のこれまでの調査成果を考え合わせると、県町遺跡一帯は筑摩郡に置かれた信濃国府跡の可能性が考えられる。

国府所在地の推移と皇朝十二銭の出土分布の推移が同じ経過をたどることが単なる偶然でなければ、地方で皇朝十二銭を持ち得た人びとの性格を考え合わせると、その背景には、都から国府への役人の往来、あるいは都と国府とを介する人びとの往来が考えられ、国府所在地を考える上で、一つの重要な考古資料となると考えられる。

それでは佐久地域の出土状況は何を示すのか。

佐久市、小諸市、御代田町境地域には古代の遺跡が集中し、多くの遺構や遺物が発見されるなど、信濃国の古代史解明に重要な地域である。また東国へ向かうための要所として重要な地域だったことはいうまでもなく、七世紀から都城土器が多く発見される地域であることから、律令国家形成期の早い段階から飛鳥諸宮以降の宮都の生活や文化を知り得た人びとの往来が多かった地域だったと考えられる。

佐久市、小諸市、御代田町境地域では佐久市聖原遺跡をはじめ和同開珎から富壽神寶までの銭貨が非常に多く出土している。この二市一町が接する地域にまたがる鋳師屋遺跡群に佐久郡衙《ぐんが》が所在していた可能性が高いと考えられ、また宮都と東国を結ぶ玄関口として長い期間重要な役割を担っていたことがうかがえる。千曲市屋代地域周辺、上田市信濃国分寺跡周辺、上記二市一町が接する地域までの出土資料を検討することにより、東山道の果たした役割やその道筋の推定に役立つものと考えられる。

長野市域（更級郡、埴科郡北域）はどうであろうか。長野市御所遺跡出土の富壽神寶、篠ノ井遺跡群（高速道地点）出土の承和昌寶、長野市松原遺跡出土の貞観永寶、延喜通寶、榎田遺跡出土の長年大寶、饒益神寶と、九世紀以降の平安時代の銭貨だったが、平成二十九（二〇一七）五月に長野市浅川扇状地遺跡群（桐原）から和同開珎が出土していたことが公表されたことから、和同開珎鋳造以降の北陸道への東山道支路について明らかになってきた（第三章『律令制下の信濃国の東山道と北陸道への東山道支路』を参照）。奈良時代以降北陸道への東山道支路が整備されていたとすれば、今回の和同開珎が出土した浅川扇状地遺跡群（桐原）周辺にも官衙的な施設が整備されていたと考えられる。

県内全体の出土分布を考えれば、松村氏が北陸道諸国では北陸道に沿った官衙関連の遺跡からの出土であることを指摘しているが、信濃国ではすべてが官衙関連の遺跡とは言い難い。しかし傾向として東山道やその支路に沿って分布することは確かである。さらに出土銭貨の多くは和銅元（七〇八）年の和同開珎、天平宝字四（七六〇）年の萬年通寶、天平神護元（七六五）年の神功開寶と奈良時代の銭貨に集中し、九世紀以降の銭貨は極端な減少傾向を示す。このことは国家レベルでの貨幣経済を確立、浸透させることに積極的だった時代と、九世紀以降の、特に地方の貨幣経済の確立、浸透の挫折となる時代を象徴する現象としても注目すべきことであるとともに、奈良時代三銭が長い期間使用されていたことを裏付けるものである。

伊那郡出土の富本銭と和同開珎銀銭について

武陵地一号古墳の横穴式石室前庭部出土の富本銭、恒川遺跡群内発見の富本銭、恒川遺跡群四四号竪穴住居跡床面出土の和同開珎銀銭(註1)は何を意味しているのか。

全国の富本銭出土遺跡は、奈良県の藤原京跡を中心に一一遺跡確認され、武陵地一号古墳出土富本銭や恒川遺跡群内発見の富本銭はその内の二遺跡の二枚となる。

和同開珎銀銭は、東日本では秋田県の出羽国秋田城跡の遺構外から一枚出土し、千葉県我孫子市の日秀西遺跡で発見された下総国相馬郡郡家正倉推定地と考えられている建物跡から、鏨《たがね》のようなもので半裁された状態で一枚出土している。また千葉県香取市の稲生大神から、昭和十一（一九三六）年の「稲生大神社宝台帳」の記録によれば賽銭の中から一枚発見されていることから、恒川遺跡群出土和同開珎銀銭を含め現在三遺跡他の四枚が確認されている。

このように、全国的にも非常に限られた出土状況を示している富本銭と和同開珎銀銭が、非常に近接した地域に集中して出土していることの歴史的意義は大きい。

和同開珎の発行以前には、主として頴稲や布が貨幣同様に広く用いられていた。また遅くても天武朝期には地金の銀や無文銀銭が鋳造貨幣的な存在だった。まずこれら鋳造貨幣出現以前の様子を簡単にふれてみることとする。

栄原氏によると、「社会に広く貨幣として機能していた頴稲や布は、材質や品質、価格の不安定性、また計量などの諸側面で、価値体系の基軸に位置するうえで、きわめて重大な弱点をもっていた」としている。そしてこの弱点を克服するためには、金属が重要な位置をしめ、「金属によってはじめて定量的な価値体系が安定的に成立しうる条件が生じるのであり、貨幣経済が発展するための重大な要因の一つを満たすことができる」としている。

それではいつ頃から金属が貨幣的な存在として用いられたのか。

史料5　古代銭貨関連史料（栄原　一九九三）

史料①
詔曰、自レ今以後、必要二銅銭一、莫レ用二銀銭一、（『日本書紀』天武十二年四月壬申〔十五日〕条）

史料②
詔曰、用レ銀莫レ止、（『日本書紀』天武十二年四月乙亥〔十八日〕条）

史料③
廃二銀銭一、一行二銅銭一（『続日本紀』和銅二年八月乙酉〔二日〕条）

史料④
壬午、詔、国家為レ政、兼済居レ先。去レ虚就レ実、其理然矣。向者頒二銀銭一、以代二前銀一。又銅銭並行。比姧盗逐レ利、私作二濫鋳一、紛二乱公銭一。自レ今以後、私鋳二銀銭一者、其身没官、財入二告人一。行二濫逐一レ利者、加杖二百、加役当レ徒。知レ情不レ告者、各与同罪。（『続日本紀』和銅二年正月壬午〔二十五日〕条）

史料⑤
和銅元年。始用二銀銭一。三年始用二銅銭一。（『令集解』第四職員令二ノ三大蔵省）

史料⑥
令下天下百姓以二銀銭一一当中銅銭廿五上、以二銀一両一当二一百銭一、行用之。（『続日本紀』養老五年正月丙子〔二十九日〕条）

史料⑦
丁丑、勅、銭之為レ用、行レ之已久。公私要便、莫レ甚二於斯一。頃者、私鋳稍多、偽濫既半。頓将二禁断一、恐有レ騒擾一。宜下造二新様一与旧並行上。庶使下無レ損二於民一、有上レ益二於国一。其新銭文曰二万年通宝一。以レ一当二旧銭之十一。銀銭文曰二大平元宝一。以レ一当二新銭之十一。金銭文曰二開基勝宝一。以レ一当二銀銭之十一。（『続日本紀』天平宝字四年三月丁丑〔十六日〕条）

栄原氏は、史料①と史料②二つの史料を関連させることによって、銀銭の流通は禁止するが、地金の銀の使用はさまたげないと理解し、地金の銀が少なくとも天武朝期には古代社会の価値体系の基軸となっていたことを明らかにしている。

それでは古代の価値体系が地金の銀を基軸としていたものを、どのように富本銭や十二種類の銅銭へと移行させたのか。

史料①に示されているように、天武朝期には銀銭は用いず、銅銭を使用することとし、また史料③にも銀銭をやめ、銅銭を使用するとしていることから、この後、律令国家の基軸となる流通貨幣は一貫して銅銭と方向づけされていたことがわかる。その結果藤原京造営に伴い必要とされた貨幣として富本銭が鋳造されたことは飛鳥池遺跡での調査、研究で明らかにされている。

また和同開珎について栄原氏は、史料③や史料④と史料⑤から和同開珎銀銭も和同開珎銅銭も品位が低かったにもかかわらず、和同開珎への私鋳銭禁止は和同開珎銀銭だけだったこと、また和同開珎銀銭を廃止し、和同開珎銅銭の流通促進に力を入れはじめていることから、和同開珎鋳造当初は、和同開弥銀銭が主に流通していたとしている。

しかし、先ほどの史料①や史料③から律令国家の基軸となる流通貨幣は一貫して銅銭と方向づけされていたことは先に示したが、それではどうして銀銭をやめ、一貫して銅銭にしたのか。その大きな理由は、その原材料となる銀の不足と、七世紀からはじまる長門国の銅生産以降、武蔵国(和銅)や西日本を中心に分布する銅山の発見に裏付けられた銅の豊富さからの安定性という事情が大きかったと考えられている。

それでは和同開弥銀銭、和同開弥銅銭が併用されていた頃の換算はどのようなものだったのか。史料⑥によれば、和同開弥銀銭一文を和同開弥銅銭二五文に、銀一両を銅銭一〇〇文に換算使用するものだった。

しかしこの記事には、律令政府が示した政策と矛盾する内容がみられる。先にも史料③で示したが、遅くても和銅二(七〇九)年には銀銭を廃止していたにもかかわらず、それから一〇年が経過してもいまだに銀銭—銅銭、地金の銀—銅銭の換算が示されている。いかに当時の都や畿内を中心とする貴族や庶民にとって、地金の銀や銀銭への価値認識が高く、律令国家の法的禁止とは裏腹だったかが理解できる。また、律令国家が銅銭への移行にどれほど苦労していたかが察せられる。

鋳造貨幣の基軸を銅銭と考えながらも、銅銭への移行を円滑に進めるために和銅開弥銀銭の鋳造が必要だったことが理解できる。

和同開弥鋳造以前には、地金の銀の価格が高く、社会の中でその価値が根強く残っていたことから、地金の銀→銅銭から銀銭→銅銭という円滑な移行をおこなうために、和同開弥銀銭は重要な役割を果たしたのである。
栄原氏は、和同開珎銀銭、和同開珎銅銭について、史料⑦にみられる、萬年通寳（銅銭）、大平元寳（銀銭）、開基勝寳（金銭）との貨幣的役割を比較し、「和同開珎に銀銭と銅銭の二種類があったことと、天平宝字四（七六〇）年の開基勝寳（金銭）、大平元寳（銀銭）、萬年通寳（銅銭）の発行とは、まったく意義を異にすることがわかる。後者の三銭は、貴金属の金銀銅を銭貨として並べただけにすぎず、その発行には、和同銀銭が果たしたような役割は、もはや課されていなかったとみるべきである」と、和同開珎銀銭の鋳造意義を評価している。

以上、富本銭と和同開珎銀銭の流通貨幣としての歴史的役割をみてきたが、武陵地一号古墳出土の富本銭や恒川遺跡群内発見の富本銭（以後：下伊那富本銭）、飯田市恒川遺跡群出土の和同開珎銀銭（以後：恒川銀銭）は、どのような性格のものだったのか。

奈良時代前半、下伊那富本銭、恒川銀銭もこれまでみてきたように、都を中心に鋳造貨幣としての役割を大いに果たしたそれぞれ一枚だったにちがいない。

この恒川銀銭は、伊那郡内の公民が仕丁あるいは衛士として都で仕えた際に養銭として入手しえたか、あるいは税を都へ運んだ際に入手したものと考えられるが、和同開珎銀銭の価値や、恒川遺跡群の性格を考慮すると、都から役人が信濃国伊那郡(伊那郡衙)へ派遣された際に持参した可能性が高いと考えられる。

都で流通していた貨幣だったが、都から伊那郡へ派遣された役人は、都での生活を経験していたことによって、家屋や建物を造る際の地鎮具、あるいは墳墓への埋納品としての使用を知りえたことから、下伊那富本銭や恒川銀銭は厭勝銭として残されたものと考えられる。

中世備蓄銭への混在が意味すること

最後に中野市田麦江本庄一郎宅、西条岩船遺跡群、上田市常田堀ノ内遺跡、塩尻市小沼田遺跡、吉田若宮遺跡のような中世備蓄銭内への混在は何を意味しているのか。

富本銭、和同開珎にはじまった鋳造貨幣は年月が経過し、新しい銭文の鋳造を繰り返すたびに旧銭は流通貨幣としての価値を失っていく。

それを示す資料として史料⑦や以降の新銭鋳造時の史料にみられるように、旧銭の一〇倍もの価値を与えて新旧の入れ替えをはかった。

それではなぜそれほどに一二種類もの新旧銭の入れ替えをおこなったのか。

史料⑦にみられるように、萬年通寶を新銭として鋳造する際に、誇張はあろうが、私鋳銭が流通貨幣の半分に達していたようである。

しかし、この対策も政府銭と私鋳銭の区別が難しいこと、旧銭を停止し新銭に旧銭の一〇倍の法定価値を与えて、下落した貨幣価値を高い水準に戻そうとしても、結果的には新銭も再び私鋳銭が出まわることとなり、このくり返しが新銭の品位低下をまねくこととなった。

奈良国立文化財研究所の研究成果（表22）が示すように皇朝十二銭は徐々に銭径が小形化し、重量の軽量化や原材料の粗悪化をたどることとなる。

富本銭、和同開珎にはじまった鋳造貨幣は年月が経過し、新しい銭文の鋳造を繰り返すたびに旧銭は流通貨幣としての価値を失っていく。しかし特に和同開珎、萬年通寶、神功開寶については、出土枚数や出土遺構などから長い期間使用されていたとされるが、皇朝十二銭は平安時代後期の十一世紀以降その価値を失い再び米や絹を中心とする経済構造となり、やがて平安時代末期、中世を迎えて多くの渡来銭とともに用いられる結果となったものと考えられている。

表22　皇朝十二銭計測値比較表
(佐藤他　1975)

銭名	銭径(mm)平均値	重量(g)平均値
和同開珎	24.53	2.27
萬年通寶	26.10	3.94
神功開寶	25.15	3.14
承和昌寶	20.74	1.51
饒益神寶	18.95	1.51
寛平大寶	19.13	2.12

長野県内の中野市や塩尻市に中世備蓄銭(埋納銭)が集中することは興味深い。田麦江本庄一郎宅、西条岩船遺跡群、常田堀ノ内遺跡、小沼田遺跡、吉田若宮遺跡のような中世備蓄銭や埋納銭に混在している皇朝十二銭は何を意味しているのか。

鈴木公雄氏の調査によると、平成十（一九九八）年当時、備蓄銭は二七五例知られ、銭貨枚数は三五二万九〇二〇枚だった。備蓄された銭貨の銭種の割合は北宋銭が七六・九八％、明銭八・六八％、唐銭七・五九％、南宋銭一・九三％で、皇朝十二銭はわずか八三枚のみだったが、残存していたことは事実である。

しかし皇朝十二銭の十一番目の延喜通寶と十二番目の乾元大寶の備蓄銭以外の出土状況をみると、山城国では延喜通寶一九八枚、乾元大寶一三二枚、摂津国では延喜通寶五〇枚、乾元大寶二三八枚、近江国では延喜通寶七四枚、乾元大寶一二二枚、大和国では延喜通寶八〇枚、乾元大寶一二枚と畿内および周辺国の出土枚数が突出していることは一目瞭然である。しかし下野国では延喜通寶五九枚、乾元大寶一〇枚、阿波国では延喜通寶二二枚、乾元大寶一枚、備中国では延喜通寶一六枚、乾元大寶一枚、周防国では延喜通寶二枚、乾元大寶三九枚、筑前国では延喜通寶七枚、乾元大寶一五枚、伊勢国では延喜通寶一三枚、日向国では乾元大寶一〇枚のような出土枚数が示されていることから、地方でも皇朝十二銭末期の二銭が使用されていたことがわかる。

長野県内で発見された備蓄銭をみると、田麦江本庄一郎宅では萬年通寶と隆平永寶、西条岩船遺跡群では神功開寶、小沼田遺跡では萬年通寶、吉田若宮遺跡では和同開珎と富壽神寶、常田堀ノ内遺跡では富壽神寶が含まれていた。良質とされる奈良時代から平安時代初期の銭貨が混在していたことは、平安時代以降の新銭の銭文に関係なく、銭貨としての良質さに加え、銭文の「和同」、「萬年」、「神功」、「隆平」、「富壽」など縁起の良い文字として人びとに好まれ流通貨幣として長く使用されていたことを示していると考えられる。

最後の乾元大寶鋳造以降、皇朝十二銭は急速に流通貨幣としての役割を失っていくが、地方でも、細々と流通貨幣としての役割を担って使用されていたものと考えられる。もし必要でない銭貨であれば、早々に銭貨としての役割を終え、家いえや村むらから消え去っていたものと考えられる。

信濃国の古代銭貨が語ること

松村氏が北陸道諸国での和同開珎の出土が北陸道に沿った官衙関連の遺跡からであると指摘したことはすでに紹介した。

信濃国ではすべてが官衙関連の遺跡とはいえないが、恒川遺跡群（伊那郡衙推定地：富本銭、和同開弥銀銭）、千曲市生仁遺跡（初期国府推定地隣接：和同開弥）、信濃国分寺跡（信濃国分寺：和同開弥）、国分寺周辺遺跡群（信濃国分寺周辺：和同開弥）、聖原遺跡（佐久郡衙推定地：和同開弥、神功開寳ほか）などは東山道やその支路に沿って分布する傾向がうかがえる。さらに出土銭貨の多くは上記遺跡に加え、乞食塚古墳（和同開弥、神功開寳）、下神遺跡（萬年通寳、神功開寳）、前田遺跡（和同開弥）、佐久市栗毛坂B遺跡（神功開寳）、佐久市芝宮遺跡群（和同開弥、神功開寳）、中原遺跡群（和同開弥、萬年通寳）、御代田町十二遺跡（萬年通寳）、野火付遺跡（神功開寳）、東御市桜畑遺跡（和同開弥）ほか、和銅元（七〇八）年の和同開弥、天平宝字四（七六〇）年の萬年通寳、天平神護元（七六五）年の神功開寳と奈良時代の銭貨に集中し、九世紀以降の銭貨については極端な減少傾向を示している。

北陸道諸国と同じような和同開弥の出土傾向は、美濃国でもみられることはすでに述べた。

先に松村氏が論じたように、役夫や運脚夫に重い路粮に替え銭貨を所持させ、交通の要所に郡稲を置いて銭で交易するように命じ、さらに地方の郡司層や富豪層の銭貨入手意欲を高め、役夫や運脚夫への食糧売却の動きを加速させたことをふまえれば、恒川遺跡群発見の富本銭や隣接する武陵地一号古墳出土富本銭、恒川遺跡群出土の和同開弥銀銭はいずれも神坂峠を越えた最初の伊那郡衙に関わる地域から出土している。また和同開弥が出土した千曲市から佐久市にかけての遺跡は、推定官衙関連施設が含まれ、東山道沿いに出土していることがわかる。

またほかの皇朝十二銭の出土状況も類似傾向をみせており、松村氏が指摘するように、長野県内出土銭貨も平城京や平安京へ過酷な旅をした信濃国あるいは東国の一般農民である役夫や運脚らに銭貨を携行させ、旅の途次に随時食料を入手できるシステムの中で使用されたものと考えられ、流通貨幣として使用された後に二次的に厭勝銭として使用されたものと考えられる。

註1　和同開珎のみの記載については、和同開珎の総称および銅銭を示している。

参考文献

青木和夫　他「続日本紀」巻第四『新日本古典文学大系』12　岩波書店　一九八九年
青木和夫　他「続日本紀」巻第八『新日本古典文学大系』13　岩波書店　一九九〇年
青木和夫　他「続日本紀」巻第二十二『新日本古典文学大系』14　岩波書店　一九九二年
遠藤嘉基　他「日本靈異記」下巻『日本古典文学大系』70　岩波書店　一九六七年
岐阜県教育委員会　他『美濃不破関　Ⅰ　第一次・第二次発掘調査概報』一九七五年
黒板勝美　他「令集解」第一『新訂増補国史大系』　吉川弘文館　一九九二年
栄原永遠男『日本古代銭貨流通史の研究』　塙書房　一九九三年
坂本太郎　他「日本書紀」巻第二十九『日本書紀』下　岩波書店　一九六五年
佐藤興治　他「別表9銭貨計測値一覧表」『平城京発掘調査報告』Ⅵ　奈良国立文化財研究所　一九七五年
鈴木公雄「古代銭貨の考古学」『銭の考古学』　吉川弘文館　二〇〇二年
西山克己「信濃国出土の富本銭と皇朝十二銭」『シナノにおける古墳時代社会の発展から律令期への展望』　雄山閣　二〇一三年
西山克己「再考　信濃国出土の富本銭と皇朝十二銭」『長野県立歴史館　研究紀要』第25号　長野県立歴史館　二〇一九年
平川　南　他「第5章考察」『長野県屋代遺跡群出土木簡』（財）長野県埋蔵文化財センター　他　一九九六年
松村恵司「出土銭貨」『日本の美術』512　至文堂　二〇〇九年
松村恵司「北陸道の和同開珎　－畿外の銭貨流通をめぐって－」『日本古代考古学論集』　同成社　二〇一六年

三　律令制下の信濃国の東山道と北陸道への東山道支路

律令制下以前の古東山道については、すでに第一章二の『シナノの古東山道とエチゴへの古東山道支路』で述べた。

それでは律令制下の信濃国の東山道と北陸道への東山道支路はどのような道筋であろうか。

律令制下では東山道ほか、東海道や山陽道など合わせて七つの道が整備され、本来は「東山道」などという「道」そのものの名称だったが、のちに七つの道が通る地方の行政上の地域名となり、七地方に分けられた。「東山道」という名称は、近江（国府）〜美濃国〜信濃国〜上野国〜下野国〜陸奥国〜出羽国という道筋を一帯とした地方名となっていく。

またこれら七道とは別に都に近い山城国、大和国、河内国、和泉国、摂津国の五か国は「畿内」という特別区とし、「五畿七道」という言葉がうまれた。

七つの官道はその重要度によって「大路」、「中路」、「小路」に区別され、畿内と北九州の太宰府を結ぶ山陽道だけが「大路」とされ、東山道は東海道とともに「中路」とされた。また東山道は陸奥国にまで通じる官道だったため東海道よりも優位の官道とされていた。

官道の役割を示す組織については、天平宝字元（七五七）年の『養老令』の中の「厩牧令」に規定されている。

① 官道には三〇里（およそ一六《キロメートル》）ごとに駅をおくこと。ただし地勢水草の有無によってこ

のかぎりではない。
② 駅には駅長をおくこと。
③ 駅には馬を常備し、馬は駅ごとに大路は二〇疋、中路は一〇疋、小路は五疋とすること。
④ 駅馬のほかに伝馬を郡ごとに五疋おくこと。
⑤ 海や大河などには舟を四隻以下おくこと。
などさまざまな規則がみられる。

これらによって官道には、一定の距離に駅を設け、一定数の馬を配していた。

東山道の通過地点についての史料には、延喜五（九〇五）年に編纂がはじまり延長五（九二七）年に完成した『延喜式』の「兵部式」や、承平年間（九三一～九三八）に編纂された『和名類聚抄』に諸国の駅伝馬のことが規定されている。東山道八か国には八六駅があり、そこに常備する馬は三四八七疋とされている。そのうち信濃国には一五駅があり、神坂峠を越えて伊那郡の阿知、育良、賢錐、宮田、深沢、筑摩郡の覚志、錦織、小県郡の浦野、曰理、佐久郡の清水、長倉と、北陸道へ通じる東山道支路に麻績、曰理、多古、沼辺があった。この一五駅には一六五疋の馬の常備が決められ、阿智駅には東山道最難所である神坂峠のふもとだったため三〇疋の駅馬がおかれ、保福寺峠に関わり錦織駅、浦野駅と入山峠（碓氷峠）に関わり長倉駅には一五疋がおかれた。

古代の官道は小さな丘を切り開き、また掘り割り工事をするなど直線道路を基本にしていた。

東山道に限らず古代七道の道筋を推定するにあたり鞍掛、沓掛、馬籠（真米）、駒場（馬場、番場）、休場、渡り（曰理）、み坂、とまり、仮宿、坂本、直路、大道などの古地名が参考になるとされている。

それでは考古資料から考えられる科野国（信濃国）の東山道や飛騨国からの東山道飛騨支路はどのような経路をたどったのか。

この東山道の道筋に加え、第二章五の「古東山道飛騨支路の整備」でふれたが、六世紀初頭に、ヒダ（飛騨国荒城郡）の古川盆地に前方後円墳が築造されたことを期に、後の東山道飛騨支路となる道筋が整備されたことは述べた。

屋代遺跡群出土木簡の研究の中で、八世紀前半に千曲市屋代を中心とする埴科郡屋代郷地域の初期国府の存在が指摘されたこと、さらに信濃国での富本銭や皇朝十二銭の出土分布を考えあわせると、埴科郡や小県郡には和同開珎が集中し、萬年通寶以降の銭貨がほとんどみられないことから、信濃国の和同開珎などの古代銭貨の出土分布と明科廃寺の造営や潮古墳群の築造を考えると、明科廃寺が造営される六七〇年前後から和同開珎だけが都で流通していた七六〇年頃までの間、美濃国～（神坂峠）伊那郡～筑摩郡（保福寺峠）～小県郡～佐久郡（入山峠）～上野国へいたる保福寺峠経由の東山道に加え、明科廃寺前を通過し麻績駅～更級郡に入り北上し千曲市八幡遺跡群（八幡郷：更級郡衙推定地）へ下り、千曲川を渡り埴科郡屋代郷に入り、小県郡に通じる東山道の二つの幹線が想定され、それに加え飛騨国（野麦峠）～安曇郡～筑摩郡からそれぞれの道筋に通じる東山道飛騨支路も重要な道筋として位置付けられていたものと考えられる。

北陸道への東山道支路についてはどのような経路であろうか。

北陸道への東山道支路については諸説ある。

米山一政氏によると、犀川の南に位置していたことは異論がないとし、諸説の一つは丹波島（長野市丹波島付近）説、ほかは丹波島の南にあったとする説である。

「曰理」とは河川を渡る意味だが、丹波島よりもさらに南とする説は、麻績駅（盆地）～曰理駅（丹波島）の距離が約七里、曰理駅（丹波島）～多古駅（長野市三才田子：多古駅推定地）の距離が約三里とそれぞれの距離が著しく異なることがその理由としている。丹波島よりも南の地域で候補地を考えると、正平六（一三五一）年八月三日に小笠原為経が、香坂美濃介と富部西河原（あるいは富部原）で戦ったこと、また天文二十二（一五五三）年九月に長尾景虎がはじめて信濃国に出陣した際、武田晴信の軍が布施で防戦していることなどから、この富部または布施が軍事的に重要な要衝であったことがうかがえる。

このことに加え、『吾妻鏡』文治二（一一八六）年三月の「関東知行国乃貢未済荘々注文」に「布施本庄、布施御厨」の荘園名がみえ、長野市川中島町の組名として残る上布施や下布施は、この荘園に含まれていたことにより、地名として継承されたと考えられている。

「布施」は「人に施しをする施設のあったところ」、あるいは「宿泊所の布施屋のあったところ」からきている。

上布施の北には字「御旅舘」や字「神田」など「布施屋」に関わる字名が残るのもその所以であろうか。

「布施屋」は元来、奈良時代や平安時代に都へ物資を運搬するなど労働を強いられた人びとを救済するために船渡場や峠の麓などに置かれた施設だった。中世以降には用途を広げた宿泊施設として広がっていったと考えられる。戸部（富部＝現在の長野市川中島町御厨）の北には石河原、西河原、中川原、陣馬河原、上河原などの字名が残り、かつて大きな河川が長野市川中島町所在の上氷鉋や中氷鉋の南を長野市小島田方面に流れており、また戸部の北には上布施、東には下布施の地名があり、河渡し場に設けられた「布施屋」の名残ではないかと考えられることから、戸部に「曰理駅」があったのではないかと考えられている。戸部（長野市川中島町御厨）に「曰理駅」を想定すると、麻績駅との距離が約六里弱、曰理駅（戸部）～多古駅の距離が約四里余と駅間の距離としても丹波島説よりも平均化するとしている。

また黒坂周平氏によると、麻績駅からの駅については、麻績駅から曰理駅への経路については諸説あるが、『長野県史』での所見では、麻績盆地～猿ヵ馬場峠～千曲市桑原～千曲市治田～千曲川の氾濫をさけ千曲市桑原小坂山鞍部～長野市篠ノ井越～篠ノ井四野宮～篠ノ井石川～篠ノ井方田の山腹高地～旅人にたいする布施屋があったとされる山沿いの篠ノ井布施五明～篠ノ井布施高田～北進して川中島町四ツ屋の古舟渡大道～小市橋付近にいたったと想定している。

また曰理駅所在地についての諸説として、長野市安茂里にあったとの説もある。

いずれにしても古代の犀川流域は洪水や氾濫により流路が左右され、また過去の航空写真などから犀口を起点として西方向から南東方向にかけて犀川からのいくつもの支流があったことがわかっていることから、流路による地形の変動によって犀川に関わる駅（曰理駅）は律令制度の時代でもその場所が一定していなかった、あるいは本流の犀川から一定の距離を置いた安全な場所に設置した可能性も考えられる。

これまでの研究や考古資料から、北陸道への東山道支路は、明科廃寺前を通過し更級郡に入り麻績駅（東筑摩郡麻績村：麻績駅推定地）へ、北上し更級郡衙（千曲市八幡遺跡群内：更級郡衙推定地）へ下り、千曲市治田～篠ノ井塩崎越～長野市石川条里遺跡・塩崎遺跡群・篠ノ井遺跡群付近（長野市篠ノ井四野宮～篠ノ井石川～篠ノ井方田）～篠ノ井布施五明・布施高田を北上し犀川曰理駅（長野市川中島町御厨付近あるいは長野市川中島町四ッ屋の古舟渡大道（小市橋付近））を渡り、北東方向へ進み長野市裾花扇状地遺跡群御所遺跡付近を通過～浅川扇状地遺跡群（桐原付近）を通過し、多古駅（長野市三才田子遺跡付近：多古駅推定地）へ、さらに旧北国街道（県道六〇号線・国道一八号線）付近を北上し、信濃国北端の沼辺駅（信濃町仲町遺跡・川久保遺跡：沼辺駅推定地）へ到達し、越後国へ北上したと考えられる。

また長野市松原遺跡の貞観永寶、延喜通寶や榎田遺跡の長年大寶、饒益神寶の出土は、更級郡から水内郡への支路整備がされて以降、遅くても九世紀中頃には千曲川右岸へ渡った東山道からの松原遺跡や榎田遺跡がある埴科郡や高井郡の集落が、都との往来関係を強めたことをうかがわせ、これに伴う支路の整備が進んだことが出土銭貨から推察できる。

参考文献

黒坂周平　「第三章 第五節東山道」『長野県史』通史編 第一巻 原始・古代 （社）長野県史刊行会 一九八九年

西山克己　「第二章 第四節 一東山道 二東山道支道曰理駅について」『区誌 御厨』 御厨区 二〇一七年

米山一政　「第2編第5章 第3節牧及び交通」『更級埴科地方誌』 第2巻原始古代中世編 更級埴科地方誌刊行会 一九七八年

おわりに

序でもふれたが長野県は南北約二一二《キロメートル》、東西約一二〇《キロメートル》、面積は約一万三五八二平方《メートル》と広大な面積をほこり、本州のほぼ中央に位置していることから多様な環境に加え、旧石器時代以来、東西南北周辺地域からのさまざまな文化や生活習慣を受け入れ、さらにそれらを独自の文化や生活習慣として周辺地域へ発信しながら長い歴史を重ねてきた。

長野県に着任以来、古墳時代の「善光寺平（長野県北域）と下伊那地域（長野県南域）に見られる古墳時代文化の二相」、そして「渡来文化」について関心を持ち勉強を重ねてきた。このことは決して筆者自身の思い込みではなく、考古資料から読み取ることができる長野県内の大きな特徴であり、古墳文化を読み解く上で非常に重要な鍵となる。

また七世紀以降の律令国家建設に向けての全国的な動きは、長野県内の出土資料からもうかがえ、最も端的に情報を伝えてくれたのが、都城土器や富本銭と和同開珎銀銭をはじめとする皇朝十二銭だった。

限られた考古資料から「シナノ～科野国～信濃国」の変遷過程の検証、復元を試みた。今回の検証、復元は弥生時代終末から平安時代にかけての歴史のごく一部分にしか過ぎず、本書で多くが検証、復元、解明できたとは考えていない。本書を出発点として「シナノ～科野国～信濃国」の歴史事実の解明に筆者自身がさらに努力しなければならないこと、そして本書をきっかけに研究者の方々の研究が進展することに期待したい。

本書はこれまで筆者が執筆してきた文章を加筆修正し、さらに講演会や講座で話したことや資料に記載した内容をあらためてまとめたものである。

令和四（二〇二二）年三月　校了

主な索引

あとがき――改訂にあたって

昭和五十四（一九七九）年明治大学文学部史学地理学科考古学専攻に入学して以来四三年が経過しました。大学入学以来大塚初重先生、小林三郎先生には公私ともにご指導いただきました。

一年生の夏以来、茨城県ひたちなか市（旧勝田市）の虎塚壁画古墳の調査ほか考古学研究室関連の調査に参加、また縁あって鶴岡八幡宮境内敷地内の調査ほか鎌倉市内の調査に通い、飛鳥地域や藤原宮跡の調査など奈良国立文化財研究所飛鳥・藤原宮跡発掘調査部の調査には、香具山麓の農家に住み込みながら参加するなど、それぞれ四年間素晴らしい経験をさせていただくことになりました。また多くの素晴らしい方々との出会いがありました。

昭和五十八（一九八三）年に小林先生に声をかけていただき、明治大学考古学陳列館に嘱託職員として採用されました。思わぬ出来事でした。この時、館長は大塚先生、専任職員は安蒜政雄先生でした。月に数日杉原荘介先生が来られ優しく声をかけていただきました。昭和五十九（一九八四）年には明治大学考古学博物館開館への準備に入り、専任職員として熊野正也先生が着任されました。

陳列館・博物館勤務では、大塚先生、戸沢充則先生、小林先生、安蒜先生、石川日出志先生、熊野先生にご指導いただきながら、大学院生を含めた懇親の日々が続きました。

大学生活四年間、そして陳列館・博物館に勤務した三年間の発掘調査や研究機関等で知り合った方々の何気ないお付き合いが、社会人としての今の私の基本となっています。

昭和五十九（一九八四）年八月から長野市大室古墳群の調査が開始されました。大塚先生、小林先生、石川先生、大学院生や学生とともに陳列館職員として調査に参加しました。考えてみればこれが長野県の文化財に関わる出発点でした。

昭和六十一（一九八六）年に長野県埋蔵文化財センターに着任することとなります。

平成十九（二〇〇七）年に長野県教育委員会事務局文化財・生涯学習課の勤務の折、文化財保護行政に追われる中、続けてきた古墳時代の勉強を厳しくも後押ししてくださったのが、専修大学の土生田純之先生でした。先生には感謝の言葉しかありません。本冊子の刊行も土生田先生の当時の後押しがなければ実現しませんでした。

そして令和二（二〇二〇）年三月三十一日をもって定年退職となりました。早いものです。二十六歳で長野県に着任以来、早三六年が経過しました。

これまで仕事や研究、そして地域活動などについて、心の支えとなってくれた妻、子どもたちに心から感謝します。

定年を迎えることを機に、龍鳳書房酒井春人社長より本書の刊行を勧められ、刊行することとしました。本書を刊行するにあたり酒井春人社長には並々ならぬご支援やご配慮をいただきました。心より感謝申し上げます。

令和四（二〇二二）年三月三十一日

西山克己

著者紹介

1960（昭和35）年1月17日、横浜市生まれ
1978（昭和53）年3月私立逗子開成高校卒業
1979（昭和54）年4月明治大学文学部史学地理学科考古学専攻入学。

明治大学では小林三郎教授、大塚初重教授より日本考古学古墳時代を中心に学ぶ。

1983（昭和58）年3月卒業。

同年6月より明治大学考古学陳列館（1985（昭和60）年明治大学考古学博物館と改称）に勤務、嘱託学芸員。

1986（昭和61）年4月より（財）長野県埋蔵文化財センターに勤務、調査研究員。

2004（平成16）年4月より長野県教育委員会事務局文化財・生涯学習課に勤務、指導主事。

2008（平成20）年4月より長野県立歴史館学芸部総合情報課に勤務、専門主事兼学芸員。

2014（平成26）年4月より（一財）長野県埋蔵文化財センター勤務、調査第1課長。

2015（平成27）年4月より再び長野県立歴史館学芸部総合情報課～考古資料課に勤務、専門主事兼学芸員。

2019（平成29）年4月より考古資料課長。～2020（令和2）年3月
2020（令和2）年3月定年退職
2020（令和2）年4月より（一財）長野県埋蔵文化財センターにて調査指導員。

2000（平成12）年4月から2002（平成14）年3月には、ＮＨＫ長野放送局とともに「長野県の歴史ニュース」全45話の編集・制作に関わる。

2012（平成24）年3月28日、専修大学にて博士（歴史学）を取得

○主要著書
『篠ノ井遺跡群』（共著）（財）長野県埋蔵文化財センター 1997年
『シナノにおける古墳時代社会の発展から律令期への展望』雄山閣 2013年
『夏季企画展図録 信州の野球史』（共著）長野県立歴史館 2013年

○主要論文
「信濃の積石塚古墳と合掌形石室」長野県埋蔵文化財センター 1995年
「信濃国出土の古代銭貨の用いられ方とそれが意味すること」長野県立歴史館 2011年
「シナノにおける古墳時代中期の渡来人のムラと墓」長野県立歴史館 2013年
「明科廃寺造営の背景」長野県立歴史館 2014年
「シナノの初期牧を考える」長野県考古学会 2015年
「象嵌装大刀を持ったシナノの舎人たち」長野県立歴史館 2016年
「大室古墳群研究史」雄山閣 2017年
「野球に青春をかけた教師たち」信濃毎日新聞社 2018年
「シナノの古墳に眠る渡来文化」信濃毎日新聞社 2018年
「生きることは食べること」信濃毎日新聞社 2019年
「科野の馬・信濃の馬と考古資料から東山道を考える」古代交通研究会 2019年
「長野県内で発見された地震跡 －甚大な被害をもたらす自然災害－」長野県立歴史館 2020年
「長野県内出土の「鹿」を描いた土器と埴輪」長野県立歴史館 2020年
ほか多数

シナノから科野　そして信濃へ
～考古資料からみた信濃国誕生～

二〇二〇年十一月十六日　第一刷発行
二〇二二年十月四日　第二刷発行（改訂版）

著者　西山克己
発行人　酒井春人
発行所　有限会社　龍鳳書房
〒388-8007
長野市篠ノ井布施高田九六〇―一
電話　〇二六（二四七）八二八八
印刷
製本　有限会社　山本マイクロ

ISBN978-4-947697-76-9
C0021